Erich Hahn

SED und SPD

Ein Dialog.
Ideologie-Gespräche zwischen
1984 und 1989

edition ost

ISBN 3-360-01038-8

© 2002 Das Neue Berlin Verlagsgesellschaft mbH
Rosa-Luxemburg-Straße 39,
10178 Berlin
eMail: verlag@edition-ost.de

Titel: Peperoni Werbeagentur, Berlin
Cover: Im Berliner Marx-Engels-Forum in Berlin.
Foto: Robert Schumann
Satz: edition ost
Druck und Bindung:
Ebner & Spiegel, Ulm

Die Bücher der edition ost erscheinen in der Eulenspiegel Verlagsgruppe.
www.eulenspiegel-verlag.de

Das Buch

Von 1984 bis 1989 gab es zwischen SED und SPD sogenannte Grundsatzgespräche. Ein Resultat war das 1987 veröffentlichte »Gemeinsame Dokument«. Der Streit um den Charakter der Begegnungen und die Deutung des »Papiers« hält bis heute an. Noch beim letzten Seminar wurde vereinbart, 1990 weiter zu machen. Der damalige SPD-Vorsitzende hielt es für möglich, daß die zum XII. SED-Parteitag anreisende SPD-Delegation mehr als nur Beobachterstatus erhalten könnte.

Wenn heute, nach anderthalb Jahrzehnten, ein aktiver Teilnehmer aller Gespräche seine Aufzeichnungen veröffentlicht, dann aus der Überzeugung, daß der Disput ein Beispiel dafür bietet, wie man in einer gefahrvollen Situation aus gegensätzlichen Positionen heraus über äußerst diffizile Frage miteinander nicht nur reden kann, sondern sollte. Aber wohl auch, weil Erinnerungen verblassen und sich Legenden bilden. Überlegungen aus heutiger und persönlicher Sicht zu den Absichten der Akteure und den Wirkungen ihres Engagements – angereichert durch Dokumente – waren unumgänglich.

Der Autor

Erich Hahn, Jahrgang 1930, in Kiel geboren, Philosoph in der DDR, bekannt durch wissenschaftliche Arbeiten, von denen einige u. a. in der alten Bundesrepublik als Raubdrucke der 68er-Bewegung, aber auch von seriösen Verlagen veröffentlicht wurden, leitete in den 70er und 80er Jahren das Institut für marxistisch-leninistische Philosophie an der Akademie für Gesellschaftswissenschaften. In dieser Eigenschaft nahm er an dem »Ideologie-Dialog« teil. Zu einzelnen Aspekten dieser Gespräche hat er in den letzten Jahren verschiedentlich publiziert und Vorträge gehalten – wie im April 2002 an der Evangelischen Akademie Bad Boll, die aus Anlaß des 15. Jahrestages des Erscheinens des »Dokuments« die erste repräsentative Tagung mit zahlreichen prominenten Zeitzeugen veranstaltete. Prof. Dr. Erich Hahn lebt als Rentner in Berlin, er ist Mitglied der Leibniz-Sozietät, der Marx-Engels-Stiftung Wuppertal, der Rosa-Luxemburg-Stiftung Berlin und der Internationalen Georg-Lukács-Gesellschaft Paderborn.

Inhalt

Einleitung

Am 27. August 1987 wurde auf Pressekonferenzen in Berlin und Bonn das Dokument »Der Streit der Ideologien und die gemeinsame Sicherheit« vorgestellt. Auf diese Weise erfuhr eine breitere Öffentlichkeit in beiden deutschen Staaten, daß seit geraumer Zeit zwischen Vertretern der SED und der SPD Gespräche über sogenannte Grundsatzfragen geführt wurden. Verhandlungen also nicht wie die über Abrüstungsfragen im Kontext der »Nachrüstungs-Debatte« oder wie die Begegnungen von Spitzenpolitikern, die seit Beginn der 80er Jahre gang und gäbe waren.

Worum es sich vielmehr handelte, waren Debatten über ausgesprochen theoretische Probleme, freilich von erheblicher politischer Relevanz – Arbeit und Leistung, Menschenbild, Fortschritt, Frieden, Gesetze in der Geschichte, Antikommunismus. Debatten zwischen Wissenschaftlern und Politikern, die sich zugleich als Repräsentanten zweier Parteien gegenübersaßen.

In der Folgezeit konzentrierten sich das öffentliche Interesse und der öffentliche Streit beinahe ausschließlich auf das Dokument. Verständlich! Hier war eine Sensation schwarz auf weiß zu lesen: Diese beiden Parteien, seit Jahrzehnten verfehdet und verfeindet, hatten sich – angesichts einer aktuellen und existentiellen Bedrohung – auf gemeinsame Positionen verständigt und Trennendes hintangestellt, sie waren über den eigenen Schatten gesprungen! Von vielen damit verbundenen Fragen, den Absichten und Motiven, den Wirkungen und Kontroversen wird im Anschluß an die Wiedergabe der Gespräche die Rede sein.

Informationen über die Gespräche waren demgegenüber spärlich. Die ersten drei Begegnungen wurden unter Ausschluß der Öffentlichkeit absolviert. Erst von 1986 an waren Journalisten eingeladen. Engagierte und instruktive Berichte blieben nicht aus, reichten aber – schon quantitativ – längst nicht an das Gewicht des Dokuments in der Welt der Medien.

Dies ist allerdings nicht der einzige Grund für meinen Entschluß, den Verlauf der Gespräche zu skizzieren.

Zunächst. Die Gespräche und das Dokument stehen in einem etwas verwickelten Zusammenhang. Auf der einen Seite muß man davon ausgehen, daß das Dokument ohne die Gespräche nicht zustande gekommen wäre. Als am Nachmittag des 28.Februar 1986 Erhard Eppler in seiner gewohnt bedächtigen Art, eher als laut gedachte Erwägung denn als verpflichtender Vorschlag, die Frage in den Raum stellte, ob man zu solchen – seit Stunden intensiv hin und her debattierten – Problemen wie *Sicherheitspartnerschaft* oder *Systemwettbewerb* nicht »mal« in einem gemeinsamen Papier »etwas aufschreiben« könne oder solle, da gab es zwar ein allgemeines Durchatmen – die Überraschung war perfekt –, in das hinein übrigens Otto Reinhold sehr rasch und so locker wie möglich antwortete: »Ja, warum eigentlich nicht?«. Aber diese Idee ergab sich nicht ohne Logik aus dem bis dahin erreichten Stand unserer Begegnungen. Der Schritt von unverbindlichen Erörterungen zu einer verbindlichen Position lag in der Luft. Wir wollten Stellung beziehen. Gerade zu den uns gleichermaßen bewegenden Fragen des Umgangs mit einer Situation, in der der Frieden akut bedroht war, hatte sich in unserem Streit durchaus eine gedankliche Substanz angereichert, die uns wert schien, einem breiteren Kreis zugänglich gemacht zu werden. Daß Erhard Eppler mit diesem Vorschlag Absichten verfolgte, die ihn seit längerem beschäftigten – wir waren zu diesem Zeitpunkt seit zwei Jahren im Gespräch – steht außer Frage. Unter anderem wollte er mit diesem Unternehmen in die Öffentlichkeit kommen, er wollte – vor allem seinem näheren und weiteren Umfeld gegenüber – jeglichen Verdacht ausräumen, da werde hinter verschlossenen Türen etwas »ausgekungelt«.

Auf der anderen Seite gibt es beträchtliche Unterschiede zwischen den Gesprächen und dem Papier. Nur ein Bruchteil der in den Gesprächen thematisierten Probleme fanden im Dokument Niederschlag – bei vielen wäre es unmöglich gewesen, irgendwelche Gemeinsamkeiten zu Papier zu bringen. Auch waren natürlich bei weitem nicht alle Gesprächsteilnehmer an der Ausarbeitung dieses so überaus komplizierten und sensiblen Textes beteiligt – es hätte wahrscheinlich nie das Licht der Welt erblickt, wenn alle zu erwartenden Einwände und Bedenken hätten berücksichtigt werden müssen. Schließlich ist zu berücksichtigen, daß die Gespräche fortgesetzt wurden, nachdem das Papier vorlag.

Entscheidend ist jedoch Folgendes. Man kann zu den Offenbarungen des Dokuments wie zu derartigen Begegnungen zwischen diesen Partnern überhaupt stehen wie man will – für mich steht außer Frage, daß es sich um den Versuch handelte, eine ebenso vernünftige wie grundsätzliche Alternative zu herrschenden Politik-Mustern zu konzipieren, einen im wahrsten Sinne des Wortes unkonventionellen Ausweg aus einer festgefahrenen und gefahrvollen internationalen Situation zu erproben. Vieles von dem, worüber wir uns damals am Scharmützelsee und in Freudenstadt die Haare gerauft haben, war naiv und ist überholt. Die Geschäftsgrundlagen sind entfallen. Zugleich wage ich die Behauptung, daß nicht ein einziges der Probleme, um die es ging, gelöst ist. Ganz zu schweigen davon, daß der im letzten Jahrzehnt wieder voll etablierte »klassische« Umgangsstil der Mächte miteinander und mit dem Rest der Welt keinesfalls von deren Lernwilligkeit spricht – aber nicht minder gefahrvolle Konsequenzen in sich birgt.

Sinn und Zweck der Gespräche war, herauszufinden, ob zwischen gegensätzlichen politischen Gruppierungen, die durch gegebene Umstände gezwungen werden, auf bestimmten Gebieten der internationalen Politik miteinander zu kooperieren, Gespräche über die jeweiligen Überzeugungen, Weltanschauungen, Theorien und Grundentscheidungen möglich sind. Und wenn ja, ob sie das praktische Zusammengehen fördern oder stören.

Hinzukommt, daß über ein Unterfangen, daß derart radikal /5 mit überkommenen Gepflogenheiten brach und dessen Ausgang entsprechend ungewiß war, der Streit nicht nur nicht ausbleiben konnte, sondern bis heute anhält. Während bis in die zweite Hälfte der 90er Jahre hinein die Frontlinie eher zwischen Rechts und Links, zwischen Konservativen auf der einen, Sozialdemokraten und Kommunisten auf der anderen Seite verlief, überwiegen nun eher Zwistigkeiten innerhalb der Linken. Auch dies ist nicht ohne Logik.

Bis zum Fortfall der Systemauseinandersetzung des 20. Jahrhunderts ging es für etablierte Konservative des Westens darum, jeglicher geistigen Relativierung des Gegensatzes vorzubeugen – »Grundwerte stehen nicht zur Disposition« hieß es damals. Jetzt, nachdem die Karten neu gemischt sind, drängt sich die Frage nach den Ursachen der Niederlage und den Perspektiven in den Mittelpunkt. Und da liegt es nahe, jene aus den eigenen Reihen mit kritischer Aufmerksamkeit zu bedenken, die sich mit dem »Erzfeind« zusammengesetzt hatten.

Es ist jedoch bei weitem nicht die einzige Frontlinie. Anfang April 2002 veranstaltete die Evangelische Akademie Bad Boll und der Arbeitskreis »Gegen Vergessen – Für Demokratie« eine Tagung zum Thema »15 Jahre SPD-SED-Dialogpapier«. Dort begegneten sich – in dieser Zusammensetzung übrigens erstmalig – vier teilweise konträre, teilweise konforme, teilweise auch in sich unterschiedliche Positionen: Vertreter der SPD, der SED, der Kirchen der DDR und der Bürgerbewegung der DDR im »Dialog«. Mindestens die gleiche Zahl weiterer Sichtweisen wären zu benennen. Auch davon mehr im Schlußkapitel.

Nun erwartet den Leser allerdings – leider – keine Veröffentlichung nach der Art eines Protokolls. Meines Wissens gibt es keine Protokolle – wenn es welche gäbe, wären sie sicher längst von findigen Historikern ausgegraben worden. Wovon ich – nach bestem Wissen und Gewissen – bei der Niederschrift ausgehe, sind meine persönlichen Notizen. Diese Notizen sind in mehrfacher Hinsicht subjektiv. Ich hatte nicht die Aufgabe, ein Protokoll anzufertigen. Aufgeschrieben habe ich, was mich interessiert hat – als »Ideologe«, als Gesellschaftstheoretiker und Philosoph, als historisch bewegter Zeitzeuge und natürlich als Vertreter einer der beiden miteinander streitenden Seiten. Notieren mußte ich, worauf ich reagieren wollte. Daß diese Absichten sich im Resultat vermischen, ist ebenso einleuchtend wie der Umstand, daß vieles in größter Eile zu erfolgen hatte – manchmal mußte man antworten, ohne vorher etwas zu Papier bringen zu können. Meine Darstellung ist also selektiv. Nichts ist vollständig – weder die Wiedergabe einer einzelnen Diskussionsbemerkung noch die des Diskussionsverlaufs insgesamt. Damit zusammen hängt auch, daß meine eigenen Einlassungen relativ ausführlich vertreten sind. Alle Kollegen, deren Beiträge hier nicht oder unzureichend erwähnt werden, bitte ich im Vorhinein um Nachsicht. Ich verbürge mich jedoch, die Grundpositionen beider Seiten und den grundlegenden Verlauf des Dialogs korrekt wiederzugeben.

Allergrößten Dank schulde ich Rudi Weidig, meinem Freund, Amtsbruder und Mitstreiter, der als Direktor des soziologischen Instituts der Akademie für Gesellschaftswissenschaften beim ZK der SED an sechs der sieben Begegnungen teilgenommen und mir seine umfangreichen Notizen zur Verfügung gestellt hat. Der Vergleich beider völlig unabhängig voneinander angefertigten Aufzeichnungen ergab ein solches Maß an Übereinstimmung, daß von einer Art Objektivierung die Rede sein kann. Natürlich saßen wir beide auf der gleichen Seite des Tisches. Ideal – nicht zuletzt vielleicht für künftige Historiker – wäre der Vergleich mit Notizen aus der entgegengesetzten Blickrichtung.

Zu danken habe ich den Kollegen, die damals dabei waren und die Niederschriften einzelner Gespräche durchgesehen haben. Eine gewisse Objektivierung ergibt sich auch aus der Tatsache, daß von 1986 an Medienvertreter zugegen waren und fleißig berichtet haben. Verschiedentlich konnte ich Veröffentlichungen von Diskussionsrednern aus der damaligen Zeit zum Vergleich mit Ausführungen auf unseren Seminaren heranziehen.

Worum ich mich freilich zu bemühen hatte, war die größtmögliche Trennung von Wiedergabe und Kommentar. Daß die Kommentare ihrerseits nicht zweckfrei, sondern als Beitrag zu den oben angedeuteten Kontroversen zu verstehen sind, sei hinzugefügt.

Und nicht zuletzt. Mir sind die Begegnungen in bester Erinnerung. Ich zähle sie zu den wichtigsten Aktivitäten in diesen Jahrzehnten. Wir waren nicht mehr nur unter uns. Man war ständig gefordert. Alle gingen davon aus, daß da etwas Richtiges auf den Weg gebracht wurde – dem wird nachzugehen sein. Die Atmosphäre war offen, fast immer sachlich, manchmal hitzig, stets angenehm. Mehrfach konnte ich mich davon überzeugen, daß – natürlich vor allem nach der Veröffentlichung des Dokuments – die internationale Aufmerksamkeit und Anteilnahme beträchtlich war.

Daß verantwortliche Repräsentanten der SPD sich nach 1990 in Ansehung neuer Gegebenheiten und Konstellationen von dieser zunächst so vielversprechenden Episode in der Geschichte der beiden Hauptströmungen der deutschen Arbeiterbewegung distanzieren, empfinde ich als betrüblich. Mit der Veröffentlichung dieser Notizen wird niemand diskreditiert. Im Gegenteil, ich will zeigen, daß es keinen Grund gibt, sich zu distanzieren.

Zu danken habe ich in allererster Linie meiner Frau, die mich nicht nur in dieser Zeit ertragen hat, sondern insbesondere bei der technischen Herstellung des Manuskriptes hilfreich war.

Zu besonderem Dank verpflichtet bin ich meinem Freund Carl-Christian Kaiser, der der als Korrespondent der »Zeit« unsere Tagungen mit großer Anteilnahme verfolgt und mich aus seiner Sicht in der Überzeugung vom Wert dieser Erfahrungen bestätigt und immer wieder ermutigt und ermuntert hat, sie niederzuschreiben.

Mein Dank gilt Zeitzeugen, die mir wertvolle Hinweise zum realen Geschehen dieser Jahre gegeben haben: Herbert Häber, Heinz Juch, Egon Krenz (der mir zudem ein wichtiges Dokument zur Verfügung gestellt hat), Harald Neubert, Werner Paff, Günter Pappenheim, Otto Reinhold, unserem Chef, der die Hauptverantwortung für dieses Experiment zu tragen hatte und dessen Rolle für sein Gelingen ausschlaggebend war, sowie Gregor Schirmer und Wolfgang Schmidt.

Zu danken habe ich Mitstreitern wie Hermann Klenner, Harry Nick und Max Schmidt, die Niederschriften von Gesprächen durchgesehen haben. Nicht zuletzt danke ich Frank Schumann und der edition ost, die sich auf dieses Wagnis eingelassen haben.

Vorab noch einige Fakten zum realen Geschehen

Die Idee entstand in Begegnungen zwischen Helmut Seidel, Philosophieprofessor in Leipzig. und Erhard Eppler, Vorsitzender der Grundwertekommission der SPD im Jahre 1983. Im Apparat des ZK wurde entschieden, die Akademie für Gesellschaftswissenschaften mit der Durchführung dieser Gespräche seitens der SED zu beauftragen. Es fanden sieben thematische Beratungen statt:
– 23./25. Februar 1984: Probleme der Arbeit und des wissenschaftlich-technischen Fortschritts;
– 15./17. November 1984: Aktuelle Fragen des Menschenbildes;
– 13./14. Juni 1985: Gesetzmäßigkeiten in Geschichte und Gesellschaft;
– 27. Februar/1. März 1986: Friedliche Koexistenz und Sicherheitspartnerschaft, Ideologie und Frieden;
– 27./29. Oktober 1987: Entwicklungsprobleme der Länder Asiens, Afrikas und Lateinamerikas;
– 27./29. April 1988: Gesellschaftlicher Fortschritt heute;
– 13./15. April 1989: Menschenrechte.
An den einzelnen Gesprächen nahmen je acht bis zwölf Vertreter beider Seiten teil. Die Zusammensetzung der Delegationen

wechselte entsprechend der Thematik. Ihre Leiter waren Prof. Otto Reinhold, Rektor der Akademie für Gesellschaftswissenschaften (AfG) beim ZK der SED, und Dr. Erhard Eppler, Vorsitzender der Grundwertekommission der SPD.

Bei der SED waren insgesamt 33, bei der SPD 15 Wissenschaftler und Politiker einbezogen.

Von Seiten der SED nahmen *an allen* sieben Gesprächen teil: Prof. Otto Reinhold und Prof. Dr. Erich Hahn;

an sechs Gesprächen: Prof. Dr. Rudi Weidig (AfG);

an fünf Gesprächen: Prof. Dr. Harald Neubert (AfG);

an vier Gesprächen: Prof. Dr. Rolf Reißig (AfG), Prof. Dr. Max Schmidt (Institut für Internaionale Politik und Wirtschaft – IPW);

an einem oder zwei Gesprächen: Prof. Dr. Frank Adler (AfG), Prof. Dr. Frank Berg (AfG), Prof. Dr. Lothar Bisky (AfG), Prof. Dr. Peter Delitz (IPW), Prof. Dr. Helmut Faulwetter (Hochschule für Ökonomie – HfÖ), Prof. Dr. Klaus Franke (AfG), Prof. Dr. Eberhard Fromm (AfG), Prof. Dr. Bernhard Graefrath (Akademie der Wissenschaften – AdW), Prof. Dr. Karl-Heinz Günther (Akademie der Pädagogischen Wissenschaften), Prof. Dr. Horst Haase (AfG), Prof. Dr. Heinz Hanspach (Institut für Arbeit), Prof. Dr. Klaus Kannapin (IPW), Prof. Dr. Hermann Klenner (AdW), Prof. Dr. Helmut Koziolek (Zentralinstitut für sozialistische Wirtschaftsführung), Prof. Dr. Karin Kulow (AfG), Prof. Dr. Wolfgang Küttler (AdW), Prof. Dr. Harald Lange (IPW), Prof. Dr. Emil Langer (AfG), Prof. Dr. Manfred Lötsch (AfG), Prof. Dr. Harry Nick (AfG), Prof. Dr. Werner Paff (AfG), Prof. Dr. Eberhard Poppe (Martin-Luther-Universität Halle), Prof. Dr. Gerhard Scharschmidt (AfG), Prof. Dr. Harald Schliwa (AfG), Prof. Dr. Helmut Seidel (Karl-Marx-Universität Leipzig), Prof. Dr Peter Stier (HfÖ), Karl-Heinz Wagner, Westabteilung des ZK der SED.

Von Seiten der SPD nahmen *an allen* sieben Gesprächen teil: Dr. Erhard Eppler (Vorsitzender der Grundwertekommission – GWK), Dr. Klaus Mehrens (GWK, IG Metall), Dr. Thomas Meyer (GWK, Leiter der Gustav-Heinemann-Akademie der Friedrich-Ebert-Stiftung), Burkhard Reichert (GWK);

an sechs Gesprächen: Prof. Dr. Iring Fetscher (GWK, Johann Wolfgang Goethe-Universität Frankfurt am Main);

an fünf Gesprächen: Dr. Susanne Miller (GWK), Prof. Dr. Johano Strasser (GWK, Freie Universität Berlin);

an vier Gesprächen: Prof. Dr. Günter Brakelmann (GWK, Ruhr-Universität Bochum), Heinz Rapp (stellvertretender Vorsitzender der GWK, MdB);

an drei Gesprächen: Prof. Dr. Richard Löwenthal (stellvertretender Vorsitzender der GWK);

an einem Gespräch: Alwin Brück (MdB), Prof. Dr. Peter von Oertzen (Universität Hannover), Reinhard Ueberhorst, Günter Verheugen (MdB), Dorothee Vorbeck.

Zur vierten Veranstaltung im Februar 1986 hatte Erhard Eppler – mit unserem Einverständnis – erstmals Vertreter von Medien der Bundesrepublik eingeladen. DDR-Journalisten nahmen seit dem fünften Treffen im Oktober 1987 teil.

Intensiv wahrgenommen wurde dies unter anderem von »Die Zeit«, »Süddeutsche Zeitung«, »Spiegel« »Neues Deutschland«, »Einheit«, »Horizont«, »WDR«, »Radio DDR«, »Vorwärts«.

Probleme der Arbeit und des wissenschaftlich-technischen Fortschritts

Dieses Gespräch verlief für unsere Begriffe in mehrfacher Hinsicht erstaunlich, einmal dadurch, daß wir spürten, wieviel Bewegung in der SED sichtbar wurde, und zum andern, wieviel Differenzierung innerhalb der SED, repräsentiert durch einzelne Gesprächspartner, erkennbar wurde.
Erhard Eppler
im Interview »SPD/SED-Papier.
Deutsch-deutsche Magna Charta?«,
Journal Geschichte Februar 1988

Alles begann für mich an einem Freitag, Ende Dezember 1983. Beim Mittagessen in der Mensa unserer Akademie tauchte mein Kollege Helmut Seidel – Philosophieprofessor in Leipzig – auf. Im Gespräch stellte sich heraus, daß wir das gleiche Ziel hatten: eine Beratung bei Otto Reinhold, unserem Rektor, von der ich jedenfalls nicht genau wußte, um was es geht.

Otto Reinhold eröffnete uns – wir waren sieben –, daß vom Donnerstag, dem 23., bis Sonnabend, dem 25. Februar des nächsten Jahres, in Wendisch-Rietz am Scharmützelsee eine Zusammenkunft mit einer Abordnung der Grundwertekommission der SPD – Leitung Erhard Eppler – geplant sei, an der wir teilnehmen und auf die wir uns vorbereiten sollten. Als Thema sei ins Auge gefaßt worden: Fragen des wissenschaftlich-technischen Fortschritts und des Wandels der Arbeit. Als Referenten zu einzelnen Aspekten des Problems – Redezeit höchstens 20 Minuten – kämen dieser und jener in Frage. Bedacht werden sollte, erstens, daß wir kein Interesse an polemischer Schärfe hätten, sondern einfach unsere Auffassungen darlegen sollten. Zweitens sollten wir nicht von unserem Verhältnis zum Kapitalismus, sondern von unseren Erfahrungen und Vorstellungen beim Aufbau des Sozialismus, von unserer Konzeption und Strategie ausgehen – ohne so zu tun, als hätten wir alle Probleme gelöst. Drittens könnten wir nicht voraussetzen, daß unseren Gästen alle neueren Akzente unserer Theorie und Praxis bekannt seien. Ihr Sozialismusbild entspreche sicher nicht unseren Realitäten, wir sollten darlegen, daß die Entwicklung über vieles hinweggegangen sei, wichtig wäre, zu erreichen, daß sie uns »zur Kenntnis nehmen« und daß ein Vertrauensverhältnis entstünde.

Am 15. Februar 1984 kamen die fünf Auserwählten von unserer Akademie noch einmal zusammen. Jeder trug die Kerngedanken seines beabsichtigten Beitrages vor. Das war's.

Was ich damit sagen will: Natürlich waren wir alle – je nach Temperament – über diesen Auftrag erfreut, erregt bis begeistert. Aber was sich im Laufe der nächsten Jahre zu einem immer wieder als historisch gewerteten und bis heute heftig umstrittenen Ereignis auswachsen sollte, fing an wie die ganz normale Vorbereitung eines wissenschaftlichen Kolloquiums, eher noch unauffälliger. Wir hatten keine Konzeption oder gar die sonst obligate schriftliche Direktive. Wir erfuhren vorläufig auch nicht, *wie* dieses Vorhaben zustande gekommen war und ob es eine einmalige Begegnung werden oder eine Fortsetzung geben würde. Auf die eigentliche Vorgeschichte werde ich zurückkommen. Ich füge jedoch hier schon hinzu, daß der Reiz des ganzen Unternehmens nicht zuletzt in dieser auch weiterhin obwaltenden Spontaneität, in einer Kette von Ungewißheiten und Überraschungen, in der damit verbundenen Spannung und Herausforderung bestand: Ob wir weitermachen und zu welchem Thema wurde jeweils am Ende der Tagung entschieden – bis hin zu der bereits erwähnten Frage Erhard Epplers vom Februar 1986 und Otto Reinholds Antwort. Auch für die hatte er kein Plazet des Politbüros.

Schon »Beziehungen« oder erst »Kontakte«?

Am 23. Februar 1984, einem Donnerstag-Nachmittag, es war ziemlich tristes Wetter, begrüßten wir auf dem Parkplatz vor dem »Haus an der Spree«, dem Hotel des ZK der SED gegenüber dem Märkischen Museum, die Abgesandten der SPD: Dr. Erhard Eppler, Mitglied des Parteivorstandes und Vorsitzender der Grundwertekommission, Prof. Dr. Richard Löwenthal, stellvertretender

Vorsitzender der Kommission, Dr. Günter Brakelmann, Professor für christliche Gesellschaftslehre an der Ruhr-Universität Bochum, Prof. Dr. Iring Fetscher, Philosoph und Marxismusforscher, Dr. Klaus Mehrens, IG-Metall, Dr. Thomas Meyer, Direktor der Gustav-Heinemann-Akademie der Friedrich-Ebert-Stiftung, Prof. Dr. Johano Strasser, Politologe und Burkhard Reichert, Sekretär der Kommission. Auf SED-Seite standen die Professoren Otto Reinhold, Frank Adler, Manfred Lötsch (Soziologe), Harry Nick (Ökonom), Rudi Weidig (Soziologe), Erich Hahn (Philosoph) von der Akademie für Gesellschaftswissenschaften beim ZK sowie Prof. Helmut Seidel (Philosoph, Karl-Marx-Universität Leipzig) und Prof. Heinz Hanspach (Zentralinstitut für Arbeit, Dresden).

Während der Fahrt zu unserem Domizil, einem Gästehaus des ZK der SED am Scharmützelsee, wurde mit forsch-lockerer Unterhaltung versucht, die allgemeine Unsicherheit zu übertünchen: Wie war die Reise? Sind Sie das erste Mal in der DDR? Der Charme des südöstlichen Umlandes von Berlin usw. usf. Nach einem Rundgang durch den weitläufigen Garten des Objekts war Erhard Eppler von der ökologischen Sensibilität der SED beeindruckt – hatte doch der Hausherr beklagt, daß gegen die Rehe kein Kraut gewachsen sei. Die Umzäunungen mißachtend würden sie ständig die mühsam gehegten Rosen abfressen.

Schließlich hatten wir uns am Konferenztisch eingefunden. Otto Reinhold als Gastgeber nahm das Wort und setzte an, seiner Freude darüber Ausdruck zu verleihen, daß es nun gelungen sei, engere Beziehungen zur SPD ... Da fiel ihm Richard Löwenthal schon ins Wort: »Nicht engere Beziehungen! Nur solche Kontakte wie auch zwischen Staaten! Was weiter wird, werden wir sehen.«

Kaum vierundzwanzig Stunden später, nach dem Absolvieren der ersten Diskussionsrunden, sollte der gleiche Richard Löwenthal erklären: »Na ja, das geht ja ganz gut. Aber das liegt wohl daran, daß wir im stillschweigenden Einverständnis die eigentlich ideologischen Fragen wie Frieden oder Demokratie ausgeklammert haben.« Wie die Themen der folgenden Tagungen zeigten, sollte er sich auch darin geirrt haben. Und am Sonnabend Mittag, zum Abschluß der Tagung, hob Erhard Eppler die »historische Einmaligkeit« der Tatsache hervor, daß es zum ersten Mal seit mehr als sieben Jahrzehnten zwischen Vertretern dieser beiden Parteien zu Gesprächen über theoretische Grundsatzfragen gekommen sei. Eine Bemerkung, die in der Folge immer wieder die Runde machen sollte.

Zum Abschluß dieses ersten Treffens sprach Eppler seinen herzlichen Dank aus, bemerkte, daß man viel gelernt habe, daß man viele Fragen ähnlich sehe und daß dies nicht das Ende sein sollte.

Einige Wochen später unterstrich Eppler noch einmal in einem Brief an Reinhold, daß das Gespräch »viele wertvolle Einsichten und Anregungen gebracht« habe und alle Teilnehmer darin übereinstimmten, daß der Erfahrungsaustausch »eine gute Sache war« und »Anlaß für eine Fortsetzung« biete.

Heute – keine zwanzig Jahre danach – klingt das wie eine Kunde von einem fremden Stern. Darauf wird zurückzukommen sein. Zunächst aber einige Streiflichter auf die Debatten selbst.

Während dieser ersten Tagung standen sich, auf einen Nenner gebracht, zwei Grundpositionen gegenüber. Während wir bemüht waren, die Orientierungen und die Politik der SED auf wissenschaftlich-technischem und ökonomischem Gebiet darzustellen, warfen die Vertreter der SPD uns vor, dabei nicht genügend sozialistisch zu verfahren.

Eine umstrittene Wesensverwandtschaft

Das Einleitungsreferat über »wissenschaftlich-technischen und sozialen Fortschritt« hielt Otto Reinhold. Das Grundproblem bestehe darin, wissenschaftlich-technischen in ökonomischen und sozialen Fortschritt zu verwandeln. Wachstum sei für den Sozialismus unverzichtbar. Also sei die Kernfrage, welche Art Wachstum angestrebt werden solle. Gewährleistet werden müßte die Erreichung von vier Zielen: Erstens die weitere Ausprägung solcher Vorzüge des Sozialismus wie soziale Sicherheit, das Wohnungsbauprogramm, die Umgestaltung der Arbeitsbedingungen. Das komplizierteste Problem sei, die Bedingungen für Vollbeschäftigung zu sichern. Zweitens gehe es um die erweiterte materielle Reproduktion und die Schaffung der materiellen Bedingungen für die allseitige Entwicklung der Persönlichkeit. Drittens müsse ein wachsender Beitrag zur Erreichung bzw. Gewährleistung des ökologischen Gleichgewicht anvisiert werden, und viertens gehe es um die Hilfe für Entwicklungsländer und die Sicherung der Verteidigungsfähigkeit.

Ausdrückliche Zustimmung fand seine These, daß Anstrengungen zur Sicherung von Arbeitsplätzen besser und billiger seien als die Bezahlung von Arbeitslosengeld. Die Verwirklichung des Rechtes auf Arbeit bezeichnete Reinhold als Grundwert des Sozialismus und entscheidende Voraussetzung für Demokratie. Die Auffassung, der Gesellschaft gehe die Arbeit aus, wurde aus prinzipiellen und pragmatischen Gründen kritisiert. Reinhold berichtete schließlich von erheblichen Schwierigkeiten und Bemühungen, bedeutende industrielle bzw. volkswirtschaftliche Strukturwandlungen mit möglichst geringen »Reibungen« zu vollbringen – langfristige Planung, gezielte Bildungsprogramme, demokratische Mitwirkung und rechtliche Absicherung seien dafür unumgängliche Voraussetzungen.

An Einwänden und Fragen, in denen sich freilich – wie meist bei solchen Veranstaltungen – Standpunkte artikulierten, mangelte es nicht.

Ist der wissenschaftlich-technische Fortschritt als vorgegebene Größe, als unabhängige Variable anzusehen oder als Aufgabe, als zu gestaltender Prozeß? (Iring Fetscher) Der Sozialismus nütze seine Chancen der Beeinflussung von Entscheidungen bei der Steuerung der Wirtschaft nicht. Die Angabe von Wachstumszielen sei noch keine Antwort auf die Frage nach der Art, der Qualität von Wachstum. Das Wachstum des Nationaleinkommens dürfe nicht als Indikator für wachsenden Wohlstand angesehen werden. Überhaupt müsse man von der Vorstellung Abschied nehmen, daß das materielle Lebensniveau humane Qualität garantiere. Wie lassen sich qualitative Kriterien für quantitative Prozesse formulieren? Und bedürfen nicht Ziele und Mittel von Wachstum unterschiedlicher Kriterien? (Erhard Eppler, Thomas Meyer)

Welche Organisationsstrukturen gibt es, um ein derartiges Konzept umzusetzen? Die sozialistische Verstaatlichung bringe in dieser Hinsicht ernste Probleme mit sich. Die Delegierung von diesbezüglichen Tätigkeiten und Kompetenzen schmälert die Interessen des Staates, daraus erwachsen Widerstände gegen demokratische Vielfalt. (Johano Strasser)

Günter Brakelmann wandte ein, daß dieser Sozialismus nur nachhole, was der Kapitalismus versäumt habe. Dies aber sei ein reduktionistisches Sozialismus-Verständnis. Und ob der Sozialismus nicht damit überfordert werde, freigesetzte Arbeiter immer wieder neu einzusetzen? Im Betrieb sei das noch vorstellbar, aber im volkswirtschaftlichen Maßstab doch gewiß sehr kostspielig.

Harry Nick unterstrich, daß sozialistische Ziele nicht verwirklicht werden können ohne ökonomisches Wachstum und materiellen Reichtum. Die Bedürfnisse des Volkes seien der oberste Maßstab. Die Partei wäre bemüht, in einem ständigen Prozeß diesen Bedürfnissen politischen Ausdruck zu verleihen.

In seinem Beitrag ging er auf den Zusammenhang von Technik und Gesellschaft ein. Die Grundhaltung zum wissenschaftlich-technischen Fortschritt bei den Arbeitern und Werktätigen sei optimistisch und von hohen Erwartungen getragen. Technik werde nicht als Dämon erfahren oder empfunden.

Eine Eigengesetzlichkeit der Technikentwicklung sei nicht in Abrede zu stellen. Allerdings dürfe darunter nicht verstanden werden, daß die Technik selbst die Zwecke ihrer Entwicklung setze. Der Zusammenhang von Gesellschaft und Technik werde durch die herrschenden Produktionsverhältnisse bestimmt. Zwischen der mit der wissenschaftlich-technischen Revolution verbundenen Entwicklung der Produktivkräfte und dem grundlegenden Charakter der sozialistischen Produktionsverhältnisse bestehe eine enge, fruchtbare Wechselbeziehung und gegenseitige Abhängigkeit. Es habe sich eingebürgert, von einer »Wesensverwandtschaft von Sozialismus und wissenschaftlich-technischem Fortschritt« zu sprechen. Das gesellschaftliche Eigentum an Produktionsmitteln, so Nick weiter, realisiere sich über die Zielstellung und die Realität der Einheit von wissenschaftlich-technischem und sozialem Fortschritt. Hinzu komme die strikte Notwendigkeit einer ökologischen Orientierung des wissenschaftlich-technischen Fortschritts. Beides erfordere nicht nur politische Entscheidungen. Sehr viel hänge von der geistigen Orientierung der Ingenieure und der Rolle der Gewerkschaften ab. Unverzichtbar sei der »assoziierte Verstand« aller Beteiligten. Daß es sich bei all dem nicht nur um abstrakte Postulate handele, zeige die Tatsache, daß 30 Prozent des Zuwachses an Nationaleinkommen in der DDR über Resultate aus der Neuerertätigkeit erzielt würden.

Prof. Hanspach sprach über die Arbeitsweise und die Erfahrungen des Zentralinstituts für Arbeit in Dresden. Schwerpunkte seien Probleme des Charakters der Arbeit, des Arbeitsschutzes und der Arbeitsmedizin. Seit 1976 gebe es in der DDR eine arbeitswissenschaftliche Ausbildung der Ingenieure. Bestimmte Vorkenntnisse dafür würden bereits in der allgemeinbildenden und der Berufsschule vermittelt. Soziale Parameter und Kriterien der Technik müßten von vornherein bei deren Konstruktion bzw. Gestaltung und nicht im Nachhinein durch »Reparaturen« erfolgen.

Eine Replik nicht nur auf diesen Beitrag kam von Johano Strasser. Wenn die These von der »Wesensverwandtschaft« stimme, warum habe dann der Sozialismus so große Schwierigkeiten mit der Wissenschaftlich-technischen Revolution, erkundigte er sich. Die Grundfrage sei: Welche Interessen bestimmen den Vollzug des wissenschaftlich-technischen Fortschritts? Im Kapitalismus sei dies der Profit, das Eigeninteresse von Eliten und das Interesse an der Erhaltung der Macht bestimmter Institutionen. Es sei ein Fehler, das Denken lediglich auf den *output* technischer Entwicklungen zu orientieren. Auf diese Weise gerate die »tote Arbeit« in den Vordergrund. Die Technik-Entwicklung müsse viel stärker auf die Bedingungen der »lebendigen Arbeit« orientiert werden – sonst werde der Mensch der Technik angepaßt. Die heutige Technik, so Strasser, böte Möglichkeiten einer Verbesserung der Tätigkeitsbedingungen (Mikroelektronik) und der Lösung des Ressourcenproblems. Ziel müsse sein, den von Marx akzentuierten Charakter der Arbeit als zwecksetzenden Prozeß individualpsychologisch realisierbar zu machen, indem die Schere zwischen Hand- und Kopfarbeit sowie zwischen ausführender und anordnender Tätigkeit geschlossen werde. Strasser stimmte der Auffassung zu, daß dem Ingenieurverständnis und der Einstellung der Ingenieure große Bedeutung zukomme.

Bedacht werden müsse, daß die heutige Technik Tendenzen der ökonomischen und politischen Zentralisation, der Konzentration von Macht bis hin zu globalen Monopolen verstärke. Das Axiom der Naturbeherrschung bringe die Gefahr der Abhängigkeit von Sachzwängen mit sich. Die Logik zunehmenden Sicherheitsaufwandes habe die Einschränkung von Freiheiten zur Folge. Auch Enthumanisierungstendenzen (Gen-Manipulation, Überwachungstechnik) seien kritisch zu beleuchten. Die Behauptung, die moderne Technik führe zu wachsender Effizienz, werde durch die Tendenz eines zunehmenden Aufwandes für Sicherheit, Transport und Erhaltung der Umwelt relativiert.

Im politischen System des Sozialismus sei die Gefahr der Über-
zentralisierung und damit einer Innovationsbremse gegeben. Vorzüge habe ein solches System bei der Wahrnehmung der Chance,
ökologische Probleme zu bewältigen, Nachteile hinsichtlich der
Orientierung auf emanzipatorische, bedürfnisgerechte Kriterien
der Technik-Gestaltung. Eine »führende Rolle der Partei« sei der
Öffnung autonomer Räume nicht zuträglich.

Diesen Faden aufnehmend meinte Klaus Mehrens, daß die
moderne Technik zweifellos Fortschritts- und Rationaliätseffekte
mit sich bringe. Allerdings zeichne sich die Tendenz ab, daß die
Fortschrittsfunktion der Technik in Zweifel gerät und die Ratio-
nalitätsfunktion in den Vordergrund tritt. Vier gravierende »Ge-
fährdungsbereiche« seien zu beachten: Beschäftigung – wachsende
Arbeitslosigkeit insbesondere durch die Neuerungen der Kom-
munikationstechnik; Qualifikation – zunehmende Entwertung;
Gesundheit – Zunahme von Monotonie, sozialer Isolation usw.;
Freiheitsspielräume – der »gläserne Mensch«, mehr Möglichkeiten der Kontrolle und Überwachung.

Begonnen hatte der Vertreter der Gewerkschaft seinen Beitrag
übrigens mit der an unsere Adresse gerichteten Bemerkung: »Sie
haben ja mehr Gemeinsamkeiten mit unseren Unternehmern als
mit uns!«

Rudi Weidig verwies auf die wirtschafts- und technikpolitische
Orientierung, vor allem körperlich schwere und gesundheitsschä-
digende Arbeitspläte abzubauen. Moderne Technologien brächten
Tendenzen zur Reduzierung aber auch zur Vermehrung von Mo-
notonieerscheinungen mit sich. Angestrebt wird, Umsetzungen
von Arbeitskräften vor allem auf anspruchsvolle Arbeitsplätze, z.
B. im Rationalisierungsmittelbau, vorzunehmen und bei der Ar-
beitsplatzgestaltung Kombinationen von ausführender und kon-
trollierender Tätigkeit zu erreichen.

Ich meldete Zweifel gegenüber Strassers These an, daß das
zwecksetzende Moment der menschlichen Arbeit rein individualpsychologisch nachvollziehbar sein müsse. Die unter modernen
Produktionsbedingungen hochgradige gesellschaftliche Vermit-
teltheit der Beziehungen zwischen dem einzelnen Arbeiter, seiner
Tätigkeit und seinem Produkt sei in Rechnung zu stellen. Individuelle Existenz und Tätigkeit werde in immer stärkerem Maße
durch Teilhabe an kollektiven und gesellschaftlichen Zusammen-

hängen und Prozessen realisiert. Die Gestaltung technischer und sozialer Prozesse müsse darauf hinauslaufen, diese Zusammenhänge individueller und kollektiver Einsicht zu erschließen, um Identifizierungsprozesse und Mitwirkung zu ermöglichen. Nicht zuletzt die wiederholten Analysen und Warnungen des *Club of Rome* liefen darauf hinaus, eine entschiedene Verstärkung der menschlichen Orientierung auf die Erfüllung gesellschaftlicher Erfordernisse und die Wahrnehmung von Verantwortung für gesellschaftliche Belange anzumahnen.

Thomas Meyer entgegnete, daß all dies mehr oder weniger eine Hegelsche »Gattungsidentität« voraussetze, eine eher fragwürdige »moralisch-ideelle« Identifizierung mit der Perspektive des Systems. Es gehe hingegen um eine angemessene Balance zwischen der Verfügungsgewalt des Einzelnen und den irreduzierbaren Potenzen des Gesamtsystems. Identifizierung mit der heutigen Arbeit anzustreben, sei irreal. Dafür seien sehr große Zeiträume erforderlich.

Richard Löwenthal griff ebenfalls Nicks These von einer »Wesensverwandtschaft« zwischen wissenschaftlich-technischem Fortschritt und Sozialismus auf. Der historische Materialismus unterstreiche in der Tat einen notwendigen Zusammenhang zwischen Produktivkraftentwicklung und sozialistischer Revolution, der wissenschaftlich-technische Fortschritt erfordere demzufolge eine sozialistische Produktionsweise. So habe sich die historische Entwicklung aber nicht vollzogen.

Der Sozialismus sei in wenig entwickelten Ländern zum Durchbruch gelangt. Die DDR sei als Nebenprodukt des Ausgangs des zweiten Weltkrieges entstanden. Und die entscheidenden Anstöße zur Entwicklung der wissenschaftlich-technischen Revolution seien nicht von den sozialistischen Ländern ausgegangen.

»Wir im Westen« hingegen akzentuieren die problematischen Seiten dieser Entwicklung, weil wir zu den technisch entwickelten Ländern zählen. Der letztlich allein hilfreiche Weg zur Bewältigung der vielfältigen Krisenerscheinungen wissenschaftlich-technischen Fortschritts sei eine drastische Verkürzung der Arbeitszeit. Auf der Tagesordnung stehe daher nicht die Notwendigkeit irgendeiner »Gestaltung« dieser Prozesse, sondern die Lösung des Problems der Freizeit.

Einen relativ selbständigen Diskussionskomplex eröffnete Erhard
Eppler mit der Frage, welchen Spielraum eine sozialistische Gesellschaft habe, um auf die Entwicklung von Bedürfnissen Einfluß
zu nehmen

Der letztlich entscheidende Motor sei natürlich die materiell-
ökonomische Wechselwirkung zwischen der Befriedigung gegebener und der Entstehung neuer Bedürfnisse. Zugleich stehe die
Einwirkung von Medien außer Frage und der Kultur insgesamt.
In der DDR-Gesellschaft gebe es Prozesse der Bedürfnisentwicklung, die nicht sozialistischen Idealen entsprächen. Möglichkeiten
einer gewissen Beeinflussung der Bedürfnisentwicklung seien an
Werten orientierte wirtschafts-, kultur- und bildungspolitische
Weichenstellungen. Ich verwies auf die Entscheidungen, die dem
»sozialpolitischen Programm« der SED zugrunde gelegen hatten,
vor allem die Lösung der Wohnungsfrage, die Vervollkommnung
des Bildungswesens, die Anhebung des Lebensniveaus der Werktätigen mit niedrigem Einkommen etc. in Angriff zu nehmen und
daher andere, durchaus attraktivere Ziele (Erhöhung des PKW-
Besatzes, Straßenbau) zurückzustellen. Auch die Relation zwischen
dem Anteil des individuellen Arbeitseinkommens und dem der
unentgeltlichen Leistungen aus den »gesellschaftlichen Fonds« bei
der Bedürfnisbefriedigung – die staatlichen Ausgaben für Wohnung, Bildung, Kultur, Gesundheits- und Sozialwesen waren im
zurückliegenden Jahrzehnt sehr viel schneller gewachsen – müßten in diesem Zusammenhang berücksichtigt werden. Ein Einfluß
auf Prozesse der Bedürfnisentwicklung gehe von künstlerischen
Positionen aus. Die gesellschaftliche Resonanz von Filmen,
Büchern und Theaterstücken, die durchaus an humanistischen
oder sozialistischen Wertvorstellungen orientierte Prinzipien und
Maximen erörtern, sei nachweisbar.

Rudi Weidig verwies auf soziologische Untersuchungen, in denen das Bildungsniveaus, die gesellschaftliche Atmosphäre, demo-
kratisches Engagement, der Arbeitsinhalt und das gegebene Niveau der Bedürfnisbefriedigung als hauptsächliche Faktoren der
Bedürfnisentwicklung nachgewiesen wurden.

Johano Strasser betonte die Unverzichtbarkeit des Bedürfnis-
ses nach spontanem Engagement und meinte, daß die Alternative

»gesellschaftliche/individuelle« Formen der Bedüfnisbefriedigung zu grob gezeichnet sei. Iring Fetscher hob die Kompensationsfunktion von Konsumbedürfnissen hervor. Klaus Mehrens gab die Erfahrung zu bedenken, daß die Tendenz einer immer stärker durch den Staat vermittelten Umverteilung Unzufriedenheit hervorgerufen habe. Thomas Meyer unterstrich die Notwendigkeit der gemeinsamen Beratung jeglicher Probleme der Bedürfnisentwicklung.

Hinsichtlich der grundsätzlichen Entwicklungsfähigkeit von Einstellungen und Verhaltensweisen verwies Erhard Eppler auf irreversible Prozesse einer deutlich verstärkten Orientierung auf Probleme des Friedens und der Demokratie in der Bundesrepublik seit der breiten Nachrüstungsdebatte. Auch habe eine bedeutsame Demokratisierung der Diskussion um die Perspektive des Energieproblems stattgefunden.

Günter Brakelmann warnte prinzipiell vor einer »Glorifizierung« der Identifizierung des Menschen mit seiner Arbeit oder ähnlichen Gegebenheiten. Identifizierung habe einen Beigeschmack von »Selbstaufgabe«. Wenn schon, dann solle sich der Einzelne mit der Totalität seines Wesens identifizieren.

Widersprüchliches zu »Leistung« und »Leistungsprinzip«

Für den verbleibenden Sonnabendvormittag hatten wir uns vorgenommen, dem Problem und Begriff der Leistung bzw. des Leistungsprinzips nachzugehen.

Die Möglichkeit und Notwendigkeit der Vorherrschaft des Leistungsprinzips »Jeder nach seinen Fähigkeiten, jedem nach seiner Leistung!« sei in den materiellen Existenzbedingungen einer sozialistischen Gesellschaft begründet und entspreche zugleich wesentlichen Ziel- und Wertvorstellungen des Marxismus – so die Ausgangsthese meiner Diskussionsgrundlage. Diese Möglichkeit sei mit dem gesellschaftlichen Eigentum an Produktionsmitteln gegeben, die Notwendigkeit resultiere aus dem Charakter und dem Inhalt der Arbeit unter diesen konkreten historischen Bedingungen. Über materielle Interessen bzw. Stimuli müsse gesichert werden, daß alle wesentlichen für die Gesellschaft notwendigen Leistungen tatsächlich erbracht würden. Die Anwendung des Leistungsprinzips sei für diese Stufe der gesellschaftlichen Entwicklung eine Möglichkeit, Gerechtigkeit zu realisieren und würde – wie empirische Erhebungen und Erfahrungen immer wieder belegten – im gesellschaftlichen Bewußtsein auch deutlich so empfunden, Verstöße gegen das Leistungsprinzip bei der Verteilung werden als ungerecht kritisiert. Marx habe in seiner Kritik am Gothaer Programm bereits darauf verwiesen, daß dieses Verteilungsprinzip erhebliche Ungleichheiten in der Gesellschaft voraussetze und unangetastet lasse – vor allem die individuell und sozial ungleichen Möglichkeiten zu gleicher Leistung. Das Leistungsprinzip sei daher in eine gesamtgesellschaftliche Orientierung und Praxis eingebettet, die auf die Angleichung dieser Unterschiede und Ungleichheiten zielt bzw. Kompensationen für sie schafft: vorrangige Anhebung von Mindestlöhnen, Unterstützungen für kinderreiche Familien, Verantwortung der Leiter und der Kollektive für die Förderung von Zurückbleibenden, Reduzierung von Unterschieden in den Arbeitsbedingungen usw.

Zugleich sei die umfassende und widersprüchliche Durchsetzung des Leistungsprinzips von einer Fülle moralischer Auseinandersetzungen und geistiger Wandlungen begleitet, die auf überaus interessante Weise in der künstlerischen Aneignung dieser Realität Ausdruck finde. Ein Widerspruch sei, daß die erbrachte Leistung als Maßstab der Verteilung von der individuellen Motivation bei der Erbringung der Leistung zwangsläufig absehen müsse. Für die gesellschaftliche Entwicklung und die Realisierung sozialistischer Prinzipien jedoch können die realen individuellen und kollektiven Motivationen keinesfalls gleichgültig sein.

In der gesellschaftswissenschaftlichen Literatur der DDR werde die Ausprägung »sekundärer Wertungssysteme«, die die Persönlichkeitsentfaltung in den Mittelpunkt stellen, erörtert.[1] Eine Vielzahl gesellschaftlich unverzichtbarer Tätigkeiten sei nicht über das Leistungsprinzip zu stimulieren, bedürfe jedoch der uneingeschränkten Würdigung. Auch seien erhebliche Widersprüche zwischen verschiedenen Seiten oder Funktionen ein und derselben Tätigkeit in Rechnung zu stellen: ihr Nutzen für die Gesellschaft, das Ausmaß persönlicher Anstrengung, ihre Bedeutsamkeit für Selbstbestätigung und Sinnerfüllung, für das Gefühl, gebraucht zu werden und andere Dimensionen befinden sich nur selten in positiver Übereinstimmung. Das Leistungsprinzip jedoch muß sich auf die zuerst genannte Komponente beschränken.

Die sich hieran anschließende Debatte durfte man getrost als lebhaft bezeichnen. Zunächst jedoch führte Thomas Meyer zum Thema »Zukunft der Arbeit« aus, daß Arbeit immer als ein Ansatz zur Selbstverwirklichung angesehen werden müsse. Die notwendige Koordinierung von Tätigkeiten dürfe nicht nur auf der unmittelbaren Ebene, aber auch nicht nur im gesamtgesellschaftlichen Rahmen erfolgen. Konflikte seien nicht nur zwischen Eigentümern (an Produktionsmitteln) und Nichteigentümern sondern auch zwischen verschiedenen Nichteigentümern denkbar. Humanisierung der Arbeit und Verkürzung der Arbeitszeit müßten im Zusammenhang erfolgen. Eine wöchentliche Arbeitszeit von 15 bis 20 Stunden im Kernbereich der gesellschaftlichen Produktion müsse durch die Möglichkeit alternativer, nicht-entfremdeter Tätigkeiten in anderen Bereichen ergänzt werden. Zur Leistungsproblematik wandte Meyer ein, daß die Ermittlung und der qualitative Vergleich individueller Tätigkeiten mit der zunehmenden Komplexität einer Gesellschaft immer schwieriger werde. Zugleich aber dürfe immer weniger egalisiert werden, je komplizierter die Zusammenhänge werden. Da es nur bedingt objektive Vergleichsmaßstäbe gebe, müsse das Verteilungssystem aushandelbar angelegt und zustimmungsfähig sein. Die konstitutive und kreative, phantasievolle Mitwirkung auf allen Ebenen des gesellschaftlichen Systems müsse als Leistung anerkannt werden. Wichtig sei, die gesellschaftlichen Bedingungen für Ungleichheit zu beseitigen. Dann allerdings seien neue natürliche Bedingungen für Ungerechtigkeiten zu erwarten.

Richard Löwenthal, der sich übrigens für die Einleitung »sehr« bedankte, sah den Leistungsbegriff historisch und systematisch aus einer wertbestimmten Haltung zur Arbeit hervorgehen, was in der menschlichen Zivilisation einzigartig sei und sich mit dem europäischen Mönchtum entwickelt habe. Dies sei ein entscheidender Strang für die Dynamik der Moderne. Die Schwierigkeit bestehe im »Zusammenbringen« der gesellschaftlichen und der individuellen Komponenten von Leistung. Die historische Tendenz des Auseinandertretens dieser Elemente sei nicht zu übersehen. Ausdruck finde das in der Problematik der Sinnerfüllung. Deshalb sei das Thema »Leistung« so brennend.

Die Frage sei, *wie* man Leistung messen könne. Der »real existierende« Markt sei ein Maßstab und zugleich eine Voraussetzung, um überhaupt Leistung erbringen zu können. Korrigiert werde diese seine Funktion allerdings durch die Tendenz zum Monopol und durch die Tatsache, daß eine Fülle von Leistungen die Sphäre des Marktes gar nicht erst erreichen. Beim Leistungsprinzip könne es sich lediglich darum handeln, es »möglichst rationell« und »möglichst gerecht« anzulegen und zu handhaben. Soziale Sicherheit sei in der Tat wichtig als Ausgleich für Ungerechtigkeiten des Leistungsprinzips. Er stimme daher der Auffassung zu, daß Maßnahmen zur Egalisierung der mit dem Leistungsprinzip einhergehenden Ungleichheiten unabdingbar seien.

Manfred Lötsch berichtete über Maßnahmen, um bei der Leistungsbemessung und -bewertung den Problemen komplizierter oder körperlich schwerer Arbeit gerecht zu werden.

Johano Strasser bezweifelte Richard Löwenthal gegenüber, daß der Markt bei der Verteilung von Leistung heute noch eine Rolle spiele. Wenn man historisch über das Leistungsprinzip hinauswolle, dann müsse man Hierarchien abbauen. Der soziale Aufstieg sei gegenwärtig ein entscheidender Leistungsanreiz.

Fetscher flocht ein, daß die gesellschaftlichen Abstände zwischen Einkommen oder Positionen im Westen größer seien als im Osten.

Otto Reinhold verwies darauf, daß für die Aufhebung des Leistungsprinzip in einem längeren historischen Prozeß die Bedingungen geschaffen werden müßten, z. B. müsse der materielle Reichtum der Gesellschaft vermehrt werden, die Arbeit einen anderen Charakter erhalten und neue Beziehungen zwischen körperlicher und geistiger Arbeit müßten entstehen.

Das Problem der Quantifizierbarkeit von Leistung bereite natürlich große Schwierigkeiten. Ein perfektes System sei nicht in Aussicht. Z. B. sei zu berücksichtigen, daß die gesellschaftliche Bedeutung verschiedener Arbeiten historisch einem Wandel unterliegt. Das Leistungsprinzip fungiere nicht nur als Verteilungsprinzip sondern darüber hinaus als wesentliche Triebkraft der ökonomischen Entwicklung überhaupt. Auch müßte die Abhängigkeit des Leistungsprinzips von den gesamtgesellschaftlichen Verhältnissen berücksichtigt werden, z. B. vom Bildungsniveau.

Das Leistungsprinzip könne als Mechanismus angesehen werden, um über Veränderungen in der Produktion, in den materiellen Lebensbedingungen der Gesellschaft – und nicht über fromme Wünsche oder Ideale – zu einer geschichtlich höheren Form der

Verteilung übergehen zu können. Von einem Zustand sozialer Gleichheit seien wir noch sehr weit entfernt.

Strasser vertrat dagegen die Meinung, daß die traditionelle marxistische Voraussage, die Gesellschaft werde einst den Zustand einer Überflußproduktion erreichen, bei der die Verteilung nach den Bedürfnissen erfolgen könne, auf ökologische Grenzen stoße. Als historische Alternative zum Leistungsprinzip, zur Arbeit um des Konsums willen, gewinne vielmehr die Tendenz zur verstärkten Ausprägung einer intrinsischen Arbeitsmotivation Bedeutung, die Empfindung von Arbeit als erstrebenswerter Weg der Selbstverwirklichung, als Freude an schöpferischer Betätigung etc.

Günter Brakelmann brachte anthropologische Gesichtspunkte zur Geltung und kritisierte, daß das Leistungsprinzip ausschließlich an Menschen orientiert sei, die in der Lage sind, etwas zu leisten. Auch gab er zu bedenken, daß die soziale Sicherheit das Leistungsverhalten beeinträchtigen könne.

Größte Bedenken gegenüber der Perspektive oder Vision einer Überflußgesellschaft meldete Erhard Eppler an. Der Begriff selbst sei relativ. Was in den 50er Jahren als Luxus gegolten habe, sei heute weitgehend Massenstandard. Schwer vorstellbar sei allerdings, daß der Luxuskonsum der 80er Jahre irgendwann allgemeiner Standard werden könne und solle.

Für die heutige Gesellschaft sei eine doppelte Moral charakteristisch: in der Arbeit – Puritanismus, in der Freizeit – Hedonismus. Sei es in einer sozialistischen Gesellschaft nicht denkbar, daß beides ineinander übergehe?

Das heutige Arbeitsethos sei wesentlich durch die Reformation geprägt worden. Luther habe eine Relativierung des Gedankens der »Werke für etwas« eingeleitet und dem Verständnis von Leistung als *Wert an sich* den Weg bereitet. Die Würde des Menschen sei von seiner Leistung grundsätzlich unabhängig. »Eine sozialistische Gesellschaft, wie ich sie mir vorstelle, kommt selbstredend ohne Leistung nicht aus. Die Würde des Menschen gilt ihr jedoch unabhängig von seiner Leistung.«

Aus heutiger Sicht

Der Versuch, diese Notizen »aus heutiger Sicht« zu kommentieren, stößt auf erhebliche Schwierigkeiten. Das Thema war sehr unbestimmt formuliert. Erst im Laufe der Erörterung schälten sich einige greifbare Schwerpunkte heraus. Referate im eigentlichen Sinne lagen nicht vor. Die wenigen ausführlicheren Beiträge waren Reaktionen, nur konzeptionell vorbereitet oder aus dem Diskussionsverlauf heraus angefertigt worden.

Auch spüre ich bei mir selbst, daß meine Erinnerung an jede einzelne Debatte im Nachhinein nicht nur durch das Erleben aller sieben Begegnungen sowie durch die intensiven und anhaltenden Streitereien um das Gesamtprojekt geprägt ist, sondern nicht minder durch an die gegebene einmalige Situation und Atmosphäre geknüpfte Eindrücke, Wahrnehmungen und – nicht zuletzt – Emotionen, die sich nur schwer in Worte kleiden lassen. Ich habe also nicht nur objektive Abläufe zu reflektieren sondern ebenso mein Bild von ihnen. Ich kann jedoch nicht davon ausgehen, daß die hier bzw. damals zu Papier gebrachten Notizen beim Leser das gleiche Bild nachvollziehbar machen. Und ich bin sicher, daß vieles von anderen Teilnehmern an den Gesprächen anders gesehen und gewertet wird. Meine Kommentare sind also mindestens so subjektiv wie die Niederschrift selbst.

Davon abgesehen stoße ich auf objektive Probleme, und damit beginnt bereits das Kommentieren. Ein grundlegender – aber wohl nicht zu umgehender – Widerspruch der Gesamtanlage des Projekts ist festzuhalten. Wir kamen stets zusammen, um über einzelne, für beide Seiten relevante Themen zu sprechen. Ausgeklammert war zweierlei. Erstens die ganze widerspruchsvolle Geschichte und Vergangenheit dieser beiden Bewegungen und ihrer konfliktreichen Beziehungen zueinander. Zweitens ihre – historisch wahrhaftig nicht nur konstante – geistige und politische Gesamtorientierung, ihre Programmatik, ihre Identität und ihr Selbstverständnis.

Dieser historische und systematische Kontext war natürlich allen Teilnehmern – mehr oder weniger – bekannt. Er war stets unausgesprochen präsent, brachte sich auch hin und wieder bei brisanten Diskurspassagen in Erinnerung – sei es in Gestalt süffisanter Randbemerkungen, verzweifelter Ausbrüche oder freundlichdezenter Hinweise. Umfassend thematisiert wurden sie nicht. Unsere Runde wäre damit nicht nur überfordert, sondern wahrscheinlich recht schnell beendet gewesen.

Der Leser muß mit diesem Widerspruch leben. Bedenken gegen das Gesamtprojekt könnten sich ergeben. Sie gegen die Kenntnisnahme jeder einzelnen Begegnung zu artikulieren, macht keinen Sinn.

Dies vorausgesetzt, geht mir zum Gehalt dieses ersten Treffens zweierlei durch den Kopf. Ich denke, daß das, was von den Vertretern der SED vorgetragen wurde, im Großen und Ganzen den Konzepten, Positionen und Erfahrungen dieser Partei in jenen Jahren entsprach. Ich meine auch, daß vieles an diesen Sichtweisen und Ansätzen objektiven gesellschaftlichen Erfordernissen, den gegebenen Möglichkeiten und Bedingungen einer sozialistischen Zielsetzung sowie den Horizonten und Perspektiven marxistischen Denkens angemessen war. Schließlich möchte ich behaupten, daß nicht wenige praktische Resultate beispielsweise der durchgängigen Orientierung auf die sozialen Ergebnisse und Konsequenzen des wissenschaftlich-technischen Fortschritts und die humanen Parameter menschlicher Arbeit bzw. der Wirtschaftspolitik insgesamt bleibende Spuren hinterlassen haben. Die dabei gewonnenen Erfahrungen wären der Aufbereitung auch durch technisch wesentlich fortgeschrittenere Gesellschaften wert. Diese praktischen Resultate und Erfahrungen waren es, die uns im Dialog mit unseren Partnern Sicherheit verliehen.

Was zu kurz kam, war, diese Substanz selbst zum Gegenstand theoretischer Kritik zu machen. Wir wußten, daß es mit der »Meisterung« des wissenschaftlich-technischen Fortschritts und der »Einheit von Wirtschafts- und Sozialpolitik« Probleme gab – Mitte 1983 war der erste Milliarden-Kredit mit der BRD ausgehandelt worden. Es war bekannt, daß es hinsichtlich der Realität und Realisierung des Leistungsprinzips nicht nur die am Scharmützelsee vorgetragenen Erfahrungen gab, daß dessen Wirkung stark eingeschränkt wurde durch den Kaufkraftüberhang, das unzulängliche Warenangebot – ganz abgesehen davon, daß seine konsequente Durchsetzung im Arbeitsalltag auf festverwurzelte Stimmungen und Erwartungen der Gleichmacherei stieß und durch den chronischen Mangel an Arbeitskräften neutralisiert wurde.

Es war nicht so, daß wir derartige Brüche zwischen Theorie und Realität wissentlich oder absichtsvoll verschwiegen hätten. Was mich betrifft, so sah ich sie als normal bzw. zeitweilig an. Ich ging davon aus, daß das Unterfangen, eine sozialistische Gesellschaft aufzubauen, auf derartige Schwierigkeiten und Widerstände stößt, daß die lupenreine bzw. rasche Umsetzung aller damit verbundenen Ziele und Prinzipien illusionär sein mußte. Entscheidend war, daß die Ziele und Prinzipien selbst vernünftig und begründet waren. Und dafür gab – und gibt (!) – es nicht nur nach meinem Dafürhalten gute Argumente. Hinzu kamen freilich die Gewißheit und das Vertrauen, daß wir alle Voraussetzungen hätten, um Bremsklötze zu beseitigen. Erstrangige Aufgabe des Gesellschaftswissenschaftlers – nicht nur in dem hier interessierenden Dialog – schien es daher, diese geistigen Grundlagen unserer Praxis herauszuarbeiten und zu verteidigen.

Hier stoße ich auf eine weitere Schwierigkeit dieses »Kommentierens«. Unsere Gespräche fanden sozusagen unter Laborbedingungen statt. Es war ein exklusiver Diskurs, eine Absonderheit gegenüber unserer alltäglichen Praxis und Umwelt. Dies bedeutet aber natürlich nicht, daß wir zu diesem Zweck in eine andere Hülle geschlüpft wären. Was wir dort gesagt oder nicht gesagt haben, bedürfte zu seinem Verständnis und seiner Erklärung, gerade aus »heutiger Sicht«, eigentlich der ständigen Rückbeziehung auf unsere »normalen« Aktivitäten und deren Umstände. Und das gilt – nebenbei bemerkt – für den Autor mindestens genauso wie für den Leser! Es leuchtet ein, daß ein solches Vorgehen im Rahmen dieser Präsentation nicht möglich ist.

So vernünftig wie unsere Prinzipien, so berechtigt wie unsere Erfahrungen, waren die Einwände und Gesichtspunkte unserer Partner! Zu unseren Gunsten – vielleicht auch zu unserer Entlastung – muß angemerkt werden, daß wir stets vom Standpunkt unserer eigenen Praxis aus, mit der Last einer gewissen Verantwortung also, agierten.

Die Vertreter der SPD konnten sicher sein, auf unabsehbare Zeit nicht an ihren kritischen Forderungen für die Gestaltung einer sozialistischen Praxis gemessen zu werden. Wie auch immer, ihr Beharren auf dem Anspruch, mehr Raum zu bieten für Spontaneität, Autonomie und Eigenständigkeit, war berechtigt. Daß der uns zur Verfügung stehende Spielraum, um derartigen Bedenken zu entsprechen, nicht ausgeschöpft wurde, unterliegt keinem Zweifel. Wie groß er war, ist für mich bis heute eine offene Frage.

Andererseits. Ich werde die aberwitzige Vorstellung nicht los, wir kämen in diesem Sommer 2002 noch einmal zusammen, beide Mannschaften vom Februar 1984: Die SPD wieder an der

Macht. Wir – überwiegend Rentner, geschlagen unter anderem dafür, daß wir manchen Spielraum nicht genutzt haben, den wir bis zum Herbst 1989 nicht zu haben glaubten. Ich bin ziemlich sicher, daß wir, wenn wieder über »Probleme der menschlichen Arbeit« zu reden wäre, ein einziges, alle anderen Aspekte überlagerndes Thema hätten – das der anhaltenden Massenarbeitslosigkeit. Ein Fortschritt?

Fußnote

1 Vgl. Uwe Körner, Sterben und Tod und der Sinn des Lebens. In: Deutsche Zeitschrift für Philosophie. 30. Jahrgang. Heft 7/1982 S.876ff

Fragen des Menschenbildes

> *Die Vertreter der SED verweisen unentwegt*
> *auf die entscheidende Rolle der Macht.*
> *Die SPD-Vertreter sagen: »Ihr habt sie zwar, die Macht, aber*
> *könnte man nicht ein bißchen mehr daraus machen?«*
> Erhard Eppler in Freudenstadt

Am 28. Februar 1984 äußerte sich Johano Strasser im Deutsch-landfunk über seine Eindrücke während unserer ersten Begegnung am Scharmützelsee. Zum Abschluß wurde er gefragt, ob es eine Fortsetzung geben werde. Er antwortete, daß man das nicht gleich zusagen konnte, weil erst einmal dem Parteivorstand der SPD Bericht zu erstatten sei. »Ich meinerseits wäre dafür, dies jetzt nicht abzubrechen, weil noch eine ganze Menge offene Fragen am Ende des Gesprächs da waren.«[1]

Natürlich hatten auch wir unsere Obrigkeit zu informieren. Und natürlich waren auch wir für eine Fortsetzung.

Offenbar verliefen beide Informationen zur Zufriedenheit.

Jedenfalls trafen wir knapp neun Monate nach der Beendigung der ersten Begegnung in Freudenstadt/Schwarzwald zusammen, um über Fragen des Menschenbildes und der Entfremdung zu sprechen. Man kann es als eine Leistung unseres Dialogs ansehen, bereits bei der ersten Wiederholung die stillschweigende Voraussetzung der ersten Begegnung durchbrochen zu haben, ideologische Themen im engeren Sinne tunlichst auszuklammern, um diese diffizile Kommunikation überhaupt zu ermöglichen. Allerdings war es auch eine Konsequenz des Gesprächs selbst. Arbeit – Leistung – Bedürfnisse – Entfremdung – Anthropologie: die Tendenz war deutlich. Mehr noch. Auch meine Erfahrungen im Dialog zwischen Marxisten und Christen belegen, daß der theoretische Disput zwischen solchen – nicht nur politisch oder historisch, sondern wesentlich geistig profilierten – Partnern weltanschauliche Grundpositionen nicht umgehen kann, wenn er ehrlich ist. Womit gewiß die Chancen für Konsens nicht nur steigen.

Es war vereinbart worden, das Thema in vier Schwerpunkte zu gliedern.

I. Grundfragen des Menschenbildes

Die Einführung von SED-Seite hatte ich vorzubereiten. Auch davon existieren lediglich Stichpunkte, die sich nicht sehr flüssig lesen. Erhard Eppler konzedierte, daß mein Vortrag »sehr stimulierend« gewesen sei. Ich gebe die Stichpunkte so wieder, wie ich sie notiert habe, und setze sie daher in Anführungszeichen, auch wenn dies nicht der volle Text ist.

»Bei unserer Diskussion handelt es sich weder um ein philosophisches Seminar noch um eine theorielose politische Debatte. Es geht vielmehr um mögliche philosophische Elemente der gesellschaftstheoretischen Fundierung von Politik.

Es ist zu beobachten, daß das öffentliche Nachdenken über Fragen des Menschenbildes im Kontext politischer Praxis zunimmt. Der Kern dieser Debatten sind die Beziehungen zwischen Mensch und Gesellschaft. Genauer – die Frage nach den Wechselbeziehungen zwischen menschlicher Veränderung und gesellschaftlicher Entwicklung. Bestimmte Gemeinsamkeiten zwischen Positionen des Marxismus und des Demokratischen Sozialismus – insbesondere gegenüber konservativen Auffassungen – sind nicht zu übersehen.[2]

Beide betonen so oder so einen Zusammenhang zwischen menschlicher und gesellschaftlicher Entwicklung.

Zu erörternde Fragen wären: Wird das Raster ›optimistisches oder pessimistisches‹ Menschenbild der Problemlage gerecht? Wird dem Marxismus die These gerecht, daß wegen eines bestimmten Menschenbildes die Menschheit zu ihrem Glück gezwungen werden soll – wie steht es überhaupt um den normativen Charakter von Menschenbildern? Welche Erwartungen setzen Marxisten in Auswirkungen des gesellschaftlichen Eigentums an Produktionsmitteln auf die Entwicklung des Menschen?

Vier Elemente des marxistischen Menschenbildes sollen zur Diskussion gestellt werden.

– Die Auffassung von der historischen Selbsterzeugung des Menschen im Prozeß der gesellschaftlichen Arbeit – in Abhebung von Annahmen eines transzendenten Ursprungs. Das gattungsspezifische Merkmal menschlicher Arbeit ist, daß es sich um zweckmäßige Tätigkeit handelt. Darin ist letztlich die Grundlage der geschichtlichen Herausbildung und Entwicklung des menschlichen Bewußtseins sowie der Veränderbarkeit des Menschen zu sehen.

– Das menschliche Wesen ist als Ensemble der gesellschaftlichen Verhältnisse aufzufassen und nicht als dem einzelnen Individuum innewohnendes Abstraktum. Dies ist die objektive Möglichkeit einer Höherentwicklung des menschlichen Wesens. Individuum, Gesellschaft und Gattung sind als Einheit und Widerspruch zu fassen.

– Der Mensch ist Produkt und Teil der Natur, aus der Natur hervorgegangen und unlöslich mit ihr verbunden.

– Der Mensch hat die Eigenschaft, sein Dasein als Individuum zu Geltung zu bringen. Individualität ist die Singularität der menschlichen Gattung in ihrer gesellschaftlich-historischen Ausprägung. Individualitätsentwicklung und Vergesellschaftung stehen phylo- und ontogenetisch in Wechselwirkung zueinander. Als Stufen dieser Entwicklung können Antike, Renaissance und Gegenwart angesehen werden. ›Vergesellschaftung‹ darf dabei niemals allein als ökonomischer Prozeß verstanden werden.

Die Veränderung gesellschaftlicher Verhältnisse im Prozeß der sozialistischen Revolution und menschliche Veränderungen bilden ein Spannungsfeld vielfältiger Wechselbeziehungen und Widersprüche (Kontinuität und Diskontinuität, wechselseitige Voraussetzung und Ergänzung etc.).

Die Umwälzung gesellschaftlicher Verhältnisse im engeren Sinne (Macht, Eigentum) markieren einen Knotenpunkt in diesem Gesamtprozeß: menschliche Veränderungen können als Voraussetzung, als Komponente und als langfristige Konsequenz dieser Umwälzung angesehen werden.

Als derartige Konsequenzen können gelten:

– Die Einbettung der individuellen Existenz und Tätigkeit in einen Gesellschaftsprozeß, der zunehmend rationeller Regelung und gemeinschaftlicher Kontrolle unterliegt und durch die Möglichkeit der Übereinstimmung von Absicht und Resultat gekennzeichnet ist. Daraus ergeben sich günstige Bedingungen für die individuelle Lebensgestaltung. Zugleich sind damit gesellschaftliche Voraussetzungen für eine humane Bewältigung der Widersprüche des Fortschritts gegeben. Die akute Notwendigkeit derartiger Regelungen wird in zahlreichen Stellungnahmen des Club of Rome unterstrichen.

– Neue Möglichkeiten sinnvoller Tätigkeit werden eröffnet.

– Soziale Sicherheit als Bedingung und Merkmal menschlicher Existenz ist realisierbar.

– Die Tendenz zur Änderung der unmittelbaren zwischenmenschlichen Beziehungen in Richtung auf die Herausbildung von Kollektivität und Solidarität wird von unterschiedlichen Kommentatoren registriert. (Hier erfolgte ein Verweis auf soziale Erfahrungen zurückgekehrter »Republikflüchtiger« und aus der UdSSR nach Israel emigrierter Juden)

– Eine wesentliche Rolle spielen veränderte Beziehungen der sozialen Klassen zueinander.

– Es entstehen neue Bedingungen für die Herausbildung von Gleichberechtigung und Gerechtigkeit in den Beziehungen zwischen Nationen, Geschlechtern und Generationen.

Die sozialistische Gesellschaftspraxis tritt etwa seit den 70er Jahren in eine Phase ein, in der die relative Gewichtung, der Stellenwert der individuellen Seite in der Dialektik von Individuum und Gesellschaft sich erhöht – nicht gegenüber Kollektiv und Gesellschaft, sondern gegenüber dem vorhergehenden relativen Stellenwert des Individuellen.

Das findet beredten Ausdruck in der Akzentuierung von Themen und Fragestellungen in Wissenschaft und Kunst, im Bildungswesen, aber auch in der Ökonomie (öffentliche Debatten zur kollektiven Verständigung über Werte des Sozialismus).

Objektive Grundlagen dafür sind:

– erhöhte Anforderungen an Selbständigkeit und Eigenverantwortung der Produzenten und Wirtschaftssubjekte, erhöhte Ansprüche an die Möglichkeit zu schöpferischer Tätigkeit;

– zunehmende Differenzierungen in der Sozialstruktur;

– das gewachsene Bildungsniveau.«

Über Erfahrungen der Sozialdemokratie sprach Susanne Miller. Wenn Konservative der SPD anlasteten, sie hätte kein Menschenbild, so hätten sie mit diesem Vorwurf recht. Nur die »klassische« SPD habe ein Menschenbild besessen. Und das war optimistisch. So habe August Bebel die Meinung vertreten, auf der

Grundlage des gesellschaftlichen Eigentums an Produktionsmitteln würden alle Laster automatisch verschwinden, es werde keine
Gefängnisse und keine Kasernen mehr geben. Ähnlich werde im
Gothaer Programm die Auffassung vertreten, daß im Sozialismus
alle vernünftigen Bedürfnisse der Menschen befriedigt würden.

Es sei also ein optimistisches und rationalistisches Menschenbild vertreten worden. Das Problem des Irrationalismus sei
demgegenüber nicht ernst genommen worden. So sei die Sozialdemokratie vom Nationalismus am Beginn des 20. Jahrhunderts
überrascht worden. Auch der Faktor des Psychologischen sei ausgeblendet worden. Die Emotionalität wurde vernachlässigt. Man
habe damals angenommen, das Schlechte im Menschen sei ein
Produkt der Verhältnisse. Einen Wandel habe dann die Erfahrung
der NS-Zeit mit sich gebracht. Das Problem »Buchenwald« sei
noch nicht aufgearbeitet worden.

Dies bedeute natürlich nicht, die Fähigkeit des Menschen zu
einem humanen und sozialen Verhalten in Abrede zu stellen. Korrigiert wurde die Auffassung, daß die menschliche Natur sich
durch eine Veränderung der äußeren Verhältnisse automatisch ver-
ändere bzw. durch politische Maßnahmen zu verändern sei. Richtig hingegen wäre es nach ihrer Ansicht, daß die Änderung des
Menschen in Wechselwirkung mit einer Änderung der gesellschaftlichen Verhältnisse zu denken sei.

Nicht beibehalten wurde der Glaube, daß die Änderung von
Privateigentum zu gesellschaftlichem Eigentum automatisch eine
Änderung des Menschen hervorrufe. Das Verhältnis zum Eigentum sei sicher wichtig, aber seine Bedeutung könne nicht so gesehen werden, wie es Erich Hahn in seinem Beitrag erklärte.

Auch dürfe die Rolle einer zentralen gesellschaftlichen Steuerung nicht überschätzt werden. Der Demokratische Sozialismus
habe den Wert der Dezentralisierung erkannt und in den Vordergrund gestellt.

Susanne Miller glaubte einen bemerkenswerten Wandel im
Verhältnis der Menschen zu materiellen Gütern gesehen zu haben.
Die Bedeutung des Konsums habe sich relativiert. Die Frage nach
dem Lebensstandard müsse durch die Frage nach der Lebensqualität ersetzt werden. Das rationalistische und optimistische Menschenbild sei also nicht ad acta zu legen, aber zu ergänzen, schloß
sie ihre Entgegnung auf meinen Beitrag. Und die Wechselwirkung

zwischen der Änderung der Verhältnisse und der Änderung des Menschen sei zu beachten.

Erhard Eppler eröffnete die Diskussion mit der Bemerkung, daß die Erörterung der Frage nach einem optimistischen oder einem pessimistischen Menschenbild und das Problem der Wechselbeziehungen zwischen Veränderungen der gtesellschaftlichen Verhältnisse und Veränderungen des Menschen sehr wichtig seien.

Heinz Rapp vertrat die Auffassung, daß es kein Menschenbild der Sozialdemokratie geben dürfe. Geben dürfe es lediglich gewisse Fundamentalprinzipien, einen Grundkonsens für eine pluralistische Gesellschaft, eine Minimalanthropologie.[3] Fragen der Art seien zu stellen: Woher kommt der Mensch? Was ist der Mensch? Wohin geht der Mensch?

Wenn unterschiedliche Menschenbilder in Wechselwirkung träten, wäre dies ein Vorteil. Lediglich ein Minimalkonsens sei erforderlich. Gleichgerichtetes politisches Handeln müsse bewerkstelligt werden. Die Würde des Menschen sei der entscheidende Ausgangspunkt für alles weitere. Sie verlange nach Selbstbestimmung und sei nicht auf Leistung reduzierbar. Die von Hahn zur Diskussion gestellten Punkte könne man – durchaus auch vom Standpunkt der SPD aus – besser oder schlechter gestalten. Was Hahn als Elemente eines marxistischen Menschenbildes bezeichnet habe, müsse nicht der Kategorie »Menschenbild« zugeordnet werden. Damit sei eher eine politische Anthropologie umrissen.

Nach Thomas Meyer seien Grenzen von Menschenbildern in Rechnung zu stellen. Menschenbilder dürften nicht zu weit in die individuelle Selbstbestimmung des Menschen hineinreichen. Die individuelle Lebensweise dürfe nicht von außen bestimmt werden.

Richtig sei die wachsende Relevanz anthropologischer Prämissen von Politik. Das zeige, daß es etwas gebe, das sich seiner »Auflösung« in Politik entziehe. Eine Übereinstimmung von individuellem und gesellschaftlichem Wesen gebe es nicht. Soziale Sicherheit bedürfe der individuellen Selbstbestimmung, um zu Wandlungen des Bewußtseins zu führen.

Johano Strasser sah im Sozialismus die Gefahr der »Langeweile einer durchrationalisierten Gesellschaft«. Nicht alles sei rational angelegt, z. B. die Liebe. Freiheit könne als »existentielle Unsicherheitsabsicherung« (Tod, Krankheit, Liebe) verstanden werden.

Im Menschen sträube sich etwas gegen totalen Utilitarismus. Der Mensch dürfe sich nicht vollständig dem Utilitarismus unterwerfen. Da drohe die Gefahr antagonistischer Widersprüche mit der Tendenz zu solchen von Susanne Miller hervorgehobenen Erscheinungen wie dem Nationalismus.

Soziale Gleichheit sei nur bei einer Enthierarchisierung zu erwarten. Gibt es im Sozialismus Tendenzen der Enthierarchisierung?, fragte Strasser. Wie verhielten sich überhaupt Chancengleichheit und reale Gleichheit zueinander?

Von Helmut Koziolek wurde bekräftigt, daß es sich bei den im Beitrag von Hahn benannten Prozessen um Hauptmomente und langfristige Tendenzen handele. Nichts sei als fertig und gegeben anzusehen. Die politische Macht und das gesellschaftliche Eigentum stellen wichtige institutionelle Voraussetzungen für Wandlungen dar, die sich erst nach und nach in einer Änderung von Verhaltensweisen niederschlügen. Beides sei gleichermaßen zu betonen – die Unentbehrlichkeit gesellschaftlicher Bedingungen und die Langfristigkeit der durch sie ermöglichten Veränderungen in den realen Verhältnissen und im Bereich des Subjektiven.

Auch von Rudi Weidig wurde unterstrichen, daß der Sozialismus keinesfalls als eine widerspruchsfreie Realität zu denken sei. Wenn man eine Enthierarchisierung anstrebe, müsse man die Ursachen bestehender Hierarchien analysieren – im gesellschaftlichen System, in der Arbeitsteilung oder in Funktionsdifferenzierungen. Die zielgerichtete Gestaltung der Produktivkräfte und Produktionsverhältnisse, Wachstum und ein ausgebautes Bildungswesen seien erforderlich, um Chancengleichheit zu sichern und realer Gleichheit näher zu kommen. Anzusetzen sei z. B. bei den realen Beziehungen zwischen den sozialen Schichten und Klassen sowie zwischen den Geschlechtern.

Ich richtete dann vor allem an Heinz Rapp die Frage, ob den massiven und durchaus von einem artikulierten Menschenbild getragenen Aktivitäten des Konservatismus im Rahmen der beabsichtigten »geistigen Wende« wohl einfach durch Verzicht auf ein eigenes Menschenbild hinreichender Widerstand entgegengesetzt werden könne. Im Sozialismus erfülle ein Menschenbild unverzichtbare normative Funktionen für die politische Gestaltung gesellschaftlicher Prozesse.

Nach Klaus Mehrens steht die Entwicklung der Individualität

in einem grundsätzlichen Widerspruch zur Arbeitsteilung. Die Vorgabe von Produktivitätszielen verhindere die Realisierung der Würde des Menschen. Wie werde das in Zukunft? Wir stünden heute vor der Möglichkeit der totalen Information und der totalen Kontrolle von Weltzusammenhängen. Daraus ergebe sich als Hauptproblem die Beherrschung dieser Prozesse.

Erhard Eppler warf die Frage nach der Entfremdung auf. Er habe mich so verstanden, daß ein humanistisches Menschenbild als geistige Waffe im Kampf gegen Entfremdung unverzichtbar sei. Seiner Meinung nach führe sowohl ein optimistisches als auch ein pessimistisches – z. B. das lutherische – Menschenbild zu Entfremdung. Demokratie müsse gegen die undemokratischen Ansprüche von Menschenbildern durchgesetzt werden. Aus Menschenbildern ergäben sich immer Forderungen, die die Menschen total überforderten. Die Spannung zwischen Sein und Bewußtsein sei nicht aufhebbar. Der Mensch tue nicht das Gute, das er wolle, wohl aber das Böse, das er nicht wolle.

Richtig sei, daß soziale Unsicherheit zu Entfremdung führe.

Gleiches müsse jedoch für die Illusion völliger existentieller Sicherheit gelten. Die Verdrängung existentieller Unsicherheit habe eine Tendenz zu Entfremdung in sich. Insofern hätten beide gesellschaftlichen Systeme ihre Schwierigkeiten am jeweils entgegengesetzten Ende des Problems.

Ein Menschenbild, das das Individualwesen des Menschen verabsolutiere, führe zu Entfremdung. Die Verabsolutierung des Sozialwesens des Menschen berge jedoch die gleiche Tendenz in sich, so Eppler weiter. Im Sozialismus habe es in der Tat einen Bewußtseinswandel gegeben. Zugleich sei jedoch ein epochaler Bewußtseinswandel festzustellen, z. B. hinsichtlich des Verhaltens der Menschen zur Natur, zur Technik, zu Großorganisationen sowie zur Problematik von Arbeit und Leistung. Dieser epochale Bewußtseinswandel sei keinesfalls vom Weltgeist initiiert, allerdings schwer festzumachen.

Im übrigen habe er den Eindruck, daß Sozialdemokraten des Jahres 1984 mit Kommunisten des Jahres 1984 mehr Gemeinsamkeiten hätten in bezug auf das Menschenbild als Sozialdemokraten von 1984 mit Sozialdemokraten von 1924 oder Kommunisten von 1984 mit Kommunisten von 1924.

Otto Reinhold stimmte Epplers Auffassung zu, daß ein

epochaler Bewußtseinswandel im Vollzug sei. Einstellungen und Verhaltensweisen zur Frage »Krieg-Frieden« seien dabei von allergrößter Bedeutung. Im Sozialismus sei ein langfristiger Prozeß der Ent-Utopisierung des Menschenbildes festzustellen. Von ursprünglichen Erwartungen, Änderungen im menschlichen Denken und Verhalten als automatisches Resultat von Änderungen im materiellen Lebensprozeß der Gesellschaft zu erreichen, werde Schritt für Schritt Abschied genommen.

Iring Fetscher bezweifelte die Möglichkeit, Staatseigentum als eine Ordnung zu erfahren, die dem Einzelnen die Möglichkeit günstiger Entwicklung biete.

Susanne Miller richtete an mich die Frage, ob im Sozialismus tatsächlich von einer Verbesserung der unmittelbaren zwischenmenschlichen Beziehungen die Rede sein könne, und, wenn ja, was die Ursachen dafür wären.

Aus dieser Frage ergab sich während der Mittagspause eine intensive Debatte, während der ich meinen Hinweis auf die Erfahrungen von Republikflüchtigen, die in die DDR zurückgekehrt seien, erläuterte. Sowohl unseren Eindrücken und Beobachtungen zufolge als auch nach Berichten in der westdeutschen Presse könne es als eine repräsentative Erfahrung angesehen werden, daß etliche derjenigen ehemaligen Bürger der DDR, die in ihren neuen Lebensverhältnissen in der BRD in Schwierigkeiten geraten, dies immer wieder und vor allem damit in Zusammenhang brächten, daß sie mit dem Charakter zwischenmenschlicher Beziehungen im Kapitalismus nicht »zurechtkämen«, mit Erscheinungen der mitmenschlichen Gleichgültigkeit, der Rücksichtslosigkeit, der Gefühlskälte, eben Merkmalen der »Ellenbogengesellschaft«. Und dies sei meiner Meinung nach ein Resultat des Konflikts zwischen Normen und Gewohnheiten, die in ihrem ehemaligen sozialen Umfeld in der DDR spontan verinnerlicht wurden, und einer neuen Umgebung.

Bewußtseins- und erkenntnistheoretisch sei dies insofern bemerkenswert, als dieser Gegensatz zwischen Eigenschaften gesellschaftlicher Beziehungen im Sozialismus und im Kapitalismus von der Propaganda in der DDR immer und immer wieder deutlich akzentuiert würde, aber offenbar nicht bewußt wahrgenommen, geschweige denn reflektiert werde, mindestens nicht als hinreichender Grund dafür, die DDR *nicht* zu verlassen. Ins Bewußtsein trete diese spontan angeeignete Erfahrung erst bei der Konfrontation mit dem Erleben einer neuen Umgebung.

In meinen Notizen habe ich festgehalten, daß Erhard Eppler und Johano Strasser dieser »These von Hahn« zustimmten.

Der Vorsitzende der SPD-Grundwertekommission fügte hinzu, daß nach seinen Eindrücken bei Gesprächen in der DDR zwei Drittel bis drei Viertel der DDR-Bürger in einer freien Wahl für die Fortexistenz des gesellschaftlichen Eigentums und gegen eine Reprivatisierung stimmen würden – allerdings wohl auch, weil der »schöne Schlendrian« dann erhalten bleibe!

II. Individuum und Gesellschaft

Harald Schliwa hatte für seinen einleitenden Beitrag das Thema gewählt: »Gesellschaftliche Bedingungen der Individualitätsentwicklung«.

Erstens. Ein Mehr an sozialer Sicherheit habe sich zwar nicht als die alleinige aber die wichtigste Voraussetzung dafür erwiesen, daß der Mensch in seiner persönlichen Entwicklung und Selbstbestimmung über ein größeres Maß an Freiheit verfüge.

Um nur einen Faktor herauszugreifen: Wirkungen des gesellschaftlichen Eigentums auf die Individualitätsentwicklung vollzögen sich über zahlreiche Vermittlungen. Eine substantielle Plandiskussion mache den Sinn des sozialistischen Eigentums erfahrbar und bringe dem Einzelnen Kenntnisse über ökonomische und gesellschaftliche Zusammenhänge nahe. Wo die Planmäßigkeit der Entwicklung nicht gegeben sei, würden freilich jegliche Wirkungen in Frage gestellt. Über die empirische Erfahrung der Planung als kollektiver und demokratischer Prozeß sei Selbstbewußtsein sozialistischer Produzenten zu erwarten. Demokratischer Zentralismus sei dafür ein Grundprinzip, welches allerdings ständiger Entwicklung unterliege. Im übrigen spreche das Faktum existentieller Unsicherheit keinesfalls gegen die Notwendigkeit sozialer Sicherheit.

Zweitens seien differenzierte Interessenbeziehungen zu berücksichtigen. Eine Übereinstimmung individueller, kollektiver und gesellschaftlicher Interessen sei möglich, nicht jedoch eine Identität. Elemente der Unterordnung individueller unter gesellschaftliche und kollektive Interessen wären unvermeidbar. Der wichtigste Einfluß auf Tendenzen der Übereinstimmung gehe von einer gelingenden Einheit von Wirtschafts- und Sozialpolitik aus, die sich freilich über die fortgesetzte Lösung von Widersprüchen vollziehe.

Drittens hänge sehr viel von der Beherrschung der Vergesellschaftungsprozesse von seiten der jeweiligen Leitungen ab, die stets mit der Einbeziehung aller Beteiligten und der Verteilung von Kompetenzen einhergehen müsse. Marx habe sich *gegen* die Aufsplitterung der menschlichen Individualität (als sozialer Typus) ausgesprochen, aber *für* die »Direktion« gesellschaftlicher Zusammenhänge. Die Beherrschbarkeit gesellschaftlicher Verhältnisse sei weder durch eine Rückkehr zu geringeren Vergesellschaftungsgraden noch durch elitäre Modelle zu erreichen.

Hierarchien müßten durchlässig sein. In den Leitungshierarchien der sozialistischen Gesellschaften vollziehe sich eine personale Reproduktion aus allen Klassen und Schichten.

Viertens komme viel auf die Realität menschlicher Selbstbestimmung in diesen gesellschaftlichen Zusammenhängen an. Leibniz habe betont, daß das Gute *geneigt mache,* aber nicht *nötige.* Also sei Selbstbestimmung und eigene Entscheidung unentbehrlich. Dazu wiederum sei ein ausgeprägtes Wertbewußtsein, reflektierte Wertorientierungen wichtig. Die breite Debatte dieses Themas im geistigen Leben der DDR seit etwa dem Beginn der 70er Jahre sei insofern ein überaus wichtiger gesellschaftlicher Vorgang.

Nach Thomas Meyer habe Marx die Beziehung von Individuum und Gesellschaft als einen Teilaspekt der Entfremdung angesehen. Entfremdung sei für Marx gegeben, wenn das Verhältnis des Menschen zur Arbeit nicht durch Selbstbestimmung charakterisiert sei, wenn die produzierten Güter fremd blieben, und wenn die gesellschaftlichen Beziehungen die Gestalt einer entfremdeten, einer »verkehrten« Welt annähmen. Das Gattungswesen des Menschen realisiere sich unter diesen Bedingungen nur im Staat.

In einer Gesellschaft ohne Privateigentum sei nach diesem Konzept die Identität von Individuum und Gesellschaft bzw. Gattung gegeben. Das Privateigentum werde demzufolge als einzige Ursache von Konflikten zwischen Individuum und Gesellschaft angesehen.

Dagegen habe Bernstein eingewendet, daß es auch andere Konfliktursachen gebe – Positionen in der Gesellschaft, Wertpräferenzen, regionale Interessen usw. Nach Bernstein hätten diese anderen

Ursachen sogar eine größere Bedeutung als das Eigentum. Deshalb seien Reformen und Demokratie entscheidend.

Konflikte zwischen Individuum und Gesellschaft seien daher eine Voraussetzung individueller Freiheit und nicht die Ursache von Entfremdung. Gleiche Freiheit müsse angestrebt werden.

Die Ermittlung gesellschaftlicher Interessen durch eine spezielle Gruppe oder durch wissenschaftliche Einsicht sei grundsätzlich illegitim. Legitim sei sie ausschließlich durch die Herstellung eines gesellschaftlichen Konsensus, als zwangloses Ergebnis einer spontanen Diskussion auf der Grundlage gesellschaftlicher Pluralität. Jegliche Stellvertreterfunktion sei hier unangebracht. Niemand kann gesellschaftliche Interessen »an sich« festlegen.

Auch die Frage der Nutzung des gesellschaftlichen Eigentums müsse einem solchen Prozeß ausgesetzt sein, was durch Rechtsgarantien und demokratische Regelungen garantiert werden müsse. Die Realität dieser Forderung sei augenscheinlich angesichts der real unterschiedlichen Nutzung dieses Eigentums bei einem Wechsel der relevanten Führungsgruppen. Auch die Regelung der Eigentumsverhältnisse müsse also durch Konsens erfolgen. Dies sei der Sichtweise des Marxismus-Leninismus konträr, da für ihn Demokratie sekundär sei.

Marx habe, so Meyer weiter, an der gegebenen Gesellschaft die Entfremdung in der Arbeit und die Irrationalität des Gesamtprozesses kritisiert. Er habe kein Modell vorgelegt, wie dies zu bewerkstelligen sei. Drei Lösungen seien denkbar:

a) Selbstbestimmung im und über den Arbeitsprozeß – eine genossenschaftlich-anarchistische Lösung;

b) gesellschaftliche Regelung – Marxismus-Leninismus;

c) die simultane Einräumung des Spielraums für individuelle Selbstbestimmung und der Versuch, Formen für eine gesellschaftliche Regelung zu finden – Demokratischer Sozialismus.

Ein harmonisches Modell existiere nicht. Es handele sich hier um einen offenen Entwicklungsprozeß. Eine Übereinstimmung gesellschaftlicher und individueller Interessen »von vornherein« gebe es nicht.

Johano Strasser sprach sich vehement für ein bestimmtes Maß an Anarchie aus. Die sozialistischen Systeme seien durch zu viel Angst vor Anarchie gekennzeichnet. Die Innovationsschwäche der sozialistischen Ökonomie sei ein Resultat dieser Scheu. Eine Mischung zwischen Plan und Markt sei das Beste. Außerdem müßten Minderheiten das Recht eingeräumt bekommen, sich zu organisieren. Natürlich müsse die SED dann »runter« von ihrem Alleinvertretungsanspruch. Eine Emanzipation der Gesellschaft vom Staat müsse stattfinden.

Die Vergesellschaftung der Produktionsmittel gehöre zu den Programmpunkten des Demokratischen Sozialismus.

Darauf gab es eine heftige Entgegnung durch Helmut Koziolek. Wo in aller Welt gebe es eine so konstruierte Gesellschaft? Wie sollte die im realen Leben unter den Bedingungen des Industrialisierungsniveaus des 20. Jahrhunderts funktionieren? Wie sollten Entscheidungen zu Strukturveränderungen im Rahmen der Volkswirtschaft von beliebigen einzelnen Individuen nach Gutdünken vollzogen werden? Derartige Entscheidungen bedürfen einer gesamtgesellschaftlich orientierten Analyse und Sichtweise. Natürlich basiere die durch die sozialistischen Produktionsverhältnisse mögliche grundlegende Interessenübereinstimmung auf immer wieder zu lösenden Widersprüchen. Das heutige Problem sei nicht ein Zuwenig an Anarchie, sondern deren Einschränkung!

Heinz Rapp brach eine Lanze für den Gedanken der Subsidiarität. Was der Einzelne im Kleinen könne, dürfe nicht dem großen Ganzen übertragen werden. Über Investivlöhne und Sparanreize müßten die Produktionsmittel schrittweise in die Hand der Arbeitnehmer gelangen können.

Thomas Meyer gab zu bedenken, daß der Vergesellschaftungsbegriff nicht *operationalisierbar* sei. Das Problem der gesellschaftlichen Verfügung über die Produktionsmittel sei mit der Herstellung gesellschaftlichen Eigentums nicht gelöst. Anzustreben sei eine gemischte Gesellschaft mit einem gesellschaftlichen Entscheidungsanteil über Regelungen des Arbeitsrechts und der Mitbestimmung. Heute dominiere das Privateigentum. Dessen Anteil müsse zugunsten eines größeren gesellschaftlichen Anteils zurückgedrängt werden.

Wenn Sozialismus als gemeinsame Selbstbestimmung aufgefaßt werde, könne er nur durch Selbstbestimmung eingeführt und von Mehrheiten getragen werden.

Die vier Ebenen Arbeitsplatz, Betrieb, Unternehmen, Volkswirtschaft seien nicht aufeinander reduzierbar.

Richtig sei, daß »wir« *(im Westen – E. H.)* mehr gesellschaftli-

che Regelungen brauchen. Aber dies muß sich demokratisch her-
ausbilden.

Otto Reinhold warf ein, daß die Ziele des Demokratischen Sozialismus wohl kaum ohne Brechung der Macht der Monopole zu
realisieren seien.

Erhard Eppler kleidete einen Eckpunkt der im bisherigen Verlauf der Tagung aufgetretenen Meinungsverschiedenheiten in die
Formel: Die Vertreter der SED verweisen unentwegt auf die entscheidende Rolle der Macht. Die SPD-Vertreter sagen: »Ihr habt
sie zwar, die Macht, aber könnte man nicht ein bißchen mehr daraus machen?«

Eppler räumte ein, daß er in seiner Zeit als Minister der Bundesregierung bei seinen Absichten und Aktivitäten durchaus auf
Grenzen gestoßen sei, die von realen Machtgegebenheiten errichtet
worden wären. Allerdings sei Macht nicht allein am Verhältnis »Ka-
pital/Arbeit« festzumachen. Andere Interessenstrukturen und
-kombinationen seien ebenfalls ins Kalkül zu ziehen (Verbände,
Industrieorganisationen etc.). Die nötige Organisation von Gegenmacht scheitere nur zu oft an dem Fehlen von Konfliktbereitschaft.
Gegenmacht kann nur aus Bewußtseinsveränderungen resultieren.

III. Wissenschaftlich-technischer Fortschritt und Humanität

Johano Strasser hatte sieben Überlegungen zum Zusammenhang
von wissenschaftlich-technischem Fortschritt und Entfremdung
vorbereitet.

1. Fortschritt sei ein historisch junger Prozeß.
2. Das Fortschrittsdenken sei bereits des öfteren in eine Krise
geraten, habe sich aber erstaunlicherweise immer wieder erholt.
Die gegenwärtige Massenarbeitslosigkeit habe zu keinem Bewußtseinswandel geführt. Seit dem Ende der 70er Jahre gäbe es
nur noch negative Antworten auf die Frage, ob der Fortschritt
mehr Freiheit mit sich bringe.

Technikentwicklung sei ein interessengeleiteter Prozeß. Akku-
mulations- und Herrschaftsinteressen seien im Spiel. Auch die
Staatsbürokratie verfolgt eigene Interessen. Die kapitalistische Verfügungsgewalt und Wertorientierung müsse durchbrochen werden, um die Werte des Demokratischen Sozialismus durchsetzen
zu können.

3. Soziale Überbetreuung führe zu Proteststimmungen.

4. Entfremdungserscheinungen, die mit Arbeitsbedingungen zusammenhingen, könnten nicht überwunden sondern bestenfalls abgemindert werden. Arbeitsteilung führe auch im Sozialismus zu Fachidiotismus. Produktionsdespotismus sei – auch nach Friedrich Engels – eine allgemeine Erscheinung, unabhängig von sozialen Systemen. Mit der Technik habe der gegebene Sozialismus auch den Kapitalismus übernommen, z. B. in Gestalt der unqualifizierten Arbeit.

5. Was sei gemeint, wenn von Menschenwürde im Betrieb die Rede wäre? Planung und Ausführung müßten zusammengebracht werden. Psychische Belastungen seien oft noch größer als körperliche.

6. Eine Lösung des Problems der Entfremdung im Arbeitsprozeß sei erst auf der Grundlage einer gesicherten Befriedigung materieller Bedürfnisse zu erwarten. Die Steigerung der Arbeitsproduktivität müsse daher ergänzt werden durch die Verbesserung der Arbeitsbedingungen. Kleinräumige Vergesellschaftung sei besser als großräumige.

7. Entfremdung sei prinzipiell unaufhebbar. Arbeit wäre – nach Marx – immer »verdammtester Ernst«. Fortschritt dürfe weder als Konsumsteigerung noch als Garantie sozialer Sicherheit, sondern müsse vielmehr als selbstbestimmte Praxis aufgefaßt werden.

Helmut Koziolek äußerte sich zum Zusammenhang von Rationalität und Humanität. Wachstum sei erforderlich, um Vollbeschäftigung und die Realität sozialer Rechte zu garantieren. Gegenwärtig hänge viel davon ab, den Wirkungsgrad der lebendigen Arbeit durch eine verbesserte Bildung und Qualifikation zu erhöhen. Dies sei durchaus ein humanistisch orientiertes Anliegen. Der Kern der Wirtschaftsstrategie der SED bestünde darin, neue Produkte und gleichzeitig neue Technologien einzuführen. Angesichts des Zwanges, 45 Prozent des Nationaleinkommens über den Export realisieren zu müssen, sei die Notwendigkeit ständiger Innovationen unausweichlich. Traditionelle Vorstellungen von allseitiger Persönlichkeitsentwicklung der Art, daß jeder alles machen können müsse, spielten längst keine Rolle mehr.

Ich flocht ein, daß zwischen Entfremdung und Vergegenständlichung ebenso ein Unterschied zu machen sei wie zwischen Gattungsfortschritt und Individualitätsfortschritten. Marx habe sich unmißverständlich darüber geäußert, daß unter den bisherigen Bedingungen der Weltgeschichte der Gattungsfortschritt sich gerade auf Kosten der Mehrheit der Individuen vollzogen habe.

Erhard Eppler warf die Frage auf, ob und wie die ökologischen Kosten der Motorisierung zu berechnen seien.

Das Wachstumskonzept der SED erläuterte auch Otto Reinhold. Bis 1990 werde ein jährliches Wachstum des DDR-Nationaleinkommens von 4 bis 5 Prozent angestrebt. Wachstum sei unverzichtbar für die Realisierung der Sozialpolitik, für die Gewährleistung eines hohen Niveaus der Bildung und der gesundheitlichen Betreuung sowie für die Erfüllung ökologischer Erfordernisse. Wachstum müsse mit sinkendem Rohstoffeinsatz erzielt werden. Von 1980 bis 1983 sei diese Größe um 19 Prozent gesenkt worden. Angestrebt werde ein immer höherer Anteil geschlossener ökonomischer Kreisläufe, die Senkung des Anteils von Abprodukten und deren Wiederverwendung. Ein großer Teil der Umweltprobleme werde durch die Betriebe gelöst. In der chemischen Industrie der DDR hätten etwa 30 Prozent der Investitionen für die Lösung von Umweltproblemen eingesetzt werden müssen. Das Hauptproblem für die DDR sei die Braunkohle.

Prof. Hanspach erhob Einwände gegen die These eines unabänderlichen Zusammenhangs von Arbeitsteilung und menschlicher Vereinseitigung. Technische Entwicklungen bedürften strikter sozialer Vorgaben in Gestalt von Berufs- bzw. Tätigkeitsprofilen. Dazu allerdings bedürfe es bewußter Orientierungen der Konstrukteure, die bereits über entsprechende Steuerungen ihrer Ausbildung gewährleistet werden müßten. Beim Einsatz von Robotern müsse angestrebt werden, daß keine Dequalifizierungseffekte entstünden. Anzustreben sei beispielsweise die Vereinigung des NC-Drehers und Programmierers in einem Tätigkeitsprofil. Immer mehr komme es darauf an, von einer arbeitsplatz- zu einer prozeßbezogenen Rationalisierung überzugehen.

Für all das sei freilich ein bestimmter gesellschaftlicher Zwang erforderlich. Techniker würden nach vielen Erfahrungen in dieser Richtung aktiv, wenn von den Gewerkschaften ein spürbarer Zwang ausgeübt würde. Viele Techniker möchten nach vorliegenden Untersuchungen diese Rolle der Gewerkschaften nicht missen. 60.000 technische Projekte pro Jahr würden von arbeitswissenschaftlichen Institutionen nach derartigen Kriterien begutachtet. Zugleich müsse realistisch davon ausgegangen werden, daß es nicht nur um die Gestaltung von Arbeitsplätzen gehe, die mit der höchstentwickelten Technik ausgestattet seien. Eine halbe Million Arbeitsplätze in der DDR erforderten vorwiegend manuelle Arbeit.

Klaus Mehrens meinte, daß diese Fakten durchaus beeindruckend seien, es störe nur, daß dazu Zwang nötig sei.

Die Planungspraxis der DDR gleiche – so Otto Reinhold – dem, was in der BRD als Rahmenplanung bezeichnet werden würde. Das Hauptproblem seien nicht quantitative sondern qualitative Kennziffern – welche Zusammenhänge zwischen Technik, Ökonomie, Bildung usw. seien zu beachten? Zugleich gehe es darum, in den Betrieben, den Produktionsprozeß überschaubarer zu machen.

Der Markt müsse immer berücksichtigt werden. Er könne jedoch nicht ausschlaggebend sein für die Verwirklichung der gesellschaftlichen Grundziele. »Dabei stört uns kein Privateigentum.«

IV. Bildung und Erziehung

Am Sonnabend schließlich sprach Prof. Karl-Heinz Günter von der Akademie der Pädagogischen Wissenschaften der DDR zu Problemen der Erziehung. Er bekräftigte die Notwendigkeit eines Menschenbildes für die Erörterung von Erziehungszielen. Erziehung sei immer auf Individualitätsentwicklung und die Erschließung von Bildungspotentialen gerichtet. Allseitigkeit der Persönlichkeitsentwicklung sei nur über einen lebenslangen Prozeß der Selbstverwirklichung zu erreichen. Die Schule vermag dafür nur Grundlagen zu schaffen. Die Proklamation allseitiger Persönlichkeitsentwicklung als Ziel für alle Bürger sei eine Voraussetzung für umfassenden Demokratismus. Daraus ergäben sich freilich Widersprüche – beispielsweise hinsichtlich der Garantie der gleichen Ausstattung aller Schulen mit der erforderlichen Technik.

Entscheidend sei die optimale Entwicklung eines jeden Schülers. Nicht erstrebenswert sei, daß jeder alles könne. Die quantitativen Proportionen zwischen den Fächern betrügen zur Zeit: 29,8 Prozent Mathematik/Naturwissenschaften, 10,6 Prozent Polytechnik, 41,1 Prozent Gesellschaftswissenschaft, Muttersprache, Kunst, 10,6 Prozent Sprachen, 7,9 Prozent Sport. Wichtig sei die richtige Relation zwischen Allgemeiner und Spezialbildung. Ge-

genwärtig erfülle sich für 80 Prozent aller Schulabgänger der Ober-
schule der angestrebte Berufswunsch im ersten Durchgang.

Im Erziehungskonzept und bei der Erziehungspraxis spielt die
Beziehung von Wissen und Verhalten eine große Rolle. Keinerlei
Automatismus dürfe vorausgesetzt werden. Gleichheit der Bildungsmöglichkeiten bedeute, daß auf einem einheitlichen Fundament die spezielle Förderung von Talenten angestrebt wird.

Iring Fetscher wandte sich gegen die extreme Förderung von
Spitzensportlern und fragte, wie die Gesellschaft Arbeitsplätze
anbieten könne, die die einzelnen Individuen befriedigten. Wie
stimme die bestmögliche Entwicklung eines jeden mit dem Angebot von Arbeitsplätzen überein?

Manfred Lötsch machte darauf aufmerksam, daß die entscheidenden sozialen Differenzierungen in der DDR sich über die Faktoren Arbeitsteilung, Bildung und Qualifikation herausbildeten.
Die Differenzierungsachse verlaufe nicht mehr nach Eigentumsverhältnissen und Klassenzugehörigkeit. Es erfolge eine Reproduktion der Schichten aus sich selbst. Sorge bereite, daß eine in-
terne Selbstreproduktion der Un- und Angelernten wie der Fach-
und Hochschulkader erfolge. Die damit verbundenen Ungleichheiten wirken sich auf die reale Nutzung der Bildungschancen aus.

Heinz Rapp wandte ein, daß der Erziehungsbegriff konservativ besetzt sei.

Johano Strasser unterstützte Günters Position, daß zwischen
Bildung und Erziehung unterschieden werden müsse. Allerdings
sei das Erziehungssystem der DDR zu konservativ. Die Würde des
Individuellen und das darin enthaltene Widerspruchspotential
müsse anerkannt werden und eine größere Rolle spielen. Erziehung müsse Widerspruch zum Staat anstreben.

Von unserer Seite wurde dazu der Einwand erhoben, daß es
wohl hauptsächlich um Kritik- und Veränderungs*fähigkeit* gehe.

Eppler warf die Frage in die Debatte, ob Bildung als Mittel zum
Zweck oder als Selbstzweck anzusehen sei. Bildung sei nicht nur
als Voraussetzung für Qualifikationserwerb sondern für eine Kul-
turgesellschaft, als Bedingung für Kritikfähigkeit wichtig. Er fragte:
Könnte es nicht sein, daß eine im Bildungsprozeß sehr früh ange-
siedelte Einübung von abstraktem Denken (und damit von Kritikfähigkeit) eine Kopflastigkeit hervorrufe, der die vitale Basis nicht
gewachsen sei – sodaß die Ausprägung von Zynismus oder von Psy-

chosen die Folge wäre? Müsse Bildung mithin nicht stärker auf Lebensförderung, auf das Kennenlernen allen Lebens, auf Spielen und Tanzen angelegt sein?

Susanne Miller gab zu bedenken, daß es Leute gebe, die wegen fehlenden Geldes nicht studieren können, dadurch aber niemals an Selbstwertgefühl einbüßten, während sich bei anderen Frust breit macht, weil sie zwar studieren konnten, das Studium aber nicht be-wältigen konnten. Marx habe Tugenden sehr negativ bewertet, im Sozialismus hingegen werden sie offenbar ausgesprochen positiv bewertet.

Nach Thomas Meyer liefen konservative Bildungskonzepte auf die Erziehung zu Werten hinaus, darauf, durch Autorität zu bewirken, was Überzeugung nicht vermag. Linke Bildungskonzepte müßten auf die Erziehung zum Konflikt orientieren.

Johano Strasser, der die Tagung vor ihrem Abschluß verlassen mußte, tat dies mit einem ausdrücklichen Dank, besonders an die Gäste aus der DDR. Er sagte zum Abschied, daß er gern wieder dabei wäre, »wenn es weiter geht«.

Aus heutiger Sicht

Aufgabe einer kritischen »Aufbereitung« dieser Menschenbild-Debatten kann es natürlich nicht sein, sie am Stand der Weltwissenschaft des Jahres 2002 zu messen. Nicht nur ihr damaliger Anspruch wäre damit verfehlt, sondern nicht minder die Möglichkeiten eines solchen Kommentars. Vielmehr habe ich vor, einige Überlegungen zu Papier zu bringen, die mir im Abstand, nach dem Bruch von 1989/90 durch den Kopf gehen. Auch und vielleicht besonders für diese Jahre gilt, daß Menschenbild-Diskurse sich nur selten in einem wissenschaftlichen »clean-room« vollziehen, säuberlich abgeschottet von sozialen Interessen und Kämpfen, vom Ringen um politische Programmatik, weltanschauliche Begründung und moralische Rechtfertigung.

Über den Sinn von Menschenbildern

Ich bin nicht sicher, ob ich mit meinen vier »Elementen des marxistischen Menschenbildes« das Entscheidende marxistischer »Menschenbild-Problematik« erfaßt habe.

Alle vier formulierten Akzente sind korrekt und relevant. Insbesondere der Gedanke der »Selbsterzeugung des Menschen im Prozeß seiner Arbeit« dürfte unverzichtbar sein für eine Verständigung über unser Problem. »Das Große an der Hegelschen ›Phänomenologie‹ und ihrem Endresultate – der Dialektik der Negativität als dem bewegenden und erzeugenden Prinzip – ist also einmal, daß Hegel die Selbsterzeugung des Menschen als einen Prozeß faßt, die Vergegenständlichung als Entgegenständlichung, als Entäußerung und als Aufhebung dieser Entäußerung; daß er also das Wesen der Arbeit faßt und den gegenständlichen Menschen, wahren, weil wirklichen Menschen, als Resultat seiner eignen Arbeit begreift. Das wirkliche, tätige Verhalten des Menschen zu sich als Gattungswesen oder die Betätigung seiner als eines wirklichen Gattungswesens, d. h. als menschlichen Wesens, ist nur möglich dadurch, daß er wirklich alle seine Gattungskräfte – was wieder nur durch das Gesamtwirken der Menschen möglich ist, nur als Resultat der Geschichte – herausschafft, sich zu ihnen als Gegenständen verhält, was zunächst wieder nur in der Form der Entfremdung möglich ist.« [4]

Natürlich wäre es spannend, dieses Diktum mit dem gegenwärtigen und künftigen Platz der menschlichen Arbeit im gesellschaftlichen Leben, mit dem dramatischen Rückgang von Arbeit – im herkömmlichen Sinne – im Gesamt menschlicher Tätigkeiten und den weitreichenden Änderungen im Charakter und Vollzug von Arbeit zu konfrontieren. Aber erstens führt kein Weg eines noch so kühn und weit in die mögliche Zukunft reichenden Denkens um diesen seinen eigenen jetzigen historisch-systematischen Ausgangspunkt. Und zweitens ging es in Freudenstadt nicht darum, sondern um unmittelbare Gegenwart.

Das Problem jedoch ist, welche Konsequenzen sich aus dieser philosophisch-theoretischen Grundposition für die Frage nach dem Charakter und der Funktion eines Menschenbildes ergeben. Die entschiedene Differenz zu traditionellen »Menschenbildern« müßte stärker herausgearbeitet werden. Der SED-Kulturtheoretiker und -politiker Alfred Kurella sprach einmal von dem grundsätzlichen Gegensatz zwischen dem Marxschen Bemühen, »den historisch-gesellschaftlichen Charakter, das unendliche Werden des menschlichen Wesens sichtbar zu machen« einerseits und den bislang dominierenden metaphysischen Deutungen dieses Begriffs, den »starren, ewigen ›Leitbildern‹ des Menschen, dessen ideale Verwirklichung entweder in die dunkle Vergangenheit oder in die ferne Zukunft verlegt« werde, andererseits.[5]

Deutlicher zu betonen wäre mithin, daß Menschenbilder Sinn machen zum einen als abstrakte Zusammenfassung der allgemeinen Merkmale oder Eigenschaften, die den Menschen als Gattungswesen auszeichnen, ihn von anderen Gattungen unterscheiden. Selbst dies freilich ist nicht möglich, ohne die spezifische Gattungstätigkeit des Menschen, eben die Arbeit und ihre Konsequenzen für die gesellschaftliche und historische Exsistenz des Menschen in die Betrachtung einzubeziehen, also ohne Geschichts- und Gesellschafts»bild«.

Allerdings darf die Unverzichtbarkeit dieser Seite spezifisch menschlicher Gattungsexistenz nicht in den Hintergrund treten lassen, daß die »Naturbezogenheit« des Menschen, die in meinem Freudenstädter Vortrag nur in wenigen Worten Erwähnung fand, in unseren damaligen Vorstellungen viel zu kurz kam. Die philosophischen Aktivitäten in der DDR unter dem nicht sehr eingängigen Titel »Der Mensch als bio-psycho-soziale Einheit« kamen nicht mehr zum Tragen. Der marxistische Literaturwissenschaftler und Philosoph der alten BRD Thomas Metscher hat Recht, wenn er eine marxistische Verständigung über ein »nicht-reduktives Menschenbild«, welches »Tatbeständen von ›menschlicher Natur‹, ›Trieb, Emotion und Rationalität‹, dem Phänomen von Gewalt und Aggressivität uneingeschränkt Gerechtigkeit widerfahren läßt«, fordert.[6] Zweifellos wird damit eines der offensten und der folgenreichsten Themen einer aktuellen Rekonstruktion marxistischer Theorie überhaupt markiert.

Damit zusammen hängt ein weiteres Problem, eine weitere Lücke im traditionellen Nachdenken über diese Materie. Die historisch-philosophisch zentrale Rolle der Arbeit im marxistischen Menschenbild bzw. in der Gattungsexistenz des Menschen gestattet keine einfache Übersetzung in die Bestimmungen individueller Existenz des Menschen. Ein Menschenbild muß allgemeine geistige Positionen erkennen lassen, die dem einzelnen die Möglichkeit der Auseinandersetzung über Fragen bieten, die sich aus seinem unwiederholbaren Einzeldasein, seinem Lebensweg, seinen Erfahrungen, seinem Glück und Unglück, seinen Erwartungen und Enttäuschungen ergeben. Es müssen Positionen sein, angemessen auch für die Dimensionen menschlicher Tätigkeit und menschlichen Erlebens, die jenseits des Bereichs der Arbeit angesiedelt sind.

In einem gegebenen Menschenbild können zum anderen die jeweiligen, konkrethistorischen Vorstellungen von Menschen, vor allem von gegebenen Menschengruppen, Klassen etc. über sich selbst, über ihre Stellung in der Gesellschaft, ihre Ansprüche, Erwartungen, Ziele, ihr Selbstbild als Kritik der gegebenen Ordnung und Herrschaft Ausdruck finden: die Proklamation der Gleichheit der Menschen als Protest gegen bestehende Ungleichheiten oder die Proklamation der Willensfreiheit als Protest gegen Entmündigung etc. Gegen die Artikulation derartiger Menschenbilder als Element der weltanschaulichen und moralischen Selbstverständigung einer sozialen Strömung oder historischen Bewegung Sturm zu laufen, macht keinerlei Sinn.

Ich denke also, daß die Betonung des oben skizzierten Ausgangspunktes marxistischen Nachdenkens ein Menschenbild nicht überflüssig macht, wohl aber dazu zwingt, dessen Charakter und Funktion im Rahmen dieses Ansatzes präzise zu bestimmen. Es war ein Defizit unserer damaligen marxistisch-leninistischen Diskurse, das Menschenbild als einfache Übersetzung, als Zusammenfassung oder Credo all dessen aufzufassen, was ohnehin theoretisch und praktisch getan wurde. Die normativen Potenzen eines reflektierten marxistischen Menschenbildes bei der Gestaltung dieses Sozialismus wurden nicht ausgeschöpft.

Aus der von uns in Freudenstadt nur beiläufig erwähnten deutlich stärkeren Betonung der Eigenständigkeit der Individualität in der Kunst, der Philosophie, dem Rechtswesen und der Pädagogik der 70er Jahre beispielsweise hätten sich praktische Konsequenzen für die Gestalt politischer Beziehungen und Regelungen ergeben können und müssen. So wie aus der zeitweisen relativ stärkeren Anerkennung persönlicher und kollektiver Interessen für die Gestaltung ökonomischer Mechanismen im Rahmen der Wirtschaftspolitik des NÖS. Vorherrschende Konzepte der sozialistischen Demokratie waren zu stark von der bis in die 50er Jahre dominierenden These einer abstrakten Identität von Individuum und Gesellschaft geprägt. Anders formuliert, die Vehikel-Funktion des marxistischen Menschenbildes wurde darauf reduziert, mehr Identifikation aller einzelnen mit dem gegebenen Gesamtkonzept und -

vorhaben zu bewirken und zuwenig darin gesehen, die je einzelnen als unreduzierbaren Faktor eines dynamischen Gesellschaftsprozesses anzuerkennen. Der Abschnitt »Unser Bild vom Menschen« in den Vorarbeiten zum Irseer Programmentwurf der SPD, mit dessen Ausarbeitung einige unserer Partner damals beschäftigt waren, hätte uns in dieser Hinsicht Anregungen vermitteln können.[7]

Die Niederlage des Sozialismus und die »Reife« der Menschen

Ich halte es gerade »aus heutiger Sicht« für bemerkenswert, daß in bezug auf die Position, Änderungen gesellschaftlicher Verhältnisse und menschliche Veränderungen als mehr oder weniger einheitlichen Prozeß aufzufassen, in Freudenstadt grundlegende Übereinstimmung herrschte. Einige der zahlreichen Bemühungen, im geistigen Ansatz des Marxismus Ursachen für die Niederlage des Sozialismus 1989/90 auszumachen, laufen nach meinem Eindruck darauf hinaus, genau diesen Zusammenhang so oder so aufzulösen. Sei es über die These, der Sozialismus sei am ein für alle mal gegebenen Egoismus und Individualismus des Menschen gescheitert, das menschliche Bewußtsein habe mit den Veränderungen des Seins nicht Schritt gehalten oder über die gewissermaßen entgegengesetzte Auffassung, er sei gescheitert, weil er den Menschen habe »umbauen«, zu seinem Glück zwingen wollen.

Ich habe mich dazu an anderer Stelle geäußert[8] und möchte hier nur zweierlei betonen. Die Auffassung, dieser Sozialismus sei daran gescheitert, daß die Menschen oder ihr Bewußtsein mit der Veränderung der Verhältnisse nicht Schritt gehalten hätten, stellt eine verhängnisvolle Verkehrung der Tatsachen dar. Abgesehen davon, daß eine passive und mechanische Beziehung zwischen Sein und Bewußtsein unterstellt wird und der Umstand ausgeblendet wird, daß das Bewußtsein niemals lediglich als isolierter Ausdruck oder Reflex des jeweiligen unmittelbaren »Milieus« verstanden werden darf, liegt ihr vor allem eine Fehleinschätzung des »Reifegrades« der veränderten Verhältnisse zugrunde. Illusionen gab es nicht über das Bewußtsein sondern über die Verhältnisse. Nicht das Bewußtsein war hinter Verhältnissen zurückgeblieben sondern die Verhältnisse hinter den proklamierten Zielen und Idealen! Für diesen Widerspruch wurde keine angemessene Bewegungsform gefunden.

56

Zweitens. Fehler in der – im weitesten Sinne verstanden – sozialistischen Erziehung sind nicht in Abrede zu stellen: Bevormundung, Mißtrauen, Gängelei, Primitivismus – alles und mehr hat es gegeben. Und nicht nur in der Schule. Nur müßte der Nachweis erbracht werden, daß diese Erscheinungen auf das *Menschenbild* zurückzuführen waren. Der Fehler bestand nicht darin, einem bzw. diesem Menschenbild nachzueifern, sondern darin, die Bedingungen ungenügend kritisch reflektiert zu haben, unter denen im Prozeß dieser Praxis sozialistische Ideen vermittelt wurden.

Drittens. Die Auffassung, im Marxismus sei das Bestreben angelegt, den Menschen zu »seinem Glück zwingen« zu wollen, verfehlt dessen theoretischen Grundansatz. Historisch relevante Änderungen des Menschen, seines Bewußtseins und Verhaltens, haben Marx und Engels in allererster Linie von einer Änderung der gesellschaftlichen Verhältnisse erwartet.

Erledigtes und Unerledigtes

Ich kann mir allerdings im Rahmen dieser zeitbedingten Retrospektive auch die folgende Anmerkung nicht ersparen.

Mit der Zeitenwende von 89/90 hat sich das von uns in all diesen Gesprächen verfochtene Projekt erst einmal erledigt.

Ich sehe mich außerstande, eine grundsätzliche Gegenrechnung aufzumachen und nach dem Schicksal bzw. den Realisierungseffekten vieler guter Hinweise, Ermahnungen und Vorschläge zu fragen, die unsere Partner in Freudenstadt an uns richteten. Sie waren unzweideutig von einem sozialistischen Grundgestus getragen und müssen sich daher wohl auch der Frage stellen, inwieweit *sie* im realen Kapitalismus Änderungen bewirkt haben.

Ein weites Feld! Viel zu viel ist dazu in den letzten Jahren geschrieben worden, als das es in diesen fragmentarischen Erwägungen berücksichtigt werden könnte. Eine gründliche und aufschlußreiche Analyse ist Thomas Meyer selbst zu verdanken, der unter anderem kritisch vermerkt, daß das aus dem Irseer Entwurf hervorgegangene Berliner Programm der SPD von 1989 in der eigenen Partei nicht zur Wirkung gelangt sei und eine Reihe danach eingetretener Fehlentwicklungen nicht verhindern oder korrigieren konnte.[9] Und dies scheint mir doch der Erwähnung wert, Immerhin war es ja wohl die Gedankenwelt dieser Programmatik, von der aus die Vertreter der Grundwertekommission damals mit oder gegen uns argumentierten.

Es geht nicht um Einzelheiten. Es geht darum, daß der Kapitalismus sich in den beiden Jahrzehnten seit unseren Treffen scheinbar unaufhaltsam in einer Richtung entwickelt, von der ich mir nicht vorstellen kann, daß sie den menschenbildlichen Horizonten entspricht, denen wir bei unseren damaligen Partnern in Freudenstadt begegnet sind. Wenn man die wirtschaftliche und gesellschaftliche Entwicklung eines Landes oder einer Ordnung als ein gewisses Kennzeichen dafür nimmt, welche Leitideen inklusive bestimmter menschenbild-relevanter Positionen sie genetisch und systematisch prägen bzw. durch sie gefördert und reproduziert werden, dann ist mindestens dreierlei nicht zu übersehen.

Erstens das Problem der Gleichheit bzw. der Ungleichheit, der wachsenden Schere zwischen Arm und Reich! »Darwinismus in Reinkultur« war die Überschrift eines Artikels in der Hamburger »Zeit« im Rahmen der Serie über die »Krise des Marktes«.[10] In dem von Minister Riester vorgelegten ersten offiziellen Armuts- und Reichtumsbericht der Bundesregierung ist davon die Rede, daß in fast allen Lebensbereichen soziale Ausgrenzung zugenommen und Verteilungsgerechtigkeit abgenommen hat. 42 Prozent des privaten Vermögens entfallen auf die reichsten 10 Prozent der Haushalte, während nur 4,5 Prozent den unteren 50 Prozent der Haushalte gehörten.[11] Berliner Programm: »Wir wollen die gesellschaftliche Gleichheit von Frau und Mann, eine Gesellschaft ohne Klassen, Privilegien, Diskriminierungen und Ausgrenzungen (…) Die ungerechte Verteilung von Einkommen, Vermögen und Chancen teilt die Gesellschaft in solche, die über andere verfügen und solche, über die verfügt wird.«[12]

Es geht mir nicht um Politik, sondern um Weltanschauung und Menschenbild, um die geistigen Fundamente und Perspektiven. Und da stimmt bedenklich, daß gegenwärtig zahlreiche Äußerungen vorgeblich um Differenzierung bemüht sind, endlos reflektieren, mit wieviel Ungleichheit Gerechtigkeit einhergehen kann, immer wieder nach einem erträglichen Maß an Ungleichheit fragen, umfänglich die Unumgänglichkeit von Ungleichheit begründen, weltanschaulich aber nur allzu deutlich darauf hinauslaufen, die

Idee gesellschaftlicher Gleichheit nicht nur als konkrete Forderung sondern auch als regulative Idee in der Versenkung verschwinden lassen. Um den »diskursiven« Umgang mit der faktischen Ungleichheit geht es mir. Nimmt man sie als Fatum hin, paßt man sich ihr durch begriffliche Verbiegungen und Verbeugungen an oder weckt und bündelt man kritisches Bewußtsein?

Zweitens geht es um die erdrückende Tendenz eines ökonomisch-konsumtiven Reduktionismus im Menschenbild der Marktwirtschaft, der offenbar bereits für deren Anhänger zum Problem wird. Von der »Mutation« des Menschen zum »Wirtschaftssubjekt« ist die Rede[13], von seiner Degradation zum Verbraucher[14]. »Leben oder Überleben. Wider die Zurichtung des Menschen zu einem Element des Marktes« – der Titel des jüngsten Buches von Johano Strasser.[15] Der Bürger als Konsument müsse als die »entscheidende politische Figur unserer Zeit« bezeichnet werden.[16] Das Reden über Kurse und das Denken in Börsenkategorien sei »Teil des kollektiven Alltagsbewußtseins« geworden und die Beziehung zwischen Staatsbürger und Regierung werde als Beziehung zwischen Aktionär und Management gedeutet.[17]

Drittens sind das Befunde über Verkümmerungen humaner Potentiale im Gefolge des »flexiblen Kapitalismus« und des Charakters der Arbeit im High-Tech-Zeitalter, die weit über Beeinträchtigungen dieser oder jener menschlichen Fähigkeit hinausgehen, wie sie beispielsweise Richard Sennett analysiert hat: »Wie kann ein Mensch in einer Gesellschaft, die aus Episoden und Fragmenten besteht, seine Identität und Lebensgeschichte zu einer Erzählung bündeln?« Ein rundum »kurzfristig« agierender Kapitalismus bedroht »besonders jene Charaktereigenschaften, die »Menschen aneinander binden und dem einzelnen ein starkes Selbstgefühl vermitteln«.[18]

Wer bezweifelt, daß all dies etwas mit unserem Thema zu tun hat, der sei auf Arbeiten von Andreas Müller-Armack, Wirtschaftspolitiker, mit Ludwig Erhard Verfechter der »sozialen Marktwirtschaft«, oder F. A. Hayek, führender Vertreter des Neoliberalismus, verwiesen, in denen das »Menschenbild der Sozialen Marktwirtschaft« bzw. des Neoliberalismus ausdrücklich und so dargestellt wird, daß die hier angedeuteten Phänomene eine weltanschaulich-moralische Rechtfertigung finden.[19] Also landen wir wieder bei der auch in Freudenstadt 1984 unentschieden gebliebenen Frage, wie die Linke mit der geistigen Hegemonie des Konservatismus auch in puncto Menschenbild umgehen könnte.

Summa summarum. Die Frage nach dem Menschenbild ist aus praktischen Gründen weder mit dem Ende des Sozialismus der Oktoberrevolution noch damit erledigt, daß der reale Kapitalismus sich vorerst als stärker erweist als seine Kritik durch den Demokratischen Sozialismus. Ich möchte dies mit einigen Sätzen aus den im Krankenhaus verfaßten Tagebuchnotizen vom 10. Mai 1990 meines viel zu früh verstorbenen Freundes, des Kommunisten Heinz Jung, viele Jahre Leiter des »Instituts für Marxistische Studien und Forschungen« in Frankfurt am Main, ausdrücken:

»Ich glaube, daß Sozialisten dem Kapitalismus vor allem deshalb Abneigung und Haß entgegenbringen, weil er auf die Nutzung der Triebstruktur des Menschen abgestellt ist und dabei alle gesellschaftlichen Normen niedermacht, wenn sie dem im Wege stehen (…) Heute sieht man in der Autonomisierung der Warenproduktion den Weg der Moderne (…) Dieser Weg bringt nicht Befreiung und Selbstbestimmung, sondern zwängt den Menschen in den Teufelskreis des Konsumismus (…) Demgegenüber erscheinen die Versuche der sozialistischen Gesellschaft, über Kunst und Literatur eine Sublimierung der Triebstruktur des alten Adam zu erreichen, wie die Vorstellungen von gestern.

Auch auf diesem Gebiet ist der Sozialismus im Systemkampf gescheitert. Der Teufelskreis der Warenförmigkeit (…) kann allerdings nicht mit der moralischen Kritik von gestern, wie richtig sie als humanistische Kritik auch immer bleiben wird, sondern nur aus den Bewegungen des Systems selbst gebrochen werden. Der Konsumismus erstickt an der Überfülle und gebiert daraus neue Grundmotivationen, in denen die besseren Seiten des alten Adam zum Tragen kommen. Aber dieser Sachverhalt stimmt deshalb pessimistisch, weil er nicht zur (weltweiten) Entfaltung kommen darf, wenn die Menschheit weiterleben soll.

Der Sozialismus war zumindest seinen Möglichkeiten nach immer auch so etwas wie die Herrschaft der Vernunft über die Diktatur des Triebes. Schlechte Zeiten, wenn mit ihm auch die Hoffnungen darauf verschwinden müßten.«[20]

Fußnoten

1 Mitglieder der SPD-Grundwertekommission in der DDR. Deutschlandfunk, 28. 2. 1984, 6.00 Uhr
2 Joachim Ebert und Jürgen Herter, Eine Perspektive humanen Lebens muß sichtbar werden. In: Frankfurter Rundschau. 3. 8. 1984, S.14
3 Heinz Rapp, Godesberger Erneuerung. In: Neue Gesellschaft 6/1984, S. 499
4 MEW. Ergänzungsband. Schriften bis 1844. Erster Teil. Berlin 1968, S. 574
5 Alfred Kurella, Der Mensch als Schöpfer seiner selbst. Berlin 1958, S. 9, 80
6 Thomas Metscher, Argumente für eine materialistisch-dialektische Anthropologie. In: Marxistisches Menschenbild – eine Utopie? Bonn 1993, S. 49
7 Entwurf für ein neues Grundsatzprogramm der Sozialdemokratischen Partei Deutschlands. Irsee, Juni 1986, S.14
8 Erich Hahn, Ist der Sozialismus daran gescheitert, daß er den Menschen »umbauen« wollte? In: Marxistisches Menschenbild – eine Utopie? a. a. O., S. 29ff
9 Vgl. Thomas Meyer, Die Transformation der Sozialdemokratie. Bonn 1998, S. 171ff
10 Christian Tenbrock, »Darwinismus in Reinkultur«. In: Die Zeit, 26. 11. 1998, S. 27
11 Vgl. Richard Detje/Dierk Hirschel/ Karl Georg Zinn, Reichtum und Armut. Supplement der Zeitschrift Sozialismus 6/2001; »Die Schwachen müssen sterben«; Robert J. Eaton zum Kapitalismus im 21.Jahrhundert. In: Junge Welt, 8. 7. 1999, S. 10
12 Grundsatzprogramm der Sozialdemokratischen Partei Deutschlands. Beschlossen vom Programm-Parteitag der SPD am 20. 12. 1989 in Berlin, S. 5, 21f
13 Wolfgang Muchatius, Kritik der reinen Ökonomie. In: Die Zeit, 11. 4. 2001, S. 47
14 Die Perversion der Freiheit. Gespräch mit Benjamin Barber. In: Die Zeit. 6. 7. 2000, S. 24
15 Vgl. Johano Strasser, Leben oder Überleben. Wider die Zurichtung des Menschen zu einem Element des Marktes. Zürich 2001
16 Jörg Lau, Verbrauchte Verbraucher. In: Die Zeit, 22. 3. 2001, S. 51
17 Nils Minkmar, Deutschland, einig Zockerland. In: Die Zeit, 25. 11. 1999, S. 45
18 Richard Sennett, Der flexible Mensch. Die Kultur des neuen Kapitalismus. Berlin 2000, S. 31
19 Vgl. Andreas Müller-Armack, Das Menschenbild der Sozialen Marktwirtschaft. In: Politische Studien. München 1982, S. 461ff; Herbert Schui, Neoliberalismus – Das moderne Projekt der Gegenaufklärung. In: Z. Zeitschrift Marxistische Erneuerung, Nr. 31, September 1997, S. 30ff
20 Heinz Jung, Abschied von einer Realität. Zur Niederlage des Sozialismus und zum Abgang der DDR. Frankfurt am Main 1990. S.268

Gesetzmäßigkeiten in Geschichte und Gesellschaft – Bewußtseinswandlungen in der Welt von heute

Die Frage von Günter Brakelmann (SPD) blieb im Raum stehen,
ob die Kommunisten am Untergang des Kapitalismus
interessiert seien – eigentlich könnten sie das doch gar nicht.
Die Sozialdemokraten jedenfalls seien am Untergang
des Sozialismus nicht interessiert.

Das Thema war zum Abschluß des zweiten Treffens in Freudenstadt vereinbart worden. Die Absicht, über das Problem der Gesetzmäßigkeit zu sprechen, ergab sich aus dem Verlauf der Debatten über das Menschenbild. Zugleich aber war klar, daß damit eine Kernfrage der theoretischen Kluft zwischen Kommunisten und Sozialdemokraten auf die Tagesordnung gesetzt wurde. In Rechnung zu stellen war auch, daß es sich dabei um ein theoretisches Problem handelte, welches für das Selbstverständnis, die Programmatik und die Rhetorik beider Parteien allergrößte Bedeutung besaß (und besitzt).

Die These, daß in der menschlichen Geschichte Gesetzmäßigkeiten wirken, daß die Abfolge bestimmter Stufen der historischen Entwicklung nicht dem Zufall unterliegt und der revolutionäre Übergang zum Sozialismus durch das Wirken gesetzmäßiger Prozesse der kapitalistischen Produktionsweise determiniert ist – diese These bildete seit eh und je nach Auffassung der Kommunisten einen unverzichtbaren Bestandteil des von Marx und Engels begründeten wissenschaftlichen Sozialismus.

Zweifel an dieser Geschichtsphilosophie des historischen Materialismus in der deutschen Sozialdemokratie begannen mit dem »Revisionismusstreit« um die Wende vom 19. zum 20. Jahrhundert.[1] Die ökonomische Notwendigkeit des Sozialismus wurde in

Frage gestellt, er galt nicht mehr als wissenschaftlich sondern nur noch als ethisch begründbar.[2] Eine Auffassung, die sechzig Jahre später im Godesberger Programm verankert wurde und in den »Grundwerten« und »Grundforderungen« Niederschlag fand.[3]

Iring Fetscher ging in seinem Einleitungsreferat davon aus, daß die Existenz geschichtlicher Gesetzmäßigkeiten nicht bestritten werde. Ein Grundgedanke von Marx sei, daß politische Gegebenheiten sich mit ökonomischen Veränderungen wandeln (das historische Schicksal der griechischen Polis sei ein klassisches Beispiel). Wobei natürlich eine wechselseitige Abhängigkeit von Ökonomie und Politik nicht in Abrede gestellt werde.

Auch sei es nicht zufällig, daß beispielsweise auf den Feudalismus der Kapitalismus folgt. Dies hängt vielmehr mit dessen ökonomischer Überlegenheit zusammen. Marx habe also auch insofern Recht, als das einfache Überspringen geschichtlicher Entwicklungsstufen nicht möglich ist.

Zu denken gebe allerdings, daß der Sozialismus entgegen den Annahmen von Marx seine geschichtliche Überlegenheit über den Kapitalismus noch nicht bewiesen habe. Die ökonomische Schwäche der sozialistischen Länder begünstige Erscheinungen des Zentralismus und Bürokratismus. Der Parlamentarismus westlicher Gesellschaften hänge mit deren ökonomischer Stärke zusammen. Der Sozialismus habe bürokratische Eliten hervorgebracht. Eine sozialistische Demokratie sei nicht entstanden. Auch die in der Sowjetunion in den 30er Jahren praktizierte rigide Erziehung zur Arbeit habe einen Verlust an Demokratie mit sich gebracht. Die vom Sozialismus realisierte Planung sei zwar gut für die Phase extensiver Reproduktion, sie versage jedoch beim Übergang zur Intensivierung. Der Kapitalismus habe ein beträchtliches Wachstum hervorgebracht, verhindere jedoch eine vernünftige Befriedigung der Bedürfnisse. Eine pauschale Steigerung der Produktion sei nicht mehr anzustreben. Die Überwindung des Rüstungswettlaufs sei vordringlich, damit die Realisierung solcher Ziele der Produktion erreicht werden könne wie die Versorgung der Bevölkerung mit den notwendigen Gebrauchswerten, die Gestaltung menschenwürdiger Arbeitsbedingungen für alle Arbeitenden und eine Reproduktion der Ökosphäre, die ihrer Erhaltung dient. Nicht Null-Wachstum sondern ein gezieltes Wachstum stehe an.

Harald Schliwa, der das Einleitungsreferat von unserer Seite übernommen hatte, gab zunächst zu bedenken, daß die Entstehungsbedingungen in Rußland zu berücksichtigen seien, wenn die Frage nach der Übereinstimmung der Entwicklung des Sozialismus im 20. Jahrhundert mit den Vorstellungen von Marx erörtert werde. Rußland sei zwar kein entwickeltes Land gewesen, hatte aber kapitalistische Elemente und Strukturen aufzuweisen. Die Bauernschaft habe zwar die Mehrheit der Bevölkerung ausgemacht, das Proletariat sei jedoch in hohem Maße organisiert gewesen. Und die Zuspitzung gesellschaftlicher Widersprüche, die Anlaß für die Oktoberrevolution gewesen sei, sei nicht unabhängig von der Entwicklung in den kapitalistischen Ländern bzw. der internationalen Entwicklung (Erster Weltkrieg) überhaupt erfolgt.

Er wandte sich dann jenen methodologischen Grundfragen der Gesetzesproblematik zu, die Philosophen in der DDR seit den 70er Jahren intensiv diskutiert hatten, vor allem dem Wechselspiel objektiver und subjektiver Momente in der gesellschaftlichen Wirkung von Gesetzmäßigkeiten.[4] Ausführlich wurde begründet, daß nach unserem Verständnis Gesetzmäßigkeiten keine anonym oder automatisch ablaufenden Geschehnisse darstellen.

Es gibt keine Gesetzmäßigkeiten, die sich außerhalb und unabhängig von menschlichem Handeln realisieren. Gesetzmäßig sei vor allem der qualitative Zusammenhang zwischen der Entwicklung der Produktivkräfte, der Produktionsverhältnisse und der Gesamtheit sozialer Verhältnisse, Beziehungen und Strukturen. Von ausschlaggebender Bedeutung für die Realisierung von Gesetzmäßigkeiten sind Bedingungen subjektiver Art wie Interessen, Bedürfnisse, Ideen, Werte und moralische Normen. Die Anerkennung der Rolle subjektiver Faktoren bedeutet keine Schmälerung der Bedeutung des Objektiven.

Mensch und Gesetz

Ein erster Schwerpunkt der Diskussion war naturgemäß die Frage nach der inneren Struktur von Gesetzen, nach der Art und Weise, in der Gesetze sich über das Handeln von Menschen verwirklichen. Thomas Meyer warf die Frage auf, ob das Subjektive dem Objektiven gegenüber extern sei. Darin sei das Grundproblem der Gesetzesproblematik zu sehen. Daß Gesetze sich über subjektive

Gegebenheiten realisieren, stehe außer Frage. Dabei aber nehme der Diskurs eine zentrale Stelle ein. Dessen Ausgang sei zwar bedingt, aber nicht determiniert. Er hänge in starkem Maße von Werten, Orientierungen und ähnlichen Faktoren ab. Mithin komme dem Subjekt die entscheidende Rolle zu. Das Objektive sei damit eliminiert.

Ich gab zu bedenken, daß die Darstellung einer gegebenen Determinationsbeziehung stets als Abstraktion ganz bestimmter wesentlicher, allgemeiner und notwendiger Zusammenhänge aus einer Vielzahl von Wechselwirkungen und Handlungsweisen verstanden werden müsse. Die These von einem gesetzmäßigen Verlauf der menschlichen Geschichte sei für Marx die abstrahierende Zusammenfassung bestimmter Merkmale des faktischen Verlaufs der bisherigen Geschichte, beispielsweise der bestimmenden Rolle der materiellen Lebensbedingungen gegenüber der Gesamtheit gesellschaftlicher Zusammenhänge bzw. der faktischen Abfolge bestimmer Entwicklungsstufen gewesen.

Dies wurde von Johano Strasser bestritten. Die Auffassung von Gesetzen sei für Marx kein Fazit der bisherigen Geschichte. Er sei vielmehr von dem Gedanken eines Heilsgeschehens beherrscht gewesen. Die Auffassung der Geschichte als Heilsgeschichte sei bei Marx der Ausprägung eines stärker naturwissenschaftlich orientierten Gesetzesbegriffs vorangegangen.

Für die genauere Unterscheidung zwischen allgemeinen Gesetzen und zeitweiligen Ursache-Wirkungs-Zusammenhängen sprach sich Klaus Mehrens aus. Wolfgang Küttler warf ein, daß der Historiker es in der Regel mit Gesetzen »mittlerer Reichweite« zu tun habe. Zwischen allgemeinen Gesetzen der Geschichte (Zusammenhang materieller und geistiger Faktoren, Dialektik Produktivkräfte – Produktionsverhältnisse, die übergreifende historische Tendenz zu einer zunehmenden Vergesellschaftung der Produktion) und Gesetzen, die im Rahmen einer ökonomischen Formation wirken, müsse unterschieden werden.

Immer wieder kamen wir auch auf die Frage zurück, ob es sich beim faktischen geschichtlichen Geschehen eher um einfache Kausal-Beziehungen oder eher um Wechselwirkungen handele. Helmut Seidel zeigte am Beispiel der Entstehung der Renaissance in Europa die bestimmende Rolle materieller Faktoren. Erhard Eppler meinte, daß auch die umgekehrte Beziehung nachzuweisen und zwischen geschichtlichen Ursachen und menschlichen Motiven als Triebkräften zu unterscheiden sei. Johano Strasser fragte, ob es sich bei derartigen Zusammenhängen und Wechselwirkungen um Determinationsprozesse oder um die Entgrenzung objektiver Möglichkeiten handele.

Großes Gewicht legten wir darauf, den theoretisch-begrifflichen Unterschied zwischen Objektivität und Spontaneität zu betonen. Mit »Objektivität« war gemeint, daß Gesetze sich in ihrem Verlauf zwar nicht unabhängig von menschlichen Handlungen und Aktionen durchsetzen, in ihrem Gehalt, ihrer Beschaffenheit, ihrer historischen Tendenz und Gerichtetheit jedoch von Bedingungen und Verhältnissen abhängen, die sich nicht auf die empirische Summe von Handlungsweisen, auf in starkem Maße subjektive Gegebenheiten also, reduzieren ließen. Die Tatsache, daß – wie alle geschichtliche Erfahrung lehrt – Gesetzmäßigkeiten sich als Prozesse zur Geltung bringen, die den Absichten, Zwecksetzungen, Vorstellungen und Zielen der handelnden Menschen sowohl entsprechen als auch in erheblichem Maße widersprechen können, finde in der Kategorie »Spontaneität« Ausdruck. Die Alternative zum spontanen Wirken gesellschaftlicher Gesetze sei nicht ihre objektive Gegebenheit, sondern ein – unter bestimmten Bedingungen mögliches – bewußtes, zielgerichtetes und gesellschaftlich koordiniertes Handeln, welches objektiven Erfordernissen dieser Gesetze entspricht.

Gesetze und die Legitimierung von Politik

Eine beträchtliche Rolle in der Debatte spielte die Frage nach der Funktion eines deterministischen Standpunktes in der geistigen und praktischen Orientierung.

Da war zunächst und immer wieder die These von der Legitimationsfunktion der Gesetzeshypothese. Thomas Meyer und Klaus Mehrens folgerten aus der marxistischen Annahme der Rolle subjektiver Faktoren beim Zustandekommen gesetzmäßiger Abläufe, daß der Gesetzeshypothese im Marxismus vor allem die Funktion der Legitimierung bestimmter Handlungsweisen zukomme.

Für Günter Brakelmann diente das Gesetzestheorem den Marxisten – bewußt oder unbewußt – dazu, die Geschichte als verfügbar auszugeben, sie verfügbar zu machen. Marxisten gäben vor, zu wissen, wie die Geschichte verläuft, das aber sei eine These vermeintlicher Sieger der Geschichte. Darin sah Brakelmann zugleich einen Hegelschen Rest im Marxismus – man versuche, die Vorstellung zu erwecken, die Geschichte verlaufe nach bestimmten Absichten. Heinz Rapp warf ein, daß ihm das Verfahren »trial and error« (aus fehlgeschlagenen Versuchen zu lernen) lieber sei als die Methode, sich in seinem Handeln an tatsächlichen oder vermeintlichen Gesetzen zu orientieren.

Erhard Eppler beschäftigte die Frage, ob die Marxisten davon ausgingen, daß alles in der Geschichte gesetzmäßig verlaufe, ob sie dies auch für wünschenswert hielten und ob die Existenz von Gesetzen immer positiv gewertet werden müsse.

Dazu wurde in der Diskussion bemerkt, daß Gesetze zunächst als objektive Gegebenheit zu verstehen seien und nicht als Vernunftgesetze angesehen werden könnten. Die Geschichte sei die Abfolge singulärer Ereignisse, sie sei nicht vernünftig und habe keinen Sinn, die Vernunft müsse durch Menschen in die Geschichte hineingetragen werden.

Erhard Eppler hakte nach und meinte, daß die Marxisten seiner Vorstellung nach Optimisten sein müßten, weil sie auf das Walten der Hegelschen List der Vernunft setzten, auf die Wirkung von Kräften, die das Böse wollten, aber Gutes schafften. Derartige Annahmen würden allerdings zunehmend fragwürdig – er verwies auf die Anfang der 80er Jahre geäußerte »Exterminismus«-These des britischen Sozialwissenschaftlers Edward P. Thompson, der aus der »inneren Dynamik und gegenseitigen Logik« des nuklearen Wettrüsten den unaufhaltsamen Drang zur Auslöschung, der »Ausrottung« der Menschheit folgerte.[5] Daran schloß sich die Frage, ob die Vernunft gegen US-Präsident Reagan eine Chance habe. Auch ihn bewege die Frage nach der »Plazierung« des Anspruchs der Marxisten, Gesetze zu durchschauen, im System ihrer Vorstellungen vom Spielraum menschlichen Handelns. Bestehe nicht die Gefahr, fragte Eppler weiter, daß Prognosen unversehens in Absichten verwandelt würden, von denen aus es nur noch ein kleiner Schritt zu Drohungen sei? Eppler verwies auf das berüchtigte Diktum Chruschtschows in einer Vollversammlung der UNO: Wir werden den Kapitalismus begraben! Dies laufe darauf hinaus, dem Kapitalismus lediglich eine *befristete*, nicht aber eine *dauerhafte* Existenzberechtigung einzuräumen. Und das sei die Konsequenz der Perspektive, in Gesetzmäßigkeiten »zu denken«.

Es sei ein Unterschied zwischen der Aussage: »Wir wissen, wo es langgeht!« und der anderen Aussage: »Wir wissen, wo es langgehen kann oder soll!« Nur die zweite Aussage sei dialog- und demokratiefähig. Mit der Position, sich als Exekutivorgan des Weltgeistes zu verstehen, sei ein demokratischer Dialog unmöglich.

Damit war – vorerst sei dies am Rande bemerkt – in unserer Runde ein erstes Mal eines der Stichworte gefallen, welches im Kontext des »Dokuments« zu einem der »Essentials« werden sollte: die Frage nach der Existenzberechtigung der beiden gegensätzlichen Weltsysteme bzw. danach, ob und inwiefern sie sich gegenseitig eine Existenzberechtigung zuerkennen.

Dem wurde einerseits von Harald Neubert entgegengehalten, daß ein Sieg des Sozialismus in der Welt als Ganzes keinesfalls als territoriale Expansion des heutigen Systems sozialistischer Staaten verstanden werden dürfe. Iring Fetscher warf ein, daß der Sozialismus doch wohl einen Wettbewerb mit dem Kapitalismus anstrebe, mit dem Ziel, die Menschen durch das Beispiel zu überzeugen.

Andererseits betonten wir die Differenziertheit der Beziehungen zwischen Gesetz, Gesetzeserkenntnis und Politik bzw. menschlichem Handeln. Chruschtschows Drohgebärden seien keine Konsequenz aus dem marxistischen Gesetzestheorem. Die Überzeugung vom gesetzmäßigen Sieg des Sozialismus finde allenfalls darin Ausdruck, zu sagen: Sie (die Kapitalisten) *haben* keine Chance! Das ist etwas anderes, als zu sagen: Wir *geben* Ihnen keine Chance! Lezteres sei ein Sollsatz. Überhaupt könne es keine direkte, mechanische Beziehung zwischen Erkenntnis (einschließlich Gesetzeserkenntnis) und Politik geben. In politische Programmatik flössen keinesfalls nur Resultate von Erkenntnisprozessen, sondern ebenso Wertungen, Überzeugungen, Normen und andere Orientierungen ein.

Auch die These von der »Verfügbarkeit« über Geschichte werde unserem Verständnis der Rolle von Gesetzmäßigkeiten in der menschlichen Praxis nicht gerecht, sie erwecke einen falschen Eindruck. Es gehe nicht darum, über Gesetze zu verfügen (oder nicht zu verfügen) sondern, ihren Erfordenissen zu entsprechen oder nicht zu entsprechen. Dazu wiederum sind eine Fülle von objektiven und subjektiven Bedingungen zu berücksichtigen und nicht die Absicht, über etwas verfügen zu wollen.

Die Frage von Günter Brakelmann blieb im Raum stehen, ob die Kommunisten am Untergang des Kapitalismus überhaupt interessiert seien – recht eigentlich könnten sie das doch gar nicht.

Die Sozialdemokraten jedenfalls seien am Untergang des Sozialismus nicht interessiert!

Natürlich ließen die Kollegen von der SPD es sich auch bei diesem Thema nicht nehmen, Widersprüche zwischen marxistischer Theorie und sozialistischer Praxis zu vermerken, d. h. die Existenz und das Wirken historischer Gesetzmäßigkeiten mit dem Argument in Zweifel zu ziehen, daß die Entwicklung des realen Sozialismus die relevanten Annahmen und Voraussagen nicht bestätigt hätte. Der reale Sozialismus sei in seiner Geschichte nach 1917 schon einmal »reiner« gewesen, bemerkte Johano Strasser. Zur Zeit führe er zu immer mehr Kapitalismus. Und Günter Brakelmann verwies darauf, daß nach dem Programm der KPdSU der Kommunismus längst realisiert sein müsse. Für ihn stelle sich die Geschichte des Sozialismus als eine Geschichte nicht erfüllter Gesetzmäßigkeiten dar.

Eine große Rolle spielten auch Bedenken gegenüber der These von Marx, die Entwicklung des Kapitalismus tendiere zu einer Fesselung der Produktivkräfte, die durch eine sozialistische Revolution abzustreifen wäre. Real habe der Kapitalismus sich nicht als Fessel und der bisherige Sozialismus nicht als Beschleuniger der Produktivkraftentwicklung erwiesen. Die Kardinalfrage sei heute, daß wir eine Vergesellschaftung brauchten zur Zügelung der Produktivkraftentwicklung.

Diese Fragestellung wurde mit Nachdruck auch von Erhard Eppler unterstützt. Nicht eine Entfesselung – nach der klassischen marxistischen Forderung – bewege uns heute. Der Kapitalismus habe eine explosionsartige Entfesselung von Produktivkräften mit sich gebracht, die den Menschen nachgerade versklave. Die Gentechnologie z .B. berge die Tendenz in sich, ihren Urheber zu vernichten. Die Datenverarbeitung könne Freiheit ersticken. Selbst das Problem der Macht würde durch diese Prozesse relativiert – die Rüstung erlege beiden Systemen unerbittliche und verheerende Zwänge auf. (In meinen Notizen findet sich an dieser Stelle der Kommentar: »Eine Brandrede für die Objektivität der Gesetze!«)

Und Iring Fetscher warf ein, daß nicht eine Emanzipation der Produktivkräfte, sondern eine des Menschen auf der Tagesordnung stehe.

Bewußtseinswandlungen in der Welt von heute

Die Einleitungsvorträge zum zweiten Thema der Tagung hielten Thomas Meyer und ich. Ich sprach auf der Grundlage von Thesen, deren Wortlaut vorliegt.

Zwei Vorbemerkungen. Zum einen ist bei einem derartigen Thema die Rolle der Spekulation zu berücksichtigen. Es handelte sich um »Gesetzmäßigkeiten« spezifischer Art. Friedrich Engels hat in seinen berühmten »Altersbriefen« unterstrichen, daß die Rolle des Zufalls sich vergrößere, je mehr man sich in der Wissenschaft von der Ökonomie entferne und Erscheinungen des geistigen Lebens zuwende.[6] Zum anderen. Für die Vertreter beider sich hier einander gegenübersitzenden politischen Strömungen handelte es sich bei diesem Thema nicht nur um einen theoretischen Gegenstand. Politik ist stets mit Bewußtseinsprozessen verbunden.

Ich sagte damals:

1. Geschichte und Gegenwart beweisen das Faktum von Bewußtseinswandlungen. In der Bejahung der Möglichkeit derartiger Wandlungen gibt es wesentliche Übereinstimmungen zwischen Marxisten und Sozialdemokraten. So äußert sich Erhard Eppler in seiner Schrift »Wege aus der Gefahr« in einem speziellen Abschnitt »Bewußtseinswandel« – gestützt auf Analysen von Thomas Meyer und Richard Löwenthal – über Veränderungen im Wertbewußtsein.[7] Von »Grundimpulsen im Bewußtseinswandel der 70er und 80er Jahre« ist auch in einer speziellen Ausarbeitung der Grundwertekommission vom Februar 1982 die Rede.[8]

2. Die bisherigen sozialistischen Revolutionen beweisen die Möglichkeit bezweckter Bewußtseinswandlungen im Maßstab einer ganzen Gesellschaft. Sie verdeutlichen zugleich die dafür erforderlichen objektiven und subjektiven Bedingungen – die Rolle ökonomischer Verhältnisse, der politischen Macht und der kulturellen und ideologischen Institutionen – im positiven wie im negativen Sinne. Verwiesen werden kann auf Ansätze bei der Überwindung der faschistischen Ideologie, bei der Herausbildung des Gedankens der Solidarität, der Völkerverständigung und der Ein-

stellung zum Frieden, der Solidarität in zwischenmenschlichen Beziehungen und der Gleichberechtigung der Geschlechter. (Ich habe auf Passagen aus einem Buch von Günter Gaus über seine Eindrücke vom DDR-Alltag während seiner Zeit als erster Leiter der Ständigen Vertretung der BRD in der DDR verwiesen. Was den Bundesbürger bei Reisen in die DDR bisweilen verstöre, sei »die Begegnung mit Gewohnheiten und Formen des täglichen Lebens, denen nicht der Hang zu Höherem, der Drang nach oben innewohnt, wie sie direkt und indirekt die westliche Werbeindustrie als Voraussetzungen des Glücks anpreist. Ganz gewiß wollen die Menschen in der DDR mehr konsumieren und allgemein bessere Existenzbedingungen erreichen. Aber so, wie ihre Gesellschaft ist, sind ihre Bemühungen um einen höheren Lebensstandard frei von der Vorstellung, damit wäre auch ein Aufstieg in eine höhere Klasse, das Emporkommen zu feineren Kreisen verbunden.«[9]

Zugleich widerlegen nicht nur unsere Erfahrungen Illusionen über den spontanen oder nur spontanen Vollzug von Bewußtseinswandlungen in bezug auf grundlegende politische Gegenstände.

3. Die Dringlichkeit von Bewußtseinswandlungen im globalen Maßstab (bei Anerkennung der Schlüsselrolle derartiger Prozesse in den entwickelten kapitalistischen Ländern und im Sozialismus) hat sich verstärkt. Dabei zeigt sich, daß die geistige Bewältigung der Friedensfrage mit anderen weltanschaulichen Klärungen (oder Blockierungen) eng zusammenhängt, z. B. mit der Einstellung zum Fortschritt oder zum Verhältnis von Technik und Gesellschaft. An ernsthafte Analysen und dringende Forderungen des Club of Rome ist zu erinnern.[10]

4. Die Gefahr reaktionärer Bewußtseinsänderungen hat sich durch die Kopplung von an Sonderinteressen orientierter politischer und ökonomischer, mithin geistiger Macht einerseits mit den neuen technischen und wissenschaftlichen Möglichkeiten der Massenbeeinflussung andererseits verstärkt.

5. Ausschlaggebende Bedeutung erlangt die Frage nach realen Chancen und möglichen Inhalten (Richtungen) eines progressiven Bewußtseinswandels. Es geht nicht schlechthin um Wünschenswertes sondern um Erfahrungen, Vorstellungen, Orientierungen und Ideen, die mit realen Prozessen einhergehen und von gesellschaftlichen Kräften artikuliert werden, die über Einfluß ver-

fügen. Chancen bietet das Zusammengehen humanistischer Kräfte der Gegenwart – historische Erfahrungen des Antifaschismus, der Antihitler-Koalition, des Dialogs zwischen Marxisten und Gläubigen.

(Den sich hier anschließenden Passus hatte ich zusätzlich zum vor Beginn der Tagung vorbereiteten Text als Reaktion auf die Debatten des Vortages zu Papier gebracht.

In diesem Kontext wären drei Fragen zu erörtern.

Erstens die nach dem Verhältnis von gemeinsamen und gegensätzlichen Interessen derer, die miteinander in Beziehung treten.

Zweitens Probleme der Dialogfähigkeit. Beide dominierenden Machtsysteme der Gegenwart befinden sich in einem antagonistischen Verhältnis zueinander. Beide haben gleiche oder ähnliche Vorstellungen von der historischen Perspektive der Gegenseite.

Aber zugleich sind Differenzierungen ins Auge zu fassen. Von Konservativen des Westens wird immer wieder die Alternative »Kapitalismus oder Untergang!« beschworen. Wir sehen in bezug auf das äußere Verhältnis der beiden Weltsysteme zueinander nicht die Alternative: »Sozialismus oder Untergang!« sondern »Friedliche Koexistenz oder Untergang!« Es kann auch keine Rede davon sein, daß Reagan die Politik dem sozialistischen System oder den Kommunisten gegenüber nach der Methode »Trial and Error« gestaltet. Worum es geht, ist die Prüfung sowohl der geschichtsphilosophischen Vorstellungen als auch und besonders der außenpolitischen Konzepte der führenden Kreise der beiden Weltsysteme hinsichtlich der Entwicklung des jeweils anderen Systems.

Und drittens die Frage nach den Chancen der Vernunft. Ein weltpolitisch vernünftiges Verhalten bei Reagan wäre lediglich als Reaktion auf einen starken Druck der Öffentlichkeit oder aus der Überlebensangst, aus der Einsicht in die Aussichtslosigkeit eines Weltkrieges zur Durchsetzung antisozialistischer Ziele, zu erwarten.)

6. Ein Haupthindernis gegenüber einem progressiven Bewußtseinswandel sehe ich im Antikommunismus und ihn umkleidenden Doktrinen. Nüchtern zu prüfen wäre, welche Rolle antikommunististische bzw. antikapitalistische Positionen in der derzeitigen Friedensbewegung spielen.

7. Die Möglichkeit, die Aufgabe und die Verpflichtung bzw.

Verantwortung des realen Sozialismus in bezug auf einen progressiven Bewußtseinswandel bestehen darin, seine eigenen humanen Potenzen praktisch zur Geltung zu bringen. Dies läuft auf die Aufgabe der weiteren Stabilisierung des Sozialismus hinaus.

Einen anderen Ansatz verfolgte Thomas Meyer in seinem Einleitungsvortrag. Als Beispiel für einen gewichtigen Bewußtseinswandel galt ihm der in den westlichen Industriegesellschaften vor nahezu zwei Jahrzehnten in Gang gekommene tiefgreifende Wertwandel, der paradigmatisch von Ronald Inglehart auf den Begriff gebracht wurde. Die Frage nach dem Tempo, der Richtung und den Möglichkeiten der Beeinflussung dieses Wandels gewinne an Bedeutung. Ausgehend davon, daß dieser Wertwandel in objektiven Veränderungen der Gesellschaft fundiert ist – Grad der Bedürfnisbefriedigung, Widersprüche des Fortschritts, Krise des traditionellen Leistungsverhaltens, Verfall des Arbeitsethos etc. – stellte er einige der aktuellen sozialwissenschaftlichen Konzepte und Reflexe zu diesen Prozessen in den Mittelpunkt seiner Ausführungen. Jeder gängige Typ von Vorurteilen habe eine spezifische Position zu diesem Wertwandel hervorgebracht.

Dem Wesen nach stehen sich konservativ-traditionalistische Deutungen, die oft subjektivistisch geprägt sind, auf der einen und Positionen, die angesichts objektiver Probleme und Herausforderungen nach Alternativen suchen, auf der anderen Seite gegenüber. Diese Polarisierung sei in gewisser Hinsicht an die Stelle der überkommenen Rechts-Links-Spaltung getreten. Was unter anderem damit zusammenhänge, daß auch innerhalb der Linken ein Wertwandel stattgefunden hat.

1. Nach Daniel Bell, einem konservativen US-Soziologen, ist eine weitgehende Loslösung, ein Auseinanderfallen von Kultur und Ökonomie festzustellen. Solche für die bürgerliche Industriegesellschaft charakteristischen und unverzichtbaren Werte wie die Hochschätzung von Berufspflicht und zielgerichteter Disziplin oder die moralische Orientierung auf Befriedigungsaufschub unterlägen einer weitgehenden Erosion.

Dem entspräche, daß die Kultur in zunehmendem Maße von Werten des Hedonismus beherrscht werde, der materielles Wohlergehen und Luxus verspräche, eine Moral des Vergnügens und des Spiels, des Selbstwertgefühls und des Hungers nach unbegrenzter Erfahrung.

2. Jürgen Habermas sähe privatistische Wertorientierungen (auf Geld und Freizeit) sowohl im beruflichen als auch im familiären Bereich zunehmen. Gegen konservative Konzepte der Entpolitisierung, der Entlastung des Staates vom demokratischen Meinungsstreit über gesellschaftspolitische Ziele setze Habermas auf eine Intervention des Staates zur Verstärkung des öffentlichen Dialogs als Element von Demokratie. Er plädiere für eine universalistische Moral, für die Orientierung an Prinzipien, deren Normen die Zustimmung aller Betroffenen finden könnten.

3. Nach Josef Huber seien Wertwandlungen so alt wie der Kapitalismus überhaupt. Sie vollzögen sich oft in Form von Wellen, in denen jeweils auf zunächst dominierende optimistische Werte eher kritische Positionen folgten.

4. Ronald Inglehart *(The Silent Revolution in Europe)* habe vor allem den Übergang von »materialistischen« zu »postmaterialistischen« Werten analysiert und dargestellt. Bis in die ersten beiden Nachkriegsjahrzehnte hinein sei das Vorherrschen einer »materialistischen« Grundorientierung auf Werte der Sicherheit, der Einkommenserhöhung, des materiellen Konsums und individueller Karrierechancen charakteristisch. Seit den 60er Jahren rückte eine »postmaterialistische« Orientierung eher Werte wie individuelle Selbstverwirklichung, soziale Sinnerfahrung, gerechte Lebensverhältnisse, die Hinwendung zu neuen Formen der Gemeinschaftserfahrung und Bindung, das Bedürfnis nach einer intakten Umwelt und einem sinnvollen Leben in den Vordergrund. Partizipationsbedürfnisse seien dabei, Verteilungsbedürfnisse zu verdrängen.

Als Ursache dieser Wandlungen werde eine »Mangelhypothese« (wir schätzen stets am höchsten, was am knappsten ist) und eine »Sozialisationshypothese« (die Erfahrung eines Defizits an »postmaterialistischer« Werterfüllung in der Jugend prägt deren Vorrangigkeit in der persönlichen Orientierung auch in späteren Lebensphasen) erörtert.

Keinem Zweifel könne unterliegen, daß der Wandel zur Vorrangigkeit »postmaterialistischer« Werte objektiven Tendenzen der wissenschaftlich-technischen Revolution entspräche. Momente dieses Wertwandels ähnelten den sozialistischen Wertkonzepten der Arbeiterbewegung. Eine Kooperation zwischen Trägern dieses

Wertwandels und der Arbeiterbewegung scheine daher möglich. Zugleich wären Differenzierungen innerhalb der traditionellen Linken nicht zu übersehen.

Erwähnt wurde schließlich der Befund einer »Shell Studie«, daß Jugendliche umso eher zu politischer Aktivität neigen, je pessimistischer ihre Weltsicht ist. Verallgemeinernd stellte Thomas Meyer fest, der derzeitige Wertwandel demonstriere, daß der Überbau keinesfalls nur ein Echo von Veränderungen im gesellschaftlichen Leben darstelle, und nicht nur im Nachhinein reagiere. Er könne vielmehr durchaus auch Veränderungen einleiten. Nicht selten seien Negativerfahrungen der Ausgangspunkt wichtiger Veränderungen, wobei Erfahrungen als Kombination von Ereignissen und ihrer Deutung zu denken seien, Normen mithin eine Voraussetzung von Erfahrungen darstellten.

Wertwandlungen können in diesem Sinne durchaus eine Veränderung gesellschaftlicher Strukturen erzwingen.

Wenn sich im Sozialismus das materielle Leben verbessere, dann seien ebenfalls Wertwandlungen in Richtung auf die Präferenz von Partizipationserwartungen zu erwarten. Materielle Überproduktion bringe es zwangsläufig mit sich, daß die Bedürfnisse nach Partizipation und Sinnerfüllung eine größere Rolle spielten.

Abschließend kam auch Meyer auf die Debatte des Vortages zurück. Im Westen sei die Position verbreitet, die geistige Auseinandersetzung mit dem Sozialismus auf die Vertreter der politischen Rechten zu delegieren, Bemühungen um friedliche Koexistenz hingegen der SPD zuzuweisen. Die Vertreter des Prinzips der friedlichen Koexistenz würden dabei der Aufgabe des eigenen weltanschaulichen Standpunktes bezichtigt, während die Protagonisten der unvermeidlichen weltanschaulichen Auseinandersetzung friedliche Koexistenz für unmöglich deklarieren. Für uns könne sich daraus nur die Konsequenz ergeben, den Streit um gesellschaftspolitische Fragen zu führen und gleichzeitig maximal im Interesse des Friedens zusammenzuarbeiten.

Die Diskussion werde ich in zwei Schritten nachzeichnen.

Sie konzentrierte sich zum einen auf mehr oder weniger allgemeine theoretische Fragen von Bewußtseinswandlungen sowie deren geschichtsphilosophische und anthropologische Prämissen. Dem Gestus nach trug sie über weite Strecken den Charakter des

Erfahrungsaustausches und der gegenseitigen Information. Kontroversen und Übereinstimmungen wurden deutlich.

Johano Strasser wandte sich vehement gegen den »undemokratischen« Anspruch einer Partei, die Massen etwas lehren zu wollen. Dies gleiche einem Chirurgen, der von ihm beabsichtigte Eingriffe nicht zur Diskussion stellte. Er fragte, warum in der DDR Zeitschriften wie »L'80« oder der »Vorwärts« nicht verbreitet würden. Für Bewußtseinswandlungen müsse gerade der Widerspruchsgeist gefördert werden. Im Marxismus-Leninismus jedoch sei Widerspruchsdenken negativ belastet. Dieser Sozialismus sei von Mißtrauen gegenüber dem Volk geprägt, von Angst vor Spontaneität. Optimismus müsse auf den vitalen Kräften des Menschen beruhen.

Iring Fetscher ergänzte die Liste der westlichen Wertwandelpositionen durch den Verweis auf die Arbeiten von Fred Hirsch, der eine zunehmende Selbstzerstörung der tragenden Werte des Kapitalismus durch den Kapitalismus selbst beobachtet. Der unerbittliche Konkurrenzkampf und der Wunsch nach rascher Bedürfnisbefriedigung zehre die überlieferten ethisch-religiösen Bindekräfte auf, ohne die ein gedeihliches Zusammenleben immer schwieriger werde. Habermas entwickle dazu die optimistische Gegenthese, die alternativen Bewegungen brächten eine universalistische Moral hervor.

Karl-Heinz Günter vertrat mit Nachdruck die Auffassung, daß für einen Bewußtseinswandel Erziehung unerläßlich sei.

Lothar Bisky sprach über die Rolle der Medien bei den unbestreitbaren Veränderungen im gesellschaftlichen Bewußtsein. Helmut Seidel brachte Erfahrungen des Dialogs von Marxisten und Christen ein. Heinz Rapp beklagte die weltweite Überfülle an Information, die die Sinnfindung erschwere. Keine sinnstiftende Institution könne davon ausgehen, daß es grundsätzlich unkritische Instanzen gebe.

Aus anthropologischer Sicht warf Günter Brakelmann ein weiteres Mal die Frage auf, ob der Mensch grundsätzlich in seiner Ambivalenz überwindbar sei, wobei er zwischen gesellschaftlicher und anthropologischer Ambivalenz unterschied. Der Mensch könne immer »auch anders« sein. Ein und derselbe Mensch, der sich gemeinschaftskonform verhalte, könne im nächsten Moment zu einem »reißenden Wolf« werden. Ein »neuer Mensch« sei noch nirgends in Erscheinung getreten. Die Funktion der Medien in der

BRD sei ambivalent. Sie seien von den Parteien und vom Staat unabhängig. Das öffentlich-rechtliche System stelle eine historische Alternative zu Hugenberg und zu Goebbels dar. Nur wo Ambivalenz gegeben sei, herrsche Freiheit.

Erhard Eppler warf die Frage nach systemübergreifenden Tendenzen auf. Prozesse des Bewußtseinswandels erfaßten alle Schichten und Generationen. Sie vollzögen sich umso rascher, je weiter weg von den Zentren der Macht sie angesiedelt wären. Dabei seien auch Reaktionen infolge psychischer Gesetzmäßigkeiten in Rechnung zu stellen. Bewußtseinsveränderungen signalisierten nicht selten die Notwendigkeit gesellschaftlicher Strukturveränderungen. Sie würden oft als Gefährdung von Machtpositionen empfunden. Rein additive Veränderungen könne es nicht geben – die Zunahme des Gewichts der einen Tendenzen sei mit dem Rückgang anderer verbunden. In der DDR seien ähnliche Anlässe und Richtungen von Bewußtseinsveränderungen festzustellen.

Otto Reinhold unterstrich die unerläßliche Verantwortung der zentralen Leitung im Sozialismus dafür, zu sichern, daß die sozialen Ziele der wirtschaftlichen Entwicklung realisiert werden. Darin sei eine wichtige Bedingung für Bewußtseinsveränderungen zu sehen. Rudi Weidig sprach über Befunde empirischer Erhebungen in sozialistischen Ländern, die die Tendenz bestätigen, daß auf der Basis erreichter sozialer Sicherheit das Streben nach Gerechtigkeit, das Bedürfnis nach selbstbestimmter Tätigkeit und nach Selbstbestätigung in der Tätigkeit zunehme. Klaus Mehrens stimmte der Orientierung zu, eine Änderung der materiellen Lebensbedingungen – darunter der Eigentumsverhältnisse – anzustreben, um Bewußtseinswandlungen überhaupt zu ermöglichen.

Antikommunismus und friedliche Koexistenz

Zum zweiten Schwerpunkt der Diskussion gestaltete sich wiederum die Frage nach den Systembeziehungen. Rückblickend halte ich es für bemerkenswert, wie sich im faktischen, spontanen Verlauf unserer Debatten allmählich die Konturen jener Grundfragen herausschälten, die sich im Laufe der folgenden zwei Jahre zu den Kernpunkten des »Dokuments« entwickeln sollten. Die Wahl des ersten Themas 1984 hatte sich aus der nüchternen Überlegung beider Seiten ergeben, worüber man – wenn man sich aus politischen Gründen überhaupt dafür entschieden hatte, Gespräche zu wollen – versuchsweise reden könnte. Die folgenden Themen (Menschenbild, Gesetzmäßigkeit, Bewußtseinswandel) ergaben sich bereits aus der Logik des Dialogs selbst. Als politisch bewußte Theoretiker – Marx sprach von den »Denkern einer Klasse« als den »aktiven konzeptiven Ideologen«[11] – folgten wir spontan dem Bedürfnis, von der Erscheinung zum Wesen, vom Einzelnen zum Allgemeinen, von der Oberfläche zu den tieferen Schichten unserer eigenen Vorstellungen und Überlegungen vorzudringen, vom Austausch von Erfahrungen und Beobachtungen zu deren gedanklichen Voraussetzungen, zur Klärung unseres Selbstverständnisses, unseres theoretisch-begrifflichen Fundus überzugehen. Zugleich aber war dieser Prozeß ein Übergang von eher theoretisch unverbindlichen zu eher politisch-praktisch verbindlichen Fragestellungen.

Johano Strasser eröffnete den Reigen mit der Frage: Was heißt eigentlich Antikommunismus?

Kritik an der Sowjetunion dürfe nicht mit Antikommunismus gleichgesetzt werden. Die Auseinandersetzung mit der DKP sei um der Friedensbewegung willen erforderlich. Die Auseinandersetzung mit anderen Sozialismus-Vorstellungen über Ziele und Mittel sei etwas anderes als der bürgerliche Antikommunismus. Woraufhin Otto Reinhold mit der Bemerkung reagierte, daß die Kommunisten durchaus zwischen Antikommunismus und der Gegnerschaft zum Kommunismus zu unterscheiden wüßten.

Günter Brakelmann kam auf das Konzept der friedlichen Koexistenz zurück. Er fragte, ob es sich dabei wohl um eine Art »Toleranz auf Zeit« handele bzw. um ein Angebot aus einer Position der Schwäche heraus, welches unter anderen Bedingungen seine Gültigkeit verliere? Seiner Meinung nach ähnele dieses Konzept zu sehr einem Waffenstillstand, es weise eine aggressive Note auf. Koexistenz müßte deutlicher auf eine dauerhafte Beziehung angelegt sein. Es müsse mehr Elemente der Partnerschaft aufweisen. Es dürfe kein Interesse an der Schwächung der anderen Seite geben. Iring Fetscher meinte, daß das Prinzip der friedlichen Koexistenz nicht neu, bislang jedoch mit einer Aberkennung des Existenzrechts des Anderen, mit einer aktiven Komponente verknüpft sei. Erhard Eppler sprach sich für das Prinzip des Wettbewerbs zwischen den Systemen aus. Die Position, »Ihr habt Zeit zu krepieren!«, müsse überwunden werden. Eine Friedensbewegung, die nicht beide Seiten des Systemgegensatzes kritisieren dürfe, habe in der BRD keine Chance. Die Friedensbewegung müsse Kommunisten einbeziehen, dürfe sich jedoch nicht manipulieren lassen. Die Position, eine unabhängige Friedensbewegung in der BRD gutzuheißen, für die DDR jedoch abzulehnen, sei sehr schwer zu vermitteln. Wir müßten dahin kommen, uns ohne Verklemmungen und Hemmungen gegenseitig zu kritisieren, meinte Eppler.

Harald Neubert sprach sich – in Abweichung von der seinerzeit üblichen Deutung und Bezeichnung der friedlichen Koexistenz als einer *Form* des Klassenkampfes – dafür aus, den Begriff neu zu definieren. Friedliche Koexistenz sei darauf angelegt, beiderseits akzeptable Rahmenbedingungen, Formen und Mittel für die Entwicklung, die Zusammenarbeit und den Wettstreit der unterschiedlichen Systeme zu schaffen und zu garantieren. Sie könne nicht selbst als Form des Klassenkampfes der einen Seite gegen die andere verstanden werden, höchstens als eine Art Bedingungsgefüge, in dem der Klassenkampf stattfinde. Fortschritte bei der Durchsetzung von friedlicher Koexistenz müßten im beiderseitigen Interesse liegen. Sie seien nicht denkbar als einseitige Erfolge einer Seite auf Kosten der anderen.

Heinz Rapp schlug eine Brücke zwischen den Themen »Dialog« und »Bewußtseinswandel« und kam auf die Beziehungen zwischen Christen und Marxisten zu sprechen. Er unterschied im Rahmen christlicher Verständigungsprozesse drei unterschiedliche Haltungen. Erstens die Auffassung, vor einer *Struktur*reform müsse eine *Gesinnungs*reform stattfinden (Franz Alt: An erster Stelle muß eine Revolution der Herzen erfolgen). Marxisten neigten wohl eher zu der Auffassung, daß ein Strukturwandel Voraussetzung für Bewußtseinswandel sei. Zweitens. Zwischen katholischer Soziallehre und Marxismus gebe es eine Reihe dialektischer Anknüpfungspunkte. Drittens die Position der »Theologie der Befreiung«: In den bestehenden Strukturen wäre ein Gesinnungswandel nicht möglich. Ohne Zerstörung von gegebenen Strukturen könne der Mensch nicht gut sein. Und der Impetus zur Zerstörung folge aus der Bibel. An diese Unterscheidung knüpfte Rapp die Frage, mit welcher Haltung die Marxisten einen Dialog am ehesten für zweckmäßig hielten. Eine weitere Frage sei die nach der philosophischen Begründung von Menschenrechten. Rapp sah drei Möglichkeiten: die christliche These, Menschenrechte seien transzendental vorgegeben, ihre Herleitung aus dem Naturrecht und ihre Einführung über Verfassungen.

Dem wurde entgegnet, daß die praktischen Erfahrungen in der DDR keiner der hier gezeichneten Positionen einfach zuzuordnen seien. Grundsätzlich könne davon ausgegangen werden, daß die Zusammenarbeit unterschiedlicher sozialer Kräfte bei der praktischen Bewältigung struktureller Wandlungen sich als ein für Gesinnungswandel entscheidendes Medium erwiesen habe. Zugleich seien Differenzierungen erforderlich. Alle von Heinz Rapp skizzierten Zusammenhänge hätten sich in verschiedenen historischen Situationen als gültig erwiesen. Einerseits erfolgte die Inangriffnahme einer sozialistischen Revolution nicht 1945, sondern erst nach der antifaschistischen Umwälzung und den in diesem Zusammenhang realisierten geistigen Veränderungen. Andererseits hätte es ohne Zerschlagung der faschistischen Strukturen auch keine Veränderungen in Richtung auf ein antifaschistisches Bewußtsein im Massenumfang geben können. Die praktische Zusammenarbeit zwischen Marxisten und Vertretern des Demokratischen Sozialismus könne durchaus auch zur Herausbildung geistiger Gemeinsamkeiten – z. B. zu ähnlichen oder übereinstimmenden Auffassungen über Gerechtigkeit führen.

Menschenrechte hätten nach Auffassung der Marxisten ihren Ursprung in der Realität des Geschichtsprozesses. Sie könnten als Erfordernisse und Vehikel der Gattungsentwicklung angesehen werden, die allerdings während der Existenz der Klassengesellschaft durch den Klassenkampf vermittelt werde. Es läßt sich unschwer zeigen, daß die Frage und der Begriff der Menschenrechte wesentlich im historischen Kontext der bürgerlichen Revolutionen entstanden seien und daher nicht umstandslos auf die Problematik sozialistischer Revolutionen zu übertragen seien. Insbesondere habe die historische Praxis die Notwendigkeit erwiesen, zwischen sozialen und politischen Menschenrechten zu unterscheiden. Verwiesen wurde in diesem Zusammenhang auf Marx' Unterscheidung zwischen der politischen und der menschlichen Emanzipation.[12] Erwähnt werden könne auch, daß der bayrische Kulturminister Hans Maier vor einiger Zeit die sozialistischen Länder zwar für die Abwertung »formaler« Freiheit gegenüber materialer (sozialer) Freiheit kritisiert habe, ihnen zugleich jedoch zugebilligt habe, eine Reihe sozialer Grundrechte durchgesetzt zu haben, was mit einer Ausweitung des individuellen Freiheitsgewinns verbunden sei.[13]

Erhard Eppler meinte, es sei wünschenswert, daß beide Seiten des Systemgegensatzes anerkennen, nicht zu wissen, wie die weitere Entwicklung verlaufe. Sie sollten davon ausgehen, daß am Ende etwas steht, was wir heute noch nicht kennen. Die Geschichte wäre dann wieder offen und es gäbe keine Sieger. Auf diese Weise würden sich die Beziehungen entkrampfen.

Aus heutiger Sicht

Den Kommentar beschränke ich auf wenige Bemerkungen zu »Gesetzmäßigkeit« und »Bewußtsein«. Die Probleme der »friedlichen Koexistenz« standen auf der folgenden Tagung im Mittelpunkt.

Etliche der zur Bewußtseinsproblematik im Juni 1985 vorgetragenen Überlegungen verdienten eine ausführlichere Erörterung, als das im Rahmen dieser Publikation möglich ist. Die marxistische Prämisse einer grundlegenden Abhängigkeit geistiger Wandlungsprozesse von Veränderungen im materiellen Leben der Gesellschaft wurde nicht ernsthaft in Frage gestellt. Ich bin nach wie vor der Überzeugung, daß es angesichts der real-historischen Genese und der Existenzbedingungen einer sozialistischen Gesellschaft in der DDR zur bewußten Inangriffnahme einer – um mich unserer damaligen Terminologie zu bedienen – »Revolution auf dem Gebiet der Ideologie und Kultur« keine Alternative gab. Abgesehen davon, daß sie weitgehend das Pendant bzw. die Konsequenz zu durchaus nicht weniger absichtsvollen und nicht weniger organisierten westlichen Bemühungen um die Konservierung und Immunisierung der geistigen Umkleidungen des realen Kapitalismus wie zur offensiven Unterminierung der sozialistischen Entwicklung darstellte. Ich denke auch, daß das Zusammenwirken der Veränderung materieller Lebensbedingungen mit kulturellen, ideologischen oder moralischen Aktivitäten in unserer Praxis angemessen in Rechnung gestellt wurde – abgesehen von Einseitigkeiten wie beispielsweise der Überbetonung der moralischen Erziehung Ende der 50er Jahre. Unzureichend berücksichtigt wurde die Einbettung dieser Grundprozesse in die ganze Komplexität von historischen, sozialen, kulturellen und psychischen Faktoren, von beeinflußbaren und unbeeinflußbaren, spontan wirkenden Bedingungen, die erst in ihrem Zusammenwirken historisch tiefgreifende Bewußtseinsveränderungen ermöglichen.

Überschätzt wurden das – erhoffte und erwartete – Tempo und das Ausmaß von Auswirkungen der humanistischen-sozialistischen Orientierung der Politik – insbesondere hinsichtlich der Kultur und des Bildungswesens – auf die Herausbildung sozialistischer Denk- und Verhaltensweisen. Unterschätzt wurden die verhängnisvollen Folgen von Indoktrination, Bevormundung und Besserwisserei.

Und dennoch, selbst diese unvollkommenen sozialistischen Verhältnisse haben in Gestalt von humanistisch orientierten Wertvorstellungen, Normen, Erwartungen, Gewohnheiten oder Maßstäben eines sinnvollen Lebens und gerechter Verhältnisse Spuren hinterlassen, die sich in der nun etablierten kapitalistischen Realität als Fremdkörper erweisen. Daß derartige Auswirkungen dem übermächtigen Druck des höheren Lebensstandards und der Konsummodelle dieser Realität nicht standgehalten haben, steht auf einem anderen Blatt.

Der Versuch einer rückblickenden Wertung der »Gesetzes«-Diskussion läßt die Diskrepanz zwischen dem dringenden Bedarf an geistigen Klärungsprozessen und den beschränkten Möglichkeiten und Voraussetzungen dieses konkreten Dialogs, der im Grunde alle unsere Treffen bestimmte, besonders deutlich werden. Eine Konsequenz der ein knappes Jahrhundert anhaltenden Spaltung der Arbeiterbewegung war die weitgehende Abgesondertheit der Diskurse, in denen die theoretische und programmatische Selbstverständigung beider Parteien erfolgte. Die daraus resultierenden Kommunikationsprobleme konnten und sollten durch diese ersten Begegnungen nicht gelöst werden. Schließlich verstanden wir sie – wie es Richard Löwenthal formulierte – als die ersten Schritte auf einem langen Weg.

So fällt auf, daß unsere Debatte weitgehend auf die pragmatischen Aspekte des Themas beschränkt war. Sie konzentrierte sich auf Fragen der Interpretation, der ideologischen Funktion, des politisch-praktischen Umgangs bestimmter Subjekte mit diesem Paradigma. Die theoretische Substanz, die Frage nach dem Inhalt, dem Umfang, der Reichweite und dem systematischen Kontext ausgerechnet dieses ebenso bedeutsamen wie komplexen Begriffs (mit einer reichen theoriegeschichtlichen Tradition) blieb ausgeklammert oder wurde nur gestreift. Die theoretischen Fundamente unseres Gesprächs blieben im Grunde unreflektiert. Zum Beispiel die Frage nach dem Charakter oder Status der im Marxismus analysierten Gesetzmäßigkeiten als Abstraktion aus realem historischem Geschehen oder als heilsgeschichtliche Setzung blieb im Raum stehen.[14]

Nehmen wir zum Beispiel die Debatte um das Legitimationsproblem.

Von Seiten mehrerer Vertreter der Grundwertekommission der SPD wurde der Legitimationsvorwurf als hinreichend angesehen, um den Begriff der Gesetzmäßigkeit und unsere Praxis zu desavouieren. Genauso haben wir das empfunden und waren daher bemüht, diesen Vorwurf zurückzuweisen. Der außerordentliche Stellenwert der Auslegung des Marxismus als »Legitimationswissenschaft« seit dem Aufsatz des Sozialwissenschaftlers Oskar Negt im Rahmen der generellen Kritik am Marxismus-Leninismus war uns ebensowenig verborgen geblieben[15] wie die Diskussionen über Legitimationsprobleme des Spätkapitalismus.[16]

War unsere Abwehrhaltung kurzschlüssig!

Erstens war es unsinnig, in Abrede zu stellen, daß unser Staat, unsere Politik, unsere Ziele und Vorhaben der Legitimation bedurften und faktisch auch fortgesetzt legitimiert wurden – mittels unserer ganzen Aufklärung, unserer Weltanschauung, unserer Ethik usw. Daran war und ist nichts anrüchig. Nicht der Verleugnung hätten diese Aktivitäten bedurft sondern des intensiven Nachdenkens über ihren Sinn und die spezifischen Bedingungen und Möglichkeiten der Legitimation dieser spezifischen Gesellschaft und Praxis. Der Zusammenhang und der Unterschied zwischen auf Begründung, Rechtfertigung, Identifizierung usw. zielender Legitimation und auf Erkenntnisgewinn und Wahrheit zielender wissenschaftlicher Arbeit wäre deutlicher geworden – zum Nutzen beider.[17]

Zweitens ist es unsinnig, aus der Legitimationsfunktion eines Begriffs oder einer Theorie auf deren Fragwürdigkeit, Falschheit, Illegitimität usw. zu schließen. Was unser Thema betrifft – notwendige, allgemeine, wesentliche, sich unter bestimmten Bedingungen wiederholende Zusammenhänge oder Abhängigkeiten (also Gesetzmäßigkeiten) existieren unabhängig davon, *wie* die Resultate ihrer geistigen Verarbeitung durch Menschen genutzt werden. Und die Oktoberrevolution oder die Umwälzungen in Osteuropa nach 1945 waren wahrhaftig nicht die ersten Revolutionen der Neuzeit, die ihre Legitimation aus dem Wirken und den Erfordernissen geschichtlicher Gesetzmäßigkeiten bezogen.

Drittens darf die Funktion der historisch-materialistischen Theorie von der Gesetzmäßigkeit geschichtlicher Abläufe nicht auf Legitimation reduziert werden. Sie war in der Praxis der sozialistischen Länder auch nicht darauf beschränkt. Sie diente – letztlich und im Kontext mit einer Vielzahl weiterer theoretischer und praktischer Überlegungen – als theoretische Grundlage für praktische Entscheidungen, Zielsetzungen usw.

Viertens ging es in dem damaligen Gedankenaustausch wohl nicht so sehr um Gesetzmäßigkeiten schlechthin, sondern primär um die »eine« von den Marxisten postulierte Gesetzmäßigkeit des Übergangs vom Kapitalismus zum Sozialismus, die These von der Unausbleiblichkeit der sozialistischen Revolution im Weltmaßstab.

Es ist verständlich, daß die Vertreter der SPD herausfinden wollten, wie die ihnen gegenübersitzenden Kommunisten den Fakt eines direkten Dialogs mit dem Gedanken an diese historische Perspektive vereinbarten. Der ernstgemeinte Verweis auf Chruschtschows New Yorker Auftritt war wohl so zu verstehen, daß sie auch uns so oder so noch eine Liebäugelei mit der These eines »Revolutionsexportes«, den Gedanken an eine vom sozialistischen Weltsystem initiierte sozialistische Weltrevolution unterstellten.

Umgekehrt befanden wir uns – ich denke, ich kann dabei davon ausgehen, daß dies nicht nur für alle am Scharmützelsee oder in Freudenstadt anwesenden Kommunisten zu dieser Zeit zutraf – in einer Art Übergangsstadium. Der These eines »Revolutionsexports« bin ich seit Beginn der 50er Jahre, als ich Mitglied der SED wurde, in der marxistisch-leninistischen Propaganda und Theorie nicht ein einziges Mal begegnet. Vorherrschend zu dieser Zeit war die – nicht gänzlich unbegründete – Erwartung, die kapitalistischen Länder hinsichtlich der quantitativen Resultate der extensiven Produktion zu überflügeln. Die Vorstellung einer langen Phase »friedlicher Koexistenz« hatten wir uns spätestens seit dem XX. Parteitag der KPdSU als alternativlos zueigen gemacht. Und dies nicht so sehr infolge theoretischer Deduktionen, sondern aufgrund unabweisbarer Erfahrungen und Einsichten in den Lauf der Dinge. Andererseits hielten wir an der Überzeugung von der Notwendigkeit einer sozialistischen Perspektive der Menschheit fest. Das Nachdenken über das Wann? und Wie? wurde schlicht verdrängt! Insofern zielten die drängenden Fragen der Vertreter der Grundwertekommission auf eine Vorstellungswelt, die nicht die unsere war. Zugleich waren wir – wie sie – davon überzeugt, uns mit dem Vorhaben einer konkreten Realisierung des Prinzips friedlicher Koexistenz auf historischem Neuland zu bewegen.

Es war vernünftig, die daraus resultierenden Verständigungsschwierigkeiten nicht auf der Ebene der Gesetzestheorie weiter zu verfolgen sondern zum direkten und ausdrücklichen Gegenstand der folgenden Tagung zu machen.

Fußnoten

1 Vgl. Susanne Miller/Heinrich Potthoff, Kleine Geschichte der SPD. 5. Auflage. Bonn 1983, S. 65ff
2 Vgl. Eduard Bernstein, Die Voraussetzungen des Sozialismus und die Aufgaben der Sozialdemokratie. Reinbek bei Hamburg 1969, S. 209
3 Vgl. Kritischer Rationalismus und Sozialdemokratie, herausgegeben von Georg Lührs, Thilo Sarrazin, Frithjof Spreer und Manfred Tietzel. Berlin/Bonn/Bad Godesberg, S. 11
4 Vgl. Objektive Gesetzmäßigkeit und bewußtes Handeln in der sozialistischen Gesellschaft. Materialien des IV. Philosophie-Kongresses der DDR. Berlin, 12. und 13. 12. 1974. Berlin 1975
5 Vgl. Edward P.Thompson, Der Exterminismus als letztes Stadium der Zivilisation. In: Das Argument. Nr. 127, Mai/Juni 1981, S. 326ff
6 Vgl. MEW 39/205ff
7 Erhard Eppler, Wege aus der Gefahr. Reinbek bei Hamburg 1981, S. 111f
8 Erhard Eppler (Hrsg.) Grundwerte für ein neues Godesberger Programm. Die Texte der Grundwerte-Kommission der SPD. Reinbek bei Hamburg 1984, S. 101ff
9 Günter Gaus, Wo Deutschland liegt. Hamburg 1983, S. 45
10 James W.Botkin/ Mahdi Elmandjra/Mircea Malitza, Das menschliche Dilemma. Wien-München-Zürich-Innsbruck 1979; Aurelio Peccei/Daisaku Ikeda, Noch ist es nicht zu spät. München 1984
11 MEW 3/46
12 Vgl. MEW 1, S. 351ff
13 Hans Maier, Grundwerte und Grundrechte. In: Werte, Rechte, Normen. Herausgegeben von Ansgar Paus. Graz/Wien/Köln 1979, S. 114
14 Vgl. Karl Löwith, Weltgeschichte und Heilsgeschehen. Siebte Auflage. Stuttgart-Berlin-Köln-Mainz 1979
15 Vgl. Oskar Negt, Marxismus als Legitimationswissenschaft. In: Abram Deborin/Nikolai Bucharin, Kontroversen über dialektischen und historischen Materialismus. Frankfurt 1969, S. 7ff
16 Vgl. Jürgen Habermas, Legitimationsprobleme im Spätkapitalismus. Frankfurt 1973
17 Vgl. Erich Hahn, Kernpunkte und Defizite marxistischer Gesellschaftstheorie. In: Schiff ohne Kompaß? Herausgegeben von der Grundsatzkommission beim Parteivorstand der PDS. o. J., S. 24ff

Friedliche Koexistenz und Sicherheitspartnerschaft

> *Die gegenwärtige Kriegsgefahr resultiert auch daraus,*
> *daß sich imperialistische Politiker Ziele stellen, die mit friedlichen*
> *Mitteln nicht realisierbar sind, weil sie den souveränen Interessen,*
> *dem Recht auf Selbstbestimmung und Wahl eigener*
> *Entwicklungswege seitens anderer Völker zuwiderlaufen.*
> Harald Neubert

Erinnern wir uns. Im Februar 1984, während des ersten Seminars, hatte Richard Löwenthal das stillschweigende Ausklammern der »ideologischen Fragen« im engeren Sinne – solcher wie der nach Frieden oder nach Menschenrechten – als eine Voraussetzung dafür bezeichnet, daß ein Gespräch überhaupt möglich ist. Jetzt, nur zwei Jahre später, war das eine der beiden Themen auf dem Tisch. Zeitlos unverbindlich waren auch die vorangegangenen nicht. Jetzt aber ging es um die Kernfragen der Beziehungen dieser beiden Partner bzw. der beiden Weltsysteme zueinander – zu einer Zeit, da von der Gestalt und der Perspektive dieser Beziehungen Existentielles nicht nur für die Mitglieder dieser beiden Parteien abhing.

Am Tag unserer Abreise nach Freudenstadt veröffentlichte das »Neue Deutschland« die Rede Gorbatschows auf dem XXVII. Parteitag der KPdSU – wir hatten eine ausreichende Anzahl von Exemplaren eingepackt. Das Seminar begann mit Lektüre. Eine bessere Einstimmung hätte es nicht geben können.[1]

Wir wollten, wie andere auch, die Spannungen nicht zu einem vernichtenden Nuklearkrieg eskalieren lassen. Was uns beschäftigte, waren die geistigen, die mentalen Grundlagen, die politischen Schlüsselbegriffe und die Vorstellungen von der anderen Seite, die beide Partner bei diesem ihrem praktischen Vorgehen bewegte. Wie gehen wir miteinander um, ohne die eigene historisch gewordene und gerade mit Bezug auf die andere Seite bestimmte Identität aufzugeben, zugleich aber, ohne durch das Festhalten an dieser Identität die eigene Existenz und die der anderen Seite aufs Spiel zu setzen? Zweifellos etwas Neues, eine Steigerung, die nicht möglich gewesen wäre, wenn sie sich nicht als Konsequenz aus der – gelungenen – Kommunikation der ersten drei Begegnungen ergeben hätte.

Neu war auch, daß dieses vierte Treffen insofern nicht – wie die bisherigen – unter Ausschluß der Öffentlichkeit stattfand, als Vertreter einiger Zeitungen, Zeitschriften und Rundfunkanstalten eingeladen worden waren. Wahrgenommen wurde diese Möglichkeit – auch zu den folgenden Seminaren – vor allem von der *Zeit*, vom *Vorwärts*, der *Süddeutschen Zeitung*, dem *Spiegel* und dem WDR. Dies erleichtert – bis zu einem gewissen Grade – dem Chronisten das Geschäft. Die Zuverlässigkeit der eigenen Aufzeichnungen erhöht sich durch den Vergleich mit den dort wiedergegebenen Eindrücken und Informationen. Vor allem aber konnte ich erfreut feststellen, daß die schreibenden Kollegen sich bei der namentlichen Nennung derer, die den Disput bestritten, nur wenig Zurückhaltung auferlegt haben – sehr zu Recht!

Neu war schließlich, daß – der Übereinkunft vom Juni 1985 entsprechend – der Diskussion schriftlich ausgearbeitete Beiträge zugrunde lagen.

Neudefinition eines Schlüsselbegriffs

Von Seiten der SED hatte Harald Neubert auf 24 Seiten 23 Thesen zum Thema »Konzept und Politik der friedlichen Koexistenz« verfaßt. Sie bedürfen der ausführlichen Wiedergabe, da sie für die Debatte in hohem Maße prägend waren. Und nicht nur das. Diese Thesen waren Gegenstand einer ausführlichen Beratung im Kreise der Mitarbeiter der Akademie für Gesellschaftswissenschaften, die an der bevorstehenden Tagung in Freudenstadt teilnahmen. Ich kann mich nicht entsinnen, daß es prinzipielle Einwände gegeben hätte. Insofern handelte es sich nicht allein um die Auffassungen von Harald Neubert, sondern um die Position, mit der die SED-Delegation im Februar 1986 in die Diskussion zu diesem Komplex ging – auch wenn es keinen formellen Beschluß gab. Harald Neubert war unser Profi auf diesem Gebiet und schließlich der Autor. Darauf wird zurückzukommen sein. Peter Bender bescheinigte Neubert nicht mehr und nicht weniger, als, den »Schlüsselbegriff der östlichen Außenpolitik« neu definiert zu haben.[2]

Neubert ging davon aus, daß das Konzept der friedlichen Ko-existenz entstanden ist, *»als es nach der Großen Sozialistischen Ok-toberrevolution und der Gründung des Sowjetstaates notwendig wur-de, für das Nebeneinander von Sozialismus und Kapitalismus als staatlich organisierte Ordnungen einen Modus Vivendi zu finden«.* Es war *»darauf gerichtet, in den internationalen Beziehungen das der Arbeiterbewegung eigene, traditionelle Ideal des Friedens und der Aus-schaltung militärischer Gewalt bei der Regelung internationaler Streit-fragen zur Geltung zu bringen.«* (These 1)

Friedliche Koexistenz kann *»als eine komplexe Art der fort-währenden Gestaltung von Staatenbeziehungen«* verstanden werden. Sie *»schafft und garantiert die Rahmenbedingungen, die Formen und Mittel für Entwicklungsprozesse und gesellschaftspolitische Auseinan-dersetzungen in der Welt mit dem absoluten Imperativ, diese Prozesse und Auseiandersetzungen niemals mit militärischer Gewalt oder Ge-waltandrohung zu beeinflussen und zu entscheiden.«*

Dieses Prinzip kann von allen Kräften und Staaten akzeptiert werden, *»die für reale Lösungen zur Verhinderung eines atomaren Weltkrieges und zur friedlichen Lösung der internationalen Probleme eintreten«.* (These 2)

Unmißverständlich werden jene veränderten Realitäten be-nannt, welche die aktuelle Dringlichkeit friedlicher Koexistenz von Staaten mit unterschiedlichen Gesellschaftsordnungen begründen.

– Die Möglichkeit der Selbstausrottung der Menschheit ver-mittels moderner Waffentechnik; der Krieg hat aufgehört, prakti-kables Mittel der Politik zu sein.

– Die Erhaltung des annähernden militärischen Gleichgewichts ist eine unverzichtbare Grundlage der Friedenssicherung.

– Ein atomarer Weltkrieg ist vermeidbar. Friedenssicherung ist *»nicht mehr unmittelbar an die Beseitigung des Imperialismus als der Quelle der Kriegsgefahr geknüpft … Vielmehr muß heute der Weltfrieden bei Existenz von Imperialismus und Sozialismus … gesichert werden«.*

– Weltweite Verflechtungen und Interdependenzen machen friedliche Koexistenz zur lebensnotwendigen Grundlage interna-tionaler Zusammenarbeit von Staaten.

– Die Lösung der ökologischen Probleme sowie der Entwick-lungsprobleme der Länder Asiens, Afrikas und Lateinamerikas ver-langt eine internationale Friedensordnung und internationale Ko-operation.

– die in der bisherigen Weltgeschichte übliche Nutzung militärischer Drohpotentiale und militärischer Erpressung für politische Ziele verlieren ihren Sinn. (These 3, 4)

»*Fortschritte auf dem Gebiet der friedlichen Koexistenz sind heute ... nicht denkbar als Erfolge der einen Seite auf Kosten der anderen. Fortschritte bei friedlicher Koexistenz sind an das Vorhandensein übereinstimmender Interessen an der Friedenserhaltung, an friedlicher, politischer Lösung internationaler Konflikte, an Respektierung gegenseitiger Sicherheitsinteressen geknüpft. Friedliche Koexistenz kann nicht zum Instrument der Durchsetzung außenpolitischer Ziele einer Seite gegen die andere Seite gemacht werden ...*« Realisierbar ist friedliche Koexistenz nur, »*wenn bei vorhandenen unterschiedlichen, ja gegensätzlichen Interessen und Zielen ein Minimum übergreifender, übereinstimmender oder paralleler Interessen und die Bereitschaft zur friedlichen Koexistenz gegeben ist*«. (These 5)

Da die sozialen Gegensätze und ideologischen Meinungsverschiedenheiten zwischen Sozialismus und Kapitalismus bestehen bleiben, kann friedliche Koexistenz nicht das Ende der historischen Auseinandersetzung bedeuten. Diese Auseinandersetzung wird vielmehr ein wichtiges Element zur Lösung der vor der Menschheit stehenden Probleme sein. In dieser These 6 und in den folgenden beiden Thesen werden sodann Ideen zu möglichen Inhalten und Formen dieser Auseinandersetzung unter den gegenwärtigen und künftigen Bedingungen entwickelt.

Im Rückblick fällt auf, daß Neubert an dieser Stelle der Thesen unvermittelt vom Begriff »Auseinandersetzung« zum Begriff »Wettstreit« wechselt. »In diesem Wettstreit« – fährt er fort – geht es darum, welche Gesellschaftsordnung mit den Gesetzmäßigkeiten der Geschichte und mit den Lebensinteressen der Völker übereinstimmt etc. Der Wettstreit zwischen den Weltsystemen des Sozialismus und des Kapitalismus – heißt es weiter – müsse in Übereinstimmung mit den Prinzipien der friedlichen Koexistenz erfolgen. Dann wird – wiederum unvermittelt – festgestellt, daß vor allem die ideologische »Auseinandersetzung« ein größeres Gewicht erhält und es wird begründet, daß diese der angestrebten Zusammenarbeit nicht zuwiderlaufen dürfe und über ihre Ergebnisse in erster Linie in der Gesellschaftspolitik beider Ordnungen entschieden werde. »*Beide Seiten werden hierbei mit neuen Aufgaben konfrontiert, und es müssen neue Erfahrungen gemacht werden. Im*

Rahmen von Zusammenarbeit und Auseinandersetzung, die vor allem am Beitrag zur Lösung globaler Existenzprobleme der Menschheit gemessen werden, müssen beide Seiten Dialogfähigkeit erwerben und praktizieren.« In einem ähnlichen Sinne heißt es an anderer Stelle, daß man *»beiderseits die Fähigkeit erwerben«* müsse, *»miteinander zu leben«.* (These 9)

In These 7 werden dann die wichtigsten Felder dieser Auseinandersetzung genannt:
– die Herstellung einer dauerhaften internationalen Friedensordnung;
– im »Wettstreit« nimmt das gesellschaftliche Wesen beider Ordnungen einen zentralen Platz ein: Privateigentum – gesellschaftliches Eigentum, Ausbeutung – deren Beseitigung, Marktwirtschaft – Planwirtschaft, Konkurrenz und Unterdrückung – Gerechtigkeit, Humanismus, Solidarität;
– die sozialen und ökologischen Folgen der wissenschaftlich-technischen Revolution;
– Menschenrechte;
– Demokratisierung der internationalen Beziehungen.

Die Überzeugung wird ausgesprochen, daß die Auseinandersetzung zwischen Sozialismus und Imperialismus sich immer weniger nur auf den Wettstreit der beiden Weltsysteme reduzieren wird, sondern immer stärker auch zwischen sozialen und politischen Kräften innerhalb des Kapitalismus ausgetragen wird.

In These 8 schließlich werden die Möglichkeiten, Inhalte, Bereiche und Perspektiven einer Zusammenarbeit der entgegengesetzten Gesellschaftsordnungen als notwendiges und stabilisierendes Element der friedlichen Koexistenz charakterisiert.

Der terminologischen Unterscheidung bzw. dem Wechseln zwischen »Auseinandersetzung« und »Wettstreit« haben wir hier Aufmerksamkeit gewidmet, weil in der darauffolgenden Diskussion eine deutliche – obwohl unreflektierte – Verlagerung hin zur Priorität von »Wettbewerb« erfolgt ist.

In einem weiteren Komplex erfolgt die Klarstellung wesentlicher Aspekte der friedlichen Koexistenz selbst, ihrer sozialen und historischen Grundlagen, ihrer sicherheits- und militärpolitischen Prämissen sowie ihrer Beziehungen zu ähnlichen Konzepten. Das Konzept der friedlichen Koexistenz »in seinem heutigen Verständnis« schließt sowohl die Anerkennung der legitimen Sicherheitsinteressen der anderen Seite ein wie auch die Idee der Sicherheitspartnerschaft. Sicherheitspartnerschaft beruht auf der Erkenntnis, Frieden nur noch miteinander, nicht mehr – wie bisher – gegeneinander gewährleisten zu können. Zustandekommen kann sie nur durch Verständigung von Kräften, die an dauerhaftem Frieden auf der Grundlage der gegebenen Realitäten bzw. deren einvernehmlicher Veränderung interessiert sind. Dies setzt erstens voraus, daß Fortschritte in der Gesundung der gegenseitigen Beziehungen nicht an gegenseitige »Einmischung« in die inneren Angelegenheiten und nicht an die »Destabilisierung« der anderen Seite geknüpft werden – wiederum zwei Begriffe, die in die Debatte eine herausragende Rolle spielen sollten – und zweitens eine Zurückdrängung und Isolierung jener Kräfte, die für die Durchsetzung ihrer politischen Ziele militärische Gewaltandrohung oder Krieg einkalkulieren.

Die folgende These 10 von Neubert gebe ich im Wortlaut wieder. Ihre Kenntnis ist für eine Reihe heutiger Meinungsverschiedenheiten über die damaligen Ereignisse von nicht geringer Bedeutung.

»Im Ringen um die Sicherung eines dauerhaften Friedens ist aus unserer Sicht eine Gleichstellung von Sozialismus und Imperialismus nicht möglich, selbst wenn man Differenzierungen, ja Widersprüche im imperialistischen Lager in Rechnung stellt. Der Sozialismus verkörpert das Friedensideal der Arbeiterbewegung; er besitzt keine sozialökonomischen Quellen für Aggressivität, Wettrüsten und Krieg; er stellt sich keinerlei Ziele, die das Risiko eines Krieges einschließen bzw. einkalkulieren. Die Friedensinteressen des Sozialismus sind mit denen der übergroßen Mehrheit der Menschen identisch. Drang zu Krieg und Gewalt sind dem sozialökonomischen Wesen des Imperialismus eigen; die Geschichte des Imperialismus ist selbst eine Geschichte von Gewalt, Kriegen, militärischen Interventionen. Die gegenwärtige Kriegsgefahr resultiert auch daraus, daß sich imperialistische Politiker Ziele stellen, die mit friedlichen Mitteln nicht realisierbar sind, weil sie den souveränen Interessen, dem Recht auf Selbstbestimmung und Wahl eigener Entwicklungswege seitens anderer Völker zuwiderlaufen. Die sozialistischen Staaten verfügen über eine Friedensstrategie und ein Programm für europäische Sicherheit, wie sie erneut fundiert in der Erklärung von Sofia 1985 formuliert wurden.«

Auch der These 11 wurde seitens der bundesrepublikanischen

Pressekommentare allergrößte Aufmerksamkeit zuteil: »*Friedliche Koexistenz schließt ein, daß jede der beiden Seiten der anderen prinzipiell die Fähigkeit zur friedlichen Koexistenz zuspricht (und nicht abspricht durch Verteufelung des anderen Systems als Reich des Bösen). Die Haltung der sozialistischen Staaten hierzu ist klar und unzweideutig: Sie betrachten Rüstungs- und Kriegspolitik imperialistischer Staaten als systemadäquat, aber nicht systemnotwendig, d.h. nicht als Existenznotwendigkeit für das kapitalistische System. In dem Sinne ist das kapitalistische System an Erfordernisse der friedlichen Koexistenz anpassungsfähig, ist also auch eine erneute Abkehr der NATO-Mächte vom Konfrontationskurs durchaus erreichbar.*« Die Erwartung der SED wird ausgesprochen, auf der anderen Seite nicht nur in der Friedensbewegung, sondern auch in Reihen der herrschenden Bourgeoisie Koalitionspartner zu finden. Letztere müßten keinesfalls auf ihre Klasseninteressen verzichten. Erforderlich sei, daß die Monopolbourgeoisie ihre Interessen und Ziele in einer Weise und mit Mitteln verficht, die nicht mit den Gattungsinteressen der Menschheit kollidieren. Und es widerspreche den Realitäten, wenn »*der militante Antikommunismus dem realen Sozialismus Aggressivität und Expansionismus unterstellt und ihm damit Bereitschaft und Fähigkeit zur friedlichen Koexistenz*« von vornherein abspricht.

Des weiteren werden Entspannungsbemühungen als unerläßliche Bedingung friedlicher Koexistenz bezeichnet (These 12) und das militärstrategischen Gleichgewicht als unverzichtbare »Kategorie der friedlichen Koexistenz«, als Ausgangspunkt und Grundlage jeglicher Friedenssicherung charakterisiert, ohne Zweifel daran zu lassen, daß es nicht als alleinige dauerhafte Friedensgarantie verstanden werden kann. (These 13 bis 17) Eine Absenkung dieses Gleichgewichts ist anzustreben. Alle anderen Elemente der Friedenssicherung, vor allem nichtmilitärische, müssen zur Geltung gebracht werden. Die friedenserhaltende Funktion der strategischen Parität ist nicht mit dem sogenannten Patt des atomaren Schreckens verbunden. Sie resultiert vielmehr daraus, daß »*die Sowjetunion ihrem Wesen und ihren Zielen nach als Antipode zu der aggressiven und expansiven Herrschaftspolitik der USA und ihrer Verbündeten agiert und auf diese Weise eine ›Paralyse‹ der imperialistischen militärischen Macht*« bewirkt werden kann.

Eine Aussage von größtem Gewicht, die im Verlauf nur weniger Jahre nach dem Entfallen dieser Konstellation ebenso eindeutige wie verhängnisvolle Bestätigungen erhalten hat!

Problematisiert wird dann der Begriff des »Wettrüstens«. »*Selbst westliche Beobachter räumen ein, daß ein Wettrüsten im eigentlichen Sinne nicht stattfindet, daß vielmehr die USA, angefangen 1945 mit der Atombombe bis zu den Mehrfachsprengköpfen und den SDI-Plänen, stets vorgerüstet und somit die Sowjetunion in Wahrnehmung ihrer Sicherheitsbedürfnisse zum Nachrüsten gezwungen haben. Das verbietet schon, beide Seiten gleichermaßen für den Rüstungswettlauf verantwortlich zu machen.*« Verlangt ist ein Ausbrechen aus der bisherigen Logik, der zufolge das Gleichgewicht fortwährend auf eine höhere Stufe gehoben wird. Dem Prinzip der Gleichheit und der gleichen Sicherheit als Richtpunkt für strategische Stabilität kommt herausragende Bedeutung zu.

In These 18 vertritt Neubert die Auffassung, daß die Beziehungen zwischen den beiden deutschen Staaten nur Beziehungen friedlicher Koexistenz sein können. Diese gründet sich auf die »*Anerkennung der Souveränität beider Staaten, auf jeglichen Verzicht auf Einmischung und Versuche, die innere Ordnung des anderen Staates von außen her zu ändern, auf die Respektierung der Tatsache der Existenz unterschiedlicher Gesellschaftsordnungen, insbesondere der irreversiblen Existenz des Sozialismus auf deutschem Boden, auf die Respektierung der Zugehörigkeit beider Staaten zu entgegengesetzten Militärbündnissen usw.*« Unterstrichen wird die gemeinsame Verantwortung und das gemeinsame Interesse beider deutscher Staaten, alles zu tun, daß von deutschem Boden niemals wieder Krieg ausgeht.

In einem letzten Komplex (These 19 bis 23) wird das Konzept der friedlichen Koexistenz mit der marxistisch-leninistischen Revolutionstheorie zusammengedacht. Den Behauptungen, Krieg, Export der Revolution oder die Instrumentalisierung der friedlichen Koexistenz für revolutionäre Zwecke seien unverzichtbare und praktizierte Elemente dieser Theorie, werden die kontinuierlichen wie die qualitativ neuartigen Elemente des Konzepts entgegengehalten. Zunächst das Überkommene:

– Ableitung der Möglichkeit eines längeren Nebeneinanderbestehens von Sozialismus und Kapitalismus aus der Einsicht in die ungleichmäßige Entwicklung der kapitalistischen Länder und die Ungleichzeitigkeit sozialistischer Revolutionen durch Lenin;

– Krieg ist nicht die eigentliche Ursache sozialistischer Revolutionen und muß nicht Mittel ihrer Durchführung sein;

– der Widerspruch zwischen Sozialismus und Kapitalismus im Weltmaßstab ist nicht mittels eines ›Exports der Revolution‹, mittels machtpolitischer Expansion des realen Sozialismus zu lösen; sozialistische Umwälzungen können nur aus den Widersprüchen und Kämpfen im Kapitalismus selbst entstehen.

Zugleich sind qualitative Akzentverschiebungen in der Relation Krieg – Revolution bzw. im Charakter des Zusammenhanges zwischen dem Kampf um Frieden und dem Kampf um sozialen Fortschritt festzuhalten. Arbeiterbewegung und Sozialismus stellen nach wie vor entscheidende Friedenskräfte dar. Ihre Stellung zu einem Krieg war stets defensiv begründet. Neu ist: Während die Kommunisten im ersten und zweiten Weltkrieg die vom Krieg hervorgerufene Situation für revolutionäre Zielsetzungen genutzt haben, sind derartige Möglichkeiten gegenwärtig gänzlich ausgeschlossen. Geboten ist einzig und allein die Verhinderung eines Krieges. *»Da es in einem Atomkrieg keine Sieger geben kann, wäre im Kriegsfalle die Frage nach Revolution und Sozialismus gegenstandslos.«* Die Verteidigung des Weltfriedens erhält *»eine Eigenwertigkeit, eine neue historische Rangordnung«*. Gegenüber der Notwendigkeit des Zusammengehens all derer, die von der Gefahr eines Nuklearkrieges bedroht werden, muß *»das Klassenmäßige, Parteimäßige, Nationalstaatliche«* zurücktreten. *»Der Kampf um sozialen Fortschritt kann und muß mit dem Friedenskampf verbunden werden, aber nicht in der Weise, daß die Losungen und Ziele der Fortschrittskräfte zum Anliegen der Friedensbewegung erhoben werden.«*

Politische Streitkultur

»Für eine Kultur politischen Streits zwischen Ost und West, die den Frieden sichert« war die Überschrift des Textes der Grundwertekommission. Thomas Meyer hatte sieben Thesen auf fünf Seiten vorgelegt – was ich erwähnen muß, um zu rechtfertigen, daß die Wiedergabe entsprechend kürzer ausfällt.[3]

Ausgangspunkt war die Feststellung, daß die beiden unterschiedlichen Systeme in Ost und West unterschiedliche Zwecke auf Wegen, die weitgehend entgegengesetzt sind, verfolgen. *»Das betrifft die Legitimationsgrundlagen der politischen Herrschaft eben-*

so wie das Verhältnis von Individuum und Gesellschaft und die Strukturen der staatlichen und politischen Organisation. Beide erheben einen Anspruch auf universale Legitimation in dem Sinne, daß sie wichtige Aspekte des anderen Systems für nicht legitim und daher dessen langfristige historische Überwindung für wünschenswert halten.« Den Kern ihres Gegensatzes bilden entgegengesetzte Interessen und Standpunkte in politischen und sozialökonomischen Grundfragen, »insbesondere im Hinblick auf die Rolle und die Organisation der Demokratie und das Verständnis und die Sicherung der Menschenrechte.« (These 1) Beide Systeme hätten von jeher unterstellt, durch ihre jeweilige herrschende Ideologie oder Interessenstruktur auf die Expansion ihres Einfluß- und Herrschaftsbereichs angelegt zu sein. Im Westen gründe sich dieses konstante Grundmuster wechselseitiger Wahrnehmung (bei denen, die ihm folgen) auf die Annahme, daß der vom Osten propagierte und betriebene ›weltrevolutionäre Prozeß‹ letztlich auf einen erzwungenen ›Revolutionsexport‹ hinauslaufe – wo immer er dem Osten kalkulierbar erscheine. Dem entspreche im Osten die Annahme, daß die westliche »Systeme (›Imperialismus‹ genannt) wesensmäßig aggressiv seien und der von allen Spielarten der bürgerlichen Ideologie und dem demokratischen Sozialismus propagierte Antikommunismus die Vernichtung des ›realen Sozialismus mit allen Mitteln‹ zum Ziele habe.« (These 2)

Sowohl das im Osten vertretene Konzept der friedlichen Koexistenz zwischen Staaten mit unterschiedlicher Gesellschaftsordnung als auch das im Westen, vor allem von der deutschen Sozialdemokratie entworfene Konzept einer Sicherheitspartnerschaft bzw. Gemeinsamen Sicherheit setzen die »prinzipielle Friedensfähigkeit der anderen Seite voraus (freilich nicht die prinzipielle Friedlichkeit)«. Beide Konzepte wären theoretisch sinnlos und langfristig nicht praktikabel, wenn sie die »Annahme der prinzipiellen Unfriedlichkeit der anderen Seite auf Grund ihrer legitimierenden Ideologien oder Interessenstrukturen« zur Voraussetzung hätten. »Beide Seiten müssen daher ein authentisches gemeinsames Interesse an der Erhaltung des Friedens zwischen den atomar gerüsteten Blöcken voraussetzen – der Erfahrung friedensgefährdender Konflikte und der bedenklich aggressiven Nuancen in den ideologischen Leitbildern zum Trotz.« (These 3)

Nötig sei die Einsicht: »Im Zeitalter der Massenvernichtungsmittel und der wachsenden Gefahr, daß auch regionale Kriege globalen Maßstab annehmen, können die politischen und ideologischen Konflikte zwischen den Systemen nur noch in Formen ausgetragen werden, die mit Kooperation und der Sicherung des Weltfriedens verträglich sind. Wir müssen die Dialektik von Konsens und Konflikt der Interessen im internationalen Maßstab verstehen und handhaben lernen.« Ideologie und Interessenstruktur beider Seiten schlössen dies nicht prinzipiell aus. Wo dies bestritten werde, beruhe es auf polemischen Überspitzungen und wechselseitigen Fehlwahrnehmungen. (These 4)

Dem Thema der Abhandlung und diesen Überlegungen folgend widmet Thomas Meyer sich ausführlich den mentalen Momenten der Systemgegensätze bzw. den geistigen Voraussetzungen eines friedensorientierten Umgangs der beiden Seiten miteinander. Insbesondere für »eine entscheidende Periode in der Geschichte der deutschen und internationalen Arbeiterbewegung und die Periode des Kalten Krieges zwischen 1946 und der beginnenden Entspannungspolitik am Ende der 60er Jahre« gelte, daß die gesellschaftspolitischen Gegensätze zwischen Ost und West teilweise durch Mißverständnisse der gegenseitigen Absichten verschärft worden seien. (These 1) Beide Seiten hätten die Neigung, mit Feindbildern zu operieren, die durch ihre praktische Friedenspolitik fortwährend widerlegt werden. Der Abbau kooperationsgefährdender Feindbilder sei deshalb nötig, wenn Friedenspolitik glaubwürdig und erfolgreich sein soll. (These 5)

Zugleich ist davon auszugehen, daß die gesellschaftspolitischen Gegensätze zwischen den Systemen »grundlegende Fragen unseres Verständnisses vom Menschen und seiner Würde« berühren. »Sie können und dürfen durch die friedenspolitische Kooperation nicht verschleiert werden, weil sie die neben dem Frieden höchstrangigen Grundwerte beider Seiten berühren.« Deshalb bedarf es einer Kultur des politischen Streits, die eine klare und offene Kritik der gesellschaftlichen Verhältnisse der anderen Seite ermöglicht, »ohne dort den Argwohn hervorzurufen, damit werde die Friedenskooperation aufgekündigt oder eine praktische Einwirkung auf das andere Gesellschaftssystem mit der Absicht seiner Vernichtung von außen her vorbereitet.« (These 6)

These 7. Eine solche friedenssichernde Kultur des politischen Streits könne zwar nicht im einzelnen kodifiziert werden, es ließen sich jedoch Mißverständnisse benennen, die auf beiden Seiten ausgeräumt werden müssen und Kriterien formulieren, die sich auf beiden Seiten durchsetzen sollten. Dazu seien zu rechen:

»a) Parität:

Keine Seite sollte für sich ein Recht der deutlichen Kritik und der polemischen Darstellung der anderen in Anspruch nehmen, das sie dieser nicht in gleichem Maße zuzubilligen bereit ist. Wer vom geschichtsnotwendigen Untergang der anderen Seite spricht, darf nicht verlangen, von einer ähnlichen polemischen Prognose verschont zu bleiben. Wer scharfe Kritik an den inneren Zuständen und der Behandlung der Menschen übt, muß sie im Hinblick auf sich selber der anderen Seite auch konzedieren. Die ›souveräne Gleichheit‹, von der die KSZE-Schlußakte spricht, bezieht sich auch auf die ›ideologischen Rechte‹ im Rahmen des Entspannungskonzepts.

b) Nichteinmischung:

Wie immer wir die Begriffe wählen wollen, Kritik, auch in scharfer Form, darf nicht als eine ›Einmischung in die inneren Angelegenheiten‹ der anderen Seite zurückgewiesen, Gesprächskontakte, Sympathiebekundungen und menschliche Hilfen für Regierungskritiker im anderen Bereich dürfen nicht als Versuch der inneren Einwirkung mit dem Ziel Vernichtung mißverstanden werden. Jedenfalls gilt auch hier das Prinzip der souveränen Gleichheit, daß keine Seite praktisch in Anspruch nehmen darf, was sie der anderen nicht zubilligt.

c) Anerkennung der Friedensbereitschaft:

Wir müssen die Kultur politischen Streits erlernen und beispielhaft öffentlich praktizieren, die deutliche gesellschaftspolitische Kritik mit dem Respekt vor dem Friedenswillen des anderen verbindet. Diese Friedensbereitschaft wird um so glaubwürdiger, je mehr sich beide Seiten bemühen, lokale Konflikte zu vermeiden, zu beenden und nicht indirekt zu fördern. Die Anerkennung dieser Friedensbereitschaft muß sich mehr und mehr in den Bildungssystemen, der Publizistik und den offiziellen Stellungnahmen durchsetzen.

d) Reformierbarkeit des Systems:

Wir müssen Abschied nehmen von einer statischen Betrachtung der Systeme. Beide verändern sich dauernd, sie sind reformierbar und werden auch reformiert und von Land zu Land differenziert. Sie stehen vor neuen Aufgaben, die sie ohne Veränderung und Reform nicht bewältigen können. Sollte jemals einem der Systeme die

Vorherrschaft auf der Erde zufallen, so wäre es wahrscheinlich grundlegend verschieden von seiner heutigen Erscheinungsform. Es gibt Konflikte, die durch neue Realitäten überlagert und entschärft werden können.«

Ich habe mir Notizen zu mehr als 50 (!) Wortmeldungen während der Diskussion zu diesen beiden Papieren gemacht und sie sind gewiß nicht vollständig. Für die Intensität der Debatte spricht, daß Carl-Christian Kaiser als Berichterstatter der *Zeit* meint, zwei Mal die berühmte Stecknadel zu Boden fallen gehört zu haben.[4] Auch vom »Hauch der Geschichte« ist die Rede in Kommentaren.

Ein weiteres Mal rächt sich, daß kein Protokoll angefertigt wurde. Meine Notizen sind nicht vollständig genug, um als Protokoll gelten zu können. Andererseits wäre es schade, die Spontaneität der Debatte und die Handschrift der Beiträge hinter völliger Anonymität oder nivellierender Verallgemeinerung verschwinden zu lassen. Ich werde allerdings nicht chronologisch vorgehen sondern die Wiedergabe um einige Schwerpunkte gruppieren.

»Wir sind nicht auf derselben Seite!«

Eine Rolle spielte zunächst die durch die Vorlage von Thomas Meyer hervorgerufene Frage nach dem Verhältnis der Sozialdemokratie zum »westlichen System«. Von Seiten der SED-Delegation wurde Unverständnis darüber geäußert, daß in den Thesen immer wieder von den beiden »Seiten« des Systemgegensatzes die Rede war, sodaß der Eindruck entstehen mußte, die Position der Sozialdemokratie werde umstandslos mit der Position des Systems insgesamt identifiziert. Betont wurde, daß die SED stets zwischen der Sozialdemokratie und dem kapitalistischen System und besonders zwischen der Sozialdemokratie und den aggressiven Kreisen des Imperialismus einen Trennungsstrich gemacht habe. Daraus aber ergeben sich Konsequenzen für das Verhältnis beider Seiten zueinander und ihren Umgang miteinander. Wer soll wofür kritisiert werden?, erkundigte ich mich. Kann von der Friedensfähigkeit der SPD einfach auf die Friedensfähigkeit des Systems geschlossen werden?, fragte Max Schmidt. Erhard Eppler erwiderte, daß die SPD – im Unterschied zur

SED – nicht in Anspruch nehmen könne, im Namen der Regierung oder im Namen der »großen« Verbündeten zu sprechen. Peter von Oertzen bekräftigte, daß die Differenzen der Sozialdemokratie zum westlichen System in der Tat beträchtlich seien. Groß seien jedoch auch beispielsweise Differenzen innerhalb der SPD. Und im Sozialismus gebe es ebenfalls Differenzen – z. B. mit dem Kurs Chinas.

Heinz Rapp vertrat die Meinung, daß es für die Sozialdemokratie maßgeblich sei, für Pluralismus einzutreten – was von der SED zu Unrecht als Defizit angesehen werde. Und die Existenz eines Militärisch-Industriellen Komplexes im Sozialismus belege, daß es auch im Sozialismus Unterschiede gebe.

Dem wurde wiederum entgegengehalten, daß es hinsichtlich des Pluralismus einen Unterschied mache, ob beispielsweise von der Vielfalt innerhalb einer politischen Partei, von der Vielfalt im Rahmen des gegebenen politischen Systems oder von Meinungsverschiedenheiten in der Frage »Krieg oder Frieden« die Rede ist.

Richard Löwenthal nahm die Formel von »Seiten« in einem grundsätzlichen Sinne auf und warnte davor, über Gemeinsamkeiten in der Friedensfrage die großen Zusammenhänge aus dem Auge zu verlieren. Der »unmittelbar nächste Wert« sei der der »freiheitlichen Demokratie«. Die Formel von der »Gemeinsamkeit« sei nicht akzeptabel. »Wir sind Ihre Partner auf der anderen Seite. Wir sind nicht auf derselben Seite.« Überhaupt sei zu hinterfragen, was mit »anderer Seite« gemeint sei. Sie bedeute für die Sozialdemokratie keinesfalls, den USA gegenüber Gehorsam zu üben. Der Weg der Sozialdemokratie wurde in freier Entscheidung gewählt. Im Unterschied dazu sei die Vereinigung von KPD und SPD im Osten vor vierzig Jahren »nicht ganz freiwillig« gewesen. Beide (SPD und SED) hätten ihre Ziele erreicht und sich mit den Resultaten abgefunden. Unsere Vorstellungen von Freiheit und Demokratie unterscheiden sich voneinander. Das sei genauso wichtig wie Übereinstimmungen in der Friedensfrage. Die SPD fühle sich gebunden im Sinne einer freiwilligen Einbindung.

Damit war, denke ich, der Kern des Problems berührt. Nicht um das Mandat einer Regierung ging es bei diesen beiden »Seiten« sondern um die Stellung politischer Parteien im gegebenen gesellschaftlichen System. Der Pluralismus politischer Parteien und Parlamentarismus sind Merkmale des kapitalistischen Systems –

im Normalfall. Die Trennlinie in der Haltung zu Krieg und Frieden verläuft quer dazu, sie ist primär in den sozialökonomischen Verhältnissen und Interessenkonstellationen verankert.

Frieden erst mit Weltsozialismus?

Ein zweiter Hauptpunkt des Meinungsstreites bzw. -austauschs war mit dem Konzept oder Begriff der friedlichen Koexistenz gegeben. Das umfassende Diskussionsangebot von Harald Neubert führte zu zahlreichen Nachfragen, Einwänden oder zustimmenden Erklärungen.

Sein deutliches Einverständnis mit dem ersten systematischen Teil des Vortrages und mit den Überlegungen zu den Beziehungen der beiden deutschen Staaten verband Löwenthal mit dem ebenso eindeutigen Nicht-Einverständnis mit den Ausführungen zur Geschichte. Die Politik der Sowjetunion sei nicht von vornherein vom Prinzip der friedlichen Koexistenz geprägt gewesen. Beispiele: die Einverleibung Georgiens und des Baltikums oder der Krieg mit Polen 1920. Die Wendung zur friedlichen Koexistenz sei erst erfolgt, als die Weltrevolution nicht mehr möglich war. Auch sei die Systembedingtheit des Konzepts fraglich. Vom Osten sei nicht nur friedliche Koexistenz praktiziert worden – so wie es im Westen nicht nur Expansion gegeben habe. Die Kontinuität einer Politik der friedlichen Koexistenz seitens der sozialistischen Staaten wurde auch von Klaus Mehrens in Zweifel gezogen – schließlich sei auch von dieser Seite Abschreckungspolitik praktiziert worden.

Den Aktivitäten Gorbatschows wurde angelastet, sich auf das Problem der Nuklearpotentiale zu beschränken, das »Konventionelle« auszuklammern. Die »sowjetische Intervention in Afrika« sei nicht mit Nuklearwaffen erfolgt. Auch dürfe es keine regionalen Ausnahmen vom Prinzip der friedlichen Koexistenz geben. Peter von Oertzen meinte allerdings, daß der »reale Sozialismus« die Revolution gar nicht exportieren könne, da er selbst nicht revolutionär sei!

Meinungsverschiedenheiten gab es auch zum Verhältnis von Frieden und sozialer Befreiung. Peter von Oertzen bekräftigte, daß die These vom Frieden als Grundvoraussetzung der Gestaltung internationaler Beziehungen vorbehaltlos zu unterstützen sei, da beim Einsatz der Massenvernichtungsmittel eine Ausrottung der

Menschheit drohe. Auch könnten letztlich die Ursachen des Phänomens »Krieg« nicht ohne Sozialismus aus der Welt geschafft
werden. Andererseits sei es nicht möglich gewesen, die Somoza-
Diktatur durch fromme Gebete zu stürzen. Es sei das legitime
Recht Nikaraguas, sich mit Waffen gegen die USA zu wehren.

Zu Letzterem wandte Max Schmidt ein, daß auch die Probleme der Dritten Welt unter dem Dach des Friedens gelöst werden
müßten.

Heinz Rapp warnte davor, über regionale Konflikte und bewaffnete Kämpfe leichtfertig zu reden und vertrat entschieden die
Meinung, daß auch für die dritte Welt das Prinzip der Friedlichen
Koexistenz und nicht das »Prinzip des Gewehrs« maßgeblich sein
müsse.

Richard Löwenthal sprach sich dafür aus, mit der Lösung der
Friedensfrage nicht zu warten, bis es einen Weltsozialismus gebe.
Dem stehe nämlich entgegen – und dies war offenkundig nicht
nur gegen Peter von Oertzen gerichtet – daß bislang in keinem
entwickelten kapitalistischen Land eine Revolution stattgefunden
und sich keine Industrienation zum Modell des »realen Sozialismus« bekannt habe. Die Kommunisten in den sozialistischen Ländern würden ihren Sozialismus-Begriff sicher ändern. Gorbatschows Äußerungen zu Fragen der Landwirtschaft mache ihm
diesbezüglich Hoffnung. Wenn der Staat mehr demokratische Züge annehme, sei sehr viel mehr Privateigentum an Produktionsmitteln möglich.

Offenheit der Geschichte

Grundlegende Fragen zur Begrifflichkeit und zum gegenseitigen
Verständnis trug Erhard Eppler vor. In einem ersten Schritt kam er
zunächst auf die Stichworte aus dem vorangegangenen Seminar
über Gesetze und Bewußtseinswandel zurück und artikulierte ein
weiteres Mal seine Sorgen und Vorbehalte dem Konzept der friedlichen Koexistenz gegenüber – allerdings auf der Grundlage un-
zweideutiger Übereinstimmung mit Harald Neubert und allen
anderen hinsichtlich des gemeinsamen Anliegens der Friedenssicherung im Nuklearzeitalter. Nach seinem Verständnis schließe
»friedliche Koexistenz« nach wie vor die Alternative »Du oder ich!«
oder »Für uns beide ist kein Platz auf der Erde!« ein. Ob man über

diese Alternative nicht hinaus käme durch das von Harald Neubert und Otto Reinhold ins Feld geführte Prinzip »Miteinander leben«. Und könne man nicht die Alternative auch dadurch entschärfen, daß man die Geschichte für offen erklärt? Das qualitativ Neue von »Miteinander leben« und des Konzepts »Sicherheitspartnerschaft« sollte stärker betont werden. So sei auch Gorbatschow gegenüber der sowjetischen Politik in den 70er Jahren zu verstehen.

Und ob man nicht von einem »Wandel durch Wettbewerb« sprechen könne, einem sich auf beiden Seiten vollziehenden Wandel, und von einem Wettbewerb nicht in dem Sinne, daß nur der eine gewinnen müsse.

Zur Frage der Offenheit der Geschichte sprachen u. a. Helmut Seidel und ich. In philosophischer Hinsicht wären drei Gesichtspunkte zu unterscheiden, die eine eindeutige Antwort auf diese Frage problematisch machten.

Erstens. Wir gingen gegenwärtig alle davon aus, daß die Frage nach Krieg oder Frieden nicht entschieden sei, sondern durch die historische Praxis entschieden werden müsse. Insofern wäre die Geschichte zweifelsfrei offen.

Zweitens gewinne in Diskussionen im Rahmen des historischen Materialismus in den letzten Jahren die Meinung an Gewicht, daß Geschichte sich stets in einem Feld von Möglichkeiten realisiere. Drittens folge daraus allerdings nicht, daß die Anerkennung verschiedener Möglichkeiten als Anerkennung reiner Beliebigkeit aufzufassen sei. Dem Marxismus zufolge sei der Übergang vom Kapitalismus zum Sozialismus gesetzmäßig. Insofern wäre die Geschichte nicht offen.

Was aber heiße in diesem Kontext »Sozialismus«, und was heiße »gesetzmäßig«? Ganz sicher wäre nicht die Perspektive auf eine ganz bestimmte Form der Realisierung sozialistischer Prinzipien oder auf den Zeitpunkt des Beginns entsprechender Umwälzungen gemeint. Künftige sozialistische Umwälzungen würden sich von allen bisherigen Übergängen dieser Art unterscheiden. Das hänge von den Bedingungen, den Ausgangspunkten, den sozialen Kräften und anderen Faktoren ab. Man stelle sich vor, wie ein Sozialismus aussähe, der nicht 13 Prozent seines Bruttosozialproduktes für Rüstung ausgeben müsse – für die NATO betrüge der Anteil 5 Prozent. Abgesehen davon sei unübersehbar, daß es im Laufe allein unserer Generation beträchtliche Wandlungen in den Vorstellungen von einer sozialistischen Gesellschaft gegeben habe. Künftige Entwicklungen hielten gewiß noch gravierendere Veränderungen bereit. Insofern sei Geschichte offen.

Andererseits wäre wohl nicht in Abrede zu stellen, daß es im bisherigen Geschichtsprozeß irreversible Tendenzen gebe und eine Aufeinanderfolge qualitativer Entwicklungsstufen zu erkennen sei, die kaum als zufällig angesehen werden könnten. Jede derartige Stufe oder Formation negiere die jeweils vorangegangene, sei aber zugleich durch sie bedingt und geprägt, setze sie voraus und erweise sich infolge der Überwindung von Unzulänglichkeiten der vorangegangenen als dieser überlegen. Die allgemeine, die verschiedenen geschichtlichen Epochen übergreifende Tendenz der Vergesellschaftung der menschlichen Produktion und Arbeit, die notwendigerweise zur Herausbildung der kapitalistischen Produktionsweise geführt habe, wirke offenkundig auch heute weiter. Angesichts der realen Dynamik moderner Produktionsentwicklung sei es bei aller Widersprüchlichkeit oder auch partieller Rückläufigkeit des Vergesellschaftungsprozesses schwer vorstellbar, daß die generelle Perspektive der menschlichen Gesellschaft wieder ein Zurück zu Produktionsformen mit sich bringe, wie sie etwa vor 500 Jahren hier in Mitteleuropa vorherrschend waren. Kann man ernsthaft leugnen, daß das Privateigentum an Produktionsmitteln, die Unterordnung von Wirtschaft und Gesellschaft unter das Profitprinzip und die Herrschaft von Sonderinteressen zwar enorme Triebkräfte für diesen Prozeß hervorgebracht habe, gleichzeitig aber die Quelle für katastrophale Konflikte darstelle? Unsere Annahme sei, daß die Gestalt und Beschaffenheit künftiger gesellschaftlicher Strukturen etwas mit der konkreten Natur dieser heutigen Verhältnisse und Widersprüche zu tun haben werde und nicht zufällig zustande käme. Insofern sei die Offenheit der Geschichte begrenzt, relativ, nicht schrankenlos.

Ich kann es mir nicht versagen, hier etwas einzuschieben. Zu diesen Seminaren ist gewiß keine Seite in der Erwartung gereist, die andere von etwas zu überzeugen. Das schließt jedoch nicht aus, daß der eine oder andere Gedanke bei dem einen oder anderen Zuhörer eine gewisse Wirkung hinterlassen hat. Wie auch immer – in einem Vortrag, der einige Wochen nach diesem Disput in

Freudenstadt gehalten wurde, formulierte Erhard Eppler zu dem Stichwort »Anerkennung der Offenheit der Geschichte«: »Auch wenn es möglich sein sollte – und darauf wird die östliche Seite bestehen –, daß durch wissenschaftliche Analyse Entwicklungstendenzen der einzelnen Gesellschaften und der Weltgesellschaft erkennbar zu machen sind, hat die Geschichte immer unzählige neue Chancen und Variationen parat, die kein Mensch vorhersehen kann. Einer These, daß der Geschichtsprozeß allgemein eine Tendenz zu sozialistischen Formen der unterschiedlichsten Art habe, von denen niemand weiß, wann, wo und wie sie verwirklicht werden, würde ich nicht widersprechen. Aber auch wer sie für falsch hielte, müßte darin keine Bedrohung seiner Existenz oder des Friedens sehen.«[5]

Im weiteren Verlauf der Diskussion in Freudenstadt ging Eppler einen Schritt weiter und warf die Frage auf: »Was meinen wir überhaupt mit ›Frieden‹?«

Nebenbei bemerkt war dies die erste der beiden Gesprächspassagen, bei der angespannteste Aufmerksamkeit beobachtet wurde.

Pax Americana?

Alle redeten vom Frieden, und doch rücke er immer weiter weg.

Der Friedensbegriff des christlichen Abendlandes sei – so Eppler – der der »Pax Romana«: Sicherheit ist garantiert, wenn der Feind besiegt oder besiegbar ist, wenn keiner Rom, Rom aber allen etwas anhaben konnte. Dies sei nach wie vor für das Denken von Großmächten bestimmend und die Grundlage für das Überlegenheitsstreben der Militärs. Und insofern wolle gewiß auch Caspar Weinberger *(seinerzeit US-Verteidigungsminister – E. H.)* Frieden.[6] Das Verhalten der Sowjetunion hätte allerdings gezeigt, daß auch das Konzept der friedlichen Koexistenz ein derartiges Denken nicht ausschlösse. Und insofern sei »gemeinsame Sicherheit« etwas Neues gegenüber »friedlicher Koexistenz«. Die Zäsur zwischen der »Pax Romana« und »friedlicher Koexistenz« einerseits und »gemeinsamer Sicherheit« andererseits sei größer als die zwischen »Pax Romana« und »friedlicher Koexistenz«. Und Gorbatschows Position sei etwas qualitativ Neues gegenüber »friedlicher Koexistenz«. Sie laufe auf die Forderung hinaus, in den internationalen Beziehungen zivilisiert miteinander umzugehen. Auch berücksichtige sie, daß wir gegenwärtig mit einer Verselbständigung technischer Entwicklungen gegenüber der Politik konfrontiert sind.

Aus diesen Gegebenheiten folge nun zwar keinerlei Angleichung oder Verwischung ideologischer bzw. »System«-Gegensätze, wohl aber eine Relativierung ihres Stellenwertes gegenüber Gegensätzen anderer Art. Zunehmendes Gewicht erlangen schlichte Machtinteressen, denen vor allem Weltmächte zu folgen haben. Hegemonialkonkurrenz und Rüstungsdynamik folgen einer eigenen Logik, eigenen Gesetzen, die mit Ideologie nicht viel zu tun haben. Bei Interessenkonflikten könne man sich verständigen und Kompromisse finden – in der Ideologie nicht.

Gemeinsame Sicherheit setze eine entsprechende wechselseitige Perzeption voraus. Zur Zeit gelte, daß beide Seiten der anderen die Existenzberechtigung absprächen. Reagans Rede vom »Reich des Bösen« unterscheide sich nicht von Chruschtschows Ankündigung, den Kapitalismus zu begraben. Diese Art der Perzeption müsse auf beiden Seiten abgebaut werden. Die Meinung der Kommunisten, daß die Welt zum Sozialismus tendiere, sei mit einer neuen Art der Perzeption vereinbar, das Setzen auf das Verschwinden des anderen Systems hingegen nicht!

Vor allem von Otto Reinhold wurde darauf verwiesen, daß die realen Entwicklungen auf der Seite der sozialistischen Länder die Eindrücke und Befürchtungen Erhard Epplers widerlegten. Es treffe nicht zu, daß die Sicht auf die andere Seite stets die gleiche geblieben sei. Egon Bahr sei zuzustimmen, wenn er meine, daß beide Seiten im Prozeß realer Friedenssicherung aus Feinden zu Konkurrenten würden. Und es unterliege keinem Zweifel, daß die heutigen Kommunisten einzig und allein darauf setzten, daß die praktische Entwicklung erweisen werde, welches System das bessere sei. Friedliche Koexistenz bedeute die Gewährleistung der Existenz beider Seiten, die Realisierung einer Vielfalt friedenssichernder Beziehungen und die Suche nach Formen des Umgangs miteinander, die Dialog und friedlichen Wettbewerb förderten. Friedliche Koexistenz sei als Form des Miteinanderlebens zu verstehen, sie gehe insofern weiter als das Prinzip und die Realität der Sicherheitspartnerschaft. Friedliche Koexistenz laufe nicht darauf hinaus, den Frieden zu sichern, um den Kapitalismus in Sozialismus umzuwandeln.

Harald Neubert erinnerte an die Formulierung in seinen Thesen, daß Sicherheit nicht auf Kosten der anderen Seite erreicht werden könne.

Der Wert »Frieden« und die »Gerechtigkeit« von Kriegen

Ein unerwarteter – und nach dem Urteil des Vertreters des »Vorwärts« stundenlang spannender[7] – Streit brach aus um die Frage nach dem Rang des Wertes Frieden. Harald Neubert hatte in seiner These 22 formuliert, daß gegenüber der Möglichkeit einer Menschheitsvernichtung und angesichts der politischen Instumentalisierung dieser Gefahr seitens imperialistischer Kreise die Verteidigung des Weltfriedens eine Eigenwertigkeit, eine neue historische Rangordnung erhalte.

Vertreter der Grundwertekommission gaben in diesem Kontext zu bedenken, daß das Demokratieverständnis genauso wichtig sei wie die Friedenssicherung, daß andere Werte genauso wertvoll seien und nicht einzusehen sei, wieso die Friedensfrage einen Vorrang habe vor der Gesellschaftspolitik – ob es da nicht auch auf das Bezugssystem ankomme. Frieden sei zwar die physische Voraussetzung für alles andere, gleichwertig jedoch seien Menschenwürde und Demokratie. Als »unmittelbar nächsten Wert« bezeichnete Richard Löwenthal den der »freiheitlichen Demokratie«.

Thomas Meyer äußerte die Auffassung, daß die Bezeichnung des Friedens als höchster Wert eine »noble Lüge« sei, wenn an der These von einem »gerechten Krieg« festgehalten werde. Man könne auch davon ausgehen, daß die Realisierung von Menschenrechten die Voraussetzung für friedliche Kooperation sei und daß der Frieden so beschaffen sein müsse, daß die Menschenrechte gesichert sind.

Iring Fetscher meinte in diesem Kontext, daß die Verteidigung der Demokratie wichtiger sei als die Durchsetzung gesellschaftlicher Veränderungen.

Andererseits wurde an Willy Brandts Diktum, daß Frieden zwar nicht alles, ohne Frieden aber alles nichts sei, erinnert. Frieden sei nicht einer unter anderen Werten, sondern die Grundvoraussetzung für alles andere.

Rolf Reißig, Max Schmidt und ich hielten daran fest, daß der Friedensfrage Priorität zukomme und Friedenssicherung als oberste Maxime politischen Handelns angesehen werden müsse. Die Anerkennung des Friedens als höchstem Wert bedeute keine Hintansetzung anderer Werte. Sie sei als Vorschlag zum Konsens bzw. als Bekenntnis dazu anzusehen, daß es zu einem friedlichen Umgang miteinander absolut keine Alternative gebe. In diesem Sinne sei er nicht nur als der höchste, sondern zugleich als ein *anderer* Wert anzusehen. Die Vorstellung einer »monotonen Folge« aller denkbaren Werte oder einer »Hierarchie« sei damit nicht verbunden.

Es handele sich um eine ethische Konsequenz aus der Einsicht in die Alternative »Krieg oder Frieden« als Hauptproblem der internationalen Entwicklung. Erinnert wurde auch an die bedenklichen Proklamationen führender amerikanischer Politiker, daß es »Wichtigeres gebe als den Frieden« – um abenteuerliche Doktrinen für ihre Außenpolitik zu legitimieren.

Zu der Frage, inwieweit die Verkündung des Friedens als höchster Wert mit der Theorie »gerechter Kriege« zu vereinbaren sei, wurde zunächst betont, daß die derzeitigen waffentechnischen Bedingungen auch überkommene Auffassungen über die Gerechtigkeit von Kriegen relativieren.

Notwendig sei, zwischen dem Begriff »Krieg« als Bezeichnung des Gesamtereignisses einer kriegerischen Auseinandersetzung zweier Seiten und dem Begriff »Krieg« zur Bezeichnung des Verhaltens einer der beiden Seiten zu unterscheiden. Die Beurteilung des Verhaltens der einen Seite als »gerecht« schließe nicht ein, einen Krieg zu rechtfertigen.

Allerdings dürfe auch nicht einfach zwischen einem Aggressor und einem Verteidiger nivelliert werden. Die Erklärung einer gegebenen Verteidigungshaltung als ungerecht berge die Gefahr einer Ermunterung des Aggressors in sich. Ein praktischer Beitrag der sozialistischen Staatengemeinschaft zu dieser theoretischen Frage sei u. a. die wiederholte Proklamation des Erstschlagsverzichts.

Friedlicher Wettbewerb gleichberechtigter Systeme

Den ersten vom Berichterstatter der *Zeit* registrierten »Stecknadelfall« habe ich erwähnt. »Das andere Mal wurde es in der Reihe der Sozialdemokraten ganz still, als Prof. Rolf Reißig vom Institut

für Wissenschaftlichen Kommunismus der Ost-Berliner Gesell-
schafts-Akademie das Grundaxiom herausstellte, angesichts des
möglichen atomaren Infernos bleibe den beiden großen Weltsystemen nur die Wahl, in einen friedlichen Wettbewerb zu treten.
Beide Systeme, sagte er, müßten diesen Wettbewerb in den Dienst
der Friedenssicherung stellen, und beide müßten darin ihre Vorzüge einbringen – in einen Wettbewerb, bei dem es nicht mehr
um Ausdehnung von Herrschaft und Hegemonie gehen könne
und bei dem sich das politische Gewicht eines Systems immer weniger auf seine militärische Stärke gründe.«[8]

Die Wirkung der Fragestellung »Wettbewerb – Dialog« läßt
sich auch daran ermessen, daß gerade aus diesem Diskussionsabschnitt heraus Erhard Eppler die Idee präsentierte, ein gemeinsames Papier zu verfassen. Reaktion auf einen spannenden Disput
und darauf, daß hier die größtmögliche Aussicht auf konkrete
politische Folgerungen eröffnet wurde.

Und nicht nur das. Während der Debatte um friedliche Koexistenz und Sicherheitspartnerschaft hatte das Schwergewicht auf
den ideologischen Aspekten der Außen- und Sicherheitspolitik,
der äußeren Beziehungen beider Systeme zueinander gelegen, jetzt
wurde dies durch die Konsequenzen für ihr Innenleben ergänzt,
der Zusammenhang zwischen neuartiger Außen- und neuartiger
Innenpolitik stand unmittelbar auf der Tagesordnung.

Wahrscheinlich hatte auch Peter Bender recht, als er in einem
unmittelbar im Anschluß an das Seminar gesendeten Rundfunk-
kommentar die Vermutung äußerte, daß die SED, als sie sich auf
die Gespräche einließ, darauf bedacht gewesen sein könnte, auch
die »letzte Anerkennung« zu bekommen, »nach der Anerkennung
als Staat und Regierung jetzt die Anerkennung als politisches
System. Wettbewerb beider Systeme, das heißt Gleichberechtigung
beider Systeme«.[9]

Die eigentliche Debatte zum Thema begann zwar erst am Freitag nachmittag, sie hatte sich jedoch bereits in Gestalt drängender
Fragen angekündigt. So wenn Heinz Rapp im Kontext seines
Bekenntnisses zum westlichen Pluralismus meinte, daß der Sozialismus sich für persönliche Freiheit und die Garantie individueller
Menschenrechte öffnen müsse – was Otto Reinhold zu der Prognose veranlaßte, daß mit dem generellen Wachstum des Sozialismus ohne Zweifel auch das Gewicht der Individualität in der

Wechselbeziehung mit der Gesellschaft wachse so wie bereits zu beobachten sei, daß das Feld demokratischer Betätigung sich mit der Realisierung des wissenschaftlich-technischen Fortschritts erweitert. Überhaupt sei die dynamische Entwicklung des Sozialismus eine Bedingung für die Fortenwicklung der friedlichen Koexistenz. Wichtig war freilich auch die von mehreren Diskussionsteilnehmern bekräftigte Position, daß die Kooperation in Friedensfragen die Wahrung der eigenen Identität gegenüber der anderen Seite voraussetzte.

Erhard Eppler: Zur Identität eines Kommunisten gehört die Kritik an der Arbeitslosigkeit, zur Identität eines Sozialdemokraten gehört die Kritik am Umgang der DDR beispielsweise mit den Jenaer Friedensgruppen.

In dem erwähnten Beitrag ging Rolf Reißig davon aus, daß friedliche Koexistenz, Friedenssicherung, Sicherheitspartnerschaft Wettbewerb und gleichberechtigte Zusammenarbeit miteinander zusammenhängen. Die Systemauseinandersetzung dürfe nur noch als friedlicher Wettbewerb ausgetragen werden. Dabei gehe es nicht um einen Wettbewerb am Rande des Krieges oder eine Partnerschaft zum nackten Überleben. Dieser Wettstreit erfordere vielmehr die Überwindung der Konfrontationsstrategie auf militärischem, aber auch auf ökonomischem, politischem und ideologischem Gebiet. Lernen, miteinander zu leben und miteinander auszukommen heiße nicht, den anderen zu besiegen oder zu beseitigen. Es gelte, Formen des Wettbewerbs zu finden, bei denen beide Seiten ihre Vorzüge bei der Realisierung der Werte *Frieden, Demokratie* und s*oziale Sicherheit* sowie der *Menschenrechte* und der *Persönlichkeitsentwicklung* in den Dialog einbringen. Interessen beider Seiten müssen Berücksichtigung finden. Stets müsse dabei die Politik das Primat haben. In dieser Hinsicht sei eine neue Phase der Entspannung nötig. Bislang sei ein derartiger Wettbewerb eher Aufgabe denn Realität.

Als nicht beliebig wählbare, sondern objektiv bestimmte Hauptfelder dieses Wettbewerbs nannte Reißig die Lösung der Friedensfrage und aller anderen globalen Menschheitsprobleme, die Meisterung des wissenschaftlich-technischen Fortschritts und der damit verbundenen gesellschaftlichen Probleme, die Entwicklung der Demokratie und die Verwirklichung der grundlegenden Menschenrechte in ihrer Einheit von politischen, sozialökonomischen und kulturellen Rechten – beispielsweise solcher Rechte wie der auf Arbeit, auf soziale Sicherheit und auf Entfaltung der Individualität, die Gestaltung des Verhältnisses von Ökonomie und Ökologie, die generelle Wertorientierung der Gesellschaftssysteme und die Hilfe für Entwicklungsländer.[10]

Daß Erhard Eppler diesen Beitrag als »nach vorn weisend, kühn, im guten Sinne utopisch«[11] wertete, bedeutete keinesfalls, daß damit der Disput zu Ende gewesen wäre.

Thomas Meyer fragte nach, wann die geistig-politische Auseinandersetzung in Konfrontation umschlage und betonte, daß die Offenheit der geschichtlichen Perspektiven beider Systeme als Voraussetzung für den Wettbewerb anerkannt werden müsse.

Erhard Eppler äußerte die Gewißheit, daß im Verlaufe eines derartigen Wettbewerbs zwangsläufig Prozesse des Wandels im Inneren der Systeme in Gang gesetzt würden, daß das jeweils andere System bewußt als Stachel im eigenen Fleisch hingenommen werden müsse.

Löwenthal warf ein, daß der Wettbewerb auf dem Gebiet der Informationspolitik dem eigenen Volk gegenüber beginne. Iring Fetscher betonte, daß das Recht, Defizite bei der Verwirklichung von Menschenrechten auf der anderen Seite zu kritisieren, selbst als Menschenrecht verstanden werden müsse und daß sie, die Sozialdemokraten auf der Realisierung von Menschenrechten, die im Sozialismus bislang zu kurz kommen, bestehen müssen, um diese Kritik nicht denen zu überlassen, die damit ganz andere Ziele anvisieren. Zugleich sei mit der Realisierung eines so konzipierten Wettbewerbs eine Intensivierung der ökonomischen Beziehungen bzw. eine Verzahnung der ökonomischen Interessen beider Seiten zu erwarten.

Ergänzt wurde dies von Gerhard Scharschmidt – die ökonomischen Beziehungen müßten auf der Basis des demokratischen Völkerrechts bzw. der Prinzipien der UNO beruhen.

Peter von Oertzen postulierte, daß der Wettbewerb zwischen den Systemen sich auch innerhalb der Systeme äußern müsse und beklagte, daß auf seiten der sozialistischen Länder zu viele Schranken dagegen vorhanden seien. Wobei der Wettbewerb zwischen den Systemen nicht mit dem Kampf revolutionärer Kräfte im imperialistischen System verwechselt werden dürfe. Volle Information über die Kritik der anderen Seite sei Voraussetzung für den

Wettbewerb. Süffisant fragte er, warum wir so sehr gegen Tendenzen der Aufweichung im Sozialismus Front bezögen, wo der Kapitalismus doch so reaktionär sei. Und er meinte, es gehe zu weit, sie, die Sozialdemokraten, zu dem Eingeständnis veranlassen zu wollen, sie sollten den Willen zur Aufweichung aufgeben. Wer entscheide überhaupt, wo Wettbewerb aufhöre und Aufweichung beginne?

Thomas Meyer bekräftigte, daß der Wettbewerb die legitime Form sei, Einfluß auf die andere Seite zu nehmen. Der Hinweis, daß die Geschichte jener neutrale Schiedsrichter sei, der eines Tages entscheide, welches System das bessere sei, sei unbefriedigend. Die Völker müßten ständig urteilen können. Wandelbarkeit der Systeme sei Bedingung der Möglichkeit des Wettbewerbs. Zugleich sei auf beiden Seiten viel zu tun, um Erscheinungen abzubauen, die von der jeweils anderen Seite als friedensgefährdend eingeschätzt werden. Zugleich erinnerte er an die These seines Papiers, daß keine Seite Rechte in Anspruch nehmen dürfe, die sie der anderen nicht zubillige.

Harald Lange warf die Frage in die Debatte, welche sozialökonomischen Veränderungen das politische System des Kapitalismus eigentlich bislang ermöglicht hätte. Und ob Sozialdemokraten eigentlich wollen können, daß bei Veränderungen des politischen Systems des Sozialismus letztlich kapitalistische Verhältnisse herauskommen? Was Heinz Rapp zu der Entgegnung veranlaßte, die SED aufzufordern, ihren »Schutzschild« abzulegen und einen allseitigen Zugang zum »Meinungsmarkt« zu ermöglichen. Zum politischen System der sozialistischen Länder fragte er, warum eine Kritik an der jeweiligen Führung eigentlich immer erst nach dem Tod des Generalsekretärs möglich sei, warum sich die Schleusen der Kritik nicht schon vorher öffneten?

Löwenthal zählte Veränderungen im kapitalistischen System auf, die durch die Sozialdemokratie bewirkt worden seien: ein Aufschwung der Lebensbedingungen, der in keinem sozialistischen Land erreicht worden sei, die Realisierung einer demokratischen Grundordnung, die Schaffung der Europäischen Gemeinschaft, die Realisierung sozialer Sicherheit in Schweden und die Durchsetzung der neuen Ostpolitik.

Otto Reinhold ergänzte Reißigs Angebot mit der Bemerkung, daß ein derart komplexer Wettbewerb die unausweichliche Konsequenz der heutigen Bedingungen friedlicher Koexistenz und Sicherheitspartnerschaft sei. Zu den vielfältigen Erwartungen der Vertreter der Grundwertekommissison an die Adresse der sozialistischen Länder gab er zu bedenken, ob die übereinstimmend erhobene Forderung nach Akzeptanz der anderen Seite nicht auch die Anerkennung der Gegebenheit jeweils spezifischer Formen der Realisierung demokratischer Prinzipien einschlösse. Daß der Wettbewerb Änderungen im Inneren der Systeme in Gang bringe, sei selbstverständlich.

Helmut Seidel äußerte die Überlegung, daß politische Vertrauensbildung Bedingung und Resultat des Wettbewerbs sei.

Rolf Reißig vertrat entschieden den Standpunkt, daß die Formel »Wandel durch Wettbewerb« nicht hilfreich sei, daß es nicht angehe, »Wandel durch Wettbewerb« als Ziel des Wettstreits der Systeme zu proklamieren. Ausschlaggebend für Wandlungsprozesse seien grundsätzlich die inneren Triebkräfte eines Systems. Die immer wieder hinterfragte Abgrenzung von »Einwirkung« und »Einmischung« sei völkerrechtlich vorgezeichnet. Als »Einmischung« müsse angesehen werden, was gegen die Verfassung des betreffenden Landes gerichtet sei und auf illegale Aktionen orientiere. Jede Einmischung von außen, die das Ziel eines politischen Wandels verfolge, müsse unterbleiben.[12]

Abschließend gab Erhard Eppler zu bedenken, daß die Herausforderung zu dem hier erörterten Wettbewerb von der sozialistischen Seite ausgegangen sei. Daraus spreche ein unverkrampftes Selbstbewußtsein. Das schließe selbstredend ein Risiko ein, über das die Sozialdemokraten sich nicht den Kopf zu zerbrechen hätten. Was hier konzipiert worden sei, gehe nicht ohne eine Öffnung der Gesellschaft. Gorbatschow sei sich darüber klar gewesen. Insofern habe Gorbatschow dem Westen gegenüber die besseren Karten ausgespielt. Da liege ein Risiko für den Westen.

Kommentatoren beider Seiten registrierten nach diesem Seminar ein hohes Maß an Übereinstimmung in den friedenspolitischen Positionen der beiden Delegationen.[13] Und das war nicht nur eine objektive Feststellung sondern konnte durchaus als Anerkennung, Würdigung und wohl auch Erleichterung angesehen werden. Schließlich war man ja zusammengekommen, um Gemeinsamkeiten auszuloten – im übergreifenden Sinne der Friedenssicherung.

Nun bestand ja aber das eigentlich Bedeutsame und nicht zuletzt auch der intellektuelle Reiz dieser Begegnungen darin, wer hier mit wem übereinstimmte, auf welche Weise Einendes zustande kam, und wie sich Gemeinsamkeiten mit Trennendem verbanden. Vertrauen wäre nie zustande gekommen, wenn das gegensätzlich Identische verleugnet worden wäre. Im Verlauf unserer Kommunikation beanspruchte die Polemik bei weitem mehr Raum als die Bekräftigung von Einigkeit.

Für den Erfolg der Debatte war das ausschlaggebend. Sicher ist es heute – im nicht nur zeitlichen Abstand – gerade für den Beteiligten auch sehr viel leichter, das Widersprüchliche zu seinem Recht kommen zu lassen.

Das Thema »Ideologie« im »Streit der Ideologien ...«[14]

Für den letzten Tag unseres Seminars, einen Sonnabendvormittag, war vorgesehen, eine Aussprache zum Thema »Ideologie« durchzuführen. Meinungsverschiedenheiten über den Begriff selbst, über die Rolle von Ideologien in der aktuellen Auseinandersetzung über Krieg und Frieden sowie über Inhalt und Funktion des Antikommunismus hatten in den vorangegangenen Treffen immer wieder eine Rolle gespielt. Ich hatte eine Diskussionsgrundlage vorbereitet. Sie basierte nicht auf einer wörtlichen Ausarbeitung, sondern auf thesenartigen Überlegungen, die ich hier so wiedergebe, wie ich sie damals zu Papier gebracht und vorgetragen habe – einige stilistische Glättungen und Umstellungen eingeschlossen. Sie wird deshalb in Anführungszeichen gesetzt.

»Die Rolle der Ideologie bei der Sicherung des Friedens.

Die folgende Darstellung ist nicht als Angebot zu einem Konsens gedacht.

1. Es trifft weder zu, daß Ideologien oder ideologische Gegensätze die Ursache der gegenwärtigen Kriegsgefahr sind noch, daß die Koexistenz von Ideologien die entscheidende Voraussetzung für Frieden darstellt. Derartige Annahmen verdecken die wirklichen Ursachen von Krieg und Frieden.

Der Begriff ›Koexistenz von Ideologien‹ muß kritisch hinterfragt werden. Er gibt entweder eine Banalität wider, die schlichte Tatsache, daß zu einer gegebenen Zeit nicht nur eine Ideologie existiert. Oder er ist irreal – wenn er als Programm aufgefaßt wird, als Auffoderung, ideologische Gegensätze aus der Welt zu schaffen.

2. Als Interesenausdruck sozialer Gruppen oder Klassen befinden sich Ideologien per definitionem in einem gegensätzlichen Verhältnis zu anderen Ideologien. Andererseits ergeben sich Inhalt und Charakter von Ideologien – sowie deren geschichtliche Veränderung – aus praktischen Erfordernissen. Daraus resultiert, daß zwischen verschiedenen Ideologien auch Berührungspunkte bzw. gemeinsame Positionen möglich sind – als Reflex der Interessenbeziehungen, denen sie Ausdruck verleihen. Ich leite hieraus die Notwendigkeit ab, bei der Analyse des ideologischen Lebens der Gesellschaft in höchstem Maße konkret und differenziert vorzugehen.

Die Beziehungen zwischen der Ideologie des Marxismus-Leninismus und der Ideologie des Demokratischen Sozialismus müssen und können dem Streben nach Friedenssicherung untergeordnet werden.

Das ergibt sich aus den objektiven Interessen der sozialen Gruppen, in denen beide Ideologien verwurzelt sind. Das Interesse am Frieden entspricht objektiv der Lage und den historischen Erfahrungen der Arbeiterklasse. Zugleich ist die Arbeiterklasse und die Arbeiterbewegung als soziale Hauptkraft gegen den Krieg unverzichtbar. In aktuellen Dokumenten der Kommunistischen Weltbewegung wird die Sozialdemokratie unzweideutig als Strömung der Arbeiterbewegung verstanden.[14] Das schließt die Fortexistenz tiefgreifender ideologischer Gegensätze zwischen diesen beiden Ideologien ein. Auch darüber lassen repräsentative Erklärungen beider Seiten keinerlei Zweifel. Im Kommuniqué über den Meinungsaustausch zwischen Erich Honecker und Willy Brandt am 19. September 1985 im Amtssitz des Staatsrates der DDR heißt es: ›Erich Honecker und Willy Brandt waren sich in ihrem freimütigen Gespräch im klaren über die bestehenden Unterschiede in grundsätzlichen und ideologischen Positionen ihrer beiden Parteien, aber sie stimmten auch darin überein, daß dessenungeachtet die Kontakte zur Verbesserung des politischen Klimas und zur Vertrauensbildung in den Ost-West-Beziehungen fortgesetzt werden müssen.‹[16]

3. Das Streben nach praktischer Zusammenarbeit zwischen Kommunisten und Sozialdemokraten läßt die grundsätzlichen ideologischen Gegensätze bestehen. Die Gegensätze betreffen vor allem die grundlegende Einschätzung des Kapitalismus, seine historischen Perspektiven und die Wege zu seiner Überwindung.

Gleichzeitig ist es unvermeidlich, daß die praktisch-politische Zusammenarbeit die jeweiligen geistigen Positionen berührt. Diese Zusammenarbeit kann durch den Dialog über derartige Positionen und durch die Artikulation gemeinsamer Interessen, Einsichten oder Wertungen flankiert bzw. positiv beeinflußt werden.

Die Kommunisten vertreten in dieser Hinsicht ohne Einschränkung die Position, daß das bewußte Aufsuchen, Herausarbeiten und die Bekräftigung derartiger Gemeinsamkeiten – über das Trennende hinweg – nachgerade zu einer Existenzfrage geworden ist. Die Geschichte der Menschheit und ihrer Ideologien sollte dabei zu Rate gezogen werden. Nach vielen Erfahrungen ist es belanglos und schwierig, eine starre Grenze angeben zu wollen, wo politisches Denken und Handeln einsetzen und Weltanschauung, Moral, Rechtsbewußtsein oder Religion aufhören.

Geistige Gemeinsamkeiten (Beiträge zu Grundpositionen einer Koalition der Vernunft und des Realismus) könnten in folgenden Richtungen bestimmt werden.

a) Auffassungen zu Grundfragen von Krieg und Frieden sowie zu den Prinzipien des Umgangs zwischen Kommunisten und Sozialdemokraten bzw. zwischen den Weltsystemen.

– Die Notwendigkeit, einen Nuklearkrieg zu verhindern.

– Zur friedlichen Koexistenz darf es keine Alternative geben.

– Das Wettrüsten muß eingestellt werden.

– Frieden ist unverzichtbar für die Lösung der globalen Probleme.

– Frieden ist der höchste Wert.

– Wissenschaft und Technik dürfen nicht dem Krieg sondern müssen dem Frieden dienen.

– Der Umgang der Staaten miteinander müßte von solchen Prinzipien bestimmt werden wie: der Krieg darf nicht mehr als Mittel zur Durchsetzung politischer Ziele eingesetzt werden; Sicherheit ist nicht mehr gegeneinander sondern miteinander zu garantieren; gemeinsame Interessen müssen gesucht und zur Geltung gebracht werden; Lösungen müssen angestrebt werden, bei denen keine Seite verliert, aber alle Seiten etwas gewinnen.

– Die ideologische Auseinandersetzung muß nach Prinzipien und mit Mitteln geführt werden, die die Tendenz zum Frieden und nicht die zum Krieg fördern.

– Ideologische Differenzen sollten nicht auf die Sphäre der zwischenstaatlichen Beziehungen übertragen werden.

b) Geistige Gemeinsamkeiten, die um das Stichwort ›Humanismus‹ gruppiert sind und über die oben formulierten Grundsätze hinausgehen, sollten Gegenstand des Dialogs sein. Das schließt die Debatte über Werte ein.

c) Die Herausarbeitung von Gemeinsamkeiten bedeutet zugleich eine Verständigung darüber, wogegen beide Strömungen Front beziehen.

4. Die Sicherung des Weltfriedens setzt den kompromißlosen Kampf gegen Ideologien voraus, die eine friedensgefährdende internationale Konfrontation begründen und rechtfertigen. Die soziale Grundlage derartiger Ideologien muß in den Interessen des Militärisch-Industriellen Komplexes, des aggressivsten Flügels der internationalen Monopolbourgeoisie, gesehen werden.

Stichpunktartig sollen im Folgenden derartige ideologische Positionen benannt werden.

– Die Rechtfertigung von Drohungen und Erpressung als Mittel internationaler Politik.

– Die Erklärung der Absicht bzw. des Ziels, den Gegner auf dem Wege kriegerischer Gewalt sowie unter Inkaufnahme des Risikos eines Nuklearkrieges vernichten zu wollen.

– Die Irreführung der Massen durch das Postulat falscher Alternativen: ›Lieber tot als rot‹, ›Würde oder Existenz‹, ›Kapitulation oder Vernichtung‹. Von einer Irreführung muß im konkreten Kontext gesprochen werden, da mit diesen Slogans die Alternative ›friedliche Koexistenz oder Nuklearkrieg‹ unterschlagen wird.

– Jegliche Erscheinungsformen von Rassismus, Chauvinismus, Neofaschismus und Revanchismus.

– Die Prägung des geistigen Lebens durch eine Atmosphäre der Gewaltverherrlichung, der Brutalisierung, der Propagierung apokalyptischer Visionen einer unvermeidlichen kriegerischen Auseinandersetzung der beiden Weltsysteme bzw. eines ›absoluten‹ Feindbildes. Die Armageddon-Rhetorik des Ronald Reagan. Filme wie ›Rambo‹.«

Ich möchte hier einen Einschub machen. Als Mitglied des Friedensrates der DDR hatte ich im Jahre 1985 eine Reihe von Begegnungen mit verschiedenen Strömungen und Repräsentanten der Friedensbewegung der USA.[17] Während dieser Reise hatten wir Gelegenheit, einen der »Rambo«-Filme zu sehen, die damals absolute Kassenschlager nicht nur in den USA waren. Sowohl während unserer Dispute mit der Grundwertekommission als auch bei anderen Gelegenheiten, z. B. bei einem ZDF-Interview mit Peter Merseburger während des XI. Parteitages des SED (1986), habe ich die Auffassung vertreten, daß man bei aller Wehrerziehung und militärischen Propaganda in den sozialistischen Staaten kein an Glorifizierung von Brutalität, Menschenverachtung und unversöhnlichem Haß auf den personifizierten Feind vergleichbares Produkt finden werde. Widerspruch ist mir nicht erinnerlich!

»5. Einige Positionen zur Frage des Antikommunismus.

a) Antikommunismus‹ als Begriff und Konzept muß von ›Nichtkommunismus‹ und von einer kritischen Position dem Kommunismus gegenüber unterschieden werden.

Dies ist keine neue Erkenntnis. Beispielsweise wurde im Abschlußdokument der Konferenz kommunistischer und Arbeiterparteien Europas im Juni 1976 betont: ›Sie halten es für ihre Pflicht, die Aufmerksamkeit aller Volkskräfte auf den Schaden zu richten, den der militante Antikommunismus der Entwicklung der Bewegung für Fortschritt und Frieden zufügt. Die kommunistischen Parteien betrachten nicht alle, die mit ihrer Politik nicht übereinstimmen oder eine kritische Haltung zu ihrer Tätigkeit einnehmen, als Antikommunisten. Der Antikommunismus ist und bleibt ein Instrument, dessen sich die imperialistischen und reaktionären Kräfte nicht nur gegen die Kommunisten, sondern auch gegen andere Demokraten und die demokratischen Freiheiten bedienen.‹[18]

b) Antikommunistische Standpunkte können sich mit der Ablehnung von Kriegspolitik und -Ideologie verbinden. Es gibt Gegner des Kommunismus, die nicht auf den Krieg als Mittel der Lösung des Konflikts zwischen Kommunismus und Kapitalismus setzen.

c) Als Bestandteil der Kriegsideologie tritt der Antikommunismus auf, wo der Krieg als Mittel der Konfliktlösung anvisiert wird. Der führende SPD-Theoretiker Peter Glotz schrieb in den 80er Jahren: ›Antiamerikanismus muß gebrandmarkt werden. Das gleiche gilt allerdings für den Antikommunismus. Die rationale Ablehnung des politischen Systems des Kommunismus ist begründbar und notwendig. Die Übersteigerung dieser rationalen Ablehnung zu emotional tief verankerten Feindbildern aber führt zur Friedensunfähigkeit. Thomas Mann hat den Antikommunismus ›die Grundtorheit dieses Jahrhunderts‹ genannt. Fünfzehn Jahre vor Ende eben dieses Jahrhunderts ist es an der Zeit, diese Grundtorheit zu überwinden.‹[19]

d) Es kann nicht übersehen werden, daß der Antikommunismus, insbesondere der Antisowjetismus, den allgemeinen ideologischen Boden, das allgemeine ideologische Potential und eine allgemeine Voraussetzung der gegenwärtigen Kriegsideologie bildet.

e) Die Tendenz einer sich verstärkenden Kritik am Antikommunismus von nichtkommunistischen Standpunkten aus ist zu beobachten.

f) Es mehren sich Äußerungen, daß der Frieden und nicht zuletzt die Friedenspolitik der sozialistischen Staaten die Massenwirksamkeit des Antikommunismus untergräbt.

6. Die Austragung jener ideologischen Gegensätze zwischen Marxismus-Leninismus und Demokratischem Sozialismus, die nicht die Frage Krieg/Frieden betreffen, erfolgt letztlich über die praktische Politik und deren Resultate. Der Dialog kann dazu einen Beitrag leisten.«

Nichtkommunisten, Nicht-Antikommunisten, Antikommunisten

Einen breiten Raum in der sich anschließenden Debatte nahm naturgemäß das Problem des Antikommunismus ein. Richard Löwenthal gab das Stichwort mit folgender Bemerkung: »Ich bin als Antikommunist durchaus in der Lage, positive Veränderungen im Kommunismus zu sehen. In der Geschichte des Kommunismus gibt es gleichwohl Dinge, die ich bekämpfe. Da sich jedoch etwas geändert hat, bin ich zum sachlichen und freundschaftlichen Dialog bereit.«

Erhard Eppler, der Vorsitzende der Grundwertekommission, steuerte bei, er könne von sich sagen, daß er ein dezidierter »Nicht-Kommunist« sei, zugleich aber ein dezidierter »Nicht-Antikommunist«. Ein emotionaler Antikommunismus führe bei der Jugend zu einer radikalen Ablehnung.

Heinz Rapp charakterisierte den Antikommunismus als die Irrlehre, daß der Kommunismus prinzipiell dem Bösen zuzuordnen sei.

Iring Fetscher gab zu bedenken, daß zwischen einem pauschalen Antikommunismus und der Kritik an Überbauerscheinungen, an Mängeln im politischen System des Sozialismus unterschieden werden müsse.

Ich möchte an dieser Stelle zwei weitere Ergänzungen einschieben.
Zunächst. Unser Gespräch fand am 1. März 1986 statt. Am

19. März erschien in der *UZ*, der Zeitung der DKP, ein Bericht über ein »Werkstattgespräch« der SPD in Bonn zum Thema: »Vierzig Jahre danach. Sozialdemokraten und Kommunisten – Von der Zwangsvereinigung und der Berliner Urabstimmung zu einer zweiten Phase der Entspannungspolitik«. In dem Bericht heißt es: »Das Podium, besetzt mit Richard Löwenthal, Carola Stern, Freimut Duwe und Erich Loest, war einhellig der Meinung, daß der ›alte Antikommunismus‹ überwunden werden muß. Löwenthal, einst der Verfasser des Münchener Unvereinbarkeitsbeschlusses der SPD, betonte, daß er sich bis vor kurzer Zeit noch als Antikommunist bezeichnet habe, aber nach Diskussionen mit Politikern der DDR nicht mehr bei diesem Begriff bleibe. Er sei nach wie vor Gegner der kommunistischen Ideologie und wolle das System nicht, aber er sei gemeinsam mit Kommunisten für den Frieden.«[20]

Offenbar über die gleiche Veranstaltung erschien am 22. März im sozialdemokratischen *Vorwärts* eine Veröffentlichung. Die Äußerungen von Löwenthal werden mit nahezu den gleichen Worten wiedergegeben wie in der *UZ*. Löwenthal habe darüberhinaus erklärt: »Die kommunistischen Staaten bleiben Diktaturen, aber sie treten in die Phase des Nach-Totalitarismus ein.« Weiter wird über einen aufschlußreichen Wortwechsel während dieser Veranstaltung berichtet: »Der Empfehlung von Carola Stern und Richard Löwenthal, das Wort Antikommunismus zu meiden oder wenigstens behutsam zu verwenden, mag sich Bundestagsvizepräsidentin Annemarie Renger nicht anschließen. Dem SPD-Bundesgeschäftsführer Peter Glotz, der die Frage nach der ›Handhabbarkeit‹ des Antikommunismus-Begriffs stellt, wirft die streitbare Sozialdemokratin ›Wortklauberei‹ vor.«[21]

Die zweite Ergänzung. Eine weitere Erinnerung an Erhard Epplers »Wie Feuer und Wasser. Sind Ost und West friedensfähig?« Ich möchte diese Arbeit als eine Art Credo Erhard Epplers zu seinem damaligen Engagement ansehen. Die aktuelle Lektüre läßt freilich den nachgerade tragischen Kontrast zwischen unseren damaligen Horizonten und der gegenwärtigen Realität deutlich werden. An zwei Stellen äußert sich Eppler kritisch zum Antikommunismus. »War in den USA der Antikommunismus schon seit 1917 Teil des demokratischen Bewußtseins, so wurde in der Reagan-Administration häufig Antikommunismus einfach gleichgesetzt mit Demokratie. Alle antikommunistischen Regime zählen zur ›Freien Welt‹, auch wenn es dort keinerlei Freiheit gibt ... Von da aus ist es nicht weit zu der Überzeugung, daß es den Kommunismus eigentlich nicht geben dürfe, daß es sich hier um einen Ausrutscher der Geschichte handle, den es – besser früher als später – zu korrigieren gelte.«

Scharf und sarkastisch die Auseinandersetzung mit verhängnisvollen Tendenzen des deutschen Nachkriegsbewußtseins. Das angebliche Churchill-Wort, man habe – mit dem Sieg über den deutschen Faschismus – das »falsche Schwein geschlachtet«, habe die Runde gemacht. Jetzt müsse man, so forderten die westlichen Sieger von den Deutschen, gegen den zweiten totalitären Feind kämpfen, der den Nazis an Bosheit nicht nachstehe. Dies sei für viele eine tröstliche Kunde gewesen: »Was die meisten Deutschen an Widerstand gegen den einen Totalitarismus versäumt hatten, konnten sie nun gegen den andern nachholen. Und sie nutzten diese einmalige Chance gerne, denn der Antikommunismus, entstanden aus dem Antisozialismus der Kaiserzeit, war tief in der deutschen Tradition verwurzelt ... Das Aufatmen, die psychische Entlastung, die von dieser Botschaft ausging, war der entscheidende Vorgang unserer Nachkriegsgeschichte.«[22]

Als eine Art Fazit zum Antikommunismus-Thema bekannte Peter von Oertzen gegen Ende dieser Debatte: »Ich wäre glücklich, wenn ich auf eine Realisierung meiner Vorstellungen von Sozialismus verweisen könnte. Leider aber hat keine Gruppe, die diese meine Vorstellungen teilt, irgendwo die Macht.«

Ideologie der Ideologielosigkeit

Etliche Bemerkungen gab es zum Ideologiebegriff bzw. zum ideologischen Leben. Richard Löwenthal meinte, daß es bei Marx und Engels keine »positive« Verwendung dieses Begriffs gegeben habe. Es sei besser, von »Denkweisen« zu sprechen. Mit der historischen Wendung zu einem »positiven« Ideologiebegriff im Marxismus habe das Denken als »Staatsideologie« kodifiziert werden sollen. Ideologien aber seien prinzipiell Irreführungen. Bei Stalin habe Ideologie zur Disziplinierung des Volkes und der eigenen Partei gedient. In der DDR sei die marxistisch-leninistische Ideologie

Staatsideologie geworden. Es müsse um Denkweisen gehen, die dem Frieden dienen und die Zusammenarbeit fördern.

Erhard Eppler wandte – deutlich an Richard Löwenthal gewandt – allerdings ein, daß »wir über unser Ideologieverständnis mal diskutieren« müßten. Es gebe keine schlimmere Ideologie als die »Ideologie der Ideologielosigkeit«. Dies sei eine ideologische Verhärtung der schrecklichsten Art. Natürlich müßten sich alle Positionen ständig bewußt dem Ideologieverdacht aussetzen. Gerade in einem Dialog wie dem jetzigen müßten alle Seiten selbstkritisch mit sich ins Gericht gehen. Die Anerkennung der Fehlbarkeit trage zur Verdeutlichung von Differenzen bei.

Übereinstimmung gab es in der Position, daß ein differenzierteres Herangehen an die Prozesse des gegenwärtigen ideologischen Lebens vonnöten sei. Dies gelte für »beide Seiten« (Peter von Oertzen).

Susanne Miller ergänzte, daß ideologische Fronten auf beiden Seiten quer durcheinander gingen. Sie verwies darauf, daß Ideologien im arabischen Raum eine große Rolle spielten und man dies nicht unterschätzen dürfe.

Iring Fetscher unterstützte die Auffassung, daß Ideologien als Interessenausdruck nicht nur von Klassen sondern von sozialen Gruppen in einem weiteren Sinne aufgefaßt werden sollten. Und Max Schmidt stimmte der Meinung zu, daß es eine unzulässige Vereinfachung der Realität sei, das ideologische Leben der gegenwärtigen Epoche auf den Gegensatz von sozialistischer und bürgerlicher Ideologie zu reduzieren. Das ganze Spektrum ideologischer Strömungen müsse in Betracht gezogen werden. Die Existenz oder Herausbildung gemeinsamer geistiger Positionen bei der Verteidigung des Weltfriedens bedeute nicht, daß die entsprechenden Partner auf Positionen der sozialistischen Ideologie übergingen.

Im Zusammenhang damit wurden natürlich auch die Bedingungen des aktuellen Dialogs zwischen Kommunisten und Sozialdemokraten erörtert. Richard Löwenthal meinte, daß die Anerkennung der Sozialdemokratie als Ideologie der Arbeiterbewegung durch Kommunisten zu begrüßen sei. Kommunisten und Sozialdemokraten könnten in dem Bemühen zusammengehen, vernünftige Formen der Auseinandersetzung aufzuspüren – auch angesichts unterschiedlicher ideologischer »Terminologien«. Gemeinsamkeiten in der Friedensfrage hingen nicht von festgelegten ideologischen Positionen ab. Allerdings sollte die praktische Zusammenarbeit auch nicht ideologisch »überhöht« werden. Meinungsverschiedenheiten verschwänden nicht automatisch.

Zum Zusammenhang von Ideologie und Außenpolitik meinte Iring Fetscher, daß Ideologien durchaus auch die Ursache von Konflikten sein könnten – man denke nur an den Krieg zwischen Iran und Irak. Der Militärisch-Industrielle Komplex dürfe übrigens nicht mit dem Imperialismus gleichgesetzt werden.

Erhard Eppler warf die Frage auf, ob die Aussage, daß Ideologien nicht auf die Außenpolitik übertragen werden dürften, als normative oder als deskriptive Feststellung aufzufassen sei. Der Hitler-Stalin-Pakt habe gezeigt, daß in der Außenpolitik auch kommunistischer Staaten Weltmachtinteressen sich gegen ideologischen Prinzipien durchsetzen können.

Max Schmidt bekräftigte, daß von Aktivitäten zur Stärkung des Friedens Tendenzen und Impulse zur geistigen Belebung ausgehen können.

Zur Frage des Humanismus schließlich unterstrich Heinz Rapp, daß es ein nicht ausgelotetes Potential des Humanismus gebe. Er beobachte in der letzten Zeit eine gewisse Revitalisierung der Religion, die viel Fortschrittliches in Bewegung gebracht habe.

An die Marxisten richtete er die Aufforderung, das Verständnis der Religion einzig und allein als »Opium des Volkes« und als »Aufschrei der bedrängten Kreatur« zu relativieren. Auch Susanne Miller unterstrich die Notwendigkeit, humanistische Positionen in der geistigen Auseinandersetzung um Krieg und Frieden zur Geltung zu bringen. Sie warf die Frage auf, ob die Religion als Ideologie zu bezeichnen sei.

Richard Löwenthal sprach sich dafür aus, Wesen und Erscheinung des Humanismus differenziert zu beurteilen – beispielsweise die konkreten Beziehungen zwischen Humanismus und Frieden. Auch könne die Innenpolitk der UdSSR nicht als humanistisch angesehen werden.

Otto Reinhold sprach ausführlich über die Beziehungen zwischen SED und Kirche in der DDR. Die Kirchen seien wichtige Verbündete bei der Sicherung des Friedens. Er verwies dabei auf das Interview der *Zeit* mit Erich Honecker.[23] Die Kirchen in der DDR haben der Formel »Kirche im Sozialismus« zugestimmt. Er bekräftigte zugleich, daß die Zusammenarbeit bei der Friedenssicherung nicht bedeute, ideologisch übereinzustimmen. Wichtig aber sei erstens, zu klären, gegen welche friedensgefährdenden Ideologien wir gemeinsam vorgehen müssen.

Zweitens sollte der Dialog weiter geführt werden. Es sei wichtig, zu einem neuen Verhältnis zur Ideologie der anderen Seite zu kommen. Dazu könnten Diskussionen wie die hier geführten einen großen Beitrag leisten. Und schließlich sei nicht in Abrede zu stellen, daß der friedliche Wettbewerb zwangsläufig Veränderungen in den jeweiligen Auffassungen zum anderen System bewirke. Die Dynamik realer Wandlungen bleibe nicht ohne Einfluß auf die Ideologien.

Peter von Oertzen betonte, daß der Abschied von pauschalen Vorurteilen über die andere Seite ein wichtiger Schritt zu besseren Beziehungen sei. Ohne geistige Steuerung und Reflexion sei keine Praxis denkbar. Er schlug vor, gemeinsam über Themen für die Fortsetzung des Dialogs nachzudenken. In Frage kämen beispielsweise: Probleme der Friedenspolitik, der dritten Welt, der Kritik der politischen Ökonomie des Imperialismus und des Sozialismus; die Analyse neuer Formen der kollektiven Mitwirkung bei Rationalisierungsvorhaben und technologischen Veränderungen; die Geschichte der Arbeiterbewegung; Erfahrungen des Informationsaustausches; in Erwägung zu ziehen wären wechselseitige Vergleichsuntersuchungen zu der Frage, was die Bevölkerung der beiden deutschen Staaten vom jeweils anderen Staat weiß und wie solche Gespräche wie diese in das öffentliche Bewußtsein dringen. Geprüft werden könnte die Möglichkeit eines gemeinsamen Publikationsorgans.

Abschließend betonte ich erstens, daß die Bedeutung einer geistigen Hinwendung zur Humanismus-Problematik darin bestehen könnte, den Streit über Menschenrechte differenzierter zu führen.

Zweitens. Der Satz im Referat über das Verhältnis von Ideologie und Außenpolitik sei sowohl normativ als auch deskriptiv aufzufassen. Ideologie und Außenpolitik seien nie deckungsgleich. Es gebe zahlreiche Seiten und Ausdrucksformen von Außenpolitik, die nicht schlechthin unter Ideologie subsumiert werden dürften.

Drittens sei zur Frage der Ideologie als möglicher oder realer Konfliktursache zu bemerken, daß die Hauptursachen kriegerischer Konflikte zwischen Staaten gewiß in sozialökonomischen

Zusammenhängen zu sehen sei, daß Ideologien gleichwohl dabei eine Rolle spielen könnten. Hinsichtlich des Verhältnisses von Ideologie und Machtpolitik nicht nur der sozialistischen Staaten sei vieles theoretisch aufzuarbeiten.

Aus heutiger Sicht

Das vierte Gespräch war auf besondere Weise mit der Substanz des »Gemeinsamen Dokuments« verbunden. Das Thema dieses Gesprächs war im Grunde *das* Thema des Dokuments. Auf einige Fragen dieser Debatte kann ich daher erst im Schlußkapitel eingehen. Hier nur zwei stichwortartige Anmerkungen.

1. Die bereits erwähnte Tagung der Evangelischen Akademie Bad Boll im April 2002 zum Thema »15 Jahre SPD-SED-Dialogpapier« wurde mit einer Podiumsdiskussion abgeschlossen. Die Teilnehmer dieses Podiums waren aufgefordert worden, in einer These ihre Meinung zu der Frage »Ende der Ideologien – Ende des Streits?« niederzuschreiben. Die meinige – von allen sieben die mit Abstand kürzeste – lautete: »Der Streit müßte jetzt beginnen!« Zur mündlichen Erläuterung nahm ich fünf Gegenüberstellungen von Schlagworten vor, um unsere damaligen Bemühungen mit heutigen Realitäten zu kontrastieren.

– 1987 waren wir stolz darauf, die Geschichte als »offen« anzusehen. Kein halbes Jahrzehnt später deklarierte Fukuyama das »Ende der Geschichte«. Und niemand sage, daß dies die isolierte Meinung eines schrulligen Historikers war. Es war der ideologische Startschuß zur Proklamation des siegreichen Kapitalismus als einzig denkbarer Normalität – für das herrschende Selbstverständnis. Und eine fundamentale Provokation für historisches Denken!

– 1987: »Keine Seite darf der anderen die Existenzberechtigung absprechen!« Im neuen Jahrtausend: »Schurkenstaaten!« »Achse des Bösen!«

– 1987: Die These vom »gerechten Krieg« bedarf im Nuklearzeitalter der Korrektur! 2002: Mehrere Dutzend US-amerikanische Intellektuelle sanktionieren den Krieg der USA »gegen den Terrorismus« als gerecht.[24] Erwogen wird seit den 90er Jahren der Einsatz »kleiner Atombomben, sogenannter Mini-Nukes, gegen Schurkenstaaten«.[25]

– 1987 hatte Erhard Eppler sich überaus besorgt über das »manichäische Weltbild« und das Sicherheitsdenken nach dem Modell der »Pax Romana« auf der »amerikanischen Seite« geäußert und seine Hoffnung auf Gorbatschow gesetzt.[26] Im Februar 2002 las ich in einem Grundsatz-Beitrag der *Zeit* zur Charakterisierung der gegenwärtig dominierenden »neokonservativen« Fraktion US-amerikanischer Außenpolitiker: »Maßstab der Außenpolitik ist für sie das amerikanische Interesse. Und das gebietet, einzige Supermacht zu bleiben, was durch ein rigides Regiment militärischer Abschreckung gegen alles und jeden geschehen soll. Wer Amerika herausfordert, wird mit dem ganzen Arsenal militärischer Machtmittel zurückgeschlagen.«[27]

– 1987: »Fähigkeit zum Dialog, zur Vertrauensbildung, zum Konsens, zum Abbau von Mißtrauen«, zum kulturvollen politischen Streit – auf beiden Seiten! 1996: Kampf der Kulturen!

Soviel zur Begründung meiner These, daß der Streit jetzt oder wieder beginnen müßte. Und soviel gegen die selbstgerechte Auffassung, ein Streit wie der damalige erübrige sich, weil die eine Seite entfallen sei.

Was ist mit der anderen Seite?

Günter Krusche, ehemaliger Generalsuperintendent von Berlin (Ost) der Evangelischen Kirche in Berlin-Brandenburg, bemerkte in Bad Boll, daß mit dem Fortfallen des einen Partners der andere nicht aus dem Kreuzverhör entlassen sei!

2. Eine Anmerkung zu »Langzeit-Wirkungen« der »fortgefallenen Seite«. Nun bereits zum zweiten Mal ergab sich in Meinungsumfragen ein deutliches Ost-West-Gefälle hinsichtlich der Haltung zu den aktuellen kriegerischen Aktivitäten. Ende Februar 2002 fanden 63 Prozent der Befragten in den alten Bundesländern den Einsatz der Bundeswehr in Afghanistan richtig und 37 Prozent falsch. In den neuen Bundesländern nahezu das umgekehrte Bild: 36 Prozent für, 64 Prozent gegen diesen Einsatz.[28] Gleiche Relationen hatte 1999 eine Umfrage zu den NATO-Luftangriffen auf Jugoslawien ergeben – 64 Prozent der Westdeutschen befürworteten sie, aber nur 40 Prozent der Ostdeutschen.[29]

An Deutungsversuchen hat es nicht gefehlt. Und gewiß sind viele Faktoren in Rechnung zu stellen – wie immer bei Meinungsumfragen. Nur – gänzlich zu verwerfen ist die Vermutung gewiß nicht, daß diese doch recht repräsentativen Befunde etwas mit gelebten Verhältnissen, mit kulturell reflektierten historischen Erfahrungen und nicht zuletzt mit politischer Erziehung zu tun haben. Kurt Starke, ein ehemaliger leitender Mitarbeiter des ehemaligen Zentralinstituts für Jugendforschung der DDR, schrieb damals in einem gründlich differenzierenden Beitrag unter anderem: »Ich behaupte: Die Haltung zum Krieg sagt etwas über das Niveau der politischen Bildung und über den kulturellen und ethischen Zustand einer Gesellschaft und ihrer Untergruppen aus.«[30] Eine CDU/CSU-Bundestagsabgeordnete hatte anläßlich der Umfrage von 1999 herausgefunden, daß in den Köpfen junger Leute (im Osten) die NATO »noch immer als imperialistisches Übel und Kriegstreiber« herumgeistert. Ihre Schlußfolgerung: eine »dezidierte Überprüfung ehemaliger Staatsbürgerkunde- und Geschichtslehrer«![31]

Verkehrte Welt! Bei denen, die Schwierigkeiten mit der Friedensfähigkeit der anderen Seite hatten, gibt es jetzt mehr Friedensfähige als auf der Seite, für die Friedensfähigkeit eingefordert wurde?

Fußnoten

1 1988 wurde dies auch von Erhard Eppler so gesehen. »Im winterlichen Schwarzwald sollten sie *(die beiden Delegationen – E. H.)* ausloten, was gemeinsame Sicherheit, ein Prinzip, auf das beide Parteien sich inzwischen verständigt hatten, für den Streit der Gesellschaftsordnungen, der Systeme und Ideologien bedeuten könne. Dabei war die Rede Gorbatschows auf dem XXVII.Parteitag der KPdSU, von den SED-Vertretern taufrisch auf den Tisch gelegt, ein hilfreicher Bezugspunkt. Aber es gab zu diesen Fragen auch eigenständige Beiträge der SED, die noch präziser und teilweise auch kühner waren als die Rede aus Moskau. So entspann sich für viele eine der aufregendsten Diskussionen ihres politischen Lebens.« Aus: Erhard Eppler, Wie Feuer und Wasser. Reinbek bei Hamburg, 1988, S. 99f
2 Peter Bender, Sicherheitspartnerschaft und friedliche Koexistenz. Zum Dialog zwischen SPD und SED. In: Neue Gesellschaft/Frankfurter Hefte. 4/1986, S. 344. Eine vollständige Fassung des Entwurfs der Thesen hat Harald Neubert in Nr.18 der »Hefte zur DDR-Geschichte« veröffentlicht: »Zum gemeinsamen Ideologie-Papier von SED und SPD aus dem Jahr 1987«. Berlin 1994. Die endgültige Fassung findet sich in seinem Buch »Die Hypothek des kommunistischen Erbes«. Hamburg 2002, S. 250-263
3 Eine mit der Vorlage weitgehend übereinstimmende Fassung wurde veröffentlicht: Thomas Meyer, Für eine politische Streitkultur zwischen Ost und West. In: L '80. Heft 39, S. 137-141
4 Carl Christian Kaiser, Wandel durch Wettbewerb. In: Die Zeit, Nr.11, 7. März 1986
5 Erhard Eppler, Friedenspolitik und Ideologie. In: Mediatus 4/86, S.10. Vgl. Erhard Eppler, Wie Feuer und Wasser. Hamburg 1988, S.76
6 Während seiner Japan-Visite im Februar 2000 äußerte George W. Bush seine Zuversicht, daß das 21. Jahrhundert ein »pazifisches Jahrhundert« werde. Um dies zu garantieren, »werden wir ein effektives Programm der Raketenabwehr vorantreiben«. In: Neues Deutschland, 20. Februar 2002
7 Gode Japs, Die hohe Schule des politischen Streits. Vorwärts Nr. 10, 8. 3. 1986
8 Carl Christian Kaiser, Wandel durch Wettbewerb. a. a. O.
9 WDR. 3. 3. 1986

10 Vgl.Rolf Reißig, Sozialismus und Systemauseinandersetzung. In: Deutsche Zeitschrift für Philosophie 4/86. S. 309ff; Harald Lange/Rolf Reißig, Friedliche Koexistenz und Sicherheitspartnerschaft. In: IPW-Berichte 6/86, S. 37ff

11 Vgl.Herbert Riehl-Heyse, Wandel durch Wettbewerb? In: Süddeutsche Zeitung, 5. 3. 1986; Gode Japs, Die hohe Schule des politischen Streits, a. a. O.

12 Vgl.Harald Lange, Rolf Reißig, Friedliche Koexistenz und Sicherheitspartnerschaft, a. a. O.

13 Zum Beleg und Vergleich zitiere ich zwei Äußerungen. Unterschiedliche Nuancierungen sind unübersehbar. »Zu den übereinstimmenden Positionen gehören u. a.:
– Ein nuklearer Krieg bedroht die Existenz der Menschheit und ist deshalb nicht führbar.
– Frieden kann nicht mehr gegeneinander, sondern nur noch miteinander, d. h. durch die Organisierung gemeinsamer und gleicher Sicherheit, durch Verzicht auf militärische Überlegenheit und auf Destabilisierung der anderen Seite, gewährleistet werden.
– Notwendig ist deshalb ein neues, politisches Herangehen an die Lösung der Sicherheitsfragen im Nuklearzeitalter. Das schließt eine entsprechende Gestaltung des gesamten Systems der internationalen Beziehungen ein.
– Es muß alles getan werden, damit eine Wende in der internationalen Situation erzielt und eine neue Entspannungsphase eingeleitet wird.
– Das SDI-Programm der USA ist aus politischen und militärstrategischen Gründen abzulehnen.
– Beide gesellschaftlichen Systeme sollten ihre tatsächlichen Potenzen und Fähigkeiten im friedlichen Wettbewerb nachweisen.« (Harald Lange, Rolf Reißig, Friedliche Koexistenz und Sicherheitspartnerschaft. a. a. O.)
»Es war viel Übereinstimmung erkennbar geworden … für den Beobachter ergaben sich zehn Punkte.
1. Das Nebeneinander zweier politischer Systeme ist keine bloße Episode der Geschichte, sondern wird lange dauern. Der Frieden kann daher nicht auf das Verschwinden des anderen Systems (das jeder für die Quelle der Kriegsgefahr hält) gegründet werden, sondern muß aus dem Zusammenwirken beider Systeme entstehen.
2. Ost wie West müssen ihre Vorstellungen übereinander revidieren …. Notwendig ist, daß beide einander für friedensfähig halten – der Ton liegt auf ›fähig‹. Das Wort erscheint in den SPD- wie in den SED-Thesen und besagt: die Gegenseite kann friedlich sein, doch es ist noch nicht sicher, ob sie es ist und bleibt.
3. Bei der Friedenssicherung sollten die militärischen Faktoren immer weiter zurück- und die politischen hervortreten.
4. Der Frieden kann nicht mehr gegeneinander, sondern nur noch miteinander dauerhaft fundiert werden. Die SED stimmt der ›Grundidee‹ der sozialdemokratischen Sicherheitspartnerschaft ausdrücklich zu.
5. Wenn es um Frieden und Sicherheit geht, ist der Vorteil des einen nicht automatisch der Nachteil des anderen. Auch für die SED sind heute Fortschritte bei der friedlichen Koexistenz ›nicht denkbar als Erfolge der einen Seite auf Kosten der anderen‹.
6. Beide Seiten sollten eine Politik führen, die den anderen nicht irritiert, sondern Vertrauen schafft...
7. Beide Seiten sollten wirtschaftliche Verflechtung anstreben, bis zur wechselseitigen Abhängigkeit, um das politische Verhältnis zu stabilisieren.
8. Weder Sozialdemokraten noch Kommunisten verzichten auf den Wunsch, daß sich ihre politischen Vorstellungen auch auf der anderen Seite durchsetzen …
9. Doch ideologische und politische Auseinandersetzung ist nur so weit erlaubt, wie sie den Frieden nicht gefährdet. Die Absicht, den andern zu destabilisieren, steht unter Verdikt; die Ausstrahlung, die von einem System auf das andere ausgeht, läßt sich hingegen gar nicht verhindern und sollte auch nicht verhindert werden …
10. SPD wie SED sind sich bewußt, daß man ganz am Anfang steht. Ein neues Ost-West-Verhältnis ist eine Notwendigkeit, aber noch lange keine Realität …« Aus: Peter Bender, Sicherheitspartnerschaft und friedliche Koexistenz. a. a. O., S.344f)

14 Der folgende Abschnitt basiert wesentlich auf einem Beitrag in der Zeitschrift »Topos«; vgl. Erich Hahn, Das Thema »Ideologie« im »Streit der Ideologien«. In: Topos. Internationale Beiträge zur dialektischen Theorie. Herausgegeben von Hans Heinz Holz und Domenico Losurdo. Heft 17/2001, S. 147ff.

15 Vgl.Karl Marx und unsere Zeit – der Kampf um Frieden und sozialen Fortschritt. Internationale Wissenschaftliche Konferenz des Zentralkomitees der SED. Berlin, 11.bis 16. April 1983, Dresden 1983, S. 22; XXVII. Parteitag der KPdSU. Dokumente. Berlin 1986, S.96

16 Neues Deutschland, 20. September 1985, S.1

17 Vgl. Erich Hahn, Die Friedensbewegung und die geistigen Kämpfe unserer Zeit. In: Deutsche Zeitschrift für Philosophie. 34.Jahrgang. 1986. Heft 5, S. 405ff

18 Konferenz der kommunistischen und Arbeiterparteien Europas. Dokumente und Reden. Berlin Juni 1976. S.25f.

19 Peter Glotz, Über Antiamerikanismus und Antikommunismus. In: Neue Gesellschaft/Frankfurter Hefte. 1/86, S.40

20 UZ, 19. März 1986, S.2

21 Vorwärts Nr. 12, 22. März 1986

22 Erhard Eppler, Wie Feuer und Wasser. Sind Ost und West friedensfähig? Reinbek bei Hamburg, April 1986, S. 31, 70

23 »Wir sind für den Frieden auf der Erde und im Kosmos.« Interview des Chefredakteurs der BRD-Wochenzeitung »Die Zeit«, Dr.Theo Sommer. 16. Januar 1986. In: Erich Honecker, Reden und Aufsätze. Bd. 11. Berlin 1987, S.219ff

24 »What We're Fighting For« unter: www.propositionsonline.com/html/fighting_for.html

25 Vgl. Große Gefahr durch Mini-Nukes. ND-Gespräch mit Oliver Meier vom Londoner Forschungsinstitut Vertic. In: Neues Deutschland, 21. 4. 2002

26 Vgl. Erhard Eppler, Friedenspolitik und Ideologie. a. a. O

27 Thomas Kleine-Brockhoff, Albrecht Metzger und Matthias Nass, Angriffsziel Irak. In: Die Zeit, 21.Februar 2002, S.13; vgl. Theo Sommer, Die Achse der Betonköpfe. In: Die Zeit, 28.Februar 2002, S.4; vgl. Thomas Kleine-Brockhoff, Amerikas gütige Harmonie. In: Die Zeit, 18.April 2002 S. 33

28 Dietmar Wittich, Zwei Drittel im Osten sind gegen den Krieg. In: junge Welt. 14. März 2002, S.10/11

29 Christoph Dieckmann, Friedenskind, hilflos mittendrin. In: Die Zeit. 29.April 2002 S.9

30 Kurt Starke, Für Krieg gibt es keine guten Gründe. In: Neues Deutschland. 29./30. Mai 1999, S.24

31 Katherina Reiche, Gesinnungsprüfung für Ostlehrer? In: junge Welt, 29. September 1999, S.3

Entwicklungsprobleme der Länder Asiens, Afrikas und Lateinamerikas

Was jetzt begann, war so etwas wie die Mühen der Ebenen.
Erich Hahn

Zum fünften Gespräch – dem ersten nach der Veröffentlichung des »Dokuments« im August und der Reise Erich Honeckers im September 1987 in die Bundesrepublik – ist dreierlei zu berichten: über einen Erfahrungsaustausch zu den ersten Reaktionen auf das »Dokument«, über die Debatte zum eigentlichen Thema und über das Erscheinen des berühmten Artikels von Kurt Hager: »Friedenssicherung und ideologischer Streit« am 28. Oktober, dem zweiten Tag unserer Begegnung.

Erste Erfahrungen mit dem Dokument

Über erste Erfahrungen mit dem »Dokument« in der DDR und der SED informierten Otto Reinhold und ich. Es sei ausgesprochen positiv, mit großem Interesse, Zustimmung und Erleichterung aufgenommen worden. Der Wert werde besonders darin gesehen, daß gerade diese beiden Parteien sich in dieser Zeit zu einer derartigen Initiative entschieden hätten. Begrüßt wurde, daß man sich auf Kernfragen der heutigen Weltentwicklung, insbesondere gemeinsame Anstrengungen zur Friedenssicherung, konzentriert habe und daß beide Parteien nicht nur allgemeine Prinzipien verkündeten sondern die proklamierten Grundsätze auf das eigene Verhalten bezögen.

Der Diskussionsbedarf sei groß. In zahlreichen Begegnungen mit Propagandisten der SED, Künstlern, Pädagogen, Journalisten, Kirchenvertretern und nicht zuletzt Offizieren der NVA gab es Fragen und intensive Debatten besonders zu solchen Fragen wie dem Charakter des Imperialismus, den sozialen und geistigen Voraussetzungen für die im Dokument unterstellte Friedensfähigkeit und Reformfähigkeit dieses Systems, zur Aktualität von Feindbildern, zur Rolle des Antikommuismus und zum Platz, zur historischen Entwicklung bzw. der aktuellen Funktion der Sozialdemokratie. Zum Beispiel: Verfügen die SPD und die Grundwertekommission über genügend Einfluß, um den Prinzipien des Dokuments zur politischen und gesellschaftlichen Wirksamkeit zu verhelfen?

Hervorgehoben wurde, daß das Dokument nicht wenige Herausforderungen für die theoretische Erörterung in sich berge. Eine deutliche Belebung des geistigen Klimas in der SED sei zu spüren. Von diesen Diskussionen wird noch in einem speziellen Kapitel die Rede sein. Als ermutigend sei das öffentliche Streitgespräch anläßlich des 6. Krefelder Forums in Nürnberg am 3./4. Oktober zu werten.[1]

Über Erfahrungen der SPD seit der Veröffentlichung des Dokuments sprach zunächst Thomas Meyer. Die Resonanz in der BRD sei groß, die Aufnahme in den Medien naturgemäß kontrovers. Unmittelbar nach dem 27. August einsetzende Angriffe von CDU-Seite seien zurückgegangen. Ein Positionsverlust des militanten Antikommunismus sei zu vermuten. Kritik konzentriere sich auf die Bejahung der Friedensfähigkeit des Sozialismus, seiner Existenzberechtigung und Reformfähigkeit. Marion Gräfin Dönhoff habe in der *Zeit* das Dokument als einen »gewaltigen Fortschritt« und einen »Meilenstein« bei dem Bemühen bezeichnet, ungeachtet der Unvereinbarkeit der Grundkonzeptionen gemeinsam für den Frieden zu arbeiten und das Machbare zu machen – was auch bei der Begegnung der beiden deutschen Regierungschefs bekräftigt worden sei.

Demgegenüber habe Gerd Bucerius in dem gleichen Blatt davor gewarnt, den 1918 von den deutschen Sozialdemokraten zwischen sich und den Kommunisten gezogenen Trennungsstrich jetzt ausradieren zu wollen und sich dagegen gewandt, das »östliche System« Demokratie zu nennen.[2] Auch werde die gleichrangige Behandlung sozialdemokratischer und kommunistischer Wertvorstellungen als Verzicht auf den Universalitätsanspruch und die universelle Geltung der freiheitlichen Werte des Westens kritisiert.[3] Letzterem widersprach Meyer entschieden. Innerhalb der SPD sei die Aufnahme positiv gewesen: »überwältigend … als hätte man auf so etwas gewartet – wegen der von vielen geteilten Sorgen, die dort artikuliert werden.«[4] Eine Ausnahme bildeten lediglich ehemals in der DDR ansässige Sozialdemokraten sowie Vertreter extrem rechter Positionen wie etwa Gesine Schwan.[5]

Erhard Eppler ergänzte, daß das Dokument möglich gewesen sei, weil die SPD zur Zeit keine Regierungsverantwortung trage. Nach seinem Eindruck würden auf beiden Seiten die gleichen Punkte des Textes kritisiert. Im Ausland – auch in Polen und der UdSSR – gebe es die Sorge, die »Teutonen« hätten da etwas »ausgekungelt«. Nicht der Inhalt werde bemängelt, sondern die Tatsache, daß es *von Deutschen* gemacht worden sei.

Günter Verheugen berichtete, daß es im Rat der Sozialistischen Internationale Tendenzen des Mißtrauens gegeben habe. »Was habt Ihr da gemacht?« Die Zuverlässigkeit der SPD in der westlichen Allianz sei mit dem Papier angeblich infrage gestellt worden. Allerdings entzögen sich die Kritiker des Papiers einer inhaltlichen Auseinandersetzung.

Erhard Eppler sprach von der Erfahrung, daß das Interesse der Kirchen in der DDR an dem Papier Rückwirkungen auf die Kirchen der BRD zeitige. Für die Zukunft sei es wichtig, sich nicht in eine apologetische Position drängen zu lassen sondern zu zeigen, daß hier eine neue Dimension von Friedenspolitik eröffnet werde, die Dimension der Beziehungen zwischen Ideologien. Außerdem müsse der Dialogprozeß »entgermanisiert« werden.

Verwiesen wurde auch auf die Position von Helga Grebing, Mitglied der Historischen Kommission der SPD, die in einem Beitrag im *Vorwärts* unterstrichen hatte, daß die demokratischen Sozialisten natürlich auf der »westlichen«, nicht-kommunistischen Seite stünden, »aber doch in eigenständiger, geschichtlich gehärteter Tradition«.[6]

Otto Reinhold unterstrich, daß Friedensfähigkeit als ein Zustand angesehen werden müsse, der noch nicht erreicht worden sei. Das Dokument könne als eine Art Modell für das angestrebte »Haus Europa« angesehen werden. Die im Abschnitt III fixierten gegensätzlichen Positionen bedürften weiterer Erörterung. Geprüft werden könnte, ob das Dokument nicht durch ergänzende Maßnahmen mit Leben erfüllt werden könne, wie z. B. die Analyse von Schulbüchern oder Untersuchungen zur gegenseitigen Wahrnehmung der Systeme durch die Bevölkerung sowie durch weitere Aktivitäten in der Presse.

Das Gespräch über die Probleme der Entwicklungsländer trug einen deutlich anderen Charakter als die Gespräche zu den vorangegangenen Themen.

Die Phase eines ideologischen Abtastens, der gegenseitigen Erkundung, etlicher Verständigungen aber auch der Markierung unüberbrückbarer Gegensätze hatte mit der Veröffentlichung des gemeinsamen Dokuments Höhepunkt und Abschluß gefunden. Was jetzt begann, war so etwas wie die Mühen der Ebenen.

Hinzu kam, daß beide Partner sich gegenüber dem globalen Problem der Entwicklungsländer in einer anderen Position befanden als gegenüber dem globalen Problem der Nuklearkriegsgefahr. Friedliche Koexistenz, Sicherheitspartnerschaft und friedlicher Wettbewerb waren Merkmale bzw. Probleme unserer unmittelbaren Beziehungen zueinander. Jetzt ging es eher um unsere mehr oder weniger gemeinsame Beziehung zu etwas Drittem – dessen historische Genese, dessen Charakter und dessen Implikationen freilich auf ebenso widerspruchsvolle wie gravierende Weise mit unserer eigenen Situation und Perspektive verbunden waren.

Anders ausgedrückt: Zur Verhandlung stand ein gattungsgeschichtlicher Skandal, bei dessen Bewältigung die Menschheit versagte und auch weiter versagt. Zur Illustration sei nur auf wenige Zahlen verwiesen, die auf dem Attac-Kongreß im Oktober 2001 vorgetragen wurden: 1960 verfügten 20 Prozent der reichsten Bewohner der Erde über ein Einkommen, das 31mal so hoch war wie das der 20 Prozent ärmsten Bewohner, 1998 hingegen ist das Einkommen der 20 Prozent Reichsten 83mal so hoch wie das der 20 Prozent Ärmsten. In 82 Ländern war das Durchschnittseinkommen im Jahre 2001 niedriger als 1981. Der Schuldenstand in Afrika ist von 38,5 Milliraden US-Dollar 1977 auf ca. 300 Milliarden US-Dollar im Jahr 2000 gestiegen.[7]

Kein Wunder, daß Übereinstimmung, aber auch Unsicherheit bis Hilflosigkeit als in starkem Maße prägend für diese unsere Begegnung in meiner Erinnerung haften geblieben sind. Von Selbstgewißheit gespeiste hitzige Rededuelle blieben diesmal aus. Trotz oder vielleicht auch gerade wegen der unbestreitbaren Kompetenz etlicher Teilnehmer:

Erhard Eppler war von Oktober 1968 bis Juli 1974 Bundesminister für wirtschaftliche Zusammenarbeit, Günter Verheugen ein profilierter Außenpolitiker; Prof. Helmut Faulwetter und Prof. Peter Stier (beide SED) waren ausgewiesene und international anerkannte Experten für Probleme der Entwicklungsländer – um nur einige Beispiele zu nennen. Politische und wissenschaftliche Kompetenz bewahrten uns vor Zweckoptimismus, Beschönigung und Beschwichtigung.

In einer Nachbetrachtung der *Frankfurter Rundschau* wird Otto Reinhold mit der Bemerkung zitiert, es sei wohl »leichter, Mittelstreckenraketen abzuschaffen, als den Einfluß des internationalen Währungsfonds in der Dritten Welt«.[8]

Und zum Abschluß der Beratungen wurde vereinbart, daß jede Seite für sich erst einmal die erreichten Konsens- und die verbliebenen Dissenspunkte niederschreibe, um dann eventuell die Debatte unter Einbeziehung von Vertretern der Entwicklungsländer fortzusetzen.[9]

Ein allgemeiner, übergreifender Konsens war mit gewichtigen und unmißverständlichen Positionen des Dokuments gegeben. Die Zusammenarbeit von »Systemen und Staaten« wird dort als »Voraussetzung« u. a. für die »Überwindung von Armut und Unterentwicklung in der Welt« angesehen. Der Beitrag des jeweiligen Gesellschaftssystems zur Entwicklung der Länder der Dritten Welt gilt als Ziel ihres friedlichen Wettbewerbs miteinander. Und die »Überwindung von Hunger und Elend in der Dritten Welt« wird als grundlegendes Menschheitsinteresse definiert, das eine »umfassende Zusammenarbeit zwischen Ost und West« verlangt.[10]

Unumstrittene Übereinstimmung gab es weiter in der Feststellung, daß es sich hier auch in dem Sinne um ein globales Problemfeld handelt, daß ein stabiler Weltfrieden auf Dauer nur denkbar ist, wenn die Situation in diesem Teil der Welt sich grundlegend wandelt. (Eppler, Reinhold)

Ohne die gleichberechtigte Teilnahme der heutigen Entwicklungsländer werde die Weltwirtschaft in Zukunft nicht funktionieren. (Max Schmidt)

Vor diesem Hintergrund blieb auch die Feststellung ohne Widerspruch, daß beide Weltsysteme von dem hier zur Debatte stehenden Problem betroffen und zum gemeinsamen Handeln gezwungen sind. (Neubert, Reißig).

Als überaus kompliziert erwies sich erwartungsgemäß die Frage nach den Ursachen. Daß der Kolonialismus letztlich und vor allem historisch die entscheidende Ursache (Peter Stier) des Desasters ist, wurde nicht in Zweifel gezogen. Das Problem war die Beziehung von Kolonialismus, Neokolonialismus und Kapitalismus. Ich werde im Folgenden einige der im Laufe der Debatte vorgetragenen Argumente rekapitulieren – unabhängig davon, ob sie Zu- oder Widerspruch erfuhren; wie bereits an anderer Stelle erwähnt gab es keine Abstimmungen.

In den Mittelpunkt der Analyse und Erörterung (u. a. durch Helmut Faulwetter, Erhard Eppler, Peter Stier, Günter Verheugen) traten jene neokolonialistisch wirkenden Mechanismen, die in den 70er und 80er Jahren aus dem Zusammenspiel einer Reihe unterschiedlicher Tendenzen entstanden sind und die als die entscheidenden Faktoren einer beständigen Reproduktion und Verschärfung der Unterentwicklung angesehen werden müssen. Sie ranken sich in erster Linie um das verhängnisvolle Problem der Verschuldung. Auch vom Aufbau neokolonialistisch wirkender Strukturen war in diesem Zusammenhang die Rede.[11] Als die wichtigsten Akteure dieses Phänomens galten Institutionen wie der IWF, Banken, Transnationale Konzerne und natürlich Regierungen.

Zu nennen waren Veränderungen in der industriellen Struktur der entwickelten Länder, die auf rohstoffärmere Produktionen und Produkte zielten und natürlich Preissenkungen für Rohstoffe zur Folge hatten, die ihrerseits die auf Rohstoffexport angelegten Volkswirtschaften der Entwicklungsländer trafen.

Eine Schlüsselrolle spielten die Ölpreiserhöhungen Mitte der 70er und die Hochzinspolitik der USA Anfang der 80er Jahre, die u. a. zur Folge hatten, daß Schwellenländer, die mit der Etablierung industrieller Strukturen begonnen hatten, die nun plötzlich anziehenden Energiepreise nur mit radikalen Exportsteigerungen auszugleichen versuchen konnten. Helmut Faulwetter schätzte ein, daß mehr als die Hälfte des in den Entwicklungsländern erzeugten Wertes ohne Kompensation in entwickelte Industrieländer abfließe (Zinsen, Kapitalflucht Transferpreise, Abwerbung von Fachkräften usw.)

Und dies alles im Kontext der vom IWF etablierten katastrophalen Bedingungen für die Aufnahme bzw. Rückzahlung von Krediten, die eine rigide Einflußnahme auf die innere Entwicklung der Schuldnerländer »zugunsten« ihrer »Zahlungsfähigkeit«

bedeuteten: verordnete Abwertung zur Verbilllligung der Exporte und zur kurzfristigen Erschließung finanzieller Reserven, Neutralisierung der Faktoren, die eine Hebung der Kaufkraft hätten ermöglichen können, Zerstörung der inneren Ressourcen usw. usw.

In einem Vortrag an der Evangelischen Akademie Tutzing aus jener Zeit beschrieb Erhard Eppler eine entscheidende Konsequenz dieser verhängnisvollen Logik, eine »ökonomische Re-Kolonialisierung«: »Je weniger ein Land auf eigenen Füßen steht, desto schlimmer die Verschuldung. Je drückender die Schulden, desto härter die Auflagen des Währungsfonds, die das Land noch mehr auf Export drillen und verhindern, daß es auf eigene Füße kommt.«[12] Um Schulden durch Erhöhung der Export-Chancen abzubauen, werden die inneren wirtschaftlichen Strukturen am Bedarf der Importländer orientiert – auf Kosten der Möglichkeiten, die Grundbedürfnisse der eigenen Bevölkerung zu befriedigen. Die aus dem Verschuldungsproblem resultierenden ökonomischen Strukturen zementieren die Herrschaft des Nordens über den Süden.

Daß ohne eine grundlegende Veränderung dieser Mechanismen an eine Verbesserung der Lage der Entwicklungsländer bzw. eine Gesundung der Weltwirtschaft und der internationalen Beziehungen nicht zu denken ist (Otto Reinhold), wurde von niemandem bestritten. Und auch der sozialökonomische Charakter dieser Strukturen wurde benannt. Nachdem er eine Fülle von Fakten zur verhängnisvollen Unterordnung und Bindung der Entwicklungsländer an die kapitalistisch dominierte Weltwirtschaft dargestellt hatte, betonte Peter Stier, daß diese internationalen bzw. äußeren Konstellationen längst zugleich als innere Faktoren in den Entwicklungsländern selbst wirken, sich deren Entwicklung mithin in »Kontinuität der kapitalistischen Entwicklung« vollzieht.

Unbestritten blieb dementsprechend auch die Feststellung von Harald Neubert, daß der Sozialismus von der Situation der Entwicklungsländer zwar betroffen sei, sie aber nicht verschuldet habe.

Damit war natürlich das grundlegende Dilemma unseres Diskurses angesprochen. Inwiefern ist eine Veränderung dieser Mechanismen, Bedingungen und Strukturen denkbar ohne eine Veränderung der kapitalistischen Produktionsweise?

Dazu gab es bemerkenswerte Stellungnahmen, die aber letztlich in der Analyse bzw. einer Forderung steckenbleiben mußten. Otto Reinhold warf die Frage auf, ob der Kapitalismus ohne diese neokolonialistischen Mechanismen überhaupt existenzfähig sei? Die Zurückdrängung bzw. Bändigung der sich in den Aktivitäten des IWF äußernden Interessen sei unausweichlich. Lenins Einschätzung des Imperialismus als »Perversion« wurde zustimmend aufgegriffen und eine »Zähmung« des Kapitalismus für unerläßlich erachtet. Der sich ergebende »Teufelskreis« wurde erörtert, daß eine substantielle Veränderung des Kapitalismus anstehe, wenn die Ursachen des Mechanismus der Unterentwicklung aus der Welt geschafft werden sollen, damit aber das Problem einer »Preisgabe der Identität« des Kapitalismus auf der Tagesordnung stehe. (Meyer, Verheugen)

Die entscheidende Frage nach Möglichkeiten eines Ausweges bzw. der Einflußnahme wies freilich noch andere, nicht weniger komplizierte Aspekte auf. Einerseits kann es keinem Zweifel unterliegen, daß der nicht in Entwicklungsländern lebende Teil der menschlichen Gattung, insbesondere die Bevölkerung des reichen Nordens, eine Verantwortung dafür hat, was in der »Dritten Welt« geschieht. Andererseits haben die historische Genese und der Charakter des Nord-Süd-Verhältnisses als Verhältnis der Herrschaft des Nordens über den Süden die verhängnisvolle Tendenz mit sich gebracht, auch solche Vorstellungen und Praktiken der Wahrnehmung dieser Verantwortung auszuprägen, die sich – wohlwollende Absichten unterstellt – als wirkungslos oder kontraproduktiv erwiesen haben. Und ein Verdienst unserer Diskussionen kann man darin sehen, daß im Ansatz wichtige und von beiden Seiten getragene Überlegungen zum Problembewußtsein einer derartigen Einflußnahme vorgetragen wurden.

Das begann mit der übereinstimmenden Position, daß die Länder Asiens, Afrikas und Lateinamerika das Recht auf eigenständige Entwicklung besäßen, daß Modellübertragungen und Versuche, fremde Vorstellungen zu oktroyieren, abzulehnen seien. Scheinbar Selbstverständlichkeiten!

In Wirklichkeit aber ein scharfer Kontrast zu jenen gängigen Aktivitäten, die gerade zur Herausbildung und Reproduktion der oben skizzierten neokolonialen Mechanismen geführt hatten. Zugleich freilich objektiv eine Kritik an der in den sozialistischen Ländern vorherrschenden Orientierung auf einen »sozialistischen Entwicklungsweg« als Empfehlung für Länder der Dritten Welt.

Ein historisch und systematisch wohlfundiertes Plädoyer für die Eigenständigkeit der Entwicklungsländer hielt Erhard Eppler. Von Entwicklung könne nur die Rede sein, wenn damit »Entfaltung aus eigenem Antrieb« gemeint sei, wenn Menschen und Gesellschaften auf der Basis ihrer eigenen Ressourcen, nach ihren eigenen Kriterien und Maßstäben den ihnen gemäßen Weg beschreiten. Einen Weg, der durch viel Partizipation gekennzeichnet sein müsse und die Befriedigung der materiellen und kulturellen Bedürfnisse der Menschen garantieren sollte, ohne Raubbau an der Natur zu üben.

Gegenwärtig jedoch bedeute Entwicklung für viele Länder gerade die Zerstörung der gegebenen Strukturen. Entwicklung aus eigenem Antrieb wurde durch den Eingriff des Nordens, einen Eingriff von außen, abgebrochen. Entwicklung vollziehe sich gegenwärtig vor allem als Nachahmung »unserer« Maßstäbe. »Wir« haben den Entwicklungsländern Modelle »übergestülpt«. Imitation funktioniere jedoch nicht, selbst wenn sie von einheimischen Eliten begrüßt und getragen werde. Alle, auch die »subtileren« Zwänge zur Nachahmung müßten abgebaut werden. Angesichts der übermächtigen Wirkung der neokolonialen Mechanismen müsse die von den reichen Ländern praktizierte »Entwicklungshilfe« als eine marginale Größe angesehen werden.

Angesichts der völligen Ungleichheit der sogenannten Partner der Nord-Süd-Beziehungen sei die Rede von der »weltweiten Interdependenz« ein »gutes Stück Heuchelei«, ein Euphemismus. Eppler polemisierte auch dagegen, »Entwicklung« mit »Beseitigung von Unterentwicklung« zu identifizieren. Das sei das Konzept der »Unternehmer«. Die Vorstellung liege zugrunde, Entwicklung als »Schließung der Lücke« zum Weg der entwickelten Länder zu realisieren.

Der Beitrag gipfelte in der Forderung, »unser eigenes Entwicklungsmodell in Frage zu stellen« – wohlgemerkt, nicht »unsere« Vorstellungen bezüglich denkbarer Entwicklungen in den Entwicklungsländern sondern die Maßstäbe unserer eigenen Entwicklung, die objektiv und subjektiv, ökonomisch und ideologisch den Entwicklungsländern aufoktroyiert werden.[13]

Einhellig auch die Zustimmung zu der Konsequenz, die Politik der Industrieländer so zu gestalten, daß die Entwicklungsländer die Möglichkeit erhalten, aus dem Weg der Imitation auszu-

steigen und ihren eigenen Weg selbst zu beschreiten. (Otto Reinhold)

Gewissermaßen als dialektische Ergänzung zu dieser Übereinstimmung im Grundsätzlichen ergaben sich in der Diskussion freilich eine Reihe offener Probleme. Zwei davon sollen hier stichpunktartig genannt werden.

Zum einen ergab sich der Einwand, daß das Postulat, dem Süden nicht »nördliche« Modelle überstülpen zu wollen, zwar richtig
sei, andererseits aber die Geltung universalistischer Werte nicht aus-
gehöhlt werden dürfe. Es sei purer Eurozentrismus zu meinen, daß
bestimmte Kriterien oder Werte nur in Europa gültig seien. Erfahrungen hätten gezeigt, daß bestimmte Werte der klassischen deutschen Philosophie auch in Entwicklungsländern die unverzichtbare Grundlage einer an Kriterien der Humanität orientierten politischen Gestaltung darstellten. Das Phänomen »Fundamentalismus«
zeige, daß ein Rückfall in vor-aufklärerische Wertvorstellungen, militante Heilslehren und konstruierte Gewißheiten möglich sei.

Auch darauf wurde verwiesen, daß z. B. Freiheit und Gleichheit zwar ursprünglich – Ausstrahlung der französischen Revolution – von Europa aus als moralische Maximen in die Dritte Welt
gelangt seien, nun aber von dort als Forderung nach Entkoloniali-
sierung an die Industrieländer »zurückkehren«. (Günter Verheugen)

Und Reinhard Überhorst gab ein weiteres Mal das Paradoxon
zu bedenken, daß natürlich die Maßstäbe und Kriterien der Lebenswelt der Europäer nicht »hochgerechnet« werden dürfen, es
andererseits aber höchst fragwürdig sei, anderen Ländern oder Regionen das Recht auf Ziele und Praktiken abzusprechen, die wir
mit Selbstverständlichkeit in Anspruch nehmen.

Strittig war zweitens die Frage nach den materiellen Grundlagen und Voraussetzungen einer Verbesserung der Lage in den
Entwicklungsländern. Max Schmidt vertrat entschieden die Position, daß die diesbezüglichen Probleme nicht ohne die Möglichkeiten des wissenschaftlich-technischen Fortschritts und nicht unabhängig von den Gegebenheiten der internationalen Arbeitsteilung zu lösen seien. Die übereinstimmend angestrebte »Nachhal-
tigkeit« der Entwicklung sei ohne dynamisches Produktions-
wachstum undenkbar. Subsistenzwirtschaft habe sich zwar als
Grundlage für die Vermehrung der Bevölkerung erwiesen, nicht
aber als geeignet, sie zu ernähren. (Günter Verheugen)

Thomas Meyer wiederum brachte mit Nachdruck – und gegen Positionen der SED-Seite – zur Geltung, daß die Erfahrung der westlichen Industrieländer die SPD dazu veranlaßt habe, nicht mehr die Entwicklung der Produktivkräfte, sondern die Verbesserung der Lebenswelt als Ziel und Kriterium gesellschaftlicher Entwicklung an die erste Stelle zu rücken. Die Begriffe »Fortschritt« und »Entwicklung« müßten reflexiv und nicht mehr instrumentell verstanden werden. Von der Priorität der Produktivkraftentwicklung auszugehen, habe in die bekannten Sackgassen des industriellen Entwicklungstyps geführt. Hier sei die Selbstkritik des Westens anzusetzen, und in dieser Hinsicht hätten »wir« dem Süden unsere Entschlossenheit »vorzuleben«, nach Alternativen zu suchen. Im übrigen hätte sich herausgestellt, daß in den Entwicklungsländern nur 20 Prozent der Bevölkerung von der bisherigen Entwicklung Nutzen hätten. Die Produktivkraftentwicklung müsse als ein Element in einem breiteren Gesamtkonzept angelegt sein, sie könne keinesfalls der Hauptmaßstab sein.

Flankierend dazu wurde eine verstärkte Einflußnahme der Politik nicht nur auf die Wirtschaft schlechthin sondern auch auf die Entwicklung und Gestaltung von Produktivkräften angemahnt. Es gebe immer Varianten dieser Entwicklung, über deren Realisierung politisch zu entscheiden sei. Auch gebe es Techniken, z. B. im Bereich der Biologie, die schlicht verboten werden könnten.

Wenn Politik sich dieser Herausforderung nicht stellt, begibt sie sich in die Gefahr, zum Nachvollzug von sogenannten »Sachzwängen« zu degenerieren.

Klaus Mehrens stellte – unter Bezugnahme auf Vorstellungen des ökumenischen Rates der Kirchen – einen Katalog von Grundanforderungen an »menschengerechte« Entwicklungsmodelle zur Diskussion. Elementar müsse die Befriedigung menschlicher Bedürfnisse sein, was zwar Wachstum voraussetze, dieses aber dürfe nicht an der Kennziffer »Bruttosozialprodukt« orientiert sein. Gerechte Verteilung und Teilhabe an Entscheidungen müsse gewährleistet sein. Die langfristige Überlebensfähigkeit der betreffenden Gesellschaft sei mit der unbedachten Inanspruchnahme unersetzbarer Ressourcen nicht vereinbar. Entwicklung müsse bei den sie vollziehenden Menschen von dem Gefühl eigenen Wertes und eigener Würde ebenso begleitet sein wie von Rücksichtnahme auf die gesellschaftliche und natürliche Umgebung und von dem Bestreben, einen Beitrag zu Frieden und Gerechtigkeit zu leisten.

Unter Bezugnahme auf intensive Debatten unter Gesellschaftswissenschaftlern in der DDR sprach Rolf Reißig sich für das Konzept eines »neuen Produktivkraft-Typs« aus. Dieser müsse auf Friedensproduktion sowie die Erhaltung und Reproduktion der natürlichen Umwelt hin angelegt sein und den Entwicklungsbedürfnissen der dritten Welt gerecht werden. Die Menschheit, alle gesellschaftlichen Systeme seien mit einer globalen Umbruchsituation konfrontiert, die ein tiefgreifendes Umdenken in Grundfragen der menschlichen Zivilisation gebieterisch auf die Tagesordnung setze.

Umdeutungen

»Fettgedrucktes trübte die Stimmung am See« überschrieb Helmut Lölhöffel seinen Bericht über das Treffen in der *Frankfurter Rundschau*.[14] Begonnen hatte das Seminar am 27. Oktober. Am 28. Oktober veröffentlichte *Neues Deutschland* einen Beitrag von Kurt Hager unter der Überschrift »Friedenssicherung und ideologischer Streit«. Eine der in der Tat fettgedruckten Zwischenüberschriften lautete: »Friedensfähigkeit des Imperialismus?«

Das Fragezeichen war das Problem! Während es im Gemeinsamen Dokument geheißen hatte: »Beide Seiten müssen sich für friedensfähig halten«, formulierte Hager: »Es handelt sich also darum, daß der Imperialismus friedensfähig gemacht werden muß, nicht, daß er von Natur aus friedensfähig ist.«[15]

Ich werde auf die mit dieser sprachlichen Differenz verbundene inhaltliche Problematik später zurückkommen.

Für den jetzigen Zusammenhang reicht es festzuhalten, daß diese und zwei weitere Formulierungen bei Vertretern der Grundwertekommission heftigen Unmut auslösten. In der einen verwahrte Hager sich gegen »unverfrorene« Einmischungen von CDU-Politikern und BRD-Medien in innere Angelegenheiten der DDR, in der anderen schrieb er, daß es notwendig sei, die »Feinde des Friedens exakt zu benennen … Wir hören nicht auf, die aggressiven Kräfte des Imperialismus als Feinde, als Gegner des friedlichen Lebens der Menschheit zu bekämpfen«.

All dies bzw. der Geist des Artikels von Hager insgesamt wurde als unvereinbar mit Geist und Buchstaben des Dokuments gewertet, als neue Auslegung, zu vieles werde von Hager anders dargestellt als im Papier – im Dokument war gefordert worden, Kritik nicht als Einmischung zu werten und Feindbilder abzubauen. In einem späteren Kommentar war von »nachträglicher Umdeutung« und davon die Rede, daß damit dem Dokument »Aussagekraft und Orientierungsgewicht« genommen wurde. Klarstellung wurde verlangt.[16]

Natürlich versuchten wir zu vermitteln. Der Hintergrund für Hagers »Deutungen« sei von den SED-Vertretern offen erläutert worden, schrieb der *Vorwärts*. Ich werde mit der Bemerkung zitiert, in der SED gebe es Zweifel an der Friedensfähigkeit des Imperialismus, diese Frage sei noch nicht zu den Akten gelegt. Und Otto Reinhold habe zu bedenken gegeben, daß es unter etlichen Genossen Schwierigkeiten gebe, historische Erfahrungen damit in Einklang zu bringen, daß nun dem Imperialismus Friedensfähigkeit bescheinigt werde.

Wie auch immer! Der Berichterstatter der *Zeit* schrieb damals: »Trotzdem verdient Hagers Intervention … im Grunde keine Dramatisierung. Vielmehr spiegelt sie einen gerade westlichen Augen vertrauten Tatbestand wider. Meinungsverschiedenheiten, Diskussionen, unterschiedliche Akzente; zumindest liest sie sich wie eine Beschwichtigung allzu verwirrter oder aufgebrachter Genossen – von denen, nicht zu vergessen, viele ältere mit dem Imperialismus bittere persönliche Erfahrungen gemacht haben. Jedenfalls geht die Debatte … weiter.«[17]

Fußnoten

1 Zivilisierter Streit. Oder: Wie von deutschem Boden Frieden ausgeht. Auszüge aus der Diskussion zwischen Erich Hahn und Johano Strasser. In: Deutsche Volkszeitung/die tat, 16. Oktober 1987
2 Marion Gräfin Dönhoff, Ob endlich die Zukunft beginnt? In: Die Zeit, 11. September 1987; Gerd Bucerius, Aus der Vergangenheit nichts gelernt?, ebenda
3 Martin Kriele, Universalitätsansprüche darf man nicht aufgeben. In: Deutschland-Archiv 1/88, S. 51f
4 Vgl. Helmut Lölhöffel, Streit um gemeinsame Streitschrift. In: Vorwärts, November 1987
5 Gesine Schwan, Ein Januskopf – Gefahren und Chancen. In: Frankfurter Allgemeine Zeitung, 23. September 1987
6 Helga Grebing, Kein dritter Weg? In: Vorwärts, 12. September 1987
7 Bernard Cassen/Susan George/Horst-Eberhard Richter/Jean Ziegler u.a.: Eine andere Welt ist möglich! Hamburg 2002 S.85f, 92
8 Helmut Lölhöffel, Fettgedrucktes trübte die Stimmung am See. In: Frankfurter Rundschau. 5. November 1987

9   Den Auftrag dazu übernahmen Harald Neubert und Klaus Mehrens. Vgl. Harald Neubert, Die Hypo-
    thek des kommunistischen Erbes. Hamburg 2002, S. 271
10 Neues Deutschland 28.August 1987, S. 3
11 Joachim Rabe, Dialog zu Problemen der Entwicklungsländer. In: Horizont 12/1987, S.10
12 Erhard Eppler, Wege zur Partnerschaft. Internationales Afrika-Forum. München 1987, Nr. 1, S. 60
13 ebenda S.61
14 Helmut Lölhöffel, Fettgedrucktes trübte die Stimmung am See. a. a. O.
15 Kurt Hager, Friedenssicherung und ideologischer Streit. In: Neues Deutschland, 28. Oktober 1987, S. 3
16 Helmut Lölhöffel, Streit um gemeinsame Streitschrift. a. a. O.
17 Carl-Christian Kaiser, Wetterleuchten. Das Gespräch geht weiter. In: Die Zeit, 6. November 1987

»Fortschritt in der Welt von heute«

*Es geht nicht um Be- oder Entschleunigung
des wissenschaftlich-technischen Fortschritts, sondern um politische
Weichenstellungen. Allerdings: Wenn ich in der Sowjetunion lebte,
wäre ich auch für Beschleunigung.*
Erhard Eppler

»Vier Stunden ging der Disput am ersten Abend des Treffens hin und her, oft mit vor Anspannung bleichen Gesichtern und mit dem Vibrato nur mühsam gezügelter Erregung in den Stimmen. Der vereinbarte Kodex reibt sich an der Wirklichkeit und diese Wirklichkeit an ihm.«[1] So Carl-Christian Kaiser in der *Zeit* am 6. Mai 1988. Was war geschehen?

Vereinbart worden war, vor der Inangriffnahme des eigentlichen Themas wiederum Erfahrungen zum nun seit einem halben Jahr öffentlichen Dokument auszutauschen. Im Rahmen dieses Erfahrungsaustausches trug die Grundwertekommission eine scharfe Kritik an den Aktionen der DDR-Staatsorgane gegen oppositionelle Kräfte in den zurückliegenden Monaten vor.[2]

Zugleich brachen in diesem Streit ein erstes Mal die gegensätzlichen Momente der Erwartungen, Absichten, Verständnisweisen oder Sinngebungen auf, die beide Seiten mit dem Dokument verbanden und die in seinem Kompromißcharakter Ausdruck gefunden hatten. Im sozialdemokratischen *Vorwärts* war dieses Konträre bereits im März 1986, als Fazit der vierten Gesprächsrunde, von Gode Japs formuliert worden: »Die SED will vor allem für ihre friedenspolitischen Ativitäten werben, die SPD will ausloten, ob und wie sich der ›real existierende Sozialismus‹ wandeln könnte.«[3]

Es geht jetzt nicht darum, wie adäquat oder vollständig mit diesen Worten die Ambitionen beider Seiten beschrieben werden. Es geht um den Kern des Gegensatzes. Und ich beginne mit der Erinnerung an diese Sätze, um das von konkreten Ereignissen relativ Unabhängige, Übergreifende dieser konträren Grundpositionen ins Licht zu rücken. Ich bin sicher, daß sie auch dann aufgebrochen wären, wenn es die »Vorkommnisse« jener Monate nicht gegeben hätte. Und die Vorkommnisse wären auch ohne Dokument zur Sprache gebracht worden.

So ergab sich, daß die ersten drei Punkte des Erfahrungsberichtes von Otto Reinhold in der folgenden Debatte ohne Echo blieben – die internationale Resonanz des Dokuments sei gewachsen, vor allem die Idee der gemeinsamen Sicherheit sei auf viel Zustimmung gestoßen (UdSSR, Polen, USA); hinsichtlich des Abrüstungsprozesses seien Fortschritte zu verzeichnen; um theoretische Fragen des Dokuments werde weiter debattiert (vor allem »Friedensfähigkeit«).

Allein der vierte Gesichtspunkt lieferte den Zündstoff: Otto Reinhold sprach von »Irritationen« auf Seiten der SED. Das betreffe vor allem zwei Fragen. Zum einen werde von der SPD erklärt, daß das Dokument ausschließlich die Beziehungen zwischen SPD und SED betreffe, also nicht beispielsweise die Beziehungen der SPD zur DKP. Das Dokument sei also nicht auf die innere Entwicklung der BRD anwendbar. Andererseits werde zum Maßstab dafür, wie ernsthaft die SED mit dem Dokument umgeht, deren Dialog mit verschiedenen Gruppierungen und Kräften in der DDR erklärt. Was für die Bundesrepublik also abgelehnt würde, solle für die DDR gültig sein. Zweitens gebe es veröffentlichte Erklärungen, die den Anschein erweckten, das Papier sei nur zustande gekommen, um die DDR nach westlichen Vorstellungen zu verändern. In Wirklichkeit seien wir bei der Ausarbeitung aber von anderen Gesichtspunkten ausgegangen. Die gemeinsame Grundposition bestand darin, daß jede Seite ihre Position und ihre Identität bewahre.[4]

Thomas Meyer widersprach heftig. Niemand bei der SPD vertrete den Standpunkt, das Dokument als Hebel der Veränderung des Gesellschaftssystems der DDR von außen zu nutzen. Allerdings sei das Papier mehr als nur eine Zustandsbeschreibung. Es könne als ein Versprechen, eine Selbstverpflichtung der Unterzeichner gewertet werden, im Sinne einer Verbesserung der gegebenen Verhältnisse zu wirken. Es gehe nicht an, Harmonie vorzutäuschen, wo Streit angesagt ist.

Der Grundgedanke des Papiers sei die Einheit von äußerem

und innerem Dialog! Richtungen dafür seien weitere Fortschritte bei der Kooperation, der Abbau von Feindbildern, also die Bestätigung der Friedensfähigkeit und die Verstärkung der Voraussetzungen für den inneren Dialog. Insofern war die seit der Veröffentlichung des Papiers vergangene Zeit eine Zeit enttäuschter Hoffnungen. Es habe entmutigende Rückschläge gegeben: Durchsuchung der Umweltbibliothek (Zionskirche), Festnahmen bei der Luxemburg-Demonstration am 17. Januar 1988, Kontrolle von Kirchgängern, Zensur von Kirchenzeitungen, Einschränkungen der Berichterstattung über Synoden. Man müsse doch aber davon ausgehen, daß viele Jugendliche in die Kirchen der DDR gehen, weil sie offiziell keine Dialogpartner fänden. Meyer wandte sich dagegen, Dissidenten als »von außen, von der BRD, von Geheimdiensten gesteuert« zu kriminalisieren. Und natürlich gelte das Papier voll für die innere Realität der BRD. Zu enge Beziehungen zur DKP würden die Handlungsmöglichkeiten der SPD einschränken. »Wir wollen Veränderungen in der BRD und in der DDR, in der DDR aber nicht von außen.«

Nicht minder entschieden die Reaktion der SED. Die Hochstilisierung der »Einheit von äußerem und innerem Dialog« zum Grundgedanken des Papiers sei eindeutig eine Umdeutung. Der Grundgedanke des Dokuments, sein übergreifender Gesichtspunkt sei die Sicherung des Friedens. Man brauche sich nur an die Themen und den konkreten Verlauf der Diskussionen 1984 und 1986 zu erinnern: friedliche Koexistenz und Sicherheitspartnerschaft! Der Streit der Ideologien und die gemeinsame Sicherheit hätten den gleichen Rang. (Erich Hahn, Harald Neubert, Max Schmidt, Rudi Weidig)

Otto Reinhold betonte, daß es in der DDR hinreichend Dissens gebe. Es liege der SED fern, die Gegebenheiten in der DDR als harmonisch auszugeben. Der Zentralismus dürfe hinsichtlich seiner realen Wirkungen keinesfalls überschätzt werden.

Johano Strasser meinte, daß es nicht so erheblich sei, was da wo gestanden habe. Entscheidend sei, daß nicht die SPD, sondern die Staatsorgane der DDR das Papier dementiert hätten. Was in der DDR geschehen sei, nutze den Gegnern der Entspannung. Die SPD habe keine Machtmittel, um Andersdenkende zu bestrafen.

Erhard Eppler und Iring Fetscher waren bemüht, den Zusammenhang zwischen den verschiedenen Aspekten des Dokuments herauszuarbeiten. Das Thema unseres Dialogs sei der Streit der Ideologien unter dem übergeordneten Gesichtspunkt der Friedenssicherung. Streitkultur sei ein Mittel zum Zweck der Friedenssicherung. Zu bedenken sei, daß unser Dialog sich auf einer anderen Ebene vollzöge als Abrüstungsverhandlungen. Unser Dialog handele von der geistigen Substanz, von Grundsatzfragen, die aber hätten etwas zu tun mit praktischen Verhaltensweisen. Keiner Seite könne es daher gleichgültig sein, was auf der anderen Seite geschehe. Die SED zitiere die Kapitel 1 und 2 des Dokuments (»Friedenssicherung durch gemeinsame Sicherheit« und »Friedlicher Wettbewerb der Gesellschaftssysteme«), die SPD lege das Schwergewicht auf Kapitel 4 und 5 (»Ansätze für eine Kultur des politischen Streits« und »Grundregeln einer Kultur des politischen Streits«). Man müsse aber das Papier als Ganzes sehen. Insofern sei die Verbindung von innerem und äußerem Dialog wichtig. Die internationale Sympathie für Gorbatschow habe nicht nur etwas mit seiner Außenpolitik zu tun. Die SPD sei nicht an der Destabilisierung der DDR interessiert. Die Geschehnisse der letzten Monate in der DDR hätten die Arbeit zur Friedenssicherung gestört. Die Stabilität einer Gesellschaft hänge nicht von kleinen Gruppen ab, die demonstrieren, sondern von der Grundloyalität der Bevölkerung, die mit Kritik in Einzelfragen durchaus verbunden sein könne. Stabilität sei durch Großzügigkeit und das Ernstnehmen von Kritik zu erlangen.

Von Seiten der SED-Delegation wurde dem im wesentlichen Folgendes entgegengehalten. Erstens sei politisches Verhalten nicht immer nur die geradlinige Anwendung ideologischer Prinzipien sondern die Reaktion auf Gegebenheiten. Zweitens sei es unstrittig, daß ideologischer Streit und Friedenssicherung miteinander zusammenhängen und sich wechselseitig bedingen. Allerdings ergeben sich aus dem übergeordneten Zweck der Friedenssicherung auch Konsequenzen für die Art und Weise sowie die Themen des Streits. Drittens wohne Destabilisierungsprozessen – wie die Geschichte nicht nur der DDR zeige – stets eine Logik inne, die zu berücksichtigen sei. Und viertens baten wir unsere Partner von der SPD, die DDR nicht nur durch die Brille der uns hier beschäftigenden Vorkommnisse zu beurteilen, sondern in ihrer Gesamtheit und in ihrer Entwicklungstendenz.

In diesem Zusammenhang wurde auf den bemerkenswerten Verlauf des X. Schriftstellerkongresses der DDR verwiesen, auf dem in aller Öffentlichkeit nicht nur Kritik an Erscheinungen geübt wurde, die die schriftstellerische Tätigkeit im engeren Sinne betreffen.[5]

Eine Art Kommentar aus »heutiger Sicht« zu dieser Debatte ist erforderlich. Ich meine, daß wir formal im Recht waren – was den Grundgestus und die Genese des Dokuments betrifft. In dem Gespräch mit Erich Honecker am 8. September 1987 macht Willy Brandt eine Bemerkung zu der im April 1988 so heftig umstrittenen Grundlinie des Dokuments, die den von uns vertretenen Auffassungen meiner Meinung nach sehr nahe kommt und es auch angesichts aktueller Debatten wert ist, in Erinnerung gerufen zu werden. Im Vermerk über dieses Gespräch heißt es, Willy Brandt »teile die Auffassung, daß die Linie des Gemeinsamen Dokuments zwischen SPD und SED gut sei, vor allem sei der Grundgedanke richtig, daß die bestehenden Gegensätze kein Hindernis für die Schaffung einer bleibenden Friedensordnung sein dürften«.[6] Faktisch jedoch waren wir deutlich in der Defensive. In mehrfacher Hinsicht. Zum einen haben wir Ereignisse verteidigt, die selbst unter einem engen sicherheitspolitischen Gesichtswinkel fragwürdig waren.[7] Zum anderen haben wir darauf verzichtet, durchaus relevante, mit Geist und Buchstaben des Dokuments nicht zu vereinbarende Erscheinungen in der BRD bzw. SPD anzusprechen – Berufsverbote, Ausschlußverfahren gegen SPD-Mitglieder.

Insofern möchte ich auch eine gewisse Korrektur an der oben zitierten Feststellung von Gode Japs vornehmen. Es ist unbestritten, daß wir für unsere »friedenspolitischen Aktivitäten« werben wollten. Aus gutem Grund, mit vollem Recht, nicht ohne Erfolg und nicht nur in diesem Dialog! Zugleich aber galt nach wie vor, daß eine wesentliche Funktion friedlicher Koexistenz bzw. sozialistischer Außenpolitik von den Kommunisten der sozialistischen Länder seit Lenin darin gesehen wurde, die äußeren Bedingungen für einen ungestörten Aufbau der sozialistischen Gesellschaft zu garantieren. Elementare Erfahrung seit 1917! »Nichteinmischung« war auch aus diesem Grunde im Kanon der konkreten Prinzipien friedlicher Koexistenz unverzichtbar.

»Wandel durch Annäherung« – in welcher Umkleidung auch

immer – und »Nichteinmischung« markierten insofern und unter den konkreten Bedingungen der Entwicklung des Kräfteverhältnisses zwischen den beiden Systemen in diesen Jahren – einen Widerspruch.

Uns ging es nicht um einen »Wandel des Kapitalismus« – so sehr wir ihn gewünscht hätten –, sondern um ein langfristiges Miteinander, um der Fortentwicklung des Sozialismus willen.

Da umgekehrt die Sozialdemokraten unter den gegebenen Bedingungen von einer Annäherung der Systeme kaum einen Wandel des Kapitalismus zu befürchten hatten, konnten sie sich natürlich vornehmen, annäherungsbedingte Wandlungsmöglichkeiten im Sozialismus »auszuloten«.

Bemerkenswert ist nun, daß unsere Tagung ungeachtet dieser eigenwilligen Ouvertüre sich zu einer der interessantesten von allen entwickeln sollte und es zu einer ausgesprochen ausgewogenen Relation von Dissens und Konsens, von Streit und Zustimmung kam. Die gegensätzlichen weltanschaulichen und politischen Ausgangspunkte und unterschiedliche praktische Erfahrungen beider Partner waren ebensowenig zu überhören wie die mehr oder weniger verbindende Position, »den Interessen der arbeitenden Menschen verpflichtet zu sein« – um eine Formulierung des gemeinsamen Dokuments zu benutzen.[8] Die Sichtweise der Vertreter der Grundwertekommission war entscheidend durch die Erfahrung eines bereits hohen Niveaus wissenschaftlich-technischer und industrieller Entwicklung unter kapitalistischem Vorzeichen einschließlich der ihr immanenten Widersprüchlichkeit geprägt. Distanz Prozessen gegenüber, die grundlegenden Zielen auch des Demokratischen Sozialismus widersprechen, auf die Sozialdemokraten jedoch – insbesondere nach dem Ende der sozialliberalen Koalition – nicht übermäßig viel Einfluß auszuüben in der Lage waren, war deutlich.

Unsere Haltung war von der ja wohl nicht gänzlich unbegründeten Gewißheit bestimmt, eine Reihe positiver Erfahrungen bei der praktischen Bewältigung »kapitalistischer« Probleme mit dem Fortschritt vorweisen zu können (Stichwort: soziale Sicherheit), für Weiteres über Voraussetzungen zu verfügen, auf jeden Fall auf dem richtigen Weg zu sein. Sicher resultierte unser Optimismus auch aus dem niedrigeren Niveau wissenschaftlich-technischer Prozesse und daraus, daß wir bereits vorhandene Probleme verdrängten – Stichworte: Braunkohle, Bezahlbarkeit sozialer Sicherheit.

Charakteristisch war, daß sich die Kritik an unseren Darlegungen oft weniger auf deren Inhalt als auf ihre tatsächliche oder vermeintliche Diskrepanz zur DDR-Realität konzentrierte. In einer schriftlichen Ausarbeitung zu unseren Thesen schrieb Iring Fetscher: »Insgesamt fällt einem ›westlichen‹ Leser die fast ungebrochene Überzeugung von der Progressivität jeder wissenschaftlich-technischen Entwicklung auf, die nur geringfügig modifiziert wird.«

Das eben erwähnte – von mir verfaßte – Thesenpapier lag allen Teilnehmern schriftlich vor.[9] Es muß auszugsweise vorgestellt werden, da mehrfach Bezugnahmen erfolgten (besonders in der Ausarbeitung Iring Fetschers, die ich daher mit freundlicher Zustimmung des Autors im Wortlaut wiedergebe, allerdings zum Abschluß der Diskussion, da diese Ausarbeitung nicht allen Teilnehmern vorgelegen hat):

»Begriff und Realität des Fortschritts in der Gegenwart
1. Fortschritt ist in der gegenwärtigen Situation der Weltgeschichte unumgänglich. Ein der heutigen Realität angemessener Fortschrittsbegriff ist unverzichtbar.

Fortschritt ist unumgänglich, weil die weitere Konservierung bestimmter gesellschaftlicher Verhältnisse und Strukturen sowie die Beibehaltung bestimmter Prozesse und Verhaltensstrategien nicht nur die geschichtliche Höherentwicklung der menschlichen Gattung beeinträchtigen, sondern ernsthafte Gefahren für deren Fortexistenz mit sich bringen.

Der Begriff ›Fortschritt‹ ist unverzichtbar:
– weil Inhalt, Bedingungen, Triebkräfte und Funktionen von Fortschrittsprozessen sich zum Teil einschneidend verändert haben;
– weil der geschichtliche Fortschritt heute weniger denn je als automatische Konsequenz oder Resultante einzelner konkreter Veränderungen denkbar ist – Fortschritt ist mehr denn je nur noch als Ergebnis kollektiver Aktionen zu erwarten;
– weil die auf Humanität gerichtete geschichtliche Praxis und menschliches Handeln mehr den je der konkreten Orientierung und Motivation bedarf – nicht zuletzt vermittels des Begriffs ›Fortschritt‹
(…).

2. Gegenwärtige und künftige Fortschrittsprozesse vollziehen sich unter neuen Bedingungen und bergen neue Konsequenzen in sich.

Zu den Bedingungen zählen unter anderem:
— die Bündelung tiefgreifender sozialer Widersprüche,
— die gleichzeitige Existenz einer Vielfalt unterschiedlicher ökonomischer Gesellschaftsformationen,
— die gegenwärtige Dynamik der Produktivkräfte,
— die Herausbildung der Menschheit zu einer quantitativ und qualitativ neuartigen geschichtlich-empirischen Realität und der Welt zu einer widersprüchlichen Ganzheit. (S. 1)
Mögliche Konsequenzen:
— dauerhafte friedliche Beziehungen oder die Selbstvernichtung der Menschheit in einem Nuklearkrieg;
— die reale Möglichkeit der Überwindung von Rückständigkeit, Armut und Unterentwicklung oder die gefahrvolle Zuspitzung krasser Widersprüche zwischen unterschiedlichen Entwicklungsstufen der Befriedigung elementarer Bedürfnisse;
— ein rationeller Stoffwechsel zwischen Gesellschaft und Natur im globalen Maßstab, der den Erfordernissen des Menschheitsfortschritts ebenso gerecht wird wie denen der Gewährleistung bzw. Reproduktion seiner natürlichen Voraussetzungen oder ernsthafte, irreversible, in ihren Auswirkungen auf die Existenz der menschlichen Gattung unabsehbare Störungen des Verhältnisses zwischen Gesellschaft und Natur.

Wir halten es für unangemessen, entweder nur die Bedrohungen oder nur die Möglichkeiten der Menschheit auf ihrer gegenwärtigen Entwicklungsstufe ins Auge zu fassen und weltanschaulich zu verarbeiten. Diese neuartigen Bedingungen konfrontieren ausnahmslos alle gesellschaftlichen Kräfte und Bewegungen mit der Notwendigkeit, ihre Vorstellungen von Fortschritt darauf zu überprüfen, inwieweit sie der heutigen Realität angemessen sind. Das Verhältnis gegebener Gruppierungen zum Fortschritt weist starke Schwankungen und Widersprüche auf (Ablehnung des Fortschritts durch traditionell Progressive — Bejahung des Fortschritts durch traditionell Konservative)
(...)
3. Ein wesentliches Kennzeichen des bisherigen Geschichtsfortschritts war seine sowohl durch Gegebenheiten der antagonistischen Klassengesellschaft als auch durch die Unentwickeltheit der produktiven Potenzen der Menschheit bedingte Ungleichmäßigkeit und Wi-

dersprüchlichkeit. *Gegenwärtig wird verstärkt der Standpunkt vertre-*
ten, daß der Fortschritt heute mindestens in dreifacher Hinsicht un-
teilbar ist:
— alle Fortschrittsprozesse auf einzelnen Gebieten und in einzelnen
(S. 2) Bereichen (Wissenschaft, Technik, Ökonomie, Kultur, Politik
usw.) müssen letztlich einen Beitrag zur Höherentwicklung der
menschlichen Gattung, zur Bereicherung des Lebens aller Mitglieder
der Gesellschaft darstellen;
— Fortschrittsprozesse in den verschiedenen Regionen der Welt kön-
nen sich immer weniger isoliert von realen Fortschritten der Mensch-
heit als Ganzes bzw. bei Zuständen der Stagnation oder des Rück-
schritts in anderen Regionen realisieren;
— gesellschaftlicher Fortschritt kann sich immer weniger unabhängig
von der Beschaffenheit des Verhältnisses zwischen Gesellschaft und
Natur vollziehen (…) (S. 3)
Zugleich muß davon ausgegangen werden, daß auf absehbare Zeit
der geschichtliche Fortschritt sich nicht als gleichmäßige Entwicklung
aller Bestandteile der Menschheit vollziehen wird.
Die Realisierung von Menschheitsinteressen nimmt ihren Weg über
die Realisierung der Interessen der heute relevanten geschichtlichen
Subjekte (Klassen, Staaten usw.) Die Frage wird ausschlaggebend, wel-
che Klassen- oder anderen Interessen Tendenzen der Übereinstimmung
mit Menschheitsinteressen aufweisen (…) (S. 4)
Aus den grundlegenden Entwicklungstendenzen der letzten 150
Jahre und der gegenwärtigen Weltsituation leiten die Marxisten-Le-
ninisten die Folgerung ab, daß auch in dieser Zeit die Gesetzmäßigkeit
zunehmender Vergesellschaftung menschlicher Arbeit und Produktion
wirkt, daß diese Gesetzmäßigkeit in Widerspruch gerät mit der Forte-
xistenz des kapitalistischen und anderer Formen des Privateigentums
an Produktionsmitteln und daß demzufolge der Übergang zu ge-
schichtlich höheren Formen der Gesellschaftsentwicklung erforderlich
ist (…)
Möglichkeiten des sozialen Fortschritts existieren im Rahmen ka-
pitalistischer Verhältnisse. Wesentliche Züge des heutigen Kapitalismus
sind aus dem erfolgreichen Kampf der Arbeiterbewegung hervorge-
gangen. Ein gewichtiger Fortschritt wäre der Übergang zu einer
nichtmilitarisierten Variante des Monopolkapitalismus. Der histori-
sche Wettstreit zwischen Kapitalismus und Sozialismus kann den so-
zialen Fortschritt in beiden Systemen befördern und beschleunigen

(…) Es bedarf der Bestimmung übergreifender Maßstäbe. Inhalte und Kriterien für gesellschaftlichen Fortschritt, die von dem heute erreichbaren höchsten Entwicklungsniveau der Menschheit ausgehen müssen (…) (S. 5)

4. Als zentrale Herausforderung und Aufgabe der Gegenwart erweist sich die Gewährleistung der Einheit von wissenschaftlich-technischem und gesellschaftlichem Fortschritt.

Die humane Bewältigung grundlegender Probleme der Menschheit und die Erreichung eines harmonischen Verhältnisses zwischen Gesellschaft und Natur setzen ein hohes – in vieler Hinsicht ein höheres – konkret zu bestimmendes Tempo und Niveau der Entwicklung der Produktivkräfte, des wissenschaftlich-technischen Fortschritts bzw. des Erkenntnisfortschritts voraus. Der wissenschaftlich-technische Fortschritt hat allerdings sein Maß und Kriterium nicht in sich selbst, sondern darin, Mittel zur Gewährleistung gesellschaftlichen Fortschritts darzustellen (…) (S. 6)

Die Rolle gesamtgesellschaftlicher (politischer, sozialer, kultureller, moralischer) Voraussetzungen für progressive gesellschaftliche Wirkungen wissenschaftlich-technischer Veränderungen hat sich grundlegend erhöht. Sie muß bereits die Produktivkraftentwicklung selbst einbeziehen. Und das gilt in quantitativer und qualitativer Hinsicht: weder ein beliebiges Tempo noch ein beliebiger Inhalt der Entwicklung von Produktivkräften kann schlechthin als Garantie gesellschaftlichen Fortschritts angesehen werden.

5. Kriterien des gesellschaftlichen Fortschritts anzugeben, bedeutet, unter konkrethistorischen Bedingungen Merkmale gesellschaftlicher Zustände oder Veränderungen herauszuarbeiten, die sowohl als deren Ziel und Aufgabe als auch als Kriterium ihrer Beurteilung fungieren.

Dazu erscheint es zweckmäßig, begrifflich zwischen sozialem, gesellschaftlichem und geschichtlichem Fortschritt zu unterscheiden. In Anlehnung an den Bedeutungsinhalt von ›Sozialpolitik‹ im deutschen Sprachgebrauch könnte man unter ›sozialem Fortschritt‹ jenen Teilbereich oder jene Seite des ›gesellschaftlichen Fortschritts‹ verstehen, der die qualitative Höherentwicklung der gegebenen sozialen Verhältnisse beinhaltet : soziale Lage der Klassen, Schichten und Gruppen, deren materielles und kulturelles Lebensniveau, ihre Lebensweise, sozialen Beziehungen und Aktivitäten. Unter ›gesellschaftlichem Fortschritt‹ wäre die Gesamtheit der im Rahmen eines gegebenen Gesellschaftssystems sich

vollziehenden Fortschrittsprozesse (wissenschaftlich-technischer, ökono-
mischer, sozialer, politischer, kultureller usw.) sowie deren durch den
Charakter des gegebenen Systems bedingter konkrethistorischer Inhalt
und Typus zu verstehen. ›Geschichtlicher Fortschritt‹ wäre die über den
Wechsel ökonomischer Gesellschaftsformationen oder -systeme sich voll-
ziehende Höherentwicklung der menschlichen Gattung. (S. 7)

Kriterien des Fortschritts sind:
— umfassende internationale Sicherheit, dauerhafte Friedensord-
nung;
— die Beseitigung von Unterentwicklung und Neokolonialismus, ei-
ne demokratische und gerechte Weltwirtschaftsordnung;
— die Befriedigung der materiellen und kulturellen Bedürfnisse aller
Mitglieder der Gesellschaft auf einem dem Entwicklungsstand der
Produktivkräfte entsprechendem Niveau, die Beseitigung des Ge-
gensatzes von Arm und Reich;
— die Verwirklichung wirtschaftlicher, sozialer, politischer und kul-
tureller Rechte in ihrer Einheit;
— die Schaffung und systematische Vervollkommnung aller gesell-
schaftlichen Bedingungen für die freie, allseitige Entwicklung und
Betätigung aller Individuen, die Konzentration der Gesellschaft auf
die größtmögliche Förderung der Persönlichkeitsentwicklung aller
ihrer Mitglieder;
— die Herausbildung zwischenmenschlicher Beziehungen, die an
Humanität und Menschenwürde, Kollektivität und Gleichberech-
tigung orientiert sind.

6. Fortschritt muß die Gewährleistung eines Verhältnisses zwischen
Gesellschaft und Natur beinhalten, das durch Rationalität der Na-
turaneignung und durch Schutz sowie auf Verbesserung zielende Ge-
staltung der natürlichen Umwelt, durch Naturreproduktion gekenn-
zeichnet ist (S. 8)

Wesentlich vom Charakter und Typus der herrschenden Produkti-
onsverhältnisse sowie von einer gesamtgesellschaftlichen Strategie hängt
es ab, ob es gelingt, die Beziehung zwischen Gesellschaft und Natur
langfristig zu gestalten und das Ziel anzusteuern, die anthropogene
Einwirkung auf die Natur und soziale Lebensprozesse im Einklang
mit Gesetzmäßigkeiten der Biosphäre zu organisieren sowie die gesell-
schaftlichen Interessen und Potenzen zur Bewältigung dieser Aufgabe
zu konzentrieren (…) (S. 9)

7. Der wichtigste Beitrag des Sozialismus zum Menschheitsfort-

schritt in der Gegenwart besteht darin, praktisch bestätigt zu haben, daß die ökonomische und politische Macht der Arbeiterklasse, die Überführung der gesellschaftlichen Produktionsmittel in gesellschaftliches Eigentum, die Beseitigung der Ausbeutung und des Klassenantagonismus entscheidende Voraussetzungen dafür sind,
– planmäßig und zielgerichtet auf gesellschaftliche Entwicklungsprozesse Einfluß zu nehmen,
– dieser Einflußnahme die wesentliche Übereinstimmung individueller, kollektiver und gesamtgesellschaftlicher Interessen zugrunde zulegen und auf diese Weise
– die Einheit von wissenschaftlich-technischem, ökonomischem, sozialem und geistig-kulturellem Fortschritt zu gewährleisten.

Die Realität des Sozialismus bekräftigt mithin die ausschlaggebende Rolle der Eigentums-, Klassen- und Machtverhältnisse für die kontinuierliche und umfassende Realisierung eines an zeitgemäßen Kriterien orientierten gesellschaftlichen Fortschritts. Nochmals sei bekräftigt, daß hiermit die Möglichkeit anderer Arten, Wege und Formen der praktischen Einflußnahme auf gesellschaftliche Entwicklungsprozesse im Sinne des Fortschritts in der gegenwärtigen Epoche keineswegs in Abrede gestellt wird. Möglichkeiten und Grenzen derartiger (S. 10) Prozesse kann nur die geschichtliche Praxis erweisen.

Die hier angegebenen allgemeinen gesellschaftlichen Voraussetzungen für die Realisierung einer neuen Qualität gesellschaftlichen Fortschritts müssen durch konkrete Faktoren der unterschiedlichsten Art ergänzt werden. Die Feststellung, daß der Sozialismus einen geschichtlichen Fortschritt markiert (dadurch, daß er tiefgreifende Antagonismen und Deformationen der Klassengesellschaft überwindet, also gemessen am Maßstab vorsozialistischer Geschichte) bedeutet noch keine Beantwortung der Frage nach Fortschritt im Sozialismus.

Auf das außerordentliche Gewicht äußerer Bedingungen und Faktoren (sowohl in Gestalt der historisch vorgefundenen als auch in Gestalt des nichtsozialistischen Teils der Welt und der von ihm ausgehenden Einflüsse und Aktivitäten) soll hier nur verwiesen werden (...)

Zur Gewährleistung sozialistischen Gesellschaftsfortschritts bedarf es der qualitativen und quantitativen Entwicklung der Produktivkräfte (...) (S. 11) Die qualitative Entwicklung erfaßt sowohl deren soziale als auch deren stofflich-gegenständlichen Komponenten. (Wissenschaft, Bildung, Charakter und Inhalt der Arbeit) Die quantitative Entwicklung ist unabdingbar, zugleich aber dem Gesellschaftsfortschritt untergeordnet. Irrationale Wachstumsprozesse, die aus der Unterordnung von Wachstum unter profitorientierte Sonderinteressen resultieren, hat der Sozialismus aus der Welt geschafft. Tendenzen einer Verselbständigung quantitativer Orientierungen und Maßstäbe unter den Bedingungen des extensiven Reproduktionstyps werden mit dem Übergang zur Intensivierung überwunden. Seitdem richtet die sozialistische Gesellschaft ihr Augenmerk darauf, einerseits den wissenschaftlich-technischen Fortschritt verstärkt und umfassend für Wirtschaftswachstum zu nutzen und andererseits Wachstum maximal für gesellschaftlichen Fortschritt einzusetzen(…) (S. 12) Die Zielsetzung, die Programmatik und die grundlegende Wertorientierung der sozialistischen Gesellschaft (einschließlich ihres geistig-kulturellen und moralischen Profils) sind darauf angelegt, qualitative Gesichtspunkte der Lebensweise und Persönlichkeitsentwicklung in den Vordergrund zu stellen (…)

Zur Gewährleistung sozialistischen Gesellschaftsfortschritts bedarf es eines neuartigen Mechanismus und Systems der gesellschaftlichen Leitung: Erstens die Sicherung politischer Grundentscheidungen. Zweitens die gleichberechtigte Zusammenarbeit aller politischen Kräfte bei der Erarbeitung und Realisierung dieser Ziele. Drittens ein umfassendes System demokratischer Rechte und Institutionen, welches die Eigeninitiative und Mitverantwortung aller Mitglieder der Gesellschaft herausfordert und sowohl auf die Hauptstränge der Entwicklung als auch auf die kollektive Regelung örtlicher und spezifischer Angelegenheiten lenkt (…) (S. 13)

8. Zu den Bedingungen und Merkmalen gegenwärtigen Fortschritts gehört eine intensive Wechselwirkung zwischen praktischen und geistigen, objektiven und subjektiven Komponenten geschichtlicher Veränderungen. Die Beherrschung dieser Wechselwirkung ist gleichermaßen dringlich wie sie eine Fülle noch ungelöster Probleme mit sich bringt (…) (S. 14) Die gesellschaftliche Unterordnung geistig-kultureller Prozesse unter die Erfordernisse der Profitwirtschaft und Kapitalverwertung oder auch unter eine autonome Logik technischer bzw. ökonomischer Möglichkeiten erweist sich als immer unvereinbarer mit den Erfordernissen des geschichtlichen Fortschritts (…)

9. Eine zeitgemäße Diskussion über ›Fortschritt‹ darf nicht unberücksichtigt lassen, daß gegenwärtig nicht nur die Alternative zwischen Bejahung oder Ablehnung des Fortschritts, zwischen progressiven und konservativen Vorstellungen oder Modellen existiert, sondern

auch die zwischen Fortschritt und Reaktion im engeren Sinne. Es kann nicht übersehen werden, daß eine Reihe unbewältigter Menschheitsprobleme – insbesondere das der (S. 15) Massenarbeitslosigkeit und der Verschärfung sozialer Gegensätze im Resultat konservativer Krisenbewältigungsstrategien sowie das der Unterentwicklung – das soziale Reservoir und den Boden für extrem-reaktionäre profaschistische oder faschistische Bewegungen und Orientierungen vergrößern. Diese Tendenz birgt die Gefahr einer Verstärkung in dem Maße in sich, in dem konservative Strategien an Grenzen stoßen und die Linke sich als zu schwach erweist, um Gegenkonzepte mit Aussicht auf Erfolg zur Geltung zu bringen. (S. 16)«

Es erscheint mir zweckmäßig, bei der Wiedergabe der überaus intensiven und substantiellen Diskussion die Reihenfolge der Beiträge aufzulösen und eine Gliederung nach inhaltlichen Gesichtspunkten vorzunehmen.

Resignation oder konkrete Problemsicht?

Eberhard Fromm eröffnete die Debatte mit der Überlegung, daß Fortschritt als realer Prozeß wie als Begriff stets heftig umstritten gewesen sei. »Universalität oder Zersplitterung des Fortschritts?«, »Krise des Fortschritts oder Krise des Fortschrittsbegriffs?«, »Ist der Fortschritt am Ende?« seien nur einige Stichworte eines Streits, der spätestens mit dem 18.Jahrhundert eingesetzt habe. Marx' Beitrag bestand besonders in der Klarstellung der inneren Widersprüchlichkeit des Fortschritts. Der geistige Streit um den Fortschritt sei vor dem Hintergrund seiner realen Widersprüchlichkeit, strategischer Interessen, des jeweiligen Epochenverständnisses und anderer Prozesse zu sehen.

Die gegenwärtige Zuspitzung der Auseinandersetzungen finde unter anderem in der Kontroverse zwischen »Modernen« und »Postmodernen«, zwischen Verteidigern und Kritikern des Fortschritts Ausdruck. Es sei jedoch sinnvoller, in die Problematik des Fortschritts tiefer einzudringen als darüber zu streiten, ob man dem Fortschritt eine Absage erteilen soll oder nicht.

Einen »resignativen« Fortschrittsbegriff erörterte Thomas Meyer. Die »utopische Brisanz« des traditionellen Fortschrittsdenkens sei verflogen. Seit der Aufklärung und der deutschen Klassik sei der Fortschrittsbegriff mit der Vorstellung von Vollkommenheit und Vervollkommnung, mit »Versöhnungsmythen« verbunden (Einheit von Individuum und Gattung, Harmonie zwischen Mensch und Natur, Einheit von Freiheit, Glück und Frieden). In dieser, gegen die Macht vorgegebener Traditionen gerichteten und auf Beherrschung der Natur durch Erkenntnis zielenden Tradition (Condorcet, Kant, Comte) stehe auch Marx, der allerdings nicht mehr nur auf Aufklärung gesetzt, sondern die Beseitigung der Produktionsverhältnisse der Klassengesellschaft als unerläßliche Bedingung für Fortschritt in der Gegenwart angesehen habe. Widersprüche der Entwicklung habe die Linke fortan auf bestimmte Eigentumsverhältnisse zurückgeführt.

Gegenwärtig jedoch stehe rationale Fortschrittskritik an. Der Fortschritt müsse »reflexiv« werden. Die Industrialisierung habe zerstörerisch gewirkt. Insbesondere seit den 70er Jahren habe die wissenschaftlich-technische und industrielle Entwicklung sich verselbständigt – bis hin zur Gefahr der Selbstvernichtung der Menschheit. Fortschritte auf einzelnen Gebieten seien mit destruktiven Gegensätzen verbunden. Nur noch »kleine« Fortschritte seien möglich. Die Zukunft erscheine eher als eine Bedrohung für die Gegenwart. Ob ein »einheitlicher« Fortschritt jemals wieder möglich sei, wäre offen. Vieles spreche dafür, daß autonome Zentren der Entwicklung anzustreben seien und nicht deren Vereinheitlichung. Eine »prästabilisierte Harmonie« sei passé. Diese Fortschrittskrise sei eigentumsübergreifend. Auch für die Linke sei »trotziger Fortschritts-Optimismus« schädlich. Sie müsse vielmehr die Fortschrittskritik aufgreifen.[10]

Im Laufe der Debatte wurde diese Position mehrfach bekräftigt. Für Johano Strasser gab es Grund zu Skepsis. Wachstum bringe einen Rückgang, einen Abbau an Lebensqualität mit sich. Daß Fortschritt mit katastrophaler Regression einhergehe, zeige Auschwitz. (Susanne Miller) Der Glaube an einen immanenten Fortschritt habe die Linke unfähig gemacht, sich Auschwitz vorzustellen. Fortschritt sei kein »geschichtsnotwendiger« Prozeß. Erstmalig habe die Evolution ein Wesen hervorgebracht, daß die Evolution in die eigenen Hände nehmen, aber auch beenden kann. (Erhard Eppler) Prinzipielle Einwände gab es auch zur Gentechnik und anderen neuartigen Technologien. Rüstung müsse als Vernichtungstechnologie angesehen werden. (Dorothea Vorbeck)

In mancher Hinsicht andere Akzente setzte Heinz Rapp. Die Sozialdemokratie müsse am Fortschrittskonzept festhalten, »wir« können auf den Begriff und das Pathos des Fortschritts nicht verzichten – auch aus semantischen Gründen. Und Johano Strasser gab zu bedenken, daß es historisch nicht nur um Versöhnungsmythen gegangen sei, sondern um die Aufhebung von »Knappheitsrelationen«. Allerdings seien auf diesem Wege auch neue Knappheitsrelationen geschaffen worden (Verschlechterung der Umwelt). Deshalb müsse neu nachgedacht werden – z. B. über die Bedeutung von »Reichtum« und darüber, ob der mit dem traditionellen Fortschrittsbegriff einhergehende universalistische Anspruch aufrechterhalten werden könne. Richtig sei, daß Marx und Engels keinen naiven Fortschrittsbegriff vertreten hätten.

Ein Plädoyer für eine konkrete Haltung der Fortschrittsproblematik gegenüber hielt Otto Reinhold. Die Kommunisten sähen die Zäsur der 70er Jahre durchaus auch. Allerdings müsse grundsätzlich davon ausgegangen werden, daß sich ein tiefgreifender Wandel der Produktivkräfte mit einer eigenen Logik bzw. Gesetzlichkeit vollziehe, der nicht aufzuhalten sei. Es komme daher in erster Linie darauf an, die damit verbundenen prinzipiell neuen Fragen zu sehen und aufzugreifen, um auf die Art und Weise, in der sich dieser Wandel vollziehe, Einfluß nehmen zu können. Eine neue Situation ergebe sich erstens mit der Gefahr der Selbstvernichtung der Menschheit, zweitens mit einem geänderten Verhältnis zwischen Gesellschaft und Natur und drittens mit der neuartigen Komplexität des wissenschaftlich-technischen Fortschritts. Er bringe Konsequenzen für ausnahmslos alle Bereiche des gesellschaftlichen Lebens, für die menschliche Arbeit ebenso wie für Bildung, Freizeit und Kultur mit sich.

Diesen Tendenzen gegenüber seien wir »zur Position gezwungen«. Die negativen und destruktiven Seiten müßten wir im Auge haben. Um unsere Ideale und gewollte Wirkungen dennoch durchsetzen zu können, seien vor allem gesellschaftliche Lösungen nötig: gesellschaftliches Eigentum, zentrale und dezentrale Entscheidungen sowie demokratische Mitgestaltung. Ziele für die wissenschaftlich-technische Entwicklung müßten immer wieder neu gesetzt werden. Die SED sei bemüht, über die Einheit von Wirtschafts- und Sozialpolitik wissenschaftlich-technischen in sozialen Fortschritt umzusetzen, soziale Sicherheit nicht nur für einzelne

Schichten, sondern für alle Menschen zu ermöglichen und Bildungsfortschritte zu gewährleisten.

Vergesellschaftung oder lebensweltliche Orientierung?

Wenn es auf dieser Tagung einen bemerkenswerten Konsens gab, dann zunächst hinsichtlich der Auffassung, daß die gegenwärtige und künftige Entwicklung von Wissenschaft und Technik bzw. der Produktivkräfte der bewußten, politischen, gesellschaftlichen Gestaltung, Steuerung und Einflußnahme bedürften.

Selbst über deren gesellschaftliche Voraussetzungen gab es interessante Übereinstimmungen. So sei es evident, daß ohne Machtmöglichkeiten bzw. ohne Vergesellschaftung keine humane, lebensweltliche Gestaltung der Produktivkräfte denkbar sei. (Johano Strasser)

Unter Bezugnahme auf die von mir in den Thesen betonte ausschlaggebende Rolle der Eigentums-, Klassen-, und Machtverhältnisse für die Realisierung eines an zeitgemäßen Kriterien orientierten gesellschaftlichen Fortschritts unterstrich Iring Fetscher vor allem die Rolle der Machtverhältnisse. Seine Erfahrung sei allerdings, daß jede Minderheitsmacht dazu tendiere, ihre Eigeninteressen für gesellschaftliche Interessen zu halten bzw. auszugeben. Wenn im Anschluß daran in den Thesen darauf verwiesen werde, daß »hiermit die Möglichkeit anderer Arten, Wege und Formen der praktischen Einflußnahme auf gesellschaftliche Entwicklungsprozesse im Sinne des Fortschritts in der gegenwärtigen Epoche keineswegs in Abrede gestellt« werde, so sei dies eine gute Formel für den von beiden Seiten gewünschten friedlichen Wettbewerb.

Konkret erörtert wurde auch die Frage der Vergesellschaftung. Sie müsse sozial effizienter gestaltet werden. Verschiedene Formen und Niveaus von Vergesellschaftung (staatlich, genossenschaftlich) seien zu unterscheiden und sollten in Experimenten erprobt werden. Insbesondere eine Vergesellschaftung von Entscheidungen sei erforderlich. Von der Notwendigkeit einer »Politisierung« der Technik war die Rede. Die Rolle des Staates sei allerdings kritisch zu hinterfragen. (Thomas Meyer) Der Staat müsse der Kontrolle durch die Gesellschaft ausgesetzt werden. Die Idee einer Verstaatlichung der Gesellschaft müsse verworfen werden. In der DDR sei im Staat die Leitung der Produktivkräfte und die Leitung der sozialen Entwicklung in einer Hand vereint. Beides müßte jedoch getrennt werden, um alternative Konstruktionen zur Gestaltung der Arbeit und Lebenswelt zu ermöglichen und sozialer Phantasie Raum zu geben. Der Staat könne nicht gleichzeitig das Prinzip ökonomischer Maximierung vertreten und die Verantwortung für Kultur innehaben. Die Verantwortung solcher politischer Parteien wie SED und SPD für gesellschaftlichen und geschichtlichen Fortschritt unterstrich Werner Paff. Für progressive Veränderungen in der gegenwärtigen Situation sei nachgerade eine Koalition nötig.

Der Zusammenhang von wissenschaftlich-technischem und sozialem Fortschritt dürfe nicht eine Anpassung des letzteren an den ersteren sein. (Klaus Mehrens) Planer und Wissenschaftler hätten eine große Verantwortung dafür, ihre Autorität sei allerdings »auf der Strecke geblieben«. Fortschritt sei in Alternativen zu denken, über die dann entschieden werden müsse.

Zu Bescheidenheit mahnte Erhard Eppler. Eine wirkliche Gestaltung des Fortschritts gebe es bislang auf keiner der beiden Seiten. Vor Versimplifizierungen müsse gewarnt werden. Auch er sprach sich scharf gegen die »Akzeptanz«-These aus, nach der die Menschen an Prozesse anzupassen sind, die »über sie kommen«. Dies sei ein undemokratisches Konzept. Die Alternative dazu sei der Diskurs über Fortschrittsvarianten. Derer gebe es heute viel mehr als früher. Allerdings setze dies Machtverschiebungen voraus und bringe zugleich welche mit sich! Meinungsfreiheit und »Meinungsverarbeitungsfreiheit« seien unerläßliche Voraussetzungen.

Über Erfahrungen bei der Gestaltung der Beziehungen zwischen wissenschaftlich-technischem und sozialem Fortschritt berichtete Rudi Weidig. Der Irseer Programmentwurf der SPD, Positionen der Gewerkschaften und Veröffentlichungen Oskar Lafontaines ließen wichtige Übereinstimmungen beider Parteien hinsichtlich der Unverzichtbarkeit sozialer Ziele, Kriterien und Maßstäbe für die technische Entwicklung deutlich werden. Der prinzipielle Unterschied sei, daß die SED auf die Umwälzung der Eigentumsverhältnisse als Voraussetzung und Ausgangspunkt für die Realisierung sozialer Ziele setze. Daraus ergäben sich unterschiedliche Strategien und Modelle für den technischen Wandel. Wobei das sozialistische Eigentum keinesfalls als eine statische Gegebenheit sondern als Feld ständiger Veränderungen anzusehen sei.

Parallele soziologische Forschungen zur flexiblen Automatisierung in Betrieben der DDR und der UdSSR hätten ergeben, daß positive soziale Wirkungen technischer Veränderungen auch unter sozialistischen Bedingungen sich nicht automatisch, ohne bewußte Einflußnahme einstellen. Die Bewältigung dieser Zusammenhänge sei ein kollektiver Lernprozeß. Neue Möglichkeiten für zwischenmenschliche Kontakte, für die Beschäftigung von Frauen und für betriebliche Infrastrukturen stießen nicht selten auf alte Realitäten.

Nicht unumstritten waren – wie bereits angedeutet – die Haltung zum Wachstum und zum Tempo der technisch-ökonomischen Entwicklung.

Unseren Thesen wurde attestiert, zu Wachstum »exakt das Gleiche zu sagen wie unsere Regierung«. (Eppler) Für eine »Entschleunigung« des wissenschaftlich-technischen Fortschrits hatte u. a. Thomas Meyer plädiert.

Iring Fetscher bezeichnete die Idee einer »einfachen Beschleunigung« als Vulgärmarxismus. Erhard Eppler meinte, daß es nicht um Be- oder Entschleunigung gehe, sondern um politische Weichenstellungen, fügte allerdings hinzu, daß, wenn er in der Sowjetunion leben würde, auch für Beschleunigung sei. Für Otto Reinhold war die Idee einer »Entschleunigung« inakzeptabel. Sie bringe die Linke in eine defensive Position. Es müsse konkret entschieden werden, wo beschleunigt werden müsse und wo nicht, wo an Tempo zuzulegen und wo zu bremsen sei.

Eine nicht geringe Rolle spielte der von Thomas Meyer – im Anschluß an Jürgen Habermas – in die Diskussion eingebrachte Begriff der »Lebenswelt«, der im geistigen Leben der BRD vor allem in Frontstellung gegen neokonservative Strategien ausgeprägt worden war.[11] Eine Reform des Fortschritts bzw. der Vorstellungen über Fortschritt nach lebensweltlichen Kriterien stehe auf der Tagesordnung: das Primat kultureller und sozialer Ziele über das der Produktivkraftentwicklung, die Entschleunigung des wissenschaftlich-technischen Fortschritts, die gesellschaftliche Erörterung grundlegender Entscheidungen und das Primat der Erhaltung der Arbeits- und Lebenswelt. Auch sei eine »soziale Konstruktion der Produktivkräfte« erforderlich. Lebenswelt-Entwürfe müßten Technik-Entwürfen vorangehen.

Strasser kritisierte in diesem Zusammenhang Defizite klassischer Fortschrittsmodelle. Der Glaube, Glück über Technik zu erreichen, sei überholt und falsch. Die zunehmende Durchdringung der Lebenswelt durch bürokratische Elemente sei eine Entmündigung des Menschen. Die Frage müsse gestellt werden, wie Freiheit organisiert werden könne bei fortbestehenden Knappheiten. Selbstbestimmte Praxis stünde für die entwickelten Industriegesellschaften an und nicht weitere Wohlstandssteigerung.

Kriterien des Fortschritts

Ein spezieller Diskussionsabschnitt war dem Thema: »Kriterien des Fortschritts« gewidmet. Einleitende Beiträge hatten Klaus Mehrens und ich vorbereitet.

Mehrens unterschied drei Bereiche, zu denen Kriterien entwickelt werden müßten. Im sozialen Bereich müßten Freiheit, Rechtsstaatlichkeit, die Revidierbarkeit politischer Entscheidungen ebenso als Maßstäbe für Fortschritt gelten wie die Befriedigung der Bedürfnisse, für die eine Entfaltung von Produktivkräften unverzichtbar sei. Gerechte Verteilung und die Gleichheit von Lebenschancen müßten gesichert sein. Nicht zuletzt sei eine solche Gestaltung der Arbeitswelt bzw. der Arbeitsinhalte anzustreben, die umfassende Persönlichkeitsentwicklung ermögliche.

Im Bereich der Ökologie müsse gegenwärtige Entwicklung stets die Entscheidungsfreiheit künftiger Generationen sichern, d. h. Ressourcen angemessen in Anspruch nehmen. Im Bereich der internationalen Beziehungen müsse eine neue Weltwirtschaftsordnung anvisiert werden, die Interessenausgleich erreichbar werden läßt. Spannungen dürften nicht erhöht und Kriege reduziert werden.

Mehrens stellte abschließend fest, daß die allgemeinen Unterschiede der Vorstellungen zu diesem Thema zwischen SPD und SED nicht so groß seien wie die zwischen denen der SPD und konservativ-technokratischen Konzepten in der BRD, beispielsweise denen von Lothar Späth, für den die technische Entwicklung ausschließlich an ökonomischen Kriterien orientiert sei. Der Dissens zwischen SPD und SED bezöge sich vor allem auf die Frage, auf welche Weise die Steuerung von Fortschrittsprozessen vorgenommen werden solle. Macht dürfe in diesem Kontext nicht mystifiziert werden.

Ich nannte zunächst methodische Probleme. Die hier in Frage stehenden Kriterien dienen zur Beurteilung bzw. Wertung realer Prozesse wie auch dazu, Zielvorstellungen als Vorgabe zu entwickeln. Allgemeine Fragestellungen spielten ebenso eine Rolle wie konkret-historische. Quantitative und qualitative Kriterien seien zu berücksichtigen. Noch so realistische Kriterien könnten die objektiv-reale Widersprüchlichkeit des Fortschritts nicht aus der Welt schaffen.

Als übergreifendes Kriterium für die Gegenwart gelte die Bereicherung des menschlichen Daseins, die Herausbildung einer höheren Stufe individueller und gesellschaftlicher Freiheit. An Marx' Darlegungen zur freien »Individualität, gegründet auf die universelle Entwicklung der Individuen und die Unterordnung ihrer gemeinschaftlichen, gesellschaftlichen Produktivität, als ihres gesellschaftlichen Vermögens« wurde Bezug genommen.[12]

Die Verwirklichung dieser Ziele erfordere dreierlei: erstens die Steigerung der produktiven Potenzen der Menschheit; zweitens die Herausbildung entsprechender gesellschaftlicher Beziehungen – Frieden, eine demokratische Weltwirtschaftsordnung, die Beseitigung der Ausbeutung und des Antagonismus zwischen Schöpfern und Nutznießern des gesellschaftlichen Reichtums, die Beseitigung von Rückständigkeit, die Realisierung individueller und gesellschaftlicher Menschenrechte; drittens die Entwicklung solcher Produktionsverfahren, die einen rationellen Stoffwechsel zwischen Gesellschaft und Natur ermöglichen.

In der Diskussion spielte der Vergleich der Auffassungen beider Seiten eine nicht geringe Rolle. In Iring Fetschers bereits erwähntem Kommentar findet sich die Feststellung, daß die von der SED entwickelten Vorstellungen zu Fortschrittskriterien mit denen der SPD »weithin« übereinstimmten. Nach Johano Strasser seien die Auffassungen der SPD stärker durch ein soziokulturell-demokratisches, die der SED eher durch ein technokratisch-ökonomistisches Herangehen zu charakterisieren. Eine entscheidende Frage sei die nach dem Zustandekommen gesamtgesellschaftlicher Interessen. Ein Prozeß diskursiver Klärung sei dafür unabdingbar. Nur so könnten die hochkomplexen Gebilde gegensätzlicher Interessen angemessen Ausdruck erhalten. Einen solchen Prozeß behindernde Strukturen (Macht, Bürokratie) müßten aus dem Weg geschafft und geeignete Instrumente gesucht werden.

Auch Meyer wandte gegen zentralistische Modelle ein, daß es wissenschaftliche Einsicht in Risiko-Prozesse und Interessenkonstellationen nur begrenzt geben könne.

Als übergreifendes Fortschrittskriterium müßte nach Strasser die soziale Rückbindung des Fortschritts von Wissenschaft und Technik angesehen werden. Zentrale Bedeutung erlange daher unter den gegenwärtigen Bedingungen die Aufhebung der These von der »Wertfreiheit der Wissenschaft«. Die Natur- und technischen Wissenschaften müßten bewußt der Provokation durch die Gesellschaftswissenschaften ausgesetzt werden. Dies sei »bei Ihnen im Sozialismus« besser organisiert, meinte er an unsere Adresse gewandt. Wichtig sei auch die Betonung der konkrethistorischen Bedingtheit der Ziele und der realen Voraussetzungen für Fortschritt. Gewerkschaften dürften nicht unter Anklage gestellt werden, wenn sie eine Technik verteidigen, die es uns heute ermöglicht, anspruchsvollere Vorhaben in Angriff zu nehmen.

Dissenspunkte akzentuierte noch einmal Thomas Meyer. »Historischer Fortschritt« habe im Marxismus-Leninismus die Funktion einer Legitimationskategorie. Konsenspunkte zu allgemeinen Kriterien – z. B. die Betonung der individuellen Freiheit – dürften nicht darüber hinwegtäuschen, daß es im Konkreten fundamentale Differenzen gebe, wie die Nutzung der Kernenergie und anderer lebensgefährdender Technologien im Sozialismus zeige.

An dieser Stelle erfolgt die Wiedergabe der Ausarbeitung von Iring Fetscher im Wortlaut – daher in Anführungszeichen. Die einfach eingeklammerten Seitenzahlen beziehen sich auf meinen oben wiedergegebenen Text, die in eckigen auf den Text von Fetscher.

»Probleme des Fortschritts in der Gegenwart.

Erich Hahn schlägt (S. 7) eine begriffliche Differenzierung vor, die in der Tat für jede Diskussion über ›Fortschritt‹ notwendig ist. Seine drei ›Arten‹ von Fortschritt: sozialer, gesellschaftlicher und geschichtlicher Fortschritt scheinen mir jedoch nicht ausreichend, um die Probleme der Diskussion um ›Fortschritt‹ – in unseren Gesellschaften angemessen lokalisieren zu können. Ich schlage daher vor zu unterscheiden zwischen

1. Wissenschaftlichem Erkenntnisfortschritt (vor allem auf naturwissenschaftlichem, aber auch auf sozialwissenschaftlichem und psychologischem Gebiet).

2. *Technischem Fortschritt, der in der zunehmend rascher um-gesetzten naturwissenschaftlichen Erkenntnis in Produktion und Destruktion besteht.*

3. *Fortschritt bei der Verbesserung der konkreten Lebensbedin-gungen von Individuen und sozialen Gruppen (Schichten, Klassen, Kategorien). Hier dürfte sowohl der soziale als auch der gesellschaftli-che Fortschritt Erich Hahns lokalisiert sein, wobei – wenn man diese Differenzierung festhalten will – der entscheidende für die Menschen allein relevante der ›soziale Fortschritt‹ wäre, dem der gesellschaftli-che dient (oder dienen sollte).*

Geeigneter erschiene mir eine Liste von Voraussetzungen, die der Verbesserung der konkreten Lebensbedingungen dienen und über deren Rangordnung wir vermutlich nicht einig sein werden:

a) Erweiterung des Spielraums individueller Entscheidungsfreiheit (Wahl des Ortes der Arbeit, der Art der Arbeit, der Ausbildung, der Lebensgemeinschaft, der religiösen und sonstigen Überzeugung bzw. des Bekenntnisses usw.).

b) Sicherstellung des Lebens (Recht auf Leben) durch ausreichen-de Ermöglichung von Nahrung, Kleidung, Wohnung etc.

c) Ermöglichung sozial anerkannter, befriedigender, mit den Wün-schen und Zielen der Person übereinstimmender Tätigkeit (Gestaltung der Arbeitsprozesse und der Produkte entsprechend den Bedürfnissen der Produzenten-Konsumenten).

d) Gewährleistung der Aufrechterhaltung (und/oder Wiederher-stellung) der natürlichen Voraussetzungen eines humanen Lebens auch für künftige Generationen. [S. 1]

Schließlich als Grundvoraussetzung:

e) Herstellung sicherer, nicht mehr von totaler Zerstörung bedroh-ter Beziehungen zwischen den Staaten der Erde und ihren unter-schiedlichen sozialen, politischen und ideologischen Orientierungen.

Die Rangordnung zwischen diesen fünf Voraussetzungen für einen Fortschritt bei der Verbesserung der konkreten Lebensbedingungen kann sich unter aktuellen Bedingungen ändern, sie wird auch von Angehörigen verschiedener sozialer Gruppen unterschiedlich bewertet. Es dürfte aber Übereinstimmung darüber erzielt werden können, daß alle wünschenswert sind, alle der Verbesserung konkreter Lebensbe-dingungen dienen.

An einer ganzen Anzahl von Punkten, die Erich Hahn aufführt, habe ich mir an den Rand geschrieben ›einverstanden‹. Ich möchte

zuerst diese Punkte erwähnen, um dann auf die vorhandenen Diver-
genzen einzugehen:

1) ›Fortschritt (S. 1) ist mehr denn je nur noch als Ergebnis
bewußter und kollektiver Aktion zu erwarten.‹ Einverstanden. Fort-
schritt, wie er konkret definiert worden ist, kann nicht von einer
›automatischen Entwicklung‹ erwartet werden, weder von einer Ent-
wicklung der Produktivkräfte im Selbstlauf, noch auch – und hier
dürften Divergenzen zwischen uns liegen – von der Herstellung
vergesellschafteten Eigentums an den Produktionsmitteln. (vgl. auch
S. 14)

2) Einverstanden: gegenwärtig gibt es sowohl Risiken als auch
Chancen. Es ist notwendig, überkommene Vorstellungen von Fort-
schritt ›daraufhin zu überprüfen, inwieweit sie der heutigen Realität
angemessen sind‹. Eine solche Korrektur ist in der Tat die Vorausset-
zung dafür, daß sowohl die paradoxe Situation, daß Erzkonservative
›für den Fortschritt ohne Wenn und Aber‹ eintreten als auch sich als
progressiv Verstehende Fortschritt pauschal ablehnen. Diese Proble-
matik erscheint uns – im Westen – freilich bedeutsamer als Erich Hahn
das zugeben dürfte. ›Konservative‹ im Sinne einer undifferenzierten
Bejahung jeder Art von ›technischem Fortschritt‹ dürfte es auch im
real existierenden Sozialismus geben. [S. 2]

3) ›Gesellschaftlicher Fortschritt kann sich immer weniger unab-
hängig von der Beschaffenheit des Verhältnisses zwischen Gesellschaft
und Natur bzw. von Menschheit und Natur vollziehen.‹ Einverstan-
den. Freilich bedürfte diese Erkenntnis auch eine selbstkritische An-
wendung auf die Praxis der Naturausbeutung und Umweltzerstörung
in den real existierenden sozialistischen Ländern, deren strukturelle
Ursachen – soweit ich sehe – bislang nicht behoben sind.

4) Zu den Resultaten unserer Gespräche gehört offenbar (S. 5, S.
10) die Anerkenntnis der Tatsache, daß ›Möglichkeiten des sozialen
Fortschritts (auch) im Rahmen kapitalistischer Verhältnisse existieren‹
und daß ›wesentliche Züge des heutigen Kapitalismus aus dem erfolg-
reichen Kampf der Arbeiterbewegung um Reformen hervorgegangen
sind‹. An dieser Stelle liegt bekanntlich unser Dissens hinsichtlich der
›Systeme‹. Ich würde hier von einer demokratischen Gesellschaft spre-
chen, die aggressive Momente ihres Rüstungssystems abgebaut und/
oder unter Kontrolle gebracht hat, wobei die Eigentumsordnung von
sekundärer Bedeutung ist. – Das ändert nichts an der von mir gern
akzeptierten Formel ›der historische Wettstreit zwischen Kapitalismus

und Sozialismus kann den sozialen Fortschritt in beiden Systemen befördern und beschleunigen‹. Er wird das vor allem dann, wenn die real existierenden sozialistischen Länder sich in eine Richtung entwickeln, die sie auch für Arbeiter und Angestellte in demokratischen und kapitalistischen Ländern attraktiv oder immerhin akzeptabel macht.

5) ›Der wissenschaftlich-technische Fortschritt hat allerdings sein Maß und Kriterium nicht in sich selbst, sondern darin, Mittel zur Gewährleistung gesellschaftlichen Fortschritts darzustellen.‹ Einverstanden: Nicht jede technische Innovation verbessert die konkreten Lebensbedingungen der Produzenten und Konsumenten. Ich würde hier eher schärfer formulieren als Erich Hahn, der am Ende des Abschnitts feststellt ›weder ein beliebiges Tempo [S. 3] noch ein beliebiger Inhalt der Entwicklung von Produktivkräften kann schlechthin als Garantie gesellschaftlichen Fortschritts angesehen werden‹. Bisher hat sich freilich in den kapitalistischen wie in den sozialistischen Ländern die Produktivkraftentwicklung (und die Gestalt von Produktion und Produkten) nur sehr wenig nach den Anforderungen der Produzenten und Konsumenten gerichtet, sondern nach denjenigen der Eliten – der Eigentümer und Manager hier, der politischen Führung dort, wobei diese politische Führung sich weithin an den Vorbildern der ›entwickelten kapitalistischen Länder‹ orientierte, indem sie durch Planökonomie darum bemüht war, ›die entwickelten kapitalistischen Länder einzuholen und zu überholen‹.

6) Die Kriterien gesellschaftlichen Fortschritts (S. 8) stimmen mit unseren weithin überein. Als höchstes Ziel würde ich die unter dem vorletzten Spiegelstrich genannte ›Schaffung und systematische Vervollkommnung aller gesellschaftlichen Bedingungen für die freie, allseitige Entwicklung und Betätigung aller Individuen (…) größtmögliche Förderung der Persönlichkeitsentwicklung‹ hervorheben.

7) Die Ausführungen zum Verhältnis von Gesellschaft und Natur zeigen einen deutlichen Erkenntnisfortschritt, wenn gefordert wird ›die anthropogene Einwirkung auf die Natur und soziale Lebensprozesse in Einklang mit den Gesetzmäßigkeiten der Biosphäre zu organisieren‹ (S. 9). Freilich bin ich nicht sicher, ob die Formel von der Herstellung einer Übereinstimmung von Produktivkräften und Produktionsverhältnissen (jedenfalls wenn sie so verstanden wird wie bisher) hierfür ausreichend ist.

8) Im Abschnitt ›realer Sozialismus und Fortschritt‹ wird auf die

wachsende Bedeutung ›qualitativer Gesichtspunkte der Lebenweise und Persönlichkeitsentwicklung‹ verwiesen (S. 13) sowie auf die Verbesserung (!) der demokratischen Mitwirkung der Bevölkerung an der ›gesellschaftlichen Leitung‹. Was hier etwas selbstzufrieden als schon existent beschrieben wird, schiene mir freilich eher ein wenn auch wichtiges Postulat zu sein. [S. 4]

Kritische Gesichtspunkte

Insgesamt fällt einem ›westlichen‹ Leser die fast ungebrochene Überzeugung von der Progressivität jeder wissenschaftlich-technischen Entwicklung auf, die nur geringfügig modifiziert wird. Zwar wird (S. 2) ein ›rationeller Stoffwechsel zwischen Gesellschaft und Natur‹ gefordert, ›der den Erfordernissen des Menschheitsfortschritts gerecht wird wie denen der Gewährleistung bzw. Reproduktion seiner natürlichen Voraussetzungen‹ und dabei auf ›irreversible, in ihrem Auswirkungen auf die Existenz der menschlichen Gattung unabsehbare Störungen des Verhältnisses zwischen Gesellschaft und Natur‹ hingewiesen. Aber der Stellenwert dieser Problematik scheint mir noch nicht ausreichend ernst genommen zu werden. Vor allem fehlt ein konkreter Verweis auf die Ursachen der Naturzerstörung auch durch die industrielle und großagrarische Produktion in den sozialistischen und nicht nur in den kapitalistischen Staaten. Neben der schon erwähnten Anerkenntnis der Möglichkeiten sozialen Fortschritts auch in kapitalistischen Gesellschaften fehlt ein Versuch der Erklärung für die evidenten Mißerfolge der sozialistischen Planökonomien sowohl in der Phase differenzierten höheren industriellen Wachstums als auch hinsichtlich des Verhältnisses Produktion – Natur.

›Übergreifende Maßstäbe, Inhalte und Kriterien für gesellschaftlichen Fortschritt‹ (S. 5) sind sicher notwendig, die weltweite Vereinheitlichung, von der gelegentlich gesprochen wird, steht aber dem manifesten Bedürfnis der Angehörigen zahlreicher Nationen und ethnischer Einheiten nach Bewahrung ihrer Besonderheiten im Wege. Zwar hat bereits seit langem eine Korrektur der von Lenin und Stalin angenommenen weltweiten Ausdehnung der ›Union der sozialistischen Sowjetrepubliken‹ stattgefunden, und nach dem Zweiten Weltkrieg wurden (von den baltischen Randstaaten, die schon zum zaristischen Rußland gehört hatten, abgesehen) unter dem politisch-militärischen Einfluß der Sowjetunion keine neuen Sowjetrepubliken, sondern

souveräne sozialistische Nationalstaaten geschaffen. Aber die Problematik des Interesses an der Bewahrung und Verteidigung kultureller Eigenart (die ja auch durch den kapitalistischen Prozeß der weltwirtschaftlichen Industrialisierung bedroht wird) ist offenbar noch nicht deutlich genug erkannt worden. [S. 5]

Eine einfache Lösung ist hier – wie mir scheint – schon deshalb nicht möglich, weil wir im Interesse des Fortschritts in Richtung auf soziale Gerechtigkeit und individuelle Selbstbestimmung weder z. B. die Diskriminierung der Frau im islamischen Fundamentalismus kritiklos hinnehmen, noch unsere Werte und Normen autoritativ von außen aufzwingen können.

Das Problem der ethnisch-kulturellen Besonderheit hat strukturelle Analogien zum Problem der Erhaltung der Natur in ihrer Vielfalt und hierauf gegründeten Regenerationsfähigkeit. Auch wenn wir davon überzeugt sind, daß die auf Renaissance, Aufklärung, demokratische Revolution und naturwissenschaftliche Denkweise zurückgehende Entwicklung den Menschen optimale Lebensbedingungen bringen kann, haben wir – so scheint mir – kein Recht, unsere Gesichtspunkte und Zielvorstellungen – mit welchen Zwangsmitteln auch immer – durchzusetzen,

Eine ähnliche Problematik tut sich auf, wenn Erich Hahn als bereits vorhanden eine ›wesentliche Übereinstimmung individueller, kollektiver und gesamtgesellschaftlicher Interessen‹ unterstellt. Mir scheint, diese Übereinstimmung (auch schon eine wie immer unvollständige ›wesentliche‹) kann nur unter der Voraussetzung völlig freier Kritik und Diskussion, und lediglich auf dem Weg ständiger Versuche, Korrekturen, Modifikationen usw. erzielt (annähernd erreicht) werden.

Wenn (S. 10 unten) die ›ausschlaggebende Rolle der Eigentums-, Klassen- und Machtverhältnisse für die (...) Realisierung (...) gesellschaftlichen Fortschritts‹ hervorgehoben wird, so würde ich hier vor allem die Machtverhältnisse unterstreichen, die ja nicht immer mit den Eigentumsverhältnissen identisch sein müssen. Jede Minderheitsmacht – so unsere Erfahrung – tendiert dazu, ihre Eigeninteressen für gesamtgesellschaftliche auszugeben (ja auch zu halten). Wenn Hahn an dieser Stelle wieder auf die ›Möglichkeit anderer Arten, Wege und Formen der praktischen Einflußnahme auf gesellschaftliche Entwicklungsprozesse‹ verweist, dann ist das eine gute Formel für den – von beiden Seiten gewünschten – friedlichen Wettbewerb. ›Möglichkeiten und Grenzen derartiger Prozesse kann nur die geschichtliche Praxis erweisen‹ – das gilt allerdings genauso für den real existierenden Sozialismus, von dem wir annehmen, daß er nicht ohne tiefgreifende Strukturveränderungen der Aufgabe, die Hahn nennt, gewachsen sein wird. [S. 6]

Der Hinweis auf das ›außerordentliche Gewicht äußerer Bedingungen und Faktoren‹ für die Entwicklung sozialistischer Gesellschaften (S. 11) dient sicher der Erklärung zahlreicher Defizite und Mängel, reicht aber dazu kaum aus. Wenn es gelingen sollte, die militärische Bedrohung weltweit abzubauen und eine Umstellung der Wirtschaften der sozialistischen Staaten (vor allem auch der Sowjetunion) auf reine Friedenswirtschaft vorzunehmen, wird sich zeigen, ob und inwieweit der friedliche Wettbewerb entsprechende qualitative Verbesserungen möglich macht – dort – wie auch hier.

Die (S. 12 erwähnte) Förderung des wissenschaftlich-technischen Fortschritts verlangt, wie die Stagnation der Entwicklung in der Sowjetunion trotz großer Forschungsmittel zeigt, vor allem auch ein weit höheres Maß von Freiheit der Forscher, von offener Kommunikation mit der scientific society, von Entlastung von bürokratischer Kontrolle und Bevormundung. Dinge, die es – in bestimmtem Umfang – auch in kapitalistischen Ländern gibt, unter denen aber die Wissenschaft in den real existierenden sozialistischen Ländern besonders stark zu leiden scheint. Das gleiche gilt auch schon für Betriebsingenieure und Facharbeiter, deren aktives Engagement für die Verbesserung der Produktion von einer Verbesserung der Reallöhne aber auch von einer Erweiterung ihrer Freiheiten abhängig sein dürfte. S. 13 wird das von Erich Hahn angesprochen, ohne daß die hier zu erwartenden selbstkritischen Anmerkungen vorkommen.

Die S. 16 erwähnten konservativen Krisenbewältigungsstrategien – die es zweifellos gibt – tendieren weniger in Richtung auf profaschistische oder faschistische Bewegungen (die keine aktuelle Bedrohung darstellen trotz der 14 Prozent für Le Pen in Frankreich) als vielmehr in Richtung auf eine skrupellose Ausnützung der technischen Entwicklung zum Zwecke der Rationalisierung und der Dezentralisierung der Produktion mit der Absicht einer Entmachtung der Gewerkschaften. Bei der Rechtfertigung gewisser Entwicklungen beobachten wir hier im übrigen eine merkwürdige Partnerschaft von konservativen bundesdeutschen Politikern und führenden Personen in der DDR, die sich – z. B. hinsichtlich der Wiederaufbereitungsanlage in Wackersdorf und des Schnellen Brüters – einig sind. [S. 7]«

1. Erhard Eppler und seine Mitstreiter haben Recht bekommen hinsichtlich ihrer Kritik an dem unreflektierten Optimismus des marxistisch-leninistischen Fortschrittsdenkens. Auch mag eine Dominanz der ideologischen Funktion des Fortschrittsbegriffs bei manchem von uns den nüchternen Blick für Erreichtes und Offenes, für notwendige Folgerungen aus den realistischen Momenten dieses Konzepts beeinträchtigt haben – meine Thesen eingeschlossen! Daß es sich dabei nicht um die isolierte Wirkung eines abstrakten Begriffs handelte, schmälert nicht die Verantwortung des Gesellschaftswissenschaftlers.

2. Die Niederlage dieses Sozialismus verdeckt die Tatsache, daß bei dem Versuch der Realisierung dieses Gesellschafts- und Fortschrittskonzepts Wege beschritten und Erfahrungen gesammelt wurden, deren Nichtbeachtung die nun herrschende Ordnung teuer zu stehen kommen kann. Ich greife ein Beispiel heraus.

In ihrer klassischen Fortschrittskritik, der 1947 erschienenen »Dialektik der Aufklärung«, schrieben Horkheimer und Adorno: »Von Interessenten wird die Kulturindustrie gern technologisch erklärt (…) Die Standards seien ursprünglich aus den Bedürfnissen der Konsumenten hervorgegangen: daher würden sie so widerstandslos akzeptiert. In der Tat ist es der Zirkel von Manipulation und rückwirkendem Bedürfnis, in dem die Einheit des Systems immer dichter zusammenschießt. Verschwiegen wird dabei, daß der Boden, auf dem die Technik Macht über die Gesellschaft gewinnt, die Macht der ökonomisch Stärksten über die Gesellschaft ist.«[13]

Natürlich bin ich nicht der Meinung, daß im vergangenen Sozialismus dieses Problem gelöst worden sei. Was jedoch vollbracht wurde, war der Versuch eines praktischen Ansatzes, um diesen Zirkel in bestimmter Hinsicht außer Kraft zu setzen. Was nicht vollbracht wurde, war, eine alternative Logik an seine Stelle zu setzen. Bedürfnisreproduktion und -befriedigung waren nicht mehr nur das spontane Produkt des Marktes – schon gar nicht des eigenen –, es sei denn im negativen Sinne. Sie waren auch nicht das bewußte Produkt jener menschenverachtenden, entwürdigenden und entmündigenden Manipulation, deren heutige Exzesse die Erlebniswelt von Adorno und Horkheimer weit übertreffen. Aber sie waren »bei uns« erst in Ansätzen Resultat von Entscheidungen, die an »reflexiver Vernunft« orientiert und vom »assoziierten Verstand«, einem bewußten gesellschaftlichen Konsens, getragen waren. Was alles einer befriedigenden Lösung dieses Problems im Wege stand und an welche Grenzen wir in dieser konkreten Frage gestoßen sind, wäre zu analysieren.

3. Die Bedürfnisfrage dürfte ein Schlüsselproblem heutigen Zukunfts- oder Fortschrittsdenkens sein. Allerdings unter der Voraussetzung, daß die Bedürfnisfrage nicht allein in ihrer anthropologischen Dimension, sondern als Kristallisationspunkt gesellschaftlicher Totalität aufgefaßt wird. Liest man aber beispielsweise die in den 90er Jahren erschienenen Berichte des *Club of Rome*[14] oder die Analysen und Diskurse von Attac, jener sozialen Bewegung, von der am ehesten Konzepte und Aktionen zur Bewältigung der anstehenden Menschheitsprobleme zu erwarten sind[15], dann findet man wenig Belege dafür, daß in der nun vom Kapital dominierten Welt reflexives Fortschrittsdenken nach Art der sozialdemokratischen Positionen von 1988 übermäßig stark praktiziert worden wäre – schon gar nicht in den ehemals sozialistischen Ländern. Deren »Transformation« hält sich durchaus im Rahmen von herkömmlichen »Modernisierungs«-Prozessen und der ihnen eigenen alten und neuen Ambivalenzen.

Horst Schmitthenner formulierte 2001: »Die neue Weltordnung, die nach dem Ende des Kalten Krieges ausgerufen wurde, birgt keine Zukunftsfähigkeit in sich.«[16]

Eric Hobsbawm beendet seine Weltgeschichte des 20. Jahrhunderts mit dem Satz: »Die Zukunft kann keine Fortsetzung der Vergangenheit sein.«[17]

Attac ist unter dem Slogan angetreten: »Eine andere Welt ist möglich!« Es gibt kaum einleuchtende Einwände gegen die naturwissenschaftlich und ökonomisch begründete Erwägung, daß eine grundsätzliche Änderung des Stoffwechselprozesses zwischen Gesellschaft und Natur, eine Revolution der Produktivkräfte auf der geschichtlichen Tagesordnung stehen.

Diese Wende – lese ich bei einem marxistischen Wirtschaftswissenschaftler – »bedeutet den Angriff auf eine zwei Jahrhunderte alte private Entscheidungspraxis und verlangt einen grundsätzlichen sozialen und ökologischen Umbau der Regulation. Verlangt wird nicht mehr und nicht weniger als eine Zielrevolution des

Wirtschaftens: das ökonomische Maß der Überlebenschance der Zivilisation unterzuordnen, oder das Naturmaß und das menschliche Maß über das ökonomische zu stellen.«[18]

Daß bislang kaum Chancen, Wege und Subjekte ihrer Realisierung absehbar sind, ist kein Argument gegen ihre Dringlichkeit. Und in diesem Sinne ist Fortschritt nach wie vor unumgänglich und ein neuer Fortschrittsbegriff unverzichtbar.

Fußnoten:

1   Carl-Christian Kaiser, Wenn's im Dialog kritisch wird. In: Die Zeit, 6. Mai 1988
2   Vgl.Hermann Weber, DDR. Grundriß der Geschichte 1945 – 1990. Hannover 1991, S. 339, 334; Reinhard Grimmer, Werner Irmler, Willi Opitz, Wolfgang Schwanitz (Hrsg.), Die Sicherheit. Zur Abwehrarbeit des MfS. Band 1, Berlin 2002, S. 654ff; Zur Festnahme von Personen wegen des begründeten Verdachts landesverräterischer Beziehungen. Informationen Nr. 243. 1988/2
3   Gode Japs, Die hohe Schule des politischen Streits. In: Vorwärts, 8. 3. 1986
4   Diese Darlegungen hat Otto Reinhold in einem Artikel in der Zeitschrift *Horizont* begründet und erweitert. Otto Reinhold, Der Streit der Ideologien und die gemeinsame Sicherheit. In: Horizont, 5/88, S. 8/9. Der Artikel wurde in der FAZ vom 9. 5. 1988 ausführlich referiert.
5   Vgl. Neue Deutsche Literatur. Monatsschrift für Literatur und Kritik. 36.Jg., Heft 3/1988
6   Heinrich Potthoff, Die »Koalition der Vernunft«. Deutschlandpolitik in den 80er Jahren, München 1995, S. 636f.
7   Vgl. Peter Jochen Winter, Die meisten haben den Versammlungsort am Frankfurter Tor gar nicht erreicht. In: FAZ, 14. 1. 1988, S. 4; vgl. Die Sicherheit a. a. O., S. 654, 657; vgl. Hanfried Müller, Vorläufige Anmerkungen zum Fall »Grenzfall«. In: Weißenseer Blätter. Herausgegeben im Auftrag des Weißenseer Arbeitskreises (Kirchliche Bruderschaft in Berlin-Brandenburg). Heft 5/1987, S. 37ff
8   Neues Deutschland, 28. August 1987, S.3
9   Grundgedanken dieser Thesen und unserer Tagung habe ich auf einem Symposion der »Freien Akademie« im Mai 1994 vorgetragen. Vgl. Erich Hahn, Die Dialektik des Fortschritts in unserer Zeit. In: Fortschritt im geschichtlichen Wandel. Schriftenreihe der Freien Akademie. Herausgegeben von Jörg Albertz. Band 18. Berlin 1998. S. 119ff.
10 Vgl. Thomas Meyer, Neokonservatismus, Arbeiterbewegung und die Krise des Fortschritts. In: Konservatismus in der Strukturkrise. Herausgegeben von Thomas Kreuder und Hanno Loewy. Frankfurt am Main 1987. S. 173ff. Aktuelle Überlegungen zur Fortschrittsproblematik aus der Sicht der SPD trägt Thomas Meyer in seinem 1998 erschienenen Buch »Die Transformation der Sozialdemokratie. Eine Partei auf dem Weg ins 21. Jahrhundert« vor. Vgl. besonders S. 116ff, 172ff, 251
11 Vgl. Thomas Meyer, Neokonservatismus, a. a. O., S. 199
12 Karl Marx, Grundrisse der Kritik der politischen Ökonomie. Berlin 1953, S. 75, 593
13 Max Horkheimer und Theodor W. Adorno, Dialektik der Aufklärung. In: Max Horkheimer, Gesammelte Schriften. Band 5. Herausgegeben von Gunzelin Schmid Noerr. Frankfurt 1987, S. 145
14 Donella H. Meadows/Dennis L. Maedows/Jorgen Randers, Die neuen Grenzen des Wachstums. Stuttgart 1992; Wouter van Dieren (Hrsg.), Mit der Natur rechnen. Basel, Boston, Berlin 1995
15 Bernard Cassen/Susan George/Horst-Eberhard Richter/Jean Ziegler u. a., Eine andere Welt ist möglich! Dokumente des Attac-Kongresses vom 19. bis 21. 10. 2001 in Berlin, Hamburg 2002
16 ebenda S.138
17 Eric Hobsbawm, Das Zeitalter der Extreme. München-Wien 1994. S. 720
18 Hans Wagner, Geschichte als Suchprozeß. In: Berliner Debatte. Initial. Heft 5/1992, S. 28

Menschenrechte in unserer Zeit

*Seit es die Menschen- und Bürgerrechte in kodifizierter
programmatischer Form gibt, ist ihre Geschichte weithin
die Geschichte ihrer Verweigerung.*
Günter Brakelmann

Unser siebentes Treffen – fälschlicherweise war in mehreren Zeitungen vom achten die Rede – fand nicht gerade unter günstigen
Vorzeichen statt.

Ende März hatte ein öffentlicher Schlagabtausch beider Partner
stattgefunden. Die Grundwertekommission übte am 29. März in
Gestalt einer Bilanz seit der Veröffentlichung der »Diskussions-
schrift« im August 1987, in der »die Grundsätze einer Streitkultur
niedergelegt« worden seien, eine scharfe Kritik an der Einengung
des gesellschaftlichen Dialogs in der DDR und der Verschlechterung seiner Bedingungen: Repressionen gegen Mitglieder von
Menschenrechts-, Friedens- und Umweltgruppen, Einschränkungen der Informations- und Pressefreiheit, Diskriminierung von
Ausreisewilligen. In einer am 31. März im *Neuen Deutschland* veröffentlichten Antwort sah Otto Reinhold darin eine Umwertung
des Ausgangspunktes und der zentralen Frage des Dokuments (gemeinsame Sicherheit und Erhaltung des Friedens) und wandte sich
dagegen, es zu Zwecken zu verwenden, die seinem Geist und seinen Zielen widersprechen. Als »eigenartig« bezeichnete er das Verfahren, eine derartige Erklärung kurz vor dem nächsten vereinbarten Treffen zu veröffentlichen.[1]

Bei der Nachzeichnung der Debatte – das Thema hatte übrigens
1988 die SED-Seite vorgeschlagen – werde ich folgender-
maßen verfahren. Zunächst (erstens) werde ich – in der Reihenfolge, in der sie gehalten wurden – Positionen aus den vier vorbereiteten Kurzbeiträgen skizzieren. Günter Brakelmann hatte seinen Vortrag schriftlich verteilt. Mit seiner Zustimmung gebe ich
ihn – nur geringfügig gekürzt – im Wortlaut wieder. Die Diskussion zu diesen Beiträgen (zweitens) gliedere ich in systematische

Schwerpunkte. Im Anschluß daran (drittens) folgen zwei weitere Kurzbeiträge (zum gleichen Thema, und die relevanten Bemerkungen.

Vier Grundsatzerklärungen

Thomas Meyer sprach über Dissens und Konsens im Menschenrechtsverständnis.

1. Menschenrechte und Grundrechte seien nicht gleichzusetzen. Grundrechte seien die in Verfassungen verankerten Menschenrechte. Menschenrechte als solche bezeichnen den übergeordneten Rechtsrahmen.

2. In den Verfassungen beider deutscher Staaten werden Parallelen im Menschenrechtsverständnis deutlich.

3. Unterschiede betreffen die Stellung der sozialökonomischen bzw. der politischen Rechte.

4. Beide Systeme sind menschenrechtsfähig.

5. Für den Westen ist die Struktur der politischen Willensbildung wesentlich; es ist dem Recht überlassen, zu welchen Folgen die Ausfüllung der Menschenrechte führt. Im Osten gibt es Festlegungen zur ökonomischen und politischen Struktur der Gesellschaft, die auch die Wirkungen des Rechts determiniert. Voraussetzungen der Realisierung scheinen für den Osten wichtiger zu sein als die Rechte selbst.

6. Im Westen sind die Spielräume für Ansprüche und die Wahlmöglichkeiten größer.

7. Parallelitäten verbergen tatsächliche und tiefgehende Differenzen. Im Westen sind politische Optionen dem freien Wettbewerb anheimgegeben. Im Osten müssen die politischen Optionen den Eigentumsverhältnissen, dem staatlich organisierten Eigentum bzw. den Grundsätzen der herrschenden Weltanschauung entsprechen. Im Osten stehen nur die Chancen der Realisierung von Rechten zur Disposition, im Westen die Prinzipien selbst!

8. Ein selbständiges Problem ist die Einheit der Menschenrechte.

Nach Auffassung der SPD hängen alle Menschenrechte miteinander zusammen. Im Westen gibt es kein fixiertes Grundrecht auf Arbeit. Dieses Recht wird zwar nicht bestritten, es kann aber nicht rechtlich garantiert werden, da Arbeitslosigkeit zum System gehört. Im Osten gibt es das Grundrecht auf Arbeit – um den Preis der Aufgabe des Koalitionsrechts.

Eine Annäherung im Menschenrechtsverständnis könnte es geben, wenn im Osten die grundlegenden Strukturen öffentlich diskutiert würden und im Westen die Möglichkeiten für eine stärkere Wahrnehmung gesamtgesellschaftliche Verantwortung.

Auch Rolf Reißig vertrat die Auffassung, daß es im Menschenrechtsverständnis von SPD und SED Gegensätze und Gemeinsamkeiten gibt. Dies hänge mit ihrer gemeinsamen Verwurzelung in der Arbeiterbewegung zusammen. Heute seien in dieser Frage alle mit neuen Herausforderungen konfrontiert.

Menschenrechte seien als politische Garantie für die menschliche Würde und die freie Entfaltung der Persönlichkeit anzusehen. Dies gelte ohne Ausnahme und sei nicht als Geschenk des Staates anzusehen. Eine Hierarchie zwischen wichtigen und unwichtigen Menschenrechten gebe es nicht. Menschenrechte seien Gestaltungs- und Schutzrechte. Anspruch und Realität von Menschenrechten seien nie identisch.

Das Menschenrecht auf Frieden habe absolute Priorität. Dies sei jedoch keine Relativierung anderer Rechte. Die Verwirklichung von Menschenrechten sei in zunehmendem Maße eine Voraussetzung für die Sicherung des Friedens.

Menschenrechte seien nichts dem Sozialismus Aufgezwungenes oder Äußerliches. Interessen der Arbeiterklasse und Menschenrechte befänden sich in Übereinstimmung. Der Sozialismus leistet einen spezifischen Beitrag zu ihrer Entwicklung in Gestalt der Proklamation neuer, vor allem sozialer Menschenrechte, durch die Schaffung neuer gesellschaftlicher Grundlagen und durch ihre prinzipielle Verbindung mit dem antifaschistischen Prinzip. Daß persönliche und politische Menschenrechte zunächst nicht an der Spitze gestanden hätten, hänge mit dem sozialen Charakter der Revolution, mit utopischen und illusionären Positionen, aber auch mit Tendenzen ihrer Unterschätzung oder Mißachtung zusammen.

Neue Fragestellungen in dieser Hinsicht ergeben sich nicht nur aus Defiziten sondern aus der wissenschaftlich-technischen Revolution (neue Überlegungen zum Recht auf Arbeit und zum Demokratieprozeß) und aus Prozessen der Individualitätsentwicklung.

Menschenrechte müßten im Dialog entwickelt und vervollkommnet werden. Politische Normen für den Dialog müßten erarbeitet werden. Gegenseitige Beschuldigungen und »Annäherungs«-Ambitionen seien nicht hilfreich. Kriterien für Kritik und Einmischung seien erforderlich.

Ich sprach über das Verhältnis von Klassenpositionen und Menschenrechten.

1. Historisch hätten Klassen sich als Subjekt der Artikulation von Menschenrechten erwiesen, um Forderungen auf eine Änderung ihrer Lage oder die Beseitigung der gegebenen Verhältnisse durchzusetzen. Daß die Forderungen der benachteiligten Klasse die Gestalt von Forderungen im Namen der Menschheit annahmen, hänge damit zusammen, daß die privilegierten Klassen die Potenzen der Gesellschaft usurpierten, die unterdrückten Klassen also vom gesellschaftlich Möglichen ausgeschlossen seien und der Staat diese Gegebenheiten verallgemeinere und absichere.[2]

2. Als wesentlicher Inhalt und Maßstab der durch die gegebene staatliche Ordnung – sofern sie auf dem Privateigentum an Produktionsmitteln beruht – gesetzten Menschenrechte und Normen erweisen sich die Interessen der herrschenden Klassen.

3. Die tatsächliche (unterschiedliche) Klassenstellung entscheidet faktisch über die reale Nutzung der (gleichen) Menschenrechte.

4. Die Auseinandersetzung zwischen Klassen und ihr Kräfteverhältnis entscheiden darüber, in welchem Ausmaß die Interessen der herrschenden Klasse mittels des Rechts durchgesetzt werden.

5. Die historische Situation hat sich ergeben, daß die Arbeiterklasse gesetztes Recht gegen die herrschende Bourgeoisie verteidigt.

6. Im Zentrum der Dialektik von Klassenposition und Menschenrechten steht die Eigentumsfrage. Die Beseitigung der kapitalistischen Ausbeutung liegt heute im Interesse der Menschheit.

7. Das sozialistische Recht ist Klassenrecht, indem es die Entwicklung zu einer klassenlosen Gesellschaft als Anspruch der Arbeiterklasse fixiert. Es ist Menschenrecht, indem es Erfordernisse des Menschheitsfortschritts artikuliert – so wie seinerzeit das Recht der Bourgeoisie – und indem das Recht bei der Realisierung dieser Perspektive praktische Funktionen ausübt.

»*Günter Brakelmann: Diskussionspapier ›Menschenrechte‹*

Die ersten neuzeitlichen Formulierungen von Menschen- und Bür-gerrechten haben zum geschichtlichen Hintergrund die Erfahrung der Abwesenheit politischer Humanität. Politische Unterdrückung, Un-gleichheit des Rechts, Willkür der Rechtsprechung , Alltagsleben unter den Bedingungen einer feudal-aristokratischen Privilegiengesellschaft, Unsicherheit der persönlichen Sicherheit und des persönlichen Eigen-tums, Einschränkung der persönlichen Glaubens- und Gewissensfrei-heit, Reglementierung in Bildung und Forschung, kurzum: ein Leben in Unfreiheit und Ungerechtigkeit war Struktur geworden. Ein dich-tes Netz von Beschränkungen und Verweigerungen hatte sich über das politisch-gesellschaftliche Leben gelegt. Machtmäßig abgesichert wur-den die politische Unterdrückung und die gesellschaftliche Ungleichheit durch die Omnipotenz eines absolutistischen Staates, der alle Men-schen, die außerhalb seines engeren Herrschaftsapparates standen, zu regierten und reglementierten Objekten in der Hand der Staatsräson machte. Der Wille des Staates durchdrang alle gesellschaftlichen Teil-systeme. Das Maß der Freiheit der Untertanen bestimmte der Herr-schaftswille der privilegierten Stände.

Wer in diesem System Widerstand leistete – philosophisch-intellek-tuell oder real-politisch – mußte Verfolgung, Entwürdigung, Gefäng-nis, Folter und Tod in Rechnung setzen.

Diese Welt – idealtypisch gezeichnet – gebiert die Idee von Men-schen- und Bürgerrechten. Sie postulieren in positiver Sprachlichkeit das Gegenteil der leidvoll erfahrenen Wirklichkeit.

Unfreiheit und Unrecht – die Durchschnittstrabanten bisherigen Geschichtsverlaufs – lassen nach ihrer Aufhebung als Voraussetzung gelungenen Menschseins rufen. Man tut es im Namen dessen, der sei-ne Chance zur gestalteten Humanität bislang kaum gehabt hat: des real existierenden Menschen. In einem radikalen Reduktionsverfahren stößt man durch alle bisherige Ordnungswelt und Tradition hindurch auf den, der schließlich die Welt zu verantworten und in ihr mit seinesgleichen zu leben hat: den Einzelmenschen, das Individuum. Diese anthropozentristische Entdeckung läßt die überkommenen Ord-nungsstrukturen und Sinngebungsagenturen zusammenbrechen. Das revolutionäre Prinzip der Revolution ist die Entdeckung dieses Men-schen, der »frei und gleich an Rechten geboren« wird und es auch bleibt. Diese Proklamation der Mittelpunktstellung des Menschen setzt den Staat in eine völlig neue Rolle und Funktion: »Der Endzweck aller politischen Vereinigung ist die Erhaltung der natürlichen und unabdingbaren Menschenrechte. Diese Rechte sind die Freiheit, das Eigentum, die Sicherheit, der Widerstand gegen Unterdrückung« (Art. 2 der Menschenrechte von 1789).

Der Mensch als Individuum bekommt Rechte zugesprochen, die er vor dem Staate hat. Er hat Rechte vorstaatlicher Art, die den real existierenden Staat in seine Grenzen weisen und ihn gleichzeitig auf seine Hauptaufgabe festlegen: im Dienste dieses Menschen solche Bedingungen zu schaffen und auf ihre Einhaltung zu drängen, die dem Bürger ein sinnvolles Leben in politischer Humanität erlauben. Politik wird Dienst am Einzel- und Gemeinwohl. Daß die Erklärung der Menschen- und Bürgerrechte vor nunmehr 200 Jahren zum Hintergrund die politische und kulturelle Emanzipation des aufsteigenden Bürgertums gehabt hat und daß sich in ihnen das politisch-ökonmische Interesse des 3. Standes auf der Ebene des Prinzipiellen formuliert hat, dürfte klar sein. Das schließt aber nicht aus, daß von den Ursprüngen her allgemein gültige Prinzipien der Humanität mitgemeint sind. Menschenrechte verdienen nur den Namen, wenn sie für jeden Menschen unabhängig von Rasse und Geschlecht, religiöser und politischer Überzeugung gelten. Zeitlich gesehen gelten sie immer und räumlich gesehen überall. Diese Universalität und Ubiquität gilt bei aller Verschränkung in französischer Befreiungsgeschichte.

Die neuzeitliche politische Geschichte ist selten auf der Höhe dieser Usprungsgeschichte geblieben. Seitdem es diese Menschen- und Bürgerrechte in kodifizierter programmatischer Form gibt, ist ihre Geschichte weithin die Geschichte ihrer Verweigerung. Vor allem unser 20. Jahrhundert hat Formen von Staatsomnipotenz gebracht, die das radikale Gegenteil der »Prinzipien von 1789« Wirklichkeit werden ließen. Millionen von Menschen sind im Namen der Durchsetzung angeblich höherer Geschichtsprinzipien geopfert worden. Die Mittelverwendung des Menschen für außerhalb seiner selbst liegende Zwecke feierte grausame Orgien. Wegen falscher Klassen- oder Rassenzugehörigkeit wurden Menschen entrechtet, verfolgt, gefoltert und liquidiert. Kollektive wie Staat und Volk, Nation und System degradierten in Umdrehung der neuzeitlichen Ursprungsideen den Einzelmenschen wieder zum Instrument politisch-imperialistischer oder politisch-ideologischer Interessen. Fast alle Staaten und Völker haben mehr oder weniger an dieser Grundperversion neuzeitlicher politischer Humanität ihren Anteil gehabt.

Es gehört nun aber zu den hoffnungsvollen Zeichen unserer Zeit, daß gerade angesichts der menschenrechtsverletzenden Praxis die Grundidee der Menschenrechte eine neue Bedeutsamkeit nach dem 2. Weltkrieg bekommen hat. Die massenhaften Unrechts- und Leiderfahrungen fast der gesamten Welt ließen die Menschenrechte als Instrument für politische Humanität neu entdecken. Es seien nur einige Stationen genannt: die allgemeine Erklärung der Menschenrechte vom 10. Dezember 1948; die Menschenrechtskonventionen der Vereinten Nationen von 1966 mit dem ›internationalen Pakt über wirtschaftliche, soziale und kulturelle Rechte‹ und dem ›internationalen Pakt über staatsbürgerliche und politische Rechte‹. Dazu kommen aus neuester Zeit: die Schlußakte der Konferenz über Sicherheit und Zusammenarbeit in Europa vom 1. 8. 1975, ergänzt durch das abschließende Dokument des Madrider KSZE- Folgetreffens vom 6. 9. 1983 und aus diesem Jahr das abschließende Dokument des KSZE-Folgetreffens in Wien vom 15. 1. 1989.

Diese Kodifizierungen haben Traditionelles bewahrt und Neues entwickelt:

1. Die Menschenrechte sind historisch und sachlich zuerst Schutz- und Abwehrrechte der Bürger gegenüber sich verselbständigenden Staatsgewalten gewesen. Als solche Schutz- und Abwehrrechte werden sie immer ihre Bedeutsamkeit behalten. Denn solange es Staaten mit Macht gibt, wird es die Tendenz des Mißbrauchs der Macht geben.

2. Angesichts ökonomischer Ausbeutung und sozialer Ungerechtigkeit ist ein Komplex sozialer und kultureller Menschenrechte entwickelt worden.

3. Angesichts immer drohender Objektstellung von Menschen in modernen Systemen ist eine Summe von politischen Partizipationsrechten entwickelt worden, die den einzelnen in konkrete politische Mitverantwortung setzen.

Diese Entwicklung von liberalen Menschenrechten (in ihrer klassischen bürgerlichen Form) über soziale Menschenrechte (die zum Hintergrund die Erfahrung proletarischer Klassensituation haben) hin zu aktiven Mitwirkungsrechten von einzelnen und von Gruppen dürfte angesichts veränderter politischer und sozioökonomischer Lagen konsequent und schlüssig sein. Der geschichtlich-dynamische Charakter von Menschenrechten und Grundfreiheiten dürfte deutlich sein. Diese historisch bedingte Ausfächerung von Menschenrechten in diese drei Formen liberaler, sozialer und partizipativer Menschenrechte ist ein

Ergebnis neuzeitlicher Bemühung um politische Humanität angesichts der Erfahrungen radikaler Verfehlung derselben. Die systematische Konsequenz in der Menschenrechtsdebatte kann dann doch nur sein, die Menschenrechte in ihrer dreifachen Ausfächerung als eine Einheit im Blick auf ein ungeteiltes Humanum zu begreifen. Politische Humanität wäre dann nur dort, wo liberale, soziale und partizipative Menschenrechte gleichzeitig zur Anwendung und Auswirkung kommen.

Man kann innerhalb der Trias unterscheiden, aber man kann sie nicht mehr prinzipiell scheiden oder das eine vor dem anderen als höherrangig bezeichnen. Die Aufgabe der konkreten Politik wird sein, über die notwendigen Zuordnungen zu entscheiden. Gegeneinander ausgespielt werden können diese ausgefächerten Menschenrechte auch deshalb nicht, weil sie sich gegenseitig tragen und bedingen. Die in manchen Diskussionen beliebte Formel: der ›Westen‹ steht für liberale, der ›Osten‹ steht für soziale Menschenrechte verkennt im Ansatz die Doppelnatur des Menschen als individuelles und gesellschaftliches Wesen, die man zwar unterscheiden, aber nicht scheiden kann. Und wenn man davon ausgeht, daß zwischen Individuum und Gesellschaft ein dialektisches Verschränkungsverhältnis besteht, wird man sich sinnvoll streiten können über die politisch und gesetzlich vorzunehmenden Verschränkungen, aber kaum über die Hegemoniefrage. Dieses grundsätzlich offene Verschränkungsverhältnis schließt selbstverständlich nicht aus, daß man sich in Zweifelsfällen durchaus für eine zwischenzeitliche Priorität des einen vor dem anderen entscheiden kann.

Und noch ein Argument: auch die Ganzheitlichkeit des menschlichen Lebens in seinen Alltagsformen läßt keine Hierarchisierung der drei Formen der Menschenrechte zu, auch wenn man nicht bezweifeln sollte, daß von der Natur der Sache her mit liberalen, sozialen und partizipativen Menschenrechten ein Spannungsverhältnis beschrieben wird. Die Spannung etwa zwischen Freiheit und Gerechtigkeit ist nie endgültig statisch zu lösen, sondern muß von Fall zu Fall unter wechselnden Bedingungen auf Zeit verantwortlich unter Beachtung möglicher Folgen entschieden werden. Wenn nur das grundsätzliche Zusammen von liberalen und sozialen Menschenrechten ein menschenwürdiges Leben ermöglichen, dann ist politische Gestaltungskreativität gefragt.

Der Entwurf zum neuen SPD-Grundsatzprogramm hat diese Zusammenhänge unter der Überschrift ›Menschenrechte‹ wie folgt zum

Ausdruck gebracht: ›Wir sind den Menschenrechten verpflichtet. Staat und Wirtschaft sind für die Menschen und ihre Rechte da, nicht umgekehrt. Individuelle und soziale Menschenrechte können einander nicht ersetzen, sie dürfen nicht gegeneinander ausgespielt werden. Auch kollektive Rechte dienen der Entfaltung des Individuums. Nur wo soziale Menschenrechte verwirklicht sind, können individuelle Menschenrechte von allen wahrgenommen werden. Nur wo die Respektierung individueller Menschenrechte freien Meinungsstreit und politisches Engagement erlaubt, können Menschen ihr Recht auf ausreichende Ernährung, Wohnung, Arbeit und Bildung geltend machen. Nur zusammen ermöglichen individuelle und soziale Menschenrechte menschenwürdiges Leben.‹

Einige Einzelpunkte:

Die Verwirklichung der Menschenrechte und Grundfreiheiten im binnenstaatlichem Bereich, auf die sich die Vertragsparteien verpflichtet haben, hat nun auch eine friedenspolitische Dimension im Verhältnis der Staaten zueinander.«[3]

»Daß ein enger Zusammenhang zwischen den personalen und sozialen wie kulturellen Menschenrechten besteht, zeigt der Abschnitt 12 desselben Dokumentes.«[4]

»Und der Abschnitt 14 faßt noch einmal alles gut zusammen.«[5]

»Meine These angesichts dieser und anderer Textbefunde:

Die Menschenrechtsdebatte befreit sich von den polemischen Klischees früherer Zeiten. Auf allen Seiten scheint die Erkenntnis von der Ganzheitlichkeit und wechselseitigen Verschränkung der älteren Menschenrechtstradition und der neueren Menschrechtsentwicklungen zuzunehmen. Man erkennt, ohne die Spannungen im einzelnen zu übersehen, die Notwendigkeit der faktischen Anwesenheit liberaler, sozialer und partizipatorischer Menschenrechte für die politische Humanität und für den Frieden. Die Sozialdemokratische Partei wird von ihrer Tradition und von ihren politischen Perspektiven her mithelfen, diesen Prozeß politisch und rechtlich zu gestalten.

Erlauben Sie mir noch eine Reflexionsreihe, die die Dramatik und Ernsthaftigkeit unseres Nachdenkens über Menschenrechte illustrieren soll: Menschenrechte haben einen fundamentalanthropologischen Sinn. Sie drücken einerseits das grundsätzliche Angewiesensein des Menschen auf seine Mitmenschen aus. Zum andern aber setzen sie die Erfahrung einer ebenso grundsätzlichen Bedrohung des Menschen durch seinesgleichen voraus. Die Ambivalenz des Menschen sollte ebenso präsent sein wie die Ambivalenz allen staatlichen und anderen herrschaftli-chen Handelns. Diesen Grundzusammenhang drückt der Entwurf zum Grundsatzprogramm der SPD wie folgt aus: ›Der Mensch, we-der zum Guten noch zum Bösen festgelegt, ist lernfähig und ver-nunftfähig. Daher ist Demokratie möglich. Er ist fehlbar, kann irren und in Unmenschlichkeit zurückfallen. Darum ist Demokratie nötig. Weil der Mensch offen ist und verschiedene Möglichkeiten in sich trägt. kommt es darauf an, in welchen Verhältnissen er lebt. Eine neue und bessere Ordnung, der Würde des Menschen verpflichtet, ist daher mög-lich und nötig zugleich.‹ Was ich signalisieren möchte, ist die Not-wendigkeit der Reflexion über eine politische Anthropologie, wenn wir über Menschenrechte diskutieren.«

Eberhard Poppe begann seine Ausführungen mit der These, daß die Einheit der Menschenrechte mit der biologischen, psychi-schen und sozialen Einheit des Menschen zusammenhänge. Jeder Mensch habe einen individuellen Anspruch auf rechtliche Ach-tung und rechtlichen Schutz für ein menschenwürdiges Dasein, die Entfaltung seiner Persönlichkeit und gesellschaftlichen Fort-schritt. Dieser Anspruch gründe in seiner Eigenschaft als Haupt-produktivkraft, in der Unverzichtbarkeit seines geistigen und physischen, seines emotionalen und kulturellen Wirkens. Dar-aus ergeben sich Konsequenzen.

1. Alle Rechte haben juristisch den gleichen Rang. Das schließe jedoch nicht aus, daß einzelne Rechte für den einzelnen Menschen oder für konkrete gesellschaftliche Verhältnisse eine unterschiedli-che Bedeutung haben.

2. Im Sozialismus werden alle Grundrechte als Individualrech-te verstanden. Jede Relativierung der sozialen Rechte ist für den Sozialismus inakzeptabel. Poppe setzte sich scharf mit der bürger-lichen Rechtspraxis auseinander, nur den politischen und liberalen Rechten Menschenrechtsqualität zuzubilligen, weil angeblich nur sie justitiabel seien und nur sie vom Staat gewährleistet werden könnten.

3. Der Staat hat die Verpflichtung, für den Schutz und für die Verwirklichung der Menschenrechte Sorge zu tragen. Es geht dar-um, die materiellen Bedingungen dafür zu schaffen, daß die Men-schen diese Rechte wahrnehmen können. Dafür hat das sozialisti-sche Eigentum fundamentale Bedeutung. Und deshalb hat noch

kein bürgerlicher Staat die Einheit persönlicher, politischer, sozialökonomischer und kultureller Rechte demonstrieren können. Zugleich müsse konstatiert werden, daß die Gewährleistung dieser Einheit einen hohen Preis hat und einen hohen gesellschaftlichen, nicht zuletzt materiellen Aufwand erfordert.

4. Alle Menschenrechte sind miteinander verwoben. Die Verwirklichung des Rechts auf Arbeit hat umfassende Bedeutung. Es geht dabei nicht nur um einen sicheren Arbeitsplatz. Die Verweigerung des Rechts auf Arbeit verstößt gegen die menschliche Würde, schränkt die menschliche Freiheit, die Möglichkeiten zur Wahrnehmung nicht zuletzt der politischen Rechte ein und führt zur Ausgrenzung großer Menschengruppen aus dem gesellschaftlichen Leben.[6]

Dissens

Die Diskussion wurde von Erhard Eppler mit der Bemerkung begonnen, daß er in dreierlei Hinsicht Konsens registriere.

Erstens darin, daß die Klassenstellung von Menschen über ihre realen Möglichkeiten, Menschenrechte zu nutzen, entscheide. Dies müsse als »Urerfahrung der Arbeiterbewegung« angesehen werden. (Thomas Meyer schränkte später dazu ein, daß die Klassenlage die Wahrnehmung von Rechten zwar »mitbedinge« aber nicht der einzige Faktor sei, der über diese Möglichkeit entscheide.)

Zweitens. Wenn das so ist, dann reiche aber die Enteignung der Eigentümer von Produktionsmitteln nicht aus für die volle Realisierung der Menschenrechte. Das Gegenteil des Falschen sei noch nicht das Richtige.

Drittens die Betonung der Einheit und Unteilbarkeit der Menschenrechte.

Der von Eppler an dritter Stelle genannte Konsenspunkt war freilich zugleich der entscheidende Dissenspunkt – wie sich zeigen sollte und wie zu erwarten war.

Vorab jedoch einige Diskussionsbemerkungen zu theoretisch-begrifflichen Fragen im engeren Sinne. Hermann Klenner stellte eine Beziehung her zwischen dem Dialog über Menschenrechte und der Tatsache, daß die Menschheit heute mehr denn je gezwungen sei, sich über ihre verallgemeinerungsfähigen Interessen zu verständigen. Dazu sei es freilich unverzichtbar, nicht nur Konsenspunkte zu betonen sondern gerade den Dissens herauszustellen.

Hinsichtlich der von Brakelmann akzentuierten Beziehung von Anthropologie und Menschenrechten wurde eingewandt, daß sich in der produktiven materiellen Lebenstätigkeit der Menschen eine ursprüngliche Einheit von Mensch und Gesellschaft ergebe, die als Vermittlungsfaktor zwischen anthropologischen und gesellschaftlichen Prozessen in Rechnung gestellt werden sollte. Es handele sich dabei um eine qualitative Spezifik des menschlichen Wesens, die konkrethistorisch im Entwicklungsstand der Produktivkräfte, der Produktions-, der Klassen- und anderer Verhältnisse Ausdruck erlange. An Marx' These vom menschlichen Wesen als Ensemble der gesellschaftlichen Verhältnisse sei zu erinnern. Diese konkrethistorische Spezifik, z. B. die Zugehörigkeit eines Menschen zu bestimmten sozialen Gruppen und Klassen, fächere sich im realen Widerspruchsgefüge zwischen Individuum und Gesellschaft weiter auf.

Bernhard Graefrath meldete Zweifel an gegenüber der Beurteilung von Menschenrechten als vorstaatliche Rechte des Menschen. Dies könne höchstens gelten, insofern Rechte als Forderungen verstanden werden, nicht aber, wenn sie als Norm gesetzt sind.

Einheit und Unteilbarkeit

Der Streit um die Einheit der Menschenrechte spiegelte auf spezifische Weise, eben als Moment eines Diskurses über ideologische Grundsätze, die Auseinandersetzungen wider, die in diesem Jahren überall zwischen Ost und West, nicht zuletzt auf der internationalen Ebene stattfanden. Beide Seiten reklamierten mit Vehemenz, daß die auf ihrer Seite gesetzten Prioritäten die eigentliche und legitime Verkörperung des Prinzips der Einheit der Menschenrechte darstelle. Worin ein weiteres Mal die konträren philosophischen und gesellschaftsthoretischen Grundpositionen deutlich wurden. Vereinfachend und vergröbernd: der Überzeugung, daß der öffentliche Dialog die entscheidende strukturelle Voraussetzung für Recht und Freiheit in der Gesellschaft darstellt, stand die andere Überzeugung gegenüber, daß von Recht und Freiheit ohne entsprechende sozialökonomische Existenzbedingungen nicht die Rede sein könne.

So griff Johano Strasser die Position auf, daß Menschenrechte dialogisch erarbeitet werden müßten. Dafür müsse der Dialog garantiert werden. Fundament und elementare Voraussetzung des Dialogs seien aber die zivilen Rechte. Soziale Rechte stünden im Dienst der höherwertigen Freiheitsrechte.

Die Kodifizierung der »führenden Rolle der Partei« und des »sozialistischen Eigentum« seien ausgesprochene Hindernisse für Meinungsfreiheit und Diskurs. Ohne hinreichende politische Freiheit und öffentliche Diskussion sei auch die Innovationsmöglichkeit der Wirtschaft empfindlich eingeschrankt.

Die SED müsse ihre Angst vor dem »produktiven Chaos« und ihre Risikoscheu ablegen. Demgegenüber machte Horst Haase geltend, daß die Lernfähigkcit einer Gesellschaft nicht an das Vorhandensein oder Nichtvorhandensein eines parlamentarischen Systems zu binden sei. Dazu müßten auch andere Faktoren berücksichtigt werden. Lernfähigkeit als gesellschaftliches Phänomen werde durch weltanschauliche Tendenzen wie Vernunftkritik, die Positionen der »Neuen Rechten« oder Erscheinungen von Fundamentalismus eingeschränkt.

Nach Thomas Meyer bedeutet die Verwirklichung sozialer Grundrechte an und für sich keinesfalls, daß auch politische Rechte Realität seien. Wenn soziale Grundrechte dem öffentlichen Diskurs entzogen seien, bedeute dies eine Beeinträchtigung der Freiheit.

Otto Reinhold ging davon aus, daß jedes Land Defizite bei der Verwirklichung von Menschenrechten aufzuweisen habe. Deren Entwicklung und Ausgestaltung sei stets als Prozeß aufzufassen. Gegenwärtig sei ein besonderes Problem die Berücksichtigung der ökologischen Probleme in der Rechtsprechung.

Als Kern des Streits bezeichnete er unterschiedliche Auffassungen darüber, was als Voraussetzung bzw. Mittel wofür anzusehen sei – politische für soziale Rechte oder umgekehrt.

Das Recht auf Arbeit müsse eingeklagt werden können. (Horst Haase ergänzte, daß es sich beim Recht auf Arbeit zugleich um ein fundamentales kulturelles Recht handele.) Das sozialistische Eigentum sei eine entscheidende Grundlage für die Garantie dieses Rechtes, aber erstens nicht die alleinige und zweitens wirke es natürlich auch in dieser Hinsicht nicht automatisch, es müsse entsprechend gestaltet und strukturiert werden, auch damit die erforderlichen materiellen Voraussetzungen bereit gestellt werden.

Die führende Rolle der Partei dürfe nicht allein als juristische Frage angesehen werden, sie unterliege ständiger Entwicklung.

Im Westen gebe es in der Tat außerordentlich viele Wahl- und Diskussionsmöglichkeiten. Die grundlegenden gesellschaftlichen Strukturen wie der Charakter der Eigentumsverhältnisse würden davon aber nicht berührt. Zugleich müsse gesehen werden, daß es in der DDR eine Vielzahl von Diskussionen über Fragen gebe, die für die weitere Gestaltung der sozialistischen Gesellschaft von größter Bedeutung seien wie die weitere Ausgestaltung des sozialistischen Eigentums oder das Verhältnis von Plan und Markt.

Ich forderte, den tatsächlichen Grad und die grundlegende historische Entwicklungstendenz der Meinungsfreiheit in beiden Systemen gründlicher zu analysieren – wie sich die offenkundigen Monopolisierungstendenzen im westlichen Medienwesen diesbezüglich auswirken, sei abzuwarten. Und was den Sozialismus betreffe, so sei es – zugespitzt ausgedrückt – irreal, auf der Grundlage einer schwach entwickelten Arbeitsproduktivität die historisch höchste Stufe der Meinungsfreiheit zu erwarten. Und: »Was uns betrifft, so verteidigen wir nicht schlechthin die gegebene Realität in unseren Ländern, sondern unseren Weg und unsere historische Perspektive.«[7]

Iring Fetscher hingegen sah einen Grund für den unbefriedigenden Entwicklungsstand der Arbeitsproduktivität in den sozialistischen Ländern gerade in ihrer defizitären Lernfähigkeit, die ihrerseits aus Defiziten der Demokratieentwicklung resultiere.

Erhard Eppler beklagte die mangelnde Gleichheit von Möglichkeiten im Sozialismus, Partizipationsrechte wahrzunehmen. Die führende Rolle der SED bringe es mit sich, daß alle relevanten gesellschaftlichen Entscheidungen in den zentralen Gremien der SED gefällt werden. Insofern habe ein Christ in der DDR grundsätzlich nicht die gleichen Rechte, da in der SED kein Platz für ihn sei.

Rudi Weidig machte dazu geltend, daß immerhin in einem zentralen Organ wie dem Staatsrat der DDR – gemessen an der Zahl der aktiven Gläubigen in der DDR – Christen durchaus adäquat vertreten seien.

Wahrheit und Wahrheitsmonopol

Daß das Verhältnis von Wahrheit und Macht spontan in unserer Debatte einen beträchtlichen Platz einnahm, ergab sich aus der

Vorrangstellung, die die Vertreter der Grundwertekommission Prozessen wie Dialog, Meinungsfreiheit und Meinungsbildung im Rahmen der Menschenrechtsfrage einräumten.

Das Stichwort hatte Johano Strasser gegeben. Er stellte die These in den Raum, der wissenschaftliche Sozialismus als herrschende Ideologie könne unabhängig von demokratischen Meinungsbildungsprozessen Wahrheit für sich reklamieren.

Eppler nahm den Faden auf. Die unangefochtene Führungsrolle der SED bedeute das Machtmonopol einer Weltanschauungspartei. Der Anspruch auf das Machtmonopol resultiere aus dem Anspruch auf ein Wahrheitsmonopol. Beanspruche die SED doch, über die einzig richtige Erkenntnis der Geschichtsgesetze zu verfügen. Wo ein Monopolanspruch auf Wahrheit mit einem Monopolanspruch auf Macht gekoppelt sei, könne es keinen Dialog geben.

Auch Iring Fetscher meinte, daß Wahrheiten nur im freien Diskurs herauszufinden und zu testen seien.

Thomas Meyer ging noch einen Schritt weiter, und vertrat die Position, daß dem Wesen der Sache nach ein Wahrheitsanspruch nicht nur als Erkenntnisanspruch sondern als Machtanspruch aufzufassen sei. Dazu wurde bemerkt, daß die Fundierung eines Machtmonopolanspruchs in einem Monopolanspruch auf Wahrheit bestimmte Arten von Legitimation voraussetze. Zweitens sei diese Debatte kaum zu klären ohne eine Erörterung der in ihr verwendeten Wahrheitsbegriffe. Beispielsweise müßten die Wahrheitsbegriffe der Bibel, des kritischen Rationalismus und des Marxismus voneinander abgehoben werden. Bei dem Vorwurf der Monopolisierung der Wahrheit durch die marxistisch-leninistischen Parteien müsse berücksichtigt werden, daß der Typus der wissenschaftlichen Wahrheit, dem der wissenschaftliche Sozialismus sich verpflichtet fühlt, sich historisch nicht einer Monopolisierungstendenz unterordnen lasse. Im Laufe seiner historischen Entwicklung habe der wissenschaftliche Sozialismus einschneidende Lernprozesse und Korrekturen absolviert. Auf den XX. Parteitag der KPdSU könne verwiesen werden.

Auch seien auf Seiten des Imperialismus leider keine Lernprozesse zu beobachten, die einem Vergleich mit den auf Seiten des Sozialismus in den letzten Jahrzehnten realisierten Lernprozessen in der Frage »Krieg-Frieden« standhalten würden[8]. Otto Reinhold konstatierte, daß die Kommunisten gegenwärtig ein offeneres Verhältnis zum wissenschaftlichen Sozialismus hätten als noch vor zwei Jahrzehnten.

Bissig und scharf warf Johano Strasser ein, daß – wenn in der DDR alles so trefflich geregelt sei – der hier geführte Dialog doch eigentlich in aller Öffentlichkeit in Berlin auf dem Alexanderplatz geführt werden könne

Günter Brakelmann machte darauf aufmerksam, daß die Nichteinhaltung bzw. Mißachtung von Menschenrechten wohl nicht an ihrer mangelnden Richtigkeit oder Plausibilität liegen könne. Bindungen vorrationaler und voranalytischer Art seien in Rechnung zu stellen, die auch dafür verantwortlich sind, daß »wir uns gegenseitig unterschiedlich wahrnehmen«. Jeglicher Monopolanspruch müsse aufgegeben werden. »Müssen nicht alle Menschen sagen, schreiben und machen dürfen, was sie wollen?« Das Recht auf eine eigene Meinung oder eine eigene Religion sei viel wichtiger als alles, was eine bestimmte Gesellschaft dem Menschen geben könne. In einer sich pluralisierenden Welt habe eine monopolistische Weltanschauung nichts mehr zu suchen.

Defizite

Die Tagesordnung sah vor, daß von beiden Seiten je ein Bericht zu den Defiziten bei der Verwirklichung von Menschenrechten im eigenen System vorbereitet wird.

Susanne Miller nannte fünf konkrete Defizite.

Erstens das Problem der Arbeitslosigkeit, welches allerdings politisch keine Relevanz habe. Zweitens seien Ausländer Benachteiligungen ausgesetzt, besonders Asylbewerber. Drittens verstoße der »Extremistenbeschluß« gegen ein Verfassungsgebot. Er werde allerdings von den SPD-geführten Regierungen nicht befolgt. Viertens gebe es Ungleichheit bei der Vergabe von Wiedergutmachungsleistungen für Opfer des Nazi-Regimes. Fünftens müsse die Beschlagnahme einer Patientinnen-Kartei als gerichtliches Beweismaterial im Prozeß gegen einen Frauenarzt in Memmingen wegen unerlaubten Schwangerschaftsabbruches als Verletzung der Menschenwürde bezeichnet werden.[9]

Nach Max Schmidt sind Menschenrechte überall auf der Welt nur lückenhaft verwirklicht. Zweitens sei ein tieferer Einblick in die Wirklichkeit beider Systeme erforderlich, um einen korrekten Vergleich vornehmen zu können. Drittens sei die Gestaltung des sozialistischen Systems zugleich die Überwindung von derartigen Defiziten: bei der faktischen Realisierung bereits juristisch verankerter Rechte (Beispiel Gleichberechtigung der Frau), in Gestalt der Erweiterung bestehender Rechte (Beispiel Bildung) und bei der Ergänzung von Rechten (Beispiel Verwaltungsgerichtsbarkeit, Freizügigkeit). Viertens gelte es, im Wettbewerb der Systeme voneinander zu lernen. Und fünftens gebe es intensive Debatten um die Kodifizierung des Rechtes auf eine gesunde Umwelt.

Es versteht sich, daß damit die Diskussion nicht am Ende war.

Es gehe nicht an, Defizite bei der Verwirklichung von Menschenrechten nur über eine »Vervollkommnung« bereits bestehender Rechte anzugehen. Vieles in der DDR sei einfach enttäuschend, beispielsweise der Umgang mit Andersdenkenden. Der Verweis von Schülern von ihrer Schule, weil sie den Sinn von Militärparaden angezweifelt hatten, sei ein Verstoß gegen Menschenrechte. (Thomas Meyer) Iring Fetscher kritisierte, daß das Menschenrecht auf Ausreise durch die DDR nicht realisiert werde.

Frank Berg gab zu bedenken, daß Menschenrechte stets im Rahmen und auf der Grundlage gesellschaftlicher Systeme verwirklicht werden. Sie dürften nicht dazu genutzt werden, das andere System in Frage zu stellen oder zu überwinden – was Iring Fetscher zu der Frage veranlaßte, ob das sozialistische System verändert werden müsse, wenn Menschenrechte verwirklicht werden sollen. Berg meinte weiter, daß der Maßstab für die Beurteilung der Verwirklichung von Menschenrechten nicht der Umfang von Opposition sei sondern die reale Verwirklichung relevanter Interessen. Zugleich gelte es, Einseitigkeiten bei der Darstellung von Menschenrechten zu überwinden. Als derartige Defizite müßten sowohl die unzureichende Erfüllung internationaler Verträge (Ausreise) wie Widersprüche zwischen gesetzten Rechtsnormen und der einschlägigen Praxis angesehen werden. Das Wiener Abschlußdokument markiere eine große Herausforderung.

Rolf Reißig bekräftigte, daß der Dialog auch über Defizite geführt werden müsse, daß Menschenrechte keine Gabe des Staates seien. Es gebe spezifische und systemübergreifende Maßstäbe für die Beurteilung. Wo »Wahrheitsbesitzer« auftreten, gebe es auch Hierarchien, wo sich »Lernende« zusammen setzen, da gebe es Dialog. Bei dem Hinweis auf Defizite zwischen Anspruch und Realität bei der Realisierung von Menschenrechten sei ein Unterschied zwischen »systembedingten« und »entwicklungsbedingten« Mängeln zu machen. (Harald Neubert)

Erhard Eppler bestand darauf, daß auf Dauer Menschenrechte der einen Art nicht auf Kosten der Relativierung von Menschenrechten einer anderen Art zu realisieren seien. Dies meine die These von der Einheit der Menschenrechte. Hinsichtlich der beiden einleitenden Beiträge zu den beiderseitigen Defiziten sei eine Asymmetrie festzustellen: »Bei uns gibt es Verletzungen von Menschenrechten, die uns beschämen und gegen die wir angehen. Bei Ihnen vermissen wir ein derartiges Herangehen!«

Und Johano Strasser sah sich zu der in den Medienkommentaren mehrfach aufgegriffenen Bemerkung veranlaßt, daß er sich angesprochen fühle und sich durchaus einmischen möchte. Bestimmte »Sauereien« seien nicht mit dem Hinweis auf irgendwelche Notwendigkeiten zu erklären sondern schlicht als das »spießige Gehabe einer Macht-Elite, die um ihre Monopolstellung fürchtet«, zu benennen.

Ein bemerkenswerter Abschluß

Rudi Weidig hat drei Schlußbemerkungen Erhard Epplers zu dieser Tagung notiert: Erstens müsse man weiter über die Maßstäbe diskutieren. Zum Teil hätten wir die gleichen, z. B. was die Bewertung des Problems der Arbeitslosigkeit betreffe. Zweitens sei die Pluralität der Ansätze hervorzuheben, die in der Diskussion auftraten. »Wir alle« seien Lernende. Und drittens gelte es, den Mut aufzubringen, sich für einen Moment in die Stiefel des anderen zu stellen, um ihn zu verstehen. Bei den letzten Worten handelt es sich um einige Zeilen aus Erhard Epplers Essay »Wie Feuer und Wasser«. Ich habe diese Worte zum Motto meines Beitrages in einer Festschrift zu Erhard Epplers 70. Geburtstag gemacht.[10]

Meine eigenen Aufzeichnungen enden mit den Worten Erhard Epplers, es sei wohl nicht gerade »vergnügungssteuerpflichtig, für die DDR verantwortlich zu sein« und der Notiz, daß die Tagung im nächsten Jahr, deren Termin mit Rücksicht auf den bevorstehenden XII. Parteitag der SED und wichtige Konferenzen der SPD noch zu präzisieren sei, sich mit Fragen der Gesellschaftstheorie und Zukunftsstrategie befassen sollte.

Mancher erinnert sich heute nicht so gern an diese Verabredung. Im *Spiegel*-Kommentar zu dem Treffen war zu lesen: »Einzig in einem Punkt gab es zwischen Sozialdemokraten und Einheitssozialisten Übereinstimmung: Beide hatten Order ihrer Parteiführungen, die Gespräche auf keinen Fall platzen zu lassen.«[11] Wie auch immer! Bemerkenswert ist es schon, daß nach diesem Streit und zu diesem Zeitpunkt, ein halbes Jahr vor dem Zusammenbruch der DDR, ohne Debatte der Beschluß gefaßt wurde, weiter zu machen.

Aus heutiger Sicht

Daß der Streit über die Menschenrechte nicht zu unseren Gunsten ausging und unter den gegebenen Bedingungen wohl auch nicht anders verlaufen konnte, ist das eine. Gerade aus meiner heutigen Sicht möchte ich dem jedoch das Folgende hinzufügen. Das Problem waren nicht nur unsere immer wieder beschworenen Defizite hinsichtlich der politischen Menschenrechte. Meiner Meinung nach haben wir aneinander vorbeigeredet! Es gab wohl niemanden auf Seiten der SED-Delegation, der die Bedeutung politischer Rechte prinzipiell in Abrede gestellt hätte. Jedenfalls kann ich mich beim besten Willen nicht einer einzigen derartigen Äußerung entsinnen. Was mich betrifft, so war ich vielmehr der festen Überzeugung, daß die außerordentlichen, zielgerichteten und ja wohl nicht gänzlich erfolglosen Bemühungen der DDR um Realitäten, die als unverzichtbare Voraussetzungen für Chancengleichheit in der Gesellschaft gelten, um die Realisierung sozialer, wirtschaftlicher und kultureller Menschenrechte also, derart wichtig und historisch notwendig sind und zugleich einen derart konzentrierten gesellschaftlichen Aufwand erfordern, daß die Kritik hinsichtlich der obigen Defizite in Kauf genommen werden muß. Zumal ich uns auf dem richtigen Wege wähnte und die Realisierung der tatsächlichen Einheit aller Menschenrechte auch in unseren Ländern für eine Frage der Zeit ansah.

Hinzu kommt die Situation in der UdSSR. In der eingangs dieses Kapitels erwähnten Erklärung der Grundwertekommisssion dient die »persönliche Ausstrahlung« und die auf das Innenleben der UdSSR gerichtete »Reformpolitik« Gorbatschows als Maßstab für die Kritik an der SED. In der Mehrheit der bundesrepublikanischen Pressekommentare das gleiche Muster – die SED steht unter Druck, weil sie dem Vorbild der Perestrojka nicht folgt. Und während unseres Treffens gab es einen aufschlußreichen Gesprächsfaden. Richard Löwenthal äußerte seinen Eindruck, daß die UdSSR die Erfolge westlicher Länder höher einschätze als die Entwicklung in der DDR, und daß die DDR sich selbst Probleme bereite, weil sie sich dem Neuen in der UdSSR verschließe. Auch könne die UdSSR zu ihren Gunsten westliche Mechanismen leichter in ihre eigenen Wirtschaftsprozesse einbauen, weil sie sich von westlichen Fachleuten beraten lasse.

Klaus Mehrens (IG Metall) hingegen meinte, daß die Offenheit, mit der die UdSSR über sich selbst rede, an Orientierungslosigkeit grenze. Und was sowjetische Gewerkschafter bei Besuchen in der BRD lernen wollen, gehe ihm manchmal »schon etwas zu weit«.

Unter Druck standen wir in der Tat! Zu dieser Zeit befand sich die Perestrojka bereits in einer Krise, die die allergrößten Besorgnisse hinsichtlich des weiteren Schicksals des Sozialismus nicht nur in der UdSSR hervorrufen mußte, und die auch westlichen Beobachtern nicht verborgen geblieben war.[12] Ich verweise nur auf die persönlichen Eindrücke und Erfahrungen einiger derer, die da im April 1989 auf unserer Seite am Tisch saßen.

Ungeachtet der tatsächlichen Entfremdung zwischen SED und KPdSU hatten wir in dieser Zeit überaus zahlreiche und intensive Kontakte zu sowjetischen Kollegen und Institutionen – und dies nicht etwa als konspirative Aktionen, sondern im Auftrag des ZK unserer Partei. Beispielsweise nahm eine große Delegation von Gesellschaftswissenschaftlern der SED an der berühmten mehrtägigen Unionskonferenz des ZK der KPdSU im Oktober 1988 teil, auf der wir hinreichend Gelegenheit hatten, den scharfen internen Streit der sowjetischen Gesellschaftswissenschaftler über die Widersprüche der Perestrojka zu erleben. Sie bündelten sich in der niederschmetternden Erfahrung chaotischer Folgen der katastrophalen Konzeptionslosigkeit, mit der die Umgestaltungen besonders auf ökonomischem, politischem, rechtlichem und ideologischem Gebiet in Gang gesetzt worden war und die nach ihrem Scheitern auch von Protagonisten der Perestrojka unumwunden eingestanden wurde.

Das ist keine Analyse der Perestrojka. Es ging mir lediglich darum, festzuhalten, daß die Perestrojka besonders hinsichtlich der Innenpolitik im April 1989 längst eine andere war als im März 1986, der Zeit des XXVII.Parteitages der KPdSU und unseres vierten Seminars. Und dies mußte an dieser Stelle eingeschoben werden, weil meiner Meinung nach unser Verhalten ohne Berücksichtigung dieser Erfahrungen nicht zu verstehen ist. Nur mit Erstaunen kann ich immer wieder registrieren, daß bis in die unmittelbare Gegenwart die Perestrojka gerade im Kontext von Erörterungen über unser gemeinsames Dokument als eine ungebrochene Erfolgsgeschichte gehandelt und als Maxime sozialistischer Politik deklariert wird, an der alles andere zu messen ist.

Diese Bemerkungen sind auch keine Position zu der grundsätzlichen Frage nach dem »Demokratie-Problem« des letztlich an der Oktoberrevolution orientierten Sozialismus des 20. Jahrhunderts. Auf diese Frage habe ich keine befriedigenderen Antworten als die zahlreichen bislang gegebenen.

Fußnoten

1 Sozialdemokratische Partei Deutschlands. Service der SPD für Presse, Funk,T.V. 29. 3. 1989, 236/89. Behauptungen und die Tatsachen. Prof. Dr. Otto Reinhold antwortet in einem ADN-Interview auf eine Erklärung der Grundwertekommission der SPD. In: Neues Deutschland, 31. März 1989, S. 2. Im Sommer 1988 hatte Erhard Eppler bereits in einem Spiegel-Essay seinen Unmut darüber geäußert, daß die SED dabei sei, die DDR zu »destabilisieren«, indem sie den inneren Dialog verweigere. Erhard Eppler, Links blinken, rechts fahren. In: Spiegel Nr. 29/1988. In einem Bericht über unser 7. Treffen wurde allerdings die Vermutung geäußert, daß die SPD-Kritik »am Vorabend der neuen Zusammenkunft auch einen Hauch von vorbeugender innenpolitischer Absicherung hatte«. Carl-Christian Kaiser, Freiheit, die sie meinen. Ein deutsch-deutscher Diskurs über die Menschenrechte. In: Die Zeit, Nr. 17, 21. April 1989
2 Vgl.Hermann Klenner, Marxismus und Menschenrechte. Berlin 1982, S. 16
3 Im Folgenden zitierte Brakelmann einen Abschnitt des Abschließenden Dokuments des Wiener KSZE-Folgetreffens vom 19. Januar 1986, in dem der Ausbau der Menschenrechte und Grundfreiheiten als Teil des Friedensprozesses zwischen den Staaten gewertet wird. Vgl. Dokumente des KSZE-Prozesses 1973 bis 1989. Berlin 1990, S. 132
4 Der von Brakelmann zitierte Abschnitt schließt an das vorige Zitat an.
5 Der zitierte Abschnitt findet sich auf S. 133 der gleichen Quelle.
6 Vgl. Eberhard Poppe, Menschenrechte – im Streit und im Dialog. Sitzungsberichte der Akademie der Wissenschaften der DDR. Jahrgang 1989, Nr. 7 G. Berlin 1989
7 In der Diskussion stimmte Klaus Mehrens der Meinung ausdrücklich zu, daß zwischen der Entwick-

Karl Liebknecht vor geblümter Tapete: das siebente Seminar zwischen SED und SPD, das einzige überlieferte Bilddokument – die Originale sind aus dem STERN-Archiv verschwunden, der Fotograf selbst (Jürgen Müller-Schneck) besitzt keines mehr. Faksimile aus der ZEIT vom 21. April 1989

lungsstufe der Arbeitsproduktivität und der Ausprägung persönlicher Rechte eine Abhängigkeit gegeben sei. Natürlich hatte ich mit dieser Bemerkung nur die extremen Pole eines vielfältig vermittelten Zusammenhanges akzentuiert.

8 In einem Vortrag auf einer Veranstaltung der »Gesellschaft zur Förderung des christlich-marxistischen Dialogs e. V.« am 20. Juni 1992 habe ich die Diskussion um Wahrheit und Wahrheitsmonopol weiter verfolgt. Vgl. Erich Hahn, Wahrheit in der Wende. In: Berliner Dialog-Hefte 4/1992, S. 13ff

9 Vgl.Susanne Miller, Die Gespräche der Grundwertekommission der SPD mit der Akademie für Gesellschaftswissenschaften beim ZK der SED und das »Gemeinsame Papier«. In: Karsten Rudolph/Christl Wickert (Hrsg.) Geschichte als Möglichkeit. Festschrift für Helga Grebing. Essen 1995, S. 354ff

10 Vgl.Erich Hahn, »Sich in die Stiefel des anderen stellen …« Der Dialog zwischen SED und SPD. In: Wolfgang Rapp (Hrsg.), Glaubwürdig und unbequem. Erhard Eppler zum 70.Geburtstag. Baden-Baden 1996, S. 151ff

11 Spiegel 24. 4. 1989, S. 40

12 Vgl. Sowjetunion 1988/89. Perestrojka in der Krise?. Herausgegeben vom Bundesinstitut für ostwissenschaftliche und internationale Studien. München – Wien 1989. Viel Aufschluß vermitteln auch etliche Memoiren ehemals führender Persönlichkeiten der KPdSU, z. B.: Alexander Jakowlew, Offener Schluß. Ein Reformer zieht Bilanz. Leipzig und Weimar 1992. Anatoli Tschernjajew, Die letzten Jahre einer Weltmacht. Der Kreml von innen. Stuttgart 1993

Rätselhafte Absichten

Ursprünglich wollte ich mich auf die Wiedergabe des Inhalts und des Verlaufs der Gespräche beschränken. Mein Impuls war freilich nicht nur, daß ich alles als eine außergewöhnliche und nicht »erledigte« Herausforderung erlebt hatte, sondern mein Erstaunen über post-fest-Interpretationen nach der »Wende«, die sich mit meinen eigenen Erinnerungen und Eindrücken so gar nicht vereinbarten. Je mehr ich dem nachging, desto deutlicher wurde zum einen, daß eine Verselbständigung der Gespräche dem Dokument gegenüber nicht durchzuhalten war. Die Wirkung der Gespräche in der Öffentlichkeit bzw. in der geschichtlichen Praxis wurde und wird durch das Dokument vermittelt.

Zum anderen ergab sich eine wachsende Vielfalt und Differenziertheit von Wertungen, Zugängen, Auslegungen, Erfahrungen – hervorgerufen natürlich auch durch die Zäsur von 1989/90. »Vieles stellt sich heute anders dar als vor dem Fall der Mauer« schreiben die Autoren einer Stellungnahme der Grundwertekommission zum Dokument von 1992.[1]

Abgesehen von gelegentlichen Äußerungen oder Stellungnahmen zum Dokument – beispielsweise im Zuge historischer Forschungen – kann man bisher drei Phasen einer intensiveren Debatte hervorheben: die Monate nach der Veröffentlichung bis in das Jahr 1988 hinein; die mit und nach dem Untergang der DDR einsetzende Diskussion um die »Ostpolitik« der SPD, von der stürmischen Bundestagssitzung im September 1989 bis zu den einschlägigen Tagungen der Eppelmann-Kommission Ende 1993 und die fünf- bzw. zehnjährigen Jubiläen des Dokuments August 1992 und 1997. Den zum Zeitpunkt dieser Niederschrift noch bevorstehenden 15. Jahrestag der Veröffentlichung des Dokuments hat eine Tagung bereits eingeläutet.[2]

Im Verlauf dieser Interpretations- bzw. Aufbereitungsphasen hat sich eine bemerkenswerte Bandbreite verschiedener, zum Teil heftig einander befehdender Positionen ergeben:

1. Die mehr oder weniger zustimmende Haltung der Führungen von SED und SPD.

2. Die entschiedene Ablehnung des Dokuments durch rechtskonservative Gruppierungen in der alten und neuen BRD.

3. Eine deutliche rechte und eine weniger deutliche linke Kritik innerhalb der SPD.

4. Überaus differenzierte, z. T. widersprüchliche Positionen der Bürgerbewegungen der DDR.

5. Positionen der Kirchen der DDR.

6. Linkssozialistische bzw. kommunistische Kritiken an der Haltung der SED zum Dokument.

7. Zustimmende Stellungnahmen seitens bestimmter Repräsentanten der Friedensbewegung sowie liberaler und vernunftorientierter Kräfte der BRD und anderen westlichen Ländern in den 80er Jahren.

8. Das mehr oder weniger akzentuierte Verständnis des Dokuments als Reform- oder Oppositionsplattform innerhalb der SED bzw. gegen deren Führung.

9. Die Erinnerung an Positionen des Dokuments aus Enttäuschung über die Verabschiedung dieser Positionen durch die Politik der gegenwärtigen SPD.

Ich habe nicht vor, jede dieser Positionen für sich und im einzelnen zu analysieren. Ich werde vielmehr zwei Grundfragen bzw. Aspekte dieser Geschehnisse herausgreifen, in denen sich die verschiedenen Sichtweisen berühren – die traditionelle Frage nach den »Absichten« und die nach den »Wirkungen«. Ich gehe davon aus, daß sich in den Kontroversen um das Dokument nicht nur unterschiedliche Interessen, sondern die objektive Widersprüchlichkeit der Sache selbst widerspiegeln. Insofern ist die Debatte nicht abgeschlossen.

In dieser Annahme wurde ich ein weiteres Mal durch die in den letzten Monaten geführten Gespräche mit vielen Mitstreitern der 80er Jahre bestätigt.

Meine Darstellung darf durchaus auch als Bemühen um Selbstverständigung gewertet werden. Und ich betone ein weiteres Mal ausdrücklich, daß ich mich nicht als Historiker, sondern als Zeitzeuge äußere, meine Erinnerungen, meine Sichtweise und meinen Standpunkt vortrage.

Meine These ist, daß man dem Dokument nur gerecht wird,

wenn man es als einen *Kompromiß* versteht – einen spezifischen Kompromiß spezifischer Partner in einer spezifischen Situation.

In der Frage nach den Absichten schwingen immer auch die nach Hintergründen, Motiven, Interessen, Erwartungen usw. mit. Letztlich geht es um die Haltung der beiden Parteien zu diesen Aktivitäten. Bei der Suche nach Aufschlüssen sind Differenzierungen angebracht.

1983:

Da ist zunächst die Vorgeschichte – die Begegnungen zwischen Helmut Seidel und Erhard Eppler in Leipzig 1983, in denen die Idee zu Gesprächen – nicht etwa schon zum Dokument (!) – geboren wurde. Helmut Seidel hat im Frühsommer 2002 bestätigt, daß es ihm – dem Initiator des Ganzen – um die Frage ging, ob Geisteswissenschaftler, recht eigentlich »Ideologen«, in dieser spannungsgeladenen Situation nicht auch ein Beispiel geben könnten, daß und wie man aufeinander zugeht, um einen Beitrag zur Entkrampfung zu leisten. Natürlich mit den ihnen gegebenen Mitteln, dem Disput über Grundsatzfragen. Angeregt worden war er nicht zuletzt durch das im Dezember 1981 in Berlin auf Einladung von Stephan Hermlin mit Erfolg durchgeführte Treffen von Schriftstellern vor allem der beiden deutschen Staaten, der »Berliner Begegnung zur Friedensförderung«.[3]

Über seine entsprechenden Erwägungen hat sich Erhard Eppler 1988 unmißverständlich geäußert: »Als ich in die geistige Welt eines Ronald Reagan einzudringen versuchte, wurde mir klar, wie eng die endlosen Nach- und Nach-Nachrüstungen mit den aggressiven Ängsten verbunden waren, die sich aus der Konfrontation der Systeme und Ideologien ergaben (…) Ich begann zu zweifeln, daß Politik nur an den Ideologien vorbei den Frieden wahren und sichern könne (…) Wie können die Ideologien beider Seiten voll friedensfähig werden, ohne daß die jeweils herrschenden Gruppen ihre Legitimationsbasis einbüßen? (…) Vielleicht lassen sich (…) einige Anforderungen an friedensadaequate Ideologien erfüllen, ohne daß die Identität der jeweiligen Ideologie Schaden nimmt?«[4]

Interessant ist auch die zweite Etappe dieser Vorgeschichte – in den oberen Etagen beider Parteien. Erhard Eppler trug die Idee Willy Brandt vor, der fand, »dies sei kein unproblematischer, aber doch ein interessanter Versuch« und der dem Präsidium der SPD Zustimmung vorschlug. »Dann« – schreibt Erhard Eppler weiter – »konnte ich organisatorische Details mit Herbert Häber absprechen. Er, damals für Westkontakte zuständig, war eigens dazu nach Stuttgart gekommen.«[5]

Bestätigt – und ergänzt – wird dies durch die »Information über einen Aufenthalt von Herbert Häber in der Bundesrepublik Deutschland vom 9. bis 16. Oktober 1983«. Im Verlauf dieser Reise führte Häber mit vierzehn Politikern der CDU, CSU, FDP, SPD und der Grünen Gespräche. Zu der Begegnung mit Eppler notierte Häber: »Mit Einverständnis von Willy Brandt macht er den Vorschlag, daß er und einige andere Gesellschaftswissenschaftler der SPD im Februar des nächsten Jahres Gelegenheit bekommen, mit Gesellschaftswissenschaftlern der SED in einem kleinen Kreis eine Diskussion über ein Thema führen zu können, das die Arbeiterbewegung in den kapitalistischen Ländern heute besonders beschäftige: Die Frage nach der Zukunft der Arbeit angesichts der wissenschaftlich-technischen Revolution usw. Im Falle unseres Einverständnisses erwartet er eine Einladung.«

Herbert Häber übermittelte diesen Vorschlag an Erich Honecker[6] Und er erinnert sich, daß Honecker sofort zustimmte und meinte, damit könnte an das berühmte »Prager Manifest« der SPD angeknüpft werden. In dieser Erklärung vom Januar 1934 entwickelte die SPD Folgerungen für den revolutionären Kampf gegen die NS-Diktatur. Zum Schluß heißt es in diesem Dokument: »Die Differenzen in der Arbeiterbewegung werden vom Gegner selbst ausgelöscht. Die Gründe der Spaltung werden nichtig. Der Kampf zum Sturz der Diktatur kann nicht anders als revolutionär geführt werden. Ob Sozialdemokrat, ob Kommunist, ob Angehöriger der zahlreichen Splittergruppen, der Feind der Diktatur wird im Kampf durch die Bedingungen des Kampfes selbst der gleiche sozialistische Revolutionär. Die Einigung der Arbeiterklasse wird zum Zwang, den die Geschichte selbst auferlegt.«[7]

1986:

Eine ausschlaggebende Weichenstellung – nach der Idee zu den Gesprächen – war die Entscheidung, ein gemeinsames Dokument auszuarbeiten. Die Situation, in der sie fiel, habe ich geschildert. Was Erhard Eppler, der den Anstoß gab, dabei durch den Kopf ging, hat er zehn Jahre später niedergeschrieben. Dreierlei ist wohl hervorzuheben. Zum einen war es die Substanz der »spannendsten« Gesprächsrunde, eben der von 1986: sein und der seiner Mitstreiter »Versuch, den kommunistischen Kollegen klarzumachen«, daß gemeinsame Sicherheit nur einen Sinn mache, wenn »man dem jeweils anderen das Recht auf Existenz nicht abspreche und wenn man seine Friedensfähigkeit nicht in Zweifel ziehe«. Beides sei unvereinbar mit der von »Lenin erfundenen »friedlichen Koexistenz« und der Imperialismus-Theorie.[8] Ich habe im vierten Kapitel die dieser Tagung zugrundeliegende Ausarbeitung von Harald Neubert nicht zuletzt deswegen so ausführlich wiedergegeben, damit der Leser selbst urteilen kann, inwieweit und wovon die »kommunistischen Kollegen« hier überzeugt werden mußten, und inwieweit hier tatsächlich die von Eppler vermutete Unvereinbarkeit vorlag.

Zum anderen. Sein Vorschlag, dazu ein gemeinsames Papier zu verfassen, sei »zuerst einmal als Test gemeint: Würden die Kommunisten zurückzucken, wenn es an die schriftliche Formulierung von Thesen ging, die am Fundament ihrer ideologischen Festung den Preßlufthammer ansetzten?«

Wie man weiß, sind sie nicht zurückgezuckt.

Die Absichten »der Verfasser« schließlich charakterisiert Eppler 1996 auf folgende Weise. Einmal sei da das »Interesse der SED daran, dem Frieden als gemeinsamer Aufgabe bei allem Streit Priorität einzuräumen«. Angesichts der folgenden ausführlichen Darlegung der eigenen Absichten fällt die Kürze und Knappheit auf, mit der dieses Kalkül hier erwähnt und ausschließlich der SED-Seite zugesprochen wird.

Vor der Eppelmann-Kommission – im November 1993 – hatte Eppler sich noch drastischer ausgedrückt, von »Friedenslyrik« (!) war da die Rede.

Hier der Wortlaut: »Meine Damen und Herren, in dieses Papier sind sehr verschiedene Absichten eingegangen. Einmal das Interesse der SED, dem Frieden als übergeordneter gemeinsamer Aufgabe bei allem Streit Priorität einzuräumen. Deshalb ist auch in den beiden ersten Abschnitten, die von der SED entworfen worden waren, noch einiges von dem drin – obwohl ich da gründlich korrigiert habe –, was man Friedenslyrik nennen könnte.«[9]

Die folgenden Äußerungen werden 1996 in »Komplettes

Stückwerk« wiederholt. »Teile der SED-Delegation, vor allem der Professor Rolf Reißig (…) sahen in dem Papier einen Hebel zur Veränderung der SED, ja sogar eine Art von Magna Charta für die Perestrojka in der DDR.«

Eppler kann sich hier nur auf Aussagen von Rolf Reißig während der Ausarbeitungsphase des Dokuments (März 1986 bis Juli 1987) beziehen, an der ja nur die vier Autoren beteiligt waren.[10]

Seitens der Grundwertekommission seien drei Ziele verfolgt worden, erstens eine »glasklare Abgrenzung zwischen Sozialdemokraten und Kommunisten« vorzunehmen. Zweitens, die SED zur »Aufgabe oder doch Neuinterpretation des Begriffs ›friedliche Koexistenz‹ zu veranlassen«. Und drittens »über eine Streitkultur zwischen den beiden Systemen zu einer freien Diskussion innerhalb des kommunistischen Systems zu kommen«.

Auch auf die »glasklare Abgrenzung« ist zurückzukommen. Und was die »Neuinterpretation« der friedlichen Koexistenz betrifft, so sei an die Beobachtung Peter Benders aus dem Jahre 1986, unter dem frischen Eindruck des Gesprächs, erinnert, daß Neubert in dem bewußten Papier nicht mehr und nicht weniger als eine derartige Neuinterpretation vorgenommen habe.

Die dritte Zielsetzung war spätestens seit dem geschilderten Schlagabtausch 1988 aktenkundig.

1987:

Die wichtigste Entscheidungssituation, aus deren Analyse Absichten zu erkunden sind, war sicher die Beratung in den leitenden Gremien beider Parteien, ob man dem Dokument zustimmen solle oder nicht.

Was das Präsidium der SPD betrifft, so hat Hans-Jochen Vogel auf der Tagung in Bad Boll Anfang April 2002 das Für und Wider skizziert, das bei der Entscheidungsfindung eine Rolle gespielt hat. Er übernahm an der Evangelischen Akademie die Aufgabe, die Einführung von Johano Strasser zum Thema »Die SPD und das gemeinsame Papier« zu kommentieren. Dankenswerter Weise hat die Evangelische Akademie mir gestattet, den für mein Anliegen relevanten Passus aus der mitgeschnittenen Redefassung von Vogels Beitrags – alle auf der Tagung gehaltenen Beiträge werden veröffentlicht – zu zitieren.

»*Dr. Hans-Jochen Vogel, Kommentar zum Beitrag von Prof.*

Johano Strasser (…) Helmut Schmidt war der Meinung, man könne sich mit den SED-Repräsentanten wohl in ihrer staatlichen Funktion treffen, aber ein Treffen auf Parteiebene mit der gegenseitigen Anerkennung, also auch der Anerkennung der SED als Partei, sei mit sozialdemokratischen Grundvorstellungen nicht vereinbar. Wenn ich mich nicht täusche, hat er das dann auch öffentlich gesagt.

Zur formal endgültigen Behandlung kam die Sache kurz nachdem ich die Nachfolge von Willy Brandt angetreten hatte, das war der 14. Juli 1987. Ende August 1987, als Erhard Eppler das Papier vorlegte, ging es formal damals nur um den Beschluß, der Veröffentlichung zuzustimmen.

Irgendwann einmal kam die Frage auf, ob man das nicht auf die Ebene des Vorstands und umgekehrt bei der SED vielleicht auf die Ebene des Politbüros heben könne. Das wurde aber nicht weiter verfolgt. Insofern war also nur der Beschluß zu fassen: Wird der Veröffentlichung zugestimmt? Die Debatte war nicht sehr intensiv, und sie fand außerdem für die meisten in der Urlaubszeit statt. Ich weiß nicht einmal, ob das Präsidium an jenem Tag voll besetzt gewesen ist. Es gab folgende Erwägungen (wobei ich jetzt einfach von meinen Erwägungen spreche, aber ich war nicht der einzige mit diesen Erwägungen):

Auf der einen Seite wurde gesehen, daß wir damit tatsächlich einen qualitativ wesentlichen Schritt tun, nämlich die SED als Partei anerkennen. Der Staat DDR war ja spätestens seit dem Grundlagenvertrag kein Problem mehr. Ob also die SED als Partei anzuerkennen und sich dann gegenseitig solche Erklärungen in ein gemeinsames Papier zu schreiben, wie sie eben in diesem Papier zu finden sind und gestern und heute erläutert wurden, ob wir das als Sozialdemokraten auch in Betracht auf unsere eigene Geschichte, auch das spielt eine gewisse Rolle, was Sozialdemokraten nach der Vereinigung der beiden Parteien widerfahren ist, was man ja doch wohl deutlich als Verfolgung vieler Sozialdemokraten bezeichnen kann, ob das geht und ob das angemessen ist.

Damit in Verbindung stand die weitere Sorge, daß wir dem politischen Gegner in der Bundesrepublik eine offene Flanke bieten, daß wir hier mit erheblichen Angriffen zu rechnen hätten. Eine Sorge flackerte nur einen Moment auf und ist dann eigentlich nicht mehr geäußert worden, man war in geringen Teilen in der Sorge, daß man bei der Gelegenheit über den Tisch gezogen werde. Aber dafür bürgte dann schon Erhard Eppler und die übrigen Teilnehmer, daß diese Sor-

ge unbegründet war. Dies möge Ihnen zeigen, wie man damals in der Bundesrepublik solche Möglichkeiten und Gefahren immerhin nicht völlig ausgeschlossen hat.

Nun kommen die Argumente dafür, die nach meiner Meinung weit überwogen, und diese Meinung habe ich auch heute noch.

1. Man kann nicht oft genug wiederholen, daß wir uns damals in einer Situation befanden, in der ein bewaffneter Konflikt, bis hin zum Einsatz von Atombomben, jedenfalls für möglich gehalten wurde. Es gehört für mich zu den großen Phänomenen, die ich erlebt habe, wie rasch dieses tief verwurzelte Gefühl nach 1989/90 aus den Köpfen verschwunden ist, als wenn es dieses nie gegeben hätte. Also Argument 1 pro ist das Argument, solche Gespräche, solche Kontakte können zur Friedenssicherung beitragen. Und es haben sich ja in dem Dokument zur Frage der Friedenssicherung Aussagen von beiden Seiten, übrigens dann übereinstimmend, gefunden, die zeigten, daß es auch in dieser damaligen Spannungssituation solche Möglichkeiten der Friedenssicherung gab.

2. Wir hatten die ersten Anzeichen für eine Reformentwicklung in der Sowjetunion. Gorbatschow trat allmählich ins Bewußtsein. Andere und ich haben eine Beziehung hergestellt zwischen diesem Schritt, daß die beiden Parteien über die Trennung Ost-West miteinander in dieser Form reden. Dies könne, ohne daß wir uns überschätzt hätten, eine Hilfe für Reformentwicklungen auch in der DDR bedeuten.

Ich habe übrigens Gorbatschow im Jahr 88 vier oder fünf Stunden mit einer kleinen Delegation im Kreml getroffen und 89 dann noch einmal. 88 war Gorbatschow in einer Phase, in der er sehr stark auf die Sozialdemokratie blickte. Auf seinen Wunsch haben wir ihm eine russische Übersetzung des Entwurfs des Berliner Programms mitgebracht, und, auch dies ist völlig aus dem Bewußtsein verschwunden, es gab einen ernsthaften Plan, daß der Vorwärts auch in einer russischen Ausgabe in einer Auflage von 10.000 Exemplaren erscheint, und es ist sogar eine Probenummer im Zusammenhang mit meinem Besuch erschienen. Gorbatschow war der Meinung, daß für seine weitere Perspektive und für das, was er in seinem Kopf hatte, die Übernahme sozialdemokratischer Ideen und Gedanken durchaus eine Hilfe sein könnte. Bei der Gelegenheit war dann auch bei Gorbatschow von diesem Papier die Rede, und ich habe noch ziemlich deutlich im Gedächtnis, daß sich Gorbatschow 88 positiv zu diesem Papier äußerte. Ich habe von Herrn Häber gelernt, daß man die Jahreszahl immer *dazu sagen muß. Auch Gorbatschow hat einen Entwicklungs- und Lernprozeß durchgemacht.*

3. Ein weiterer Punkt, der für mich eine Rolle gespielt hat, war die Tatsache, daß Erhard Eppler die Zusage von der anderen Seite mitbrachte, das Papier wird zur Gänze im Neuen Deutschland veröffentlicht. Ich gehöre nicht zu den regelmäßigen Lesern des Neuen Deutschland, damals schon gar nicht und auch heute nur sehr sporadisch, aber die Tatsache, daß in dem parteioffiziellen Organ dieses Papier ohne jede Zensur, ohne Streichungen, ohne Hinzufügungen, Erläuterungen von der ersten bis zur letzten Zeile abgedruckt wurde, war ein Punkt, den ich auf der Liste der Positivargumente ziemlich weit nach oben gerückt habe. Wir werden im weiteren Verlauf hören, was die Bürgerrechtler zu diesem Papier sagen werden, aber es ist mir viele Male begegnet, daß ich darauf angesprochen wurde, daß diese Veröffentlichung im Neuen Deutschland, und manche hatten sie dabei, für sie eine deutliche Hilfe gewesen sei.

4. Ein weiteres Argument pro war, daß im Ergebnis die SED damit ihr Wahrheitsmonopol in Bezug auf gesellschaftliche Entwicklungen aus der Hand gegeben habe. Wer sagt, man muß gegenseitig kritisieren und voneinander lernen, und man muß auch im Innern des eigenen Systems zu Reformen fähig sein und muß dabei auch die Diskussion mit dem anderen System in Rechnung stellen, der kann nicht mehr sagen, ich habe einen absoluten Wahrheitsanspruch, weil ich die Gesetzmäßigkeit der Entwicklung kenne und voraus sehe.

5. Ein weiterer Punkt, der von Bedeutung war, für mich jedenfalls, war die Überlegung, nicht im Sinne der Destabilisierung, ich habe Honecker noch im Jahr 89 beim letzten Treffen gesagt: ›Herr Generalsekretär, wir wollen Sie nicht destabilisieren, aber Sie müssen aufpassen, daß Sie nicht gegenüber den Reformwünschen und Reformentwicklungen‹ — wie sie von der Sowjetunion damals immer deutlicher hervortraten – ›eine Haltung einnehmen, die zur Selbstdestabilisierung führt‹, nein, ich hatte den Gedanken vor Augen, daß es für die SED schwierig werden könnte, Liberalität nach außen, Vielzahl von Kontakten nach außen weiter mit einer harten Hand im Innern zu verbinden. Und in der Tat – Sputnik ist erwähnt worden – sind die Widersprüche allmählich immer deutlicher hervor getreten. Honecker hat mir auf meine Frage nach dem Sputnik-Verbot 88 oder 89 gesagt, er verstehe die Aufregung gar nicht, auch in der Bundesrepublik müßten Zeitschriften zum Postzeitungsdienst zugelassen werden, und der

Postzeitungsdienst der DDR sei so überlastet, daß vorübergehend für dieses Blatt kein Raum bliebe. Wer es aber haben wolle, könne es sich aus Moskau oder was weiß ich woher liefern lassen.

6. Ein letztes Argument, das ich insbesondere in der Auseinandersetzung mit der Union immer wieder verwendet habe, betraf die Frage: Wer steckt sich eigentlich bei intensiverer Berührung an wem an? Sind wir so wenig selbstbewußt, daß wir fürchten, durch diese Kontakte vom ›realexistierenden Sozialismus‹ oder vom Kommunismus angesteckt zu werden und diesen dann nachahmen wollen oder ist nicht umgekehrt die Ansteckungsgefahr für die andere Seite um ein Deutliches größer? Ich glaube, man kann im Nachhinein einiges dafür anführen, daß meine Einschätzung der gegenseitigen Ansteckungsgefahr nicht so ganz abwegig gewesen ist.«

Daß Hans-Jochen Vogel im Jahr 2002 bei dieser Darstellung der Frage der Friedenssicherung eine derartige Priorität einräumt, halte ich vor dem Hintergrund der vielen Kommentare und Deutungen von ganz anderem Zuschnitt für äußerst bemerkenswert.

Die »Absichten« der SED-Führung, von denen ich hier in erster Linie zu reden habe, wurden im Laufe der Jahre sehr unterschiedlich ausgelegt:

– das Politbüro habe gar nicht so recht gemerkt, was es da beschließt;

– die Vorlage des Dokuments habe im Politbüro »eine der ganz seltenen Streitereien« ausgelöst (Potthoff), eine Spaltung habe sich abgezeichnet;

– das Politbüro habe unter Zugzwang gestanden – das SPD-Präsidium hatte das Papier bereits abgesegnet;

– das Politbüro »glaubte, mit dem Papier in der hergebrachten Weise fertig zu werden: indem die Funktionäre feierten, was der Partei in den Kram paßte und verschwiegen oder verdrehten, was marxistisch-leninistischen Dogmen widersprach«[11] – auch von der Revision doktrinärer Glaubenssätze ist die Rede;

– der »Glasnost-Druck aus Moskau« habe die SED-Führung unter Druck gesetzt;

– Honecker habe das Papier gebraucht, um angesichts des von ihm herbeigesehnten und nun endlich bevorstehenden BRD-Besuchs in Bonn für »gutes Wetter« zu sorgen.

Bei der Klärung dieser Frage müssen meiner Meinung nach mindestens folgende Gesichtspunkte Berücksichtigung finden.

Nicht nur Schadensbegrenzung

Es kann keinem Zweifel unterliegen, daß die Zustimmung zum Grundanliegen des Papiers – was ich darunter verstehe, habe ich bei der Schilderung der 88er-Gesprächsrunde ausführlich dargestellt – ohne Einschränkung auf der Linie einer Politik der SED lag, deren Konturen sich spätestens seit dem Ende der 70er Jahre mit zunehmender Deutlichkeit abzeichneten. Drei grundlegende Prozesse und Ereignisse trafen in dieser Linie zusammen: die Raketenkrise, die tatsächliche oder mögliche Rolle beider deutscher Staaten bei der Bewältigung der damit verbundenen Probleme, und die Beziehungen zwischen SED und SPD, den beiden Hauptströmen der deutschen Arbeiterbewegung.

Einige dieser Erkenntnisse, Erklärungen und Verlautbarungen seien hier stichpunktartig nachgezeichnet.[12]

– April 1979, 10. ZK-Plenum: Forderung nach differenzierter Einschätzung imperialistischer Kräfte und Interessen in der Friedensfrage[13]

– Juni 1982, 4. ZK-Plenum: Im Atomzeitalter kann der Krieg keine Fortsetzung der Politik mehr sein[14]

– April 1983 (Marx-Konferenz): Die Verteidigung des Friedens als höchstes Gut ist das vorrangige Interesse. Gemeinsam mit allen sozialistischen und sozialdemokratischen Parteien muß das Friedenspotential der Arbeiterbewegung erschlossen werden. Beim Aufbau des Sozialismus sind die nationalen Gegebenheiten sorgfältig zu beachten. In der neuen Situation ist der Kampf um sozialen Fortschritt dem Kampf um Frieden nachgeordnet. An diesem repräsentativen Treffen nahm erstmals ein leitender Mitarbeiter der Friedrich-Ebert-Stiftung teil.[15] Das mit bisherigen Gepflogenheiten der kommunistischen Weltbewegung brechende, auf strikte Gleichberechtigung aller 145 teilnehmenden Parteien dieser Tagung zielende und so auch realisierte Konzept der SED-Führung (nicht zuletzt die Sitzordnung und die Reihenfolge der Redebeiträge) und natürlich die neuen Akzente in der Rede Honeckers sorgten für Verstimmungen und Unmut bei der Delegation der KPdSU.[16]

Günter Sieber, seinerzeit Leiter der Abteilung Internationale Verbindungen des ZK, schreibt rückblickend, daß von Honecker auf dieser Konferenz bereits eine fundamentale Aussage des XXVII. Parteitages der KPdSU, der bekanntlich drei Jahre später stattfand, formuliert worden sei. Seine Feststellung, daß Atomkriege nicht führbar und nicht gewinnbar seien, »war eine Kritik an den damals gültigen Militärdoktrinen in Ost wie in West«.[17]

– November 1983 (7. ZK-Plenum): »Kein Jubel« über die Stationierung sowjetischer Raketen auf den Territorien der DDR und der CSSR, vielmehr »Schadensbegrenzung« und Politik der friedlichen Koexistenz »Jetzt erst recht!«[18]

– Dezember 1983 (Konferenz der Gesellschaftswissenschaftler) Kurt Hager: neuartige, direkte Verknüpfung von Frieden und sozialem Fortschritt – Fortschritt nur im Frieden möglich.[19]

Mit den nüchternen Worten des Historikers – Heinrich Potthoff schreibt in der Einführung zu seinem »Die ›Koalition der Vernunft‹. Deutschlandpolitik in den 80er Jahren« getitelten Dokumentenband von 1995, vieles spreche dafür, »daß der SED-Generalsekretär in diesen Jahren eher bremsend auf die Rüstungsfanatiker in Moskau einwirkte«.[20]

Offizielle Parteibeziehungen zur SPD waren vom Politbüro der SED im November 1982 beschlossen worden – langfristig vorbereitet unter anderem durch Herbert Häber als Leiter der Westabteilung des ZK seit 1973.[21] Eine Verantwortung für die Wahrnehmung dieser Aufgabe wurde dem Rektor unserer Akademie, Prof. Otto Reinhold, übertragen.[22]

Eine Schlüsselrolle in diesem Prozeß spielten die Begegnungen Honeckers mit Helmut Schmidt (1975, 1980, 1981), mit Hans-Jochen Vogel (1983 und dann jährlich) und mit Willy Brandt (1985).[23] Dem zuletzt genannten Treffen kam für das Zustandekommen des Dokuments wahrscheinlich eine besondere Bedeutung zu. Egon Krenz berichtet, daß Willy Brandt zu Honecker gesagt habe, das Jahr 1918/19 – also die Spaltung der Arbeiterbewegung – dürfe nicht das letzte Wort der Geschichte sein.[24] Otto Reinhold war der persönliche Begleiter Willy Brandts während dessen Besuchs.

Noch in Erinnerung sind die 1984 begonnenen abrüstungspolitischen Gespräche und Vereinbarungen (Axen/Bahr).

Nicht unerwähnt lassen möchte ich auch, daß 1986 zwei

gemeinsame Arbeitsgruppen unserer Akademie und der Friedrich-Ebert-Stiftung zu den Themen »Friedenserziehung« sowie »Ökonomie und Ökologie« ihre Tätigkeit aufnahmen.[25]

Einspruch aus Moskau

Daß diese Politik alles andere als unbedarft oder selbstverständlich, vielmehr in hohem Maße bewußt reflektiert war, kann mindestens indirekt dadurch als belegt gelten, daß sie gegen heftigen Widerstand in Moskau praktiziert werden mußte. Die entsprechenden Dokumente sind inzwischen veröffentlicht, insbesondere das Protokoll der Geheimsitzung von Delegationen beider Parteiführungen im August 1984 in Moskau.[26] »KPdSU-Generalsekretär Tschernenko drohte Honecker am 17. August 1984 ernste Konsequenzen für den Fall der weiteren Intensivierung der Beziehungen zur Bundesrepublik an«.[27]

Nicht ohne Pikanterie, daß sich laut Protokoll auch Gorbatschow, der spätere Protagonist des Neuen Denkens, damals noch Sekretär für Landwirtschaft, an der Zurechtweisung Erich Honeckers beteiligte.[28] Radio »Freies Europa« hat eine umfangreiche Dokumentation des in den Medien sozialistischer Länder zwischen Januar und September 1984 geführten »Disputes« – wie es im Titel heißt – über die Politik der DDR publiziert.[29] Höhepunkt waren zwei Artikel in der *Prawda*, in denen eine unverhohlene Kritik an der Linie des oben erwähnten Plenums des ZK der SED im Dezember 1983, z. B. an der Forderung nach gemeinsamer Begrenzung des durch die Raketenstationierungen eingetretenen Schadens für die Perspektiven des Friedens in Europa, geübt wurde.[30]

Was das Für und Wider um das Dokument unmittelbar betrifft, so ist darauf hinzuweisen, daß nach seiner Veröffentlichung bei der SED ein Schreiben aus Moskau eintraf, in dem der Text zwar allgemein begrüßt, im einzelnen aber kritisiert wird. Unter anderem sei versäumt worden, die Darstellung der sozialistischen Demokratie mit der führenden Rolle der marxistisch-leninistischen Partei zu verbinden – ein Einwand, der nicht unbedingt von Verständnis für Sinn und Stellenwert dieses Dokuments spricht. Auch seien Illusionen über die Sozialdemokratie genährt worden.[31]

Die ablehnende Haltung änderte sich erst im Frühjahr 1988.

Und schlug dann in ihr Gegenteil um. Im Dezember 1988, im Verlauf einer Tagung von 17 kommunistischen, sozialdemokratischen und sozialistischen Parteien über das Dokument in Freudenberg wurden wir von sowjetischen Vertretern belehrt, daß man über das Dokument nun hinausgehen müsse.[32]

Ich habe mir damals aus den Reden von Galkin und Krassin notiert, daß jetzt eine ideologische Entwaffnung ins Haus stehe und die Beziehungen zur Sozialdemokratie grundsätzlich geändert werden müßten. Die Überschrift des Berichtes von Helmut Lölhöffel in der *Frankfurter Rundschau* lautete: »Sowjetische Kommunisten umwerben die Sozialdemokratie«.[33]

Der »Streit« im Politbüro

Das Politbüro des ZK der SED tagte am 28. Juli 1987. Wie angedeutet, wurden und werden über diese Sitzung abenteuerliche Legenden verbreitet.

Ein Protokoll der Diskussion existiert nicht. Teilnehmer an der Sitzung haben sich – soweit mir bekannt – bislang nicht geäußert. Der einzige authentische Beleg sind handschriftliche Aufzeichnungen, die Egon Krenz während der Tagung, die er leitete, angefertigt hat.[34] Auf der Grundlage dieser Notizen hat Egon Krenz eine schriftliche Information an Erich Honecker verfaßt, die von diesem am 29. Juli abgezeichnet wurde.[35]

Ich bin Egon Krenz dankbar, daß er mir die erstmalige Veröffentlichung dieses in seinem Privatarchiv befindlichen Schriftstückes gestattet hat.

»Zur Diskussion des Dokumentes der Akademie für Gesellschaftswissenschaften beim ZK der SED und der Grundwertekommission der SPD ›Der Streit der Ideologien und die gemeinsame Sicherheit‹.
Das Dokument wurde am 28. 7. 1987 im Politbüro diskutiert.
Dabei ergriffen das Wort:

Alfred Neumann
Das Material sei sehr interessant. Dennoch habe er ein paar Überlegungen, die er zur Diskussion stellen wolle. Sie beziehen sich vor allem auf folgende Fragen:
– Wie vollzieht sich nach Auffassung der Autoren des Dokumentes

der Übergang vom Kapitalismus zum Sozialismus? Darauf wird keine Antwort gegeben. Es seien einige Formulierungen im Dokument, die Diskussionen auslösen könnten.

– Im Dokument werden beide gesellschaftliche Systeme in gewisser Hinsicht gleichgestellt. Es wird ihnen auch gleiche Lernfähigkeit bescheinigt.

– Auch die Reformfähigkeit sei nach dem Dokument beiden Systemen eigen.

Er wolle seine Bemerkungen auch anhand konkreter Formulierungen machen; zum Beispiel auf Seite 3 wird zwar über soziale, politische, ideologische und weltanschauliche Unterschiede und Gegensätze gesprochen. Es werde aber nicht deutlich, wofür die verschiedenen Menschen, Organisationen, Parteien, Regierungen und Staaten aktiv eintreten und ihren Einfluß spürbar erhöhen. Im Dokument werde auch nichts über die zeitlichen Abläufe gesagt, wie bestimmte Ziele zu erreichen sind. Das könnte bei Veröffentlichung zu Mißverständnissen führen.

Auf Seite 5 wird die Frage aufgeworfen, daß der Wettbewerb zwischen den Systemen gewaltfrei verlaufen solle. Was aber heißt gewaltfrei? Gewalt kann man auch durch die Ökonomie ausüben.

Auf Seite 7, 2. Absatz, wird von einer historischen Verpflichtung beider deutscher Staaten gesprochen und außerdem ihre politisch-geografische Lage betont. Wie solle man das verstehen?

Auch auf Seite 15 und 16 werden Worte über Kritik und Kooperation bzw. über periodisch und nichtperiodisch erscheinende Zeitungen und gedruckte Veröffentlichungen gefunden, die verschieden ausgelegt werden könnten. Es sei damit zu rechnen, daß die Rechten in der SPD diese Formulierungen für sich auslegen. Dennoch wolle er nicht das Dokument als Ganzes kritisieren, denn es handelt sich um ein sehr bedeutsames Material. Es gehe ihm lediglich darum, einige Fragen aufzuwerfen, die möglicherweise bei der weiteren Diskussion Berücksichtigung finden könnten.

Horst Sindermann

Er kenne kein anderes Dokument, das zwischen einer kommunistischen und einer sozialdemokratischen Partei vereinbart sei und eine so große Bedeutung habe. Es handele sich um das erste gemeinsame Dokument in der Geschichte der SED und der SPD, das er überhaupt kenne. Man möge sehr genau den Titel beachten: ›Der Streit der Ideo-

logien und die gemeinsame Sicherheit‹. In diesem Dokument sind un-
sere Grundpositionen klar formuliert. Natürlich finden sich auch die
Formulierungen der SPD in diesem Dokument wieder. Das ist aber
ganz natürlich, denn es handelt sich um ein gemeinsames Dokument.
Es sei auch sehr gut, daß die Unterschiede betont sind, denn so wird
klar, wo bürgerliche und wo sozialistische Ideologie vertreten wird.
Das sei positiv für die SPD, das sei aber auch positiv für uns. Von Be-
deutung sei der Hinweis auf gemeinsame Wurzeln in der Arbeiterbe-
wegung. Das Entscheidende bestehe aber darin, daß man eine klare
Konzeption hat, daß heute gemeinsame Sicherheit nicht gegeneinan-
der, sondern nur miteinander zu erreichen ist. Das Dokument gibt
klare Aussagen für ideologische Auseinandersetzungen, aber verzichtet
auf Konfrontation. Es betont, daß es gemeinsame Menschheitsaufga-
ben gibt, die nicht gegeneinander, sondern nur in der Kooperation
miteinander gelöst werden können. Dieses Dokument werde große in-
internationale Auswirkungen haben. Wir wollen die Unterschiede nicht
verwischen, aber die gemeinsame Plattform für einen sicheren Frie-
den ist von großer historischer Bedeutung.

Er wolle deshalb dem Dokument, so wie es vorliegt, seine volle Un-
terstützung geben und zum Ausdruck bringen, daß diejenigen, die an
dem Dokument mitgearbeitet haben, den Dank des Politbüros ver-
dienen.

Hermann Axen

Es wurde große Arbeit geleistet, die zu großen Ergebnissen geführt
hat. Zum ersten Mal ist ein Dokument entstanden, in dem die SED
und die SPD gemeinsame Konzeptionen für die Lösung der wichtig-
sten Frage der Gegenwart, den Frieden darlegen. Das ist von außer-
ordentlicher Bedeutung für die internationale Arbeiterbewegung. Es
steht auch im engen Zusammenhang mit den Standpunkten, die an-
dere sozialdemokratische Parteien vertreten, zum Beispiel die finni-
sche, die norwegische sowie eine Reihe lateinamerikanischer Parteien.
Das habe auch große Bedeutung für die Sozialistischer Internationa-
le und ihre Zusammenarbeit mit Kommunisten. Trotz der Betonung
der Gemeinsamkeiten gibt es keine Verwischungen. Es zeigen sich die
Früchte der langjährigen Bemühungen Erich Honeckers. Selbstver-
ständlich berücksichtigt das Dokument die Gleichberechtigung beider
Parteien.

Wenn von Kompromissen die Rede ist— und ein solches Dokument enthält natürlicherweise Kompromisse –, dann muß man aber auch sagen, daß unsere Kompromisse tragfähig sind und keinerlei Grundpositionen aufgeben. Wir reden zwar nicht so viel vom neuen Denken, die SED geht aber praktisch voran.

Er wolle sich deshalb für dieses Dokument aussprechen und seine Annahme empfehlen.

Erich Mückenberger

Das Dokument ist gut, nützlich und stimmt mit unserer Zeit überein. Der Gegner und auch die Rechten in der SPD werden sich möglicherweise nach der Veröffentlichung darauf stürzen. Aber das Entscheidende ist, daß wir darin zeigen, wie Kommunisten und Sozialdemokraten in der Friedensfrage zusammenarbeiten. Den Linken in der SPD wird es helfen, klare Positionen zu beziehen. Die SPD ist sehr weit gegangen und mehr sei sicherlich nicht zu erreichen. Wir geben keine Standpunkte auf, sondern lassen uns von unserer grundlegenden Politik leiten.

Er wolle deshalb ohne Einschränkung dem Dokument seine Zustimmung geben.

Werner Felfe

Ich möchte den Genossen, die das Dokument mit erarbeiteten, danken und sie beglückwünschen. Es handelt sich um ein historisches Dokument. Es drückt die große Arbeit aus, die Genosse Erich Honecker, das Politbüro und viele Genossen unseres Zentralkomitees über Jahrzehnte geleistet haben. Nur dadurch konnte eine solche vertrauensvolle Atmosphäre entstehen, die es ermöglicht, ein solches Dokument anzunehmen. Es geht über ›nationale Grenzen‹ hinaus. Es entspricht auch der vom IX. Parteitag der SED und vom XXVII. Parteitag der KPdSU vorgenommenen Analyse der internationalen Situation.

Natürlich sind Kompromisse unumgänglich, aber in der Grundlinie wird unsere Politik widergespiegelt. Es wäre ein Glück gewesen, wenn es ein solches Dokument zwischen Kommunisten und Sozialdemokraten vor der Machtergreifung des Faschismus gegeben hätte. Wir skizzieren das Gemeinsame im Kampf um den Frieden und drücken auch die Unterschiede unserer Ideologie aus. Das heißt, wir geben Antwort, was verbindet uns und was trennt uns.

Sehr bedeutsam ist der Hinweis auf gemeinsame Wurzeln.

Er wolle sich ohne Einschränkung für die Annahme des Doku-
mentes und seine Veröffentlichung entscheiden. Hinzu fügen wolle er
noch, dieses Dokument, das jetzt mit einer Oppositionspartei gemacht
wurde, bleibt ja auch von Bedeutung, wenn diese Partei einmal Re-
gierungspartei werde.

Inge Lange

Besonders bedeutungsvoll ist dieses Dokument, weil es mit deut-
schen Sozialdemokraten vereinbart wurde. Sie haben international
einen großen Einfluß und auf sie schaut man auch bei anderen Par-
teien der Sozialistischen Internationale. Das kann man in Finnland
und auch in anderen Ländern beobachten. Wir geben unsere Klas-
senposition nicht auf. Das Dokument wird eine gewaltige internatio-
nale Ausstrahlung haben. Deshalb wolle sie sich voll für seine Annah-
me aussprechen.

Achim Böhme

Er erklärt sein volles Einverständnis mit dem vorliegenden Doku-
ment. Es sei gelungen, eine prinzipielle Charakterisierung über das
Gemeinsame im Handeln von Kommunisten und Sozialdemokraten
vorzunehmen, ohne unsere ideologischen Grundpositionen zu verlet-
zen. Es sei faktisch ein ideologisches Dokument für gemeinsames Han-
deln. Es hat auch für die DKP große Bedeutung. Es zeigt nämlich, in
welchen Fragen sich Kommunisten und Sozialdemokraten einigen
können. Bedeutsam sei auch der Zeitpunkt der vorgesehenen Veröf-
fentlichung, nämlich im Vorfeld des Besuches Erich Honeckers in der
BRD. Wichtig sei, die Positionen, die in dem Dokument vorhanden
sind, in der Partei zu besprechen. Dazu könne auf jeden Fall das Par-
teilehrjahr beitragen.

Werner Krolikowski

Das Dokument hat eine sehr große Bedeutung. Das trifft sowohl
auf seinen Charakter als auch auf die Perspektive zu, die darin zum
Ausdruck kommen. Es ist bedeutsam für die Systemauseinanderset-
zung. Man muß daher auch die Rolle der SPD in der Sozialistischen
Internationale sehen. Es entspricht den objektiven Umständen. Es ist
auch eine große Übereinstimmung mit der vom XXVII. Parteitag der
KPdSU dargelegten Konzeption.
Er sei deshalb mit dem vorliegenden Dokument voll einverstanden.

Günther Kleiber

gab seine volle Unterstützung für das Dokument. Nach sieben Jahrzehnten liegt zum ersten Mal eine gemeinsame Plattform in einer wichtigen Frage des gemeinsamen Kampfes zwischen Kommunisten und Sozialdemokraten vor. Das Dokument muß man in seiner Einheit sehen und darf nicht einzelne Absätze oder Zeilen aus dem Zusammenhang reißen. Er wolle auch darauf hinweisen, daß wir im Dokument unsere klare Position als Marxisten/Leninisten zum Wesen der sozialistischen Demokratie sagen und uns eindeutig zur Machtausübung bekennen. Das sei bedeutsam sowohl im Osten wie im Westen.

Gerhard Müller

schlug vor, über das Dokument eine Information für die Grundorganisationen auszuarbeiten, damit die Diskussion in der Partei unterstützt werde.

Egon Krenz

Die Diskussion war nützlich und hat den einheitlichen Standpunkt zum Ausdruck gebracht, daß unser Politbüro für die Annahme des vorliegenden Dokumentes der Akademie für Gesellschaftswissenschaften und der Grundwertekommission ist.

Natürlich ist es möglich, das Dokument als ›ungewöhnlich‹ zu bezeichnen. Das Ungewöhnliche aber sei vor allem, daß zum ersten Mal in der Geschichte der deutschen Arbeiterbewegung – seit es die sozialdemokratische Partei und die kommunistische Partei auf deutschem Boden gibt – ein Dokument des gemeinsamen Kampfes für die Lösung der wichtigsten Frage der Menschheit, der Erhaltung des Friedens, erarbeitet wurde. Wenn man auch mit Begriffen vorsichtig sein soll, aber dieser Vorgang verdient historisch genannt zu werden.

Daß es zwischen Sozialdemokraten und Kommunisten keine ideologische Einheit geben kann, ist nicht erst seit heute so. Das versteht sich von selbst. Es war auch nicht die Aufgabe, die ideologischen Gegensätze von Sozialdemokraten und Kommunisten zu verwischen. Das vorliegende Dokument ist eine logische Konsequenz unserer kontinuierlichen und langfristig angelegten Politik. Es ergibt sich auch aus dem, was Genosse Erich Honecker bereits auf der Karl-Marx-Konferenz 1983 dargelegt hat. Unsere Konzeption von der Koalition der Vernunft und des guten Willens findet in diesem Dokument seinen Niederschlag.

(Auch wenn diese Koalition breiter ist, so ist doch das gemeinsame Handeln von Kommunisten und Sozialdemokraten ein entscheidender Faktor.)

Die vom Genossen Erich Honecker auf dem 7. Plenum 1983 geprägte Losung ›Jetzt erst recht!‹ wurde zwar in einer konkreten Situation geboren, hat aber sinngemäß für unseren Friedenskampf weiterhin Bedeutung. So kann man feststellen, daß sich dieses Dokument – was die Positionen unserer Partei betrifft – in voller Übereinstimmung mit den Beschlüssen des Parteitages und des Zentralkomitees befindet. Das Dokument wurde gemeinsam mit der Grundwertekommission der SPD erarbeitet; das heißt jener Kommission, die Entscheidendes für die Erarbeitung des Parteiprogramms der SPD leistet. Auf diese Weise kann Einfluß genommen werden auf das Programm der SPD. Das hat weit über den Tag hinaus Bedeutung. Betont muß auch werden, daß es in keiner Weise ein Dokument ist, in dem sich die Konvergenztheorie niederschlägt. Die Grundpositionen der Kommunisten werden klar formuliert, was uns auch in der Arbeit der Partei und der Massenorganisationen die Möglichkeit gibt, im Zusammenhang mit diesem Dokument grundlegende Erkenntnisse des Marxismus-Leninismus in unserer Zeit zu diskutieren. Die internationale Bedeutung des Dokumentes kann nicht hoch genug eingeschätzt werden.

Ich verstehe Genossen Alfred Neumann so, daß er mit seinen Fragen Anregungen zur Diskussion geben wollte. Die Diskussion habe Einheitlichkeit in der Beurteilung des Dokumentes ergeben und deshalb könne man dem Dokument, das unterbreitet wurde, ohne weitere Veränderungen zustimmen.

Durch Genossen Otto Reinhold wurde darauf verwiesen, daß man bei der Endfassung mit den Vertretern der SPD noch einige Formulierungen finden sollte, die die Militärdoktrinen und das ›gemeinsame europäische Haus‹ betreffen. Außerdem wies Genosse Reinhold darauf hin, daß man auf Seite 5 anstelle von ›gewaltfrei‹ auch sagen könne: ohne ›militärische Gewalt‹. Das seien Dinge, die man mit der SPD zustande kriegt. Wenn solche Diskussionen mit den Vertretern der SPD geführt werden— fügte Egon Krenz hinzu – muß aber alles vermieden werden, was für die SPD nicht annehmbar ist.

Im Ergebnis wurde festgelegt,
– dem Dokument zuzustimmen;
– Genossen Otto Reinhold zu beauftragen, die weitere Diskussion mit den Vertretern der SPD zu führen;

– das Dokument am 27. August 1987 auf einer Pressekonferenz gleichzeitig in Berlin und Bonn den Massenmedien zu übergeben;

– das Dokument am 28. August 1987 im Neuen Deutschland zu veröffentlichen;

– in der Einheit, im Horizont und in anderen Massenmedien Beiträge zu veröffentlichen und auch eine Information für die Grundorganisationen herauszugeben sowie

– zuzustimmen, daß Genosse Otto Reinhold an einem Gespräch teilnimmt, daß die Redaktion des Spiegel und ihm über das Dokument führen wolle.«[36]

Der unvoreingenommene Leser möge selbst urteilen, was es mit der Behauptung eines »Streits« im Politbüro auf sich hat. Wichtiger ist: Aus diesen Aufzeichnungen geht zweifelsfrei hervor, daß die Zustimmung bewußt erfolgt ist und die Überzeugung von der Verantwortung beider Parteien für die Sicherung des Friedens dabei die ausschlaggebende Rolle gespielt hat.

Drei Anmerkungen

Erstens. Kurt Hager war auf der Sitzung nicht anwesend. In seinen Erinnerungen schreibt er, daß er dem »Ganzen zustimmen« konnte, obwohl ihm einige Formulierungen nicht gefielen, die den Eindruck erweckten, »daß wir ideologische und politische Grundpositionen aufgegeben hätten«. Dabei handelte es sich um die Punkte, die dann in seinem Artikel im Oktober eine Rolle spielten, worauf zurückzukommen ist. »Ausschlaggebend für meine Zustimmung – und wohl auch die der anderen Mitglieder des Politbüros – war die Verpflichtung, gemeinsam für die Sicherung des Friedens einzutreten und sich dabei nicht durch die unterschiedlichen Weltanschauungen und politischen Meinungen behindern zu lassen.«[37]

Zweitens. Zu dem Hinweis auf »gemeinsame Wurzeln« von Sozialdemokraten und Kommunisten im Beitrag von Horst Sindermann und Werner Felfe ist zu bemerken, daß dem Politbüro eine Fassung des Dokuments vorlag, in der es folgende Formulierung gibt: »Sozialdemokraten und Kommunisten sind in Europa geschichtlich aus derselben Wurzel hervorgegangen. Von daher fühlen sich beide dem humanistischen Erbe Europas verpflichtet.«

In der Endfassung taucht die Formulierung »aus derselben Wurzel« nicht mehr auf. Die entsprechende Formulierung lautet: »Sozialdemokraten und Kommunisten fühlen sich beide dem humanistischen Erbe Europas verpflichtet.« Im Kontext linker Kritik aus der Sozialdemokratie selbst wird darauf verwiesen, daß die Berufung auf die gemeinsamen Wurzeln auf Intervention des SPD-Präsidiums wieder aus dem Text gestrichen wurde.[38]

Drittens. In dem bereits erwähnten wertvollen und soliden Dokumentenband zur Deutschlandpolitik in den 80er Jahren trägt Heinrich Potthoff eine Überlegung vor, die nur Verwunderung hervorrufen kann. Die Rede ist ein weiteres Mal von den berühmten Kernsätzen des Dokuments über die »Existenzberechtigung« und die »Reformfähigkeit« der Systeme bzw. ihre wechselseitige Anerkennung, gegen die sich in der Bundesrepublik die Hauptvorwürfe (!) gerichtet hätten. Potthoff meinte dann: »Diese zweifellos problematischen Formulierungen waren der vom Politbüro der SED in letzter Minute eingeforderte Preis, daß es das Dokument absegnete.«[39]

Dazu ist dreierlei festzustellen. Zunächst ist zweifelsfrei, daß das Stichwort »Existenzberechtigung« bereits während unseres Seminars im Juni 1985 in die Debatte eingeführt wurde. Zu denken geben müßte weiter, daß Eppler ja gerade meinte, der SED-Seite »klarmachen« zu müssen, daß man dem jeweils anderen das Recht auf Existenz nicht absprechen dürfe usw.[40] Und schließlich war von Anfang an klar, daß die SED mit der Zuerkennung der Existenzberechtigung an »die andere Seite« mindestens die gleichen Probleme in ihren Reihen bekommen würde wie die SPD in ihrem Umfeld.

Bekräftigungen

Zu offiziellen Verlautbarungen der SED – wie zu denen einer beliebigen anderen politischen Partei – kann man stehen, wie man will, ignorieren kann man sie nicht. Ganz abgesehen davon, daß sie von der Gegenseite stets mindestens zur Kenntnis genommen werden. Wenn man also zur Haltung der SED diesem Dokument gegenüber eine Position einnehmen will, sollte man die einschlägigen öffentlichen Erklärungen nach dessen Veröffentlichung nicht übergehen. Mit einer Ausnahme beschränke ich mich auf Erwähnungen.

Im November 1987 fand in Moskau aus Anlaß des 70. Jahrestages der Oktoberrevolution ein Treffen von 178 Parteien und Bewegungen statt, auf der Erich Honecker eine Rede hielt. Aus diesem Beitrag, der insgesamt nur sechs Druckseiten umfaßte, zitiere ich den folgenden Absatz: »*Vor kurzem wurde das gemeinsame Dokument der SED und der SPD ›Der Streit der Ideologien und die gemeinsame Sicherheit‹ veröffentlicht. In diesem Dokument wurden erstmals auf konstruktive Weise gemeinsame Antworten auf Fragen gesucht, die heute die gesamte Arbeiterbewegung berühren. Es werden Regeln für die Ausgestaltung der friedlichen Koexistenz und für eine tragfähige Sicherheitspartnerschaft konkretisiert. Dieses Dokument, das gleichermaßen die Wahrnehmung von Gemeinsamkeiten wie die Austragung von Gegensätzen in zivilisierten Formen formuliert, weist gangbare Wege, miteinander friedlich auszukommen, statt miteinander in einem Inferno unterzugehen. Wenngleich unsere weltanschaulichen und ideologischen Motive und die Vorstellungen von den Wegen zu unseren Zielen unterschiedlich sind, gehen wir alle davon aus, daß die Welt zum Guten verändert werden kann. Die Parteien, alle gesellschaftlichen und politischen Bewegungen werden heute an der Bereitschaft gemessen, einen auf die Herausarbeitung von Gemeinsamkeiten gerichteten Dialog zu führen, voneinander zu lernen, bündnisfähig zu sein. Lernen wir in der Praxis, die dafür erforderliche Kultur des Umgangs miteinander zu entwickeln.*«[41]

Ich erinnere daran, daß kurze Zeit davor der mißbilligende Brief aus Moskau in Berlin eingegangen war.

Diese Position wurde auf den ZK-Tagungen im Dezember 1987 und im Juni 1988 ebenso bekräftigt wie in der Rede Honeckers bei den 1. Kreissekretären am 12. Februar 1988.[42]

Davon abgesehen finden sich entsprechende Passagen in Protokollen und Kommuniqués zahlreicher hochrangiger Begegnungen dieser Jahre, beispielsweise mit Hans-Jochen Vogel, Johannes Rau, Dieter Spöri und anderen.[43]

Noch einmal – diese Erklärungen sind nur ein Ausschnitt aus dem Leben der SED und nicht das Ganze. Aber niemand sage, daß sie keine orientierende Rolle gespielt hätten! Einen gewissen Einblick in absichtsvolle Überlegungen an der Akademie für Gesellschaftswissenschaften bietet die Kollegiumsvorlage von Harald Neubert und Werner Paff vom Juni 1985, die mir vorliegt und aus Platzgründen nicht ins Buch aufgenommen werden konnte.

Einen speziellen Aspekt unserer damaligen »Absichten« und Gedankengänge möchte ich noch einmal aufgreifen, der mich gerade im Rückblick in besonderem Maße beschäftigt – die Beziehungen zur SPD. Ich bekenne ohne Umschweife, daß das Gespräch, der ›ideologische Streit‹ mit Intellektuellen dieser SPD für mich in einem solchen Maße einen Eigenwert darstellte, daß ich über viele Probleme, die damit verbunden waren, hinweggesehen und über weitergehende Motive, Absichten, Hintergründe, Wirkungen etc. nicht sehr intensiv nachgedacht habe.

In einem Vortrag, den ich am 2. September 1987, also unmittelbar nach der Veröffentlichung des Dokuments in einer Kreisorganisation der SED hielt, habe ich zu bedenken gegeben, wie dieses 20. Jahrhundert wohl verlaufen wäre und ob es zum Faschismus in Deutschland und zu den beiden Weltkriegen gekommen wäre, wenn es die Spaltung der Arbeiterbewegung nicht gegeben hätte? Ich weiß mich darin mit Otto Reinhold, dessen Vater das KZ als sudetendeutscher Kommunist gemeinsam mit vielen, auch prominenten Sozialdemokraten überstanden hatte, einig. Daß dies nicht nur meine Sichtweise war, geht natürlich auch aus den obigen Verweisen auf die Politik der SED hervor.

Die Haltung der SPD zu dieser Dimension unserer Aktivitäten wirft Probleme auf. Da ist auf der einen Seite die zum Abschluß unserer ersten Begegnung am 25. Februar 1984 gemachte und danach mehrfach wiederholte Bemerkung von der historischen Einmaligkeit der Tatsache, daß nach sieben Jahrzehnten die Ideologen dieser beiden Parteien zum gemeinsamen Gespräch gefunden haben.[44]

Auf Willy Brandts Worte von 1985 wurde verwiesen.

Im Protokoll des Gesprächs Brandt – Honecker am 8. September 1987 finden sich folgende Notizen, zuvor war der Grundgedanke des Gemeinsamen Dokuments bekräftigt worden: »Bezug nehmend auf ein Gespräch, das er *(Willy Brandt – E. H.)* mit J. Kadar geführt habe, stellte er die Frage, ob man bei dem Trennungsstrich zwischen Sozialdemokraten und Kommunisten von 1918 stehenbleiben müsse? Er gab zu überlegen, ob nicht auch zwischen Sozialdemokraten und Kommunisten über die Friedensfrage hinaus Gemeinsamkeiten festzustellen seien, die es gelte hervorzuheben.«[45]

Am 28. Mai 1986, also lange vor der Veröffentlichung des Dokuments und der dann berühmt gewordenen Randnotiz Honeckers bemerkte Hans-Jochen Vogel im Gespräch diesem gegenüber, daß er die Papiere über neue Formen der friedlichen Koexistenz, die von den Vertretern der Grundwertekommission und der SED-Akademie in Freudenstadt ausgetauscht worden seien, aufmerksam gelesen habe. »Dieser Versuch könne historische Bedeutung gewinnen.«[46]

Im Oktober 1987 schrieb Thomas Meyer, daß das Dokument gute Chancen habe, »zugleich Wegmarke einer neuen Etappe im Verhältnis der beiden deutschen Staaten und Meilenstein auf dem Weg zu neuen Beziehungen zwischen den kommunistischen Parteien des Ostens und den Parteien des Demokratischen Sozialismus im Westen zu sein«.[47]

Und noch am 25. Mai 1989 reagierte Hans-Jochen Vogel auf die von Erich Honecker ausgesprochene Einladung einer Delegation des Parteivorstandes der SPD als Gast zu den Beratungen des XII. Parteitages der SED im Mai 1990 positiv. In der Niederschrift über das Gespräch heißt es: »H.-J. Vogel bedankte sich für die Einladung zum XII. Parteitag. Man müsse überlegen, ob man nicht über den Beobachterstatus hinausgehen könne. Man werde das beraten und eine Antwort geben.«[48]

Es gibt allerdings eine andere Seite. Noch einmal zu Bad Boll. In meinem Einleitungsvortrag hatte ich meine oben vermerkte hohe Wertung dieser Dimension unserer Beziehungen vorgetragen. Erhard Eppler sprach anschließend. Und er hatte mir vor der Tagung angekündigt, sich in seinem Referat vor allem auf meinen Beitrag zu beziehen. Wie auch immer – Eppler bekräftigte ein weiteres Mal, daß die Vertreter der Grundwertekommission sich bei den Gesprächen nicht als Repräsentanten der SPD, sondern des westlichen demokratischen Systems empfunden hätten. Und spitzte dann auf eine Weise zu, die mich doch schockte: »Irgendwo waren wir auch Sozialdemokraten!«

Herbert Häber, der ebenfalls an der Tagung teilnahm, ging es ähnlich wie mir. er äußerte seine Verwunderung über diese Position in seinem Redebeitrag am anderen Tag.

Johano Strasser wiederum sagte – im Sinne Epplers – in sei-

nem Vortrag, er habe unsere Aktivitäten nie als eine Art Wieder-
gutmachung für die Spaltung der Arbeiterbewegung angesehen.
Dies sei auch nicht erstrebenswert.

All das ging mir im Nachhinein durch den Kopf. Ich erinnerte mich der ohne jede Einigung ausgegangen Debatte im Fe-
bruar/März 1986 über die – wie uns schien – unreflektierte Identifizierung der SPD mit dem westlichen System in den Thesen
Thomas Meyers. Im Dokument selbst findet sich die gleiche
Position. Und erst jetzt fiel mir eine Stelle in Epplers Essay von
1988 auf, in der er diese Haltung – von einer »prekären Doppelfunktion« ist die Rede – genauer begründet.

Die Sozialdemokraten der Grundwertekommission hätten sich
zu entscheiden gehabt, »*ob sie sich primär als Verfechter eines demokratischen Sozialismus verstehen sollten gegenüber einer Form des
Sozialismus, dessen Mangel an Demokratie für sie so offenkundig war,
daß sogar die Berechtigung des Begriffs ›Sozialismus‹ zur Debatte
stand, oder ob sie zuerst und vor allem als engagierte Bürger einer
westlich-parlamentarischen Demokratie gegenüber den Vertretern
eines anderen Systems argumentieren sollten (…) Die Sozialdemokraten haben sich für die zweite Möglichkeit entschieden. Daß darunter demokratisch-sozialistisches Profil zu leiden hatte, läßt sich
kaum bestreiten.« Den Kommunisten gegenüber waren sie »in erster
Linie das (…) was sie gegenüber ihren demokratischen Konkurrenten
oft – notgedrungen – erst in zweiter Linie sind: Demokraten, die für
ihre Verfassung einstehen.«*[49]

Das hatte ich anders gesehen.

Nicht, daß in den Überlegungen unserer Seite der Gedanke an
eine praktische oder aktuelle Überwindung der Spaltung der deutschen Arbeiterbewegung in diesem Zusammenhang eine ernsthafte Rolle gespielt hätte – als letztlich schädlich und korrektur-
bedürftig hatten wir diese Spaltung schon angesehen. Nicht erst
im Kontext dieser Aktivitäten! Und die Differenz der SPD bzw.
der uns gegenüber sitzenden Vertreter der Grundwertekommission zum herrschenden Kapitalismus hatten wir etwas grundsätzli-
cher und gravierender beurteilt. Bestärkt und bestätigt durch die
berühmten starken Worte Epplers, die starken diesbezüglichen
Formulierungen im Dokument und nicht zuletzt die eindeutigen
Positionen der Reagan-Politik gegenüber.

Schließlich war diese »Entscheidung« auch in der SPD selbst

nicht unumstritten. Im *Vorwärts* vom 12. September 1987 hatte Helga Grebing, Mitglied in der Historischen und in der Programmkommission beim Parteivorstand der SPD, geschrieben: »*Natürlich stehen wir demokratischen Sozialisten auf der ›westlichen‹, nicht-kommunistischen Seite, aber doch in eigenständiger, geschichtlich gehärteter Tradition, und zu ihr gehören gewiß: pluralistische Demokratie, Wettbewerb und ganz oben die individuellen Menschenrechte. Aber nicht doch auch einiges von dem, was in dem Text (dem Dokument – E. H.) nur den Kommunisten in Anspruch zu nehmen zugestanden worden ist: Erkenntnis der Gefahren der kapitalistischen Verwertungslogik, Monopolismus- und Imperialismus-Kritik (und nicht bloß die Bereitschaft, ›die Gefahren des kapitalistischen Wirtschaftens nicht zu verkennen‹), Gemeineigentum und soziale Menschenrechte? Erst alle diese Fixpunkte zusammen begründen unseren ›dritten Weg‹, den des demokratischen Sozialismus. Aus dieser Sicht können sich Kommunisten und demokratische Sozialisten nicht nur gemeinsam ›auf das humanistische Erbe Europas‹ berufen, sondern sie haben auch – gemeinsame Wurzeln.*«[50]

Eine ähnliche Sichtweise spricht aus Formulierungen in Thesen des Parteirates der SPD vom 18. 11. 1987.[51]

Die Grundwertekommission selbst nahm im August 1992 dazu Stellung: »Die Grundwertekommssion der SPD nahm (…) eine Position ein, die von manchen in der eigenen Partei kritisiert wurde: sie argumentierte stellvertretend für die westliche Demokratie und nur da, wo es unvermeidlich war, als eine Partei, die mit der SED auch darüber im Streit lag, was Sozialismus sei.«[52]

Andererseits kann man Erhard Eppler und den Seinen nicht vorwerfen, uns im unklaren gelassen zu haben. Das Wort von der »prekären Doppelfunktion« fiel zwar erst 1988, also nach dem Dokument, aber den Wortwechsel um die »Seiten-Zugehörigkeit« vom Februar 1986 hätten wir gründlicher durchdenken müssen. Und daß im Jahre 2002 die Distanz zur SED noch schärfer formuliert wird als 1987 oder auch 1993, wird seine Gründe haben.

Wir haben demnach in einer weiteren Hinsicht aneinander vorbeigeredet und Haltungen vorausgesetzt, die so nicht vorhanden waren. Allerdings – denke ich – hätten wir auch nach einer gründlicheren Analyse und Verständigung nicht anders entschieden. Das Risiko war es wert. Vor allem aus damaliger Sicht. Schließlich haben wir uns nicht nur an den Maßstäben und Erwartungen unserer unmittelbaren Gesprächspartner orientiert. Und wertvoll an der Rede von einer »prekären Doppelfunktion« ist ja nicht zuletzt, daß man sie als nüchterne Darlegung eines überaus realen Widerspruchs lesen kann.

Fußnoten

1) Trotz allem – hilfreich. Das Streitkultur-Papier von SPD und SED. Fünf Jahre danach. Eine Stellungsnahme der Grundwertekommission. August 1992 S.17 (Manuskript)
2) »15 Jahre SPD-SED-Dialogpapier« 5.- 7. April 2002 in der Ev. Akademie Bad Boll. Es war die erste »multilaterale« Begegnung von Teilnehmern und engagierten Zeitzeugen des Dialogs! Themen waren die Entstehung, die Wirkungsgeschichte und die mediale Verarbeitung des Papiers sowie die Erfahrungen der Kirchen und der Bürgerbewegungen der DDR. Teilnehmer waren unter anderem Erhard Eppler, Herbert Häber (langjähriger Leiter der Westabteilung des ZK der SED), Carl-Christian Kaiser (ehemaliger Korrespondent der ›Zeit‹), Hans Koschnick (Bürgermeister der Hansestadt Bremen a.D.), Günter Krusche (ehem. Generalsuperintendent von Berlin), Thomas Leinkauf (Berliner Zeitung), Ulrike Poppe (Bürgerrechtlerin), Johano Strasser (Schriftsteller), Wolfgang Templin (Bürgerrechtler), Hans-Jochen Vogel (Parteivorsitzender der SPD von 1987 – 1991) und der Autor. – Materialien der Tagung werden zum Druck vorbereitet.
3) Berliner Begegnung zur Friedensförderung. Protokolle des Schriftstellertreffens am 13./14.Dezember 1981. Darmstadt und Neuwied 1982
4) Erhard Eppler, Wie Feuer und Wasser. Reinbek bei Hamburg 1988 (im Folgenden abgekürzt: Feuer) S.12, 75f
5) Erhard Eppler, Komplettes Stückwerk. Zweite Auflage. Frankfurt am Main und Leipzig 1996 (im Folgenden abgekürzt: Stückwerk) S.176
6) Detlef Nakath/Gerd-Rüdiger Stephan (Hrsg.) Die Häber-Protokolle. Schlaglichter der SED-Westpolitik 1973 – 1985. Berlin 1999 (im Folgenden abgekürzt: Häber-Protokolle) S.383
7) Neuer Vorwärts. Sozialdemokratisches Wochenblatt. Nr.33. Sonntag 28.Januar 1934
8) Stückwerk S.179
9) Erhard Eppler. In: Materialien der Enquete-Kommission »Aufarbeitung von Geschichte und Folgen der SED-Diktatur in Deutschland« (12.Wahlperiode des Deutschen Bundestages), hrsg von Deutschen Bundestag. Band V/1 Deutschlandpolitik, innerdeutsche Beziehungen und internationale Rahmenbedingungen. Baden-Baden 1995 S.774f
10) Vgl. ebenda; Vgl.Stückwerk S.182; In einem Interview erklärte Erhard Eppler 1988: »Ich weiß, daß es Leute gibt, die das Papier als eine Magna Charta der Perestroika in der DDR ansehen. Das ist wohl etwas übertrieben.« Deutsch-deutsche Magna Charta? Interview mit Erhard Eppler. In: Journal Geschichte 1/88 S.6; Im August 1997 schrieb Rolf Reißig: »Das Dialog-Papier war kein Dokument zum Umsturz der DDR. Als eine Art Magna Charta einer DDR-Reform kam es nicht zum Tragen.« In: Neues Deutschland 26. August 1997 S.12
11) Stückwerk S.181
12) Vgl. Harald Neubert, Die Hypothek des kommunistischen Erbes. Hamburg 2002 S.243ff
13) Vgl. 10.Tagung des ZK. 26./27.4.1979. Berlin 1979 S.51f
14) Vgl. Erich Honecker, Reden und Aufsätze. Band 9. Berlin 1985 S.9
15) Vgl. Erich Honecker, Reden und Aufsätze. Band 9. a.a.O. S.284
16) Vgl. Harald Neubert, Romanow düpiert. In: Neues Deutschland. 2./3.Mai 1998
17) Günter Sieber: Ustinow tobte, Gorbatschow schwieg. In: Brigitte Zimmermann/Hans Dieter Schütt, ohnMacht. DDR-Funktionäre sagen aus. Berlin 1992 S.224
18) Vgl. Erich Honecker, Reden und Aufsätze. Band 10. Berlin 1986 S.9
19) Gesetzmäßigkeiten unserer Epoche – Triebkräfte und Werte des Sozialismus. Rede von Kurt Hager auf der Gesellschaftswissenschaftlichen Konferenz des ZK der SED am 15. und 16.Dezember 1983 in Berlin. Berlin 1983 S.18
20) Heinrich Potthoff, Die »Koalition der Vernunft". Deutschlandpolitik in den 80er Jahren. München 1995 (im Folgenden abgekürzt: Potthoff) S.15
21) Vgl. Häber-Protokolle S.27ff
22) Potthoff S.48

23) Potthoff S.48ff
24) Egon Krenz, »Ein historisches Dokument« und Moskaus scheele Blicke. In: Neues Deutschland 12.September 1997.
25) Akademie für Gesellschaftswissenschaften beim ZK der SED (Hrsg.) Zur Tätigkeit gemeinsamer Arbeitsgruppen von Dozenten der Akademie für Gesellschaftswissenschaften beim ZK der SED und der Abteilung Politische Bildung der Friedrich-Ebert-Stiftung. Berlin 1989
26) Vgl. Häber-Protokolle S. 398ff
27) Häber-Protokolle S. 61
28) Häber-Protokolle S. 415. Joachim Herrmann, seinerzeit Sekretär des ZK und enger Vertrauter Honeckers, erzählte mir kurz nach dieser Reise voller Erschütterung und Entrüstung, daß Gorbatschow Honecker bereits während der Fahrt vom Flughafen zum Zentrum Moskaus diesbezüglich beschimpft habe. Daß es während dieser Fahrt Gespräche zwischen Gorbatschow und Honecker gegeben hat, wird durch das Protokoll bestätigt. Häber-Protokolle S.415
29) Radio Free Europe, East Berlin and Moscow: the Documentation of a Dispute. Compiled and introduced by Ronald D.Asmus. Munich 1985
30) »Auf einem Irrweg« (redaktioneller Artikel) In: Prawda 2. 8. 1984; vergl. Egon Winkelmann, Moskau, das war's. Berlin 1997, S. 155
31) Egon Krenz, »Ein historisches Dokument« und Moskaus scheele Blicke, a. a. O. Das Schreiben aus Moskau vom 30. Oktober 1987 ist auszugsweise veröffentlicht in: Hans Modrow (Hrsg.), Das große Haus. Berlin 1994, S. 266f
32) Harald Neubert, Die Hypothek des kommunistischen Erbes. a. a. O. S. 271
33) Helmut Lölhöffel, Sowjetische Kommunisten umwerben die Sozialdemokratie. In: Frankfurter Rundschau. 17. 12. 1988 S.1
34) Vgl. SAPMO-BArch. DY IV 2/2. 039/51
35) Vgl. Egon Krenz, »Ein historisches Dokument« und Moskaus scheele Blicke. In: Neues Deutschland. 12. September 1987
36) Archiv Egon Krenz. Zur Diskussion des Dokumentes der Akademie für Gesellschaftswissenschaften beim ZK der SED und der Grundwertekommission der SPD »Der Streit der Ideologien und die gemeinsame Sicherheit«
37) Kurt Hager, Erinnerungen. Leipzig 1996, S. 386
38) Vgl. Andreas Wehr, »Wir, deutsche Kommunisten und Sozialdemokraten,..« In: Sozialistische Politik und Wirtschaft Nr.37, September 1987 S.293. Die Berechtigung eines Hinweises auf »gemeinsame Wurzeln« hat seinerzeit auch Helga Grebing vertreten. Helga Grebing, Kein dritter Weg? In: Vorwärts Nr.37, 12. September 1987, S.10
39) Potthoff S.51
40) Stückwerk S.179
41) Treffen der Vertreter von Parteien und Bewegungen zum 70.Jahrestag der Oktoberrevolution. Moskau 4.und 5.November 1987. Reden und Beiträge. Berlin 1987 S.77
42) 5.Tagung des Zentralkomitees der SED. 16.12.1987 Berlin 1987 S.34f; 6.Tagung des Zentralkomitees der SED. 9./10. 6. 1988, S.15; Erich Honecker, Mit dem Volk und für das Volk realisieren wir die Generallinie unserer Partei zum Wohle des Menschen. Berlin 1988 S.11
43) Vgl. Potthoff
44) Feuer, S. 99
45) Potthoff, S. 637
46) Potthoff, S. 426, 439
47) Thomas Meyer, Ein neuer Rahmen für den Ost-West-Dialog. In: Die Neue Gesellschaft/Frankfurter Hefte Nr. 10 Oktober 1987, S. 871
48) Potthoff, S. 916f.
49) Feuer S.100f
50) Helga Grebing, Kein dritter Weg? a.a.O..
51) Parteirat der SPD, Thesen zur weiteren Diskussion des ›gemeinsamen Papiers‹ (verabschiedet in der Parteiratssitzung am 18. 11. 1987) In: Wolfgang Brinkel und Jo Roderjohann (Hrsg.) Das SPD:SED-Papier. Der Streit der Ideologien und die gemeinsame Sicherheit. Freiburg i.Br. 1988 S.96
52) Trotz allem – hilfreich. Das Streitkultur-Papier von SPD und SED. Fünf Jahre danach. Eine Stellungnahme der Grundwertekommission. August 1992. S.6 (Manuskript)

Umstrittene Wirkungen

»Umstritten ist der zeitgenössische Einfluß des Dialog-Papiers auf Friedens- und Bürgergruppen in der DDR. Auch für die SED ist seine Wirkung schwer zu erschließen. Die im Dokument niedergelegten SED-Positionen atmeten weder Opposition noch Regimekritik.«[1] Zwei Sätze aus der Feder von Wilfriede Otto, einer prominenten SED-Historikerin aus kritischer Sicht, 1996 zu Papier gebracht.

Jürgen Engert urteilte im *Rheinischen Merkur* anders: »Der Prinzipienkatalog hat nicht nur innerhalb der Partei Erich Honeckers eine dauerhafte und heftige Debatte ausgelöst.«[2]

Und Kurt Hager in seinen Erinnerungen: »Die Veröffentlichung löste in der Partei und der Öffentlichkeit lebhafte Diskussionen aus.«[3]

Beide hatten recht – und meinten etwas völlig entgegengesetztes.

Die erste Formulierung wird von der Grundwertekommission in ihrer Stellungnahme vom August 1992 zum Beleg dafür zitiert, daß das Papier nicht wenige Mitglieder der SED in Opposition zu ihrer Führung gebracht habe. Die zweite dient Kurt Hager zum Beleg dafür, daß nicht nur bei ihm einige Formulierungen des Papiers auf Ablehnung gestoßen waren.

Lebhafte Diskussionen in der SED

Im Folgenden werde ich zunächst eigene Erfahrungen dieser Diskussion darstellen.[4] Wie Otto Reinhold, Rolf Reißig, Harald Neubert und andere Teilnehmer unserer Gespräche habe auch ich in den Monaten nach der Veröffentlichung des Dokuments zahlreiche Einladungen zu Veranstaltungen in der SED erhalten.

Unter den von mir absolvierten drei Dutzend Begegnungen zwischen September 1987 und November 1988 waren sogenannte propagandistische Großveranstaltungen mit mehreren hundert Teilnehmern wie auch Zusammenkünfte im kleinen Kreis. Zugegen waren Parteifunktionäre der mittleren Ebene (ich schätze, davon ein Drittel hauptamtlich, die anderen Vertreter mit unterschiedlichen Berufen). Es gab spezielle Veranstaltungen mit Wissenschaftlern (Humboldt-Universität, Akademien der Wissenschaften und der Pädagogischen Wissenschaften), Künstlern (Schriftstellerverband, Verband der bildenden Künstler, DEFA, Intendanten-Seminar und Theater-Ensemble), Offizieren der NVA, Journalisten und Vertretern der Evangelischen Kirche in der DDR. Die Begegnungen mit den Kirchenvertretern klammere ich hier aus, da es zunächst um die Diskussionen *innerhalb* der SED geht. Bei der Durchsicht meiner Aufzeichnungen stelle ich allerdings fest, daß die Debatten bei diesen Veranstaltungen sich nicht wesentlich von denen in der SED unterschieden haben.

Wortmeldungen auf Diskussionsveranstaltungen sind immer auch eine Reaktion auf das einleitende Referat. Ich muß daher in aller Kürze einige Grundpositionen meiner damaligen Vorgaben skizzieren.

Erstens habe ich mich unzweideutig mit dem Dokument identifiziert. Die Tatsache des direkten geistigen Kontakts zwischen diesen beiden politischen Strömungen habe ich immer wieder als zeitgemäße Reaktion auf wesentliche, nicht abgeschlossene Veränderungen geschichtlicher Realitäten empfunden und bezeichnet.

Zweitens sah ich die vielleicht wichtigste Bedeutung des Dokuments darin, daß es einen Beitrag zu einer gewissen Neutralisierung militant antikommunistischer Positionen darstellte. Seine Veröffentlichung in der Bundesrepublik ließ Widersprüche zwischen rechts-konservativen und linken oder reformistischen Positionen aufbrechen. Friedenskräfte im In- und Ausland haben mit hoffnungsvoller Zustimmung auf diese Aktivitäten reagiert.

Drittens sah ich in den berühmten drei »Essentials« (wechselseitige Anerkennung der Existenzberechtigung, der Friedens- und Reformfähigkeit beider Systeme) keine Abstriche an Grundpositionen des Marxismus sondern Stimuli zum Nachfragen und Weiterdenken. Außerdem habe ich stets zu bedenken gegeben, daß es ja wohl nicht schlecht ist, wenn maßgebliche Sozialdemokraten dem sozialistischen System diese Eigenschaften zubilligen.

Viertens habe ich mich gegen jegliche Illusionen über die Notwendigkeit, Intensität und Härte der kommenden ideologischen Auseinandersetzungen um die historische Identität des Sozialismus ausgesprochen. Meine Hoffnung auf einen positiven Ausgang dieser Kämpfe war nicht zuletzt in der Überzeugung begründet, daß das Dokument nicht zustande gekommen wäre, wenn dieser reale Sozialismus nicht durch bereits absolvierte Wandlungen seiner selbst dynamische Potenzen unter Beweis gestellt hätte. Gleichzeitig habe ich mich – besonders nach dem Treffen im April 1988 – entschieden gegen neue Versuche ausgesprochen, die Realität des Sozialismus durch die Forderung nach Wandlungen als Voraussetzung weiterer Kooperation in Frage zu stellen.

Meine damaligen Auffassungen sind in einem Artikel niedergeschrieben, der im November 1987 in den *Blättern für deutsche und internationale Politik* erschienen ist.[5]

Bei der Aufbereitung meiner Notizen während dieser Veranstaltungen habe ich ungefähr 150 Wortmeldungen gezählt. Ich gebe sie nicht in chronologischer Reihenfolge wieder, sondern habe sie in Themen- oder Problemgruppen zusammengefaßt und mir dabei größte Mühe gegeben, dem jeweiligen Anliegen gerecht zu werden.

Erstens gab es natürlich eine Menge Fragen zum Charakter der Gespräche und des Dokuments, seinem Zustandekommen, seiner nationalen und internationalen Wirkung, zur SPD und zur Grundwertekommission.

Das begann mit Fragen nach der Atmosphäre, dem Klima, ob wir uns mit »Sie« und »Herr« oder mit »Du« anreden, welches die harten Nüsse im Vorfeld des Dokuments waren und wo es leicht war, sich zu einigen, ob während der Gespräche gegenseitige Barrieren abgebaut wurden und was ich persönlich aus den Debatten gelernt hätte.

Ein Dauerbrenner war die Frage nach den Absichten und Motiven auf beiden Seiten und danach, was man denn in Moskau zu dieser Entwicklung der Beziehungen zwischen beiden deutschen Staaten sage, warum die Sowjetunion, Frankreich und Polen so reserviert reagierten, was die kommunistischen Bruderparteien meinen, und wie bei den Verhandlungen die Belange der DKP Berücksichtigung gefunden hätten – werde diese Partei nicht noch weiter ins politische Abseits gestellt?

Nicht überraschen konnte, daß immer wieder der Charakter der SPD und unser Verhältnis zu dieser Partei thematisiert wurden. Bis in die 70er Jahre hinein war die Kritik am »Sozialdemokratismus« und Reformismus – mit ausschließlich negativem Vorzeichen – allein herrschend. Der neue Akzent auf der Marx-Konferenz 1983 war kaum wahrgenommen worden. Über die

Axen-Bahr-Gespräche wurde zwar ausführlich, über unsere Ideologie-Gespräche aber bis zum Erscheinen des Dokuments nur äußerst spärlich informiert. Und nun die Offenbarung derartiger Intimbeziehungen! Wie sehen wir jetzt die SPD? Bleibt es beim Sozialdemokratismus? Kann man der SPD trauen? Ist dieses Engagement der SPD auf innere Differenzierungen zurückzuführen? Wie stellt sich das Feindbild-Problem für die SPD?

Ist zu erwarten, daß die SPD von antikommunistischen Positionen abrückt, auf nicht-kommunistische übergeht? Was erwartet die SPD von der im Dokument eingeräumten Möglichkeit einer Stärkung des Sozialismus? Stehen die Führung der SPD, ihre Mitglieder und ihre Stammwähler hinter dem Dokument? Warum berichtet die SPD so spärlich über das Dokument? Gibt es Auswirkungen auf die Sozialistische Internationale? Und natürlich die Frage nach der Stellung der Grundwertekommission in der Partei bzw. in der BRD als Staat und Gesellschaft. Interessant auch die Frage, ob sich denn nach der Veröffentlichung des Dokuments schon neue Tendenzen im Dialog zwischen SED und SPD abzeichnen.

Zweitens. Auf den Veranstaltungen wurde über nichts abgestimmt, und es wurden keine Beschlüsse gefaßt. Ich wage dennoch die These – als Fazit vieler, bis heute lebendiger Eindrücke –, daß das Dokument und diese neue Art der Beziehungen zwischen unseren Parteien bei den da Versammelten auf äußerstes Interesse, auf rege Anteilnahme und Zustimmung gestoßen waren. Deutliche Erleichterung war zu spüren. Sowohl wegen der Chance, die eigentlich immer als Tragik empfundene Spaltung der Arbeiterbewegung zu überwinden als auch wegen der aktuellen Nuklearkriegsgefahr. So z. B. Stephan Hermlin auf einer Begegnung im Schriftstellerverband: »Dem Papier kommt enorme Bedeutung zu, seit dem ersten Weltkrieg war die Spaltung der Arbeiterbewegung vorherrschend. Jetzt werden neue Perspektiven für viele Jahre eröffnet« Auf der Veranstaltung der Bezirksleitung Rostock habe ich mir notiert: »Ja, man muß Vertrauen wagen und die Risiken dieser Beziehung eingehen. Anders geht es nicht!«

Auch als Chance zur Belebung des geistigen Klimas, als Ansporn und Herausforderung, neue Fragen theoretisch zu durchdenken, wurde das Dokument begrüßt. Das Dokument sei primär eine politische Stellungnahme. Nun gelte es, dies theoretisch aufzubereiten. Zum Beispiel Fragen der Revolutionstheorie des Marxismus. Sozusagen auf Anhieb aufgegriffen wurde die Formel von der »Offenheit der Geschichte«. Mit der gegenseitigen Anerkennung der Existenzberechtigung von Kapitalismus und Sozialismus habe diese These hinsichtlich der Zukunft Bekräftigung erfahren, woraus viele neue Fragen resultierten. Auch biete sie solide Möglichkeiten, Tendenzen eines marxistischen Fatalismus (»Die Gesetzmäßigkeiten werden's schon richten«) zu begegnen.

Ein unentschiedenes Für und Wider ergab sich zur Problematik der Geschichte von Kommunisten und Sozialdemokraten. Auf der bereits erwähnten Versammlung von Schriftstellern wurde bemerkt, daß mit den wohltuend sachlichen und objektiven Formulierungen des Dokuments zu den übereinstimmenden Ansichten und Ansprüchen, aber auch zu dem sieben Jahrzehnte währenden »bitteren Streit« eine gute Möglichkeit geschaffen worden sei, nun auch über die Vergangenheit zu reden. Verbitterungen habe es auf beiden Seiten gegeben. Die Notwendigkeit wurde unterstrichen, mit den sektiererischen Entgleisungen der Kommunisten Anfang der 30er Jahre auch in Zukunft kritisch ins Gericht zu gehen. Andere sahen in der Beschwörung der Originalität dieser Ideologie-Begegnungen (»zum ersten Mal seit 70 Jahren«) eine »Geschichtsklitterung«. Es habe stets – besonders im antifaschistischen Kampf und in den ersten Nachkriegsjahren – auch Kontakte zwischen Kommunisten und Sozialdemokraten gegeben, bei denen ideologische Fragen gar nicht ausgeklammert werden konnten.

Eine bejahende Haltung zum Dokument war übrigens bei den Wissenschaftlern und Künstlern, aber auch an den Offiziershochschulen der NVA deutlich ausgeprägter als im Bereich der Volksbildung. Hier wurde das Dokument eher als unbequem, als störend, als Gefährdung des kommunikativen Friedens empfunden. Gewiß nicht zu Unrecht.

Drittens. Mit der produktiven Zustimmung einer gingen Zweifel und die Sorge, ob die SED bzw. die DDR den Anforderungen gewachsen sei, die sich aus der Realisierung der da kodifizierten Prinzipien und Regeln zwangsläufig ergeben. »Solche Diskussionen, wie Ihr sie da mit der Grundwertekommission führt, sind wir nicht gewöhnt!« Oder: »Das Niveau unserer weltanschaulichen Bildung liegt im Argen!« Wie denn die Forderung

nach einem »inneren Dialog« aufzufassen und ob der durchzu-
stehen sei ohne eine ganz entschiedene Verbesserung der Informationspolitik, wurde gefragt. Insofern hinke die Innenpolitik
hinter der Außenpolitik her. Müßten wir nicht bei uns selbst eine
»Kultur des politischen Streits« erst einführen, um den Anforderungen des Dokuments gewachsen zu sein?

Auf einer Dikussionsveranstaltung mit Theater-Intendanten
Anfang 1988 wurde auf die Möglichkeit verwiesen, daß politische
Gegner der DDR das Papier für ihre Zwecke nutzten. Vor der Gefahr einer Sozialdemokratisierung der Parteien der sozialistischen
Länder wurde gewarnt. Kritisiert wurde auch die Unsitte, um
politischer Kooperation willen oder aus diplomatischer Rücksichtnahme auf die ideologische Auseinandersetzung mit der SPD
bzw. dem Westen überhaupt zu verzichten. Gerade unter den
künftigen Bedingungen gehe es nicht an, in der Öffentlichkeit
immer wieder Gemeinsamkeit zu demonstrieren, den Streit um
die geistigen Grundlagen aber nur im kleinen Kreis und hinter
verschlossenen Türen zu inszenieren.

Zweifel wurden laut nicht zuletzt hinsichtlich der Potenzen
»unserer« Ökonomie, den zu erwartenden Herausforderungen
eines friedlichen Wettbewerbs gerecht zu werden – der natürlich
längst im Gange war.

Ich möchte unterstreichen, daß alle diese und andere Bedenken von gestandenen Parteifunktionären geäußert wurden, von
denkenden Leuten, die sich ihrer Lebensentscheidung für den
Sozialismus und ihrer politischen Verantwortung bewußt waren,
also nicht von einer distanzierten oder oppositionellen, sondern
einer Warte der Verbundenheit aus. Insofern wäre es auch verfehlt,
diese Äußerungen als Gegensatz zu der registrierten Zustimmung
zum Dokument zu werten.

Viertens. Probleme hatten viele mit der »Asymmetrie« zwischen
der Staatspartei SED und der Oppositionspartei SPD. Die SED
übernehme die volle Verantwortung dafür, daß in der Staatspolitik
der DDR den Prinzipien des Dokuments entsprochen werde. Für
die SPD gelte nichts dergleichen. Mit wem habt Ihr Euch da eingelassen? Inwiefern ist das Dokument für die SPD verbindlich?
Hat die Grundwertekommission überhaupt die Macht, das politisch umzusetzen? Warum äußert sich die Regierung der BRD
nicht zu einem derart wichtigen Papier? Wer garantiert die Um-

setzung der Forderungen des Dokuments in der BRD? Es gab kaum eine Veranstaltung, bei der ich mich nicht zu dieser Frage äußern mußte. Und meine Entgegnung, daß es wichtig genug sei, sich mit der SPD als politischer Kraft zu verständigen – auch unabhängig davon, ob sie in der Regierungsverantwortung steht oder nicht, vermochte die sorgenvollen Mienen nur selten zu glätten.

Fünftens. Es gab auch Kritik anderer Art. Uns wurde vorgeworfen, bei der Verständigung über das Dokument leichtfertig vorgegangen zu sein und zu viele Kompromisse oder Zugeständnisse gemacht zu haben. (Der gleiche Vorwurf galt übrigens auch den Vereinbarungen beim Honecker-Besuch in der BRD, der nach der Veröffentlichung des Dokuments stattgefunden hatte.)

Ein illusionäres Bild des Imperialismus werde gezeichnet und das kritische Wesen der marxistischen Theorie verwässert oder preisgegeben, hieß es. Nicht nur bei Armeeangehörigen stießen besonders die Forderungen zu einem behutsamen, zurückhaltenden Umgang mit Feindbildern auf Skepsis. Sowohl was deren Unverzichtbarkeit angesichts der realen Gegebenheiten dieser Welt betraf als auch hinsichtlich der Bereitschaft und dem Vermögen der anderen Seite, hinfort auf Derartiges zu verzichten.

Wobei ich einschränkend hinzufügen muß, daß auch bei dieser diffizilen Materie das Gespür für neue Bedingungen durchaus vorhanden war. Feindbilder, hieß es, seien für bewaffnete Organe unverzichtbar, aber sie müßten wohl modifiziert werden, wenn nicht politischer Schlagabtausch, sondern kulturvoller politischer Streit die Oberhand gewinnen und aus Todfeinden politische Gegner werden sollten. Wie sei überhaupt zwischen Feinden und Gegnern zu unterscheiden? Welche Konsequenzen ergäben sich aus der geforderten differenzierten Sicht auf den Imperialismus und aus der widerspruchsvollen Stellung der Sozialdemokratie in diesem politischen und gesellschaftlichen System? Wie hängen Feindbilder mit Militärdoktrinen zusammen?

In einem vorletzten, *sechsten* Absatz möchte ich einige Äußerungen zu den bereits erwähnten Essentials unserer Gespräche und des Dokuments zusammenfassen. Die mit Abstand meisten Fragen und Äußerungen gab es zur behaupteten, erhofften, bestrittenen, zu erzwingenden etc. *Friedensfähigkeit des Imperialismus.* Und ich muß vermerken, daß Skepsis deutlich tonangebend war. Wohlwollende Meinungen waren in der Minderheit. Beispielsweise: Kann man den Ausgang der Kuba-Krise Anfang der 60er Jahre als Ausdruck »Neuen Denkens« oder einer Friedensfähigkeit der beiden Systeme ansehen? Sollte man anstelle von Friedensfähigkeit nicht lieber von Friedenspflicht oder Friedensverantwortung sprechen? Ein Dozent in Dresden äußerte die Überlegung, daß der Begriff »Friedensfähigkeit« vielleicht als Botschaft verstanden werden könne, daß die Dinge beeinflußbar seien, daß die Tendenz zum Krieg nicht unabhängig von der Wirkung subjektiver Faktoren zu denken wäre.

Überwiegend demgegenüber: Parteien in westlichen Ländern können sicher friedensfähig sein, aber das System als solches? Wie kann dem Imperialismus Friedensfähigkeit bescheinigt werden, wo der Krieg sich doch immer wieder als Ausweg aus systembedingten Krisen erwiesen habe? Wie geht die Friedensfähigkeit mit den ökonomischen Prozessen und Interessen zusammen? Ist sie mit dem Wesen bzw. dem Begriff des Imperialismus vereinbar? Wie könnte aus Friedensfähigkeit Friedensbereitschaft werden?

Hinzugefügt werden muß freilich auch, daß der generell friedensorientierte Tenor des Dokuments uneingeschränkte Unterstützung fand – ich habe das bereits angedeutet. Fragen dazu gab es wenige, da diese Sicht in der öffentlichen Meinung der DDR damals dauernd präsent war. Gefragt wurde, wie sich »friedliche Koexistenz« und »Sicherheitspartnerschaft« zueinander verhielten und wie das neue Sicherheitskonzept mit Leben erfüllt werden könne? An der Militärakademie wurde bekräftigt, daß der Verzicht auf die These der Sieg-Möglichkeit auf beiden Seiten enorme Implikationen in sich berge. Ein Disput ergab sich, ob dieser Verzicht aus militärischer Perspektive eine erzwungene Reaktion auf das Nuklearzeitalter oder die Korrektur einer schon länger falschen Auffassung sei?

Siebentes gab es nicht wenige Meinungen zum Ideologieproblem selbst. Was in Ansehung der Profession und der Lebenserfahrung der Teilnehmer unserer Zusammenkünfte verständlich war.

Ist zu erwarten – wurde gefragt –, daß der Streit der Ideologien zur Herausbildung eines »Neuen Denkens« führt, von dem immer wieder die Rede sei? Betreffen die im Dokument fixierten Grundsätze »nur« den Umgang der Ideologien miteinander oder auch ihren konzeptionellen Gehalt, ihre Substanz? Ist es so, daß die Ideologie Sozialdemokraten und Kommunisten voneinander trennt, während die Politik sie miteinander verbindet? Auf die Schwierigkeit wurde verwiesen, daß wir mit den gleichen Begriffen über grundverschiedene Inhalte sprechen und der Streit der Ideologien ganz anderen Regeln folge und Kriterien unterliege als der wissenschaftliche Meinungsstreit?

Einige der Fragen könnte man als direkte Fortsetzung der Debatte ansehen, die wir im Vorfeld der Abfassung des Dokuments im Frühjahr 1986 in Freudenstadt zum Thema »Ideologie« hatten. Zum Beispiel: Ist die Botschaft des Dokuments nicht doch ideologische Koexistenz? Wo ist die Grenze zwischen Kritik und Einmischung? Welche Konsequenzen ergeben sich aus der Verpflichtung zur Nichteinmischung für die ideologische Unterstützung oppositioneller Kräfte in der nichtsozialistischen Welt? Wie ist die Tatsache gemeinsamer Wertvorstellungen selbst mit Vertretern der Monopolbourgeoisie ideologisch zu werten? Wie sind die Beziehungen zwischen militantem Antikommunismus, flexiblem Antikommunismus und nichtkommunistischer Gegnerschaft zum Sozialismus? Gibt es theoretische oder weltanschauliche Annäherungen an die SPD auf Gebieten jenseits sicherheitspolitischer Fragen? Aber auch praktische Sorgen wurden artikuliert: Werden sich denn die westlichen Medien der Regeln einer »Kultur des politischen Streits« befleißigen?

Nebenbei bemerkt: Aus wissenschaftlicher Sicht bargen m. E. die sieben Gespräche sowie der Text des Dokuments selbst eine Reihe spannender Anregungen für die Ideologietheorie. Das betrifft Überlegungen zum Ideologiebegriff – der auf beiden Seiten umstritten war, zu den sozialen und historischen Bindungen ideologischer Systeme, zur historischen Dynamik der verschiedenen ideologischen Stränge sozialistischer Prägung und zu den Möglichkeiten und Grenzen ideologischer Dialoge. Der Abbruch unseres Unternehmens hat die theoretische Aufarbeitung dieser Erfahrungen erschwert.

Soweit meine Erinnerungen. Sie bestätigen zweifelsfrei, daß das Dokument in der SED zu intensiven und lebhaften Diskussionen geführt hat – auch zu »heftigen«, um den von kritischen und vor allem westlichen Kommentatoren übereinstimmend bevorzugten Terminus zu gebrauchen. Eine Wertung dieser Diskussionen ist damit vorerst nicht verbunden.

Erhard Eppler knüpft an die Feststellung »heftiger Diskussionen in der SED« die Bemerkung, daß dabei »deutlich die Reformer von den Betonköpfen geschieden« worden seien.[6] Rolf Reißig spricht von Reformsozialisten oder SED-Reformern einerseits, konservativen Kreisen oder Kräften in der SED andererseits.[7]

Damit ist jene von Wilfriede Otto als »umstritten« charakterisierte Dimension der Wirkungen unseres Dokuments angesprochen. Einige Überlegungen dazu sollen in den folgenden beiden Abschnitten vorgetragen werden.

Das Dokument und die Reformer

Daß das Dokument reformorientierten oder oppositionellen Kräften in der SED Auftrieb gegeben habe, gilt in einer Reihe von Publikationen als unumstößlich. So beispielsweise Manfred Uschner 1991[8], Timothy Garton Ash 1993[9], Heinrich Potthoff 1995[10] oder Rolf Reißig[11]. Thomas Klein schreibt 1994, daß das Papier »auch heute noch als Positionierung im Sinne parteireformerischer Positionen gewertet« werde. »Tatsächlich läßt sich zeigen, daß die strategischen Optionen der ›Reformsozialisten‹ (etwa in Gestalt des Textes von Dieter Klein über die ›Friedensfähigkeit des Kapitalismus‹) mit den taktischen Optionen der Dialogpolitiker (Rolf Reißig u. a.) durchaus kompatibel waren und die Crux im Widerspruch dieser Optionen zu den herrschaftspolitischen Zielen der diesen Dialog befürwortenden Politbürokraten lag.«[12] Und Gerd-Rüdiger Stephan schreibt in dem umfangreichen und repräsentativen Handbuch »Die SED« 1997, daß »kritische Mitglieder der SED« sich »auf Positionen des Dokuments« beriefen, um eigene, von der offiziellen Propaganda abweichende Meinungen zu unterlegen.[13]

Derartige Feststellungen erfolgen nicht nur von der Position ausgesprochener Sympathie für den apostrophierten Reformsozialismus aus. Eberhard Czichon und Heinz Marohn registrieren den gleichen Zusammenhang, wenn sie – unter dem generellen Aspekt der Reflexionen über die Perestroika in der SED – gleich nacheinander den »systematischen Reformdiskurs« an der Humboldt-Universität um das Forschungsprojekt »Moderner Sozialismus« (Dieter Klein, Michael Brie) und einen »Diskussionszusammenhang um Otto Reinhold und Rolf Reißig« an der Akademie für Gesellschaftswissenschaften nennen: »Die letztere Gruppe hatte sich unter dem Einfluß der Debatte mit der Grundwertekommission der SPD entwickelt, deren Ergebnisse im gemeinsamen Dokument zum ›Streit der Ideologien‹ bekannt geworden waren.«[14]

Nach meinen Erfahrungen und aus meiner Sicht ergeben sich dazu drei Anmerkungen.

Zunächst wären zahlreiche Fragen zum Begriff »Reform« in diesem Zusammenhang zu klären. Wie war damals der Begriff »Reform« besetzt? Wie war das Selbstverständnis der »Reformer«? Was sollte von wem gegen wen reformiert werden? Inwiefern waren Reformvorstellungen an Gorbatschows Perestroika orientiert? Wie ist der behauptete oder tatsächliche Konflikt zwischen der jeweiligen Reformposition und der Führung der SED zu werten? Um polemisch nur wenig zu überzeichnen: 1984 nahm Gorbatschow mit seiner Zurechtweisung Honecker gegenüber eine ausgesprochen konservative Position ein!

Vor allem müßte der reformorientierte Gehalt des Dokuments präzisiert werden. Wird er darin gesehen, daß die theoretischen Essentials mit herkömmlichen theoretischen Auffassungen des Marxismus-Leninismus unvereinbar sind oder scheinen? Dann müßte wohl eher von einer Revision die Rede sein – wobei ich den Ausdruck hier neutral gebrauche. Dazu weiter unten. Richtig ist, daß die Realisierung etlicher Forderungen der Kapitel IV und V des Dokuments eine Reform des politischen Systems der DDR impliziert hätte. Was gewiß auch von Teilen der SED-Führung so gesehen wurde.

Zu der von Thomas Klein beobachteten »Kompatibilität« der beiden erwähnten Optionen können sich nur die Beteiligten äußern – bisher liegen nur die veröffentlichten Positionen der Gruppe an der Humboldt-Universität vor. Ohne daß damit eine Beziehung zum Dokument evident wäre.

Zweitens. Die behauptete Kausalbeziehung zwischen dem Dokument und oppositionellen Tendenzen in der SED ist bislang nicht schlüssig bewiesen. Direkte Belege sind kaum zu finden. Potthoff spricht denn auch gerechterweise von »Indizien«, die die Brisanz des Papiers bezeugten.[15] In der Regel wird die Feststellung einer durch das Dokument ausgelösten oder beförderten Reform-Opposition indirekt aus Reaktionen der SED-Führung abgeleitet. Mehrfach wird beispielsweise die Zahl von 23.000 Parteiverfahren im Jahr 1988 als Beleg für Repressionen gegen Reformer genannt und dies in einem Atemzug mit Wirkungen des Dokuments. (Uschner, Klein, Reißig) Aus der Veröffentlichung diesbezüglicher Angaben der Zentralen Parteikontrollkommission geht jedoch ein direkter Zusammenhang mit dem Dokument nicht hervor.[16]

Oder: Mehrere Autoren beziehen sich auf das Gespräch Erich Mielkes mit dem Leiter der Ersten Hauptverwaltung des sowjetischen KGB, Leonid Schebarschin, im April 1989[17]. Mielke habe die Diskussion über das Papier für »höchst gefährlich« gehalten und sich sehr geärgert, daß »so etwas überhaupt möglich war«.[18]

Die gründliche Lektüre dieses Protokolls ist zu empfehlen. Ich zitiere den gesamten Passus aus den protokollarisch festgehaltenen bzw. wiedergegebenen Äußerungen Mielkes, der sich auf das Dokument bezieht:

»Man muß sich doch fragen: (…) dient es dem Sozialismus, wenn es z. B. auch zum Wiedererstehen bzw. zur Reaktivierung sozialdemokratischer Parteien kommt? Erläuterungen zur Stellungnahme der SPD in der BRD (Grundwertekommission) zum Papier ›Streit der Ideologien und die gemeinsame Sicherheit‹. Zitat: ›Wer Personen verhaftet und bestraft, weil sie an friedlichen Demonstrationen teilgenommen haben, wer Menschen benachteiligt, verfolgt oder bedroht, weil sie in unabhängigen gesellschaftlichen Gruppen am Dialog über sie betreffende gesellschaftliche Angelegenheiten teilnehmen, wer Ausreisewillige diskriminiert und schikaniert, wer Personen an der Einreise auf das eigene Territorium hindert, weil sie unliebsame Kritik geäußert haben, wer die Verbreitung von Zeitungen und anderen Druckmedien zur freien Urteilsbildung erschwert und verhindert, kann nicht den Anspruch erheben, daß (er – E. H.) die offene Diskussion über den Wettbewerb der Systeme, die umfassende Informiertheit der Bürger in Ost und West, den Dialog zwischen allen gesellschaftlichen Organisationen, Institutionen, Kräften und Personen ermöglicht und fördert.‹ Die Einschätzung überlasse ich unseren sowjetischen Genossen. Sie kritisieren, daß wir den Inhalt dieses Papiers nicht durchführen. Die SPD war in Deutschland eine starke Kraft. Die Wurzeln sind noch nicht alle abgestorben. Wir haben auf diese Kritik geantwortet (Prof. Reinhold). Damit sind wir zufrieden. Aber als Staatssicherheit muß man die Auswirkungen sehen.«[19]

Zur Erläuterung. Das lange Zitat in dem Mielke-Text stammt

aus einer Erklärung der Grundwertekommission vom 29. März 1989.[20] Mit der Antwort von Prof. Reinhold war dessen im *Neuen Deutschland* am 31.März 1989 abgedrucktes ADN-Interview gemeint.[21] Wesentlich ist nun, daß von tatsächlichen Wirkungen des Dokuments erst in einer vom Herausgeber Walter Süß verfaßten Fußnote – also nicht im Mielke-Text selbst – die Rede ist: »Die Veröffentlichung des Dokuments hatte in der SED heftige Diskussionen ausgelöst.«[22] Daß die Forderung Mielkes, »als Staatssicherheit (…) die Auswirkungen zu sehen« ein Beleg für bereits vorliegende Wirkungen des Dokuments ist, kann höchstens vermutet werden.

Man kann meines Erachtens zur Aufhellung dieser Prozesse auch nicht an der im Frühjahr 2002 veröffentlichten Wortmeldung ehemaliger leitender Mitarbeiter des MfS vorbeigehen. Zum einen wird – aus der Sicht der Staatssicherheit – eine grundsätzliche Kritik an der Haltung der SED-Führung dem ganzen SPD-Konzept »Wandel durch Annäherung« gegenüber geübt. Unter dem Einfluß klassenindifferenter Positionen sei es zu einem ideologischen Zurückweichen und zur Unterschätzung von Gefahren gekommen. So sei beispielsweise im Ideologie-Papier einerseits die offene Diskussion über die Systeme innerhalb der Systeme befürwortet worden. Andererseits wurde »die verkrustete und sterile Medienpolitik fortgesetzt, wurde die öffentliche Kritik an Defiziten und Mängeln und die sich daraus ergebende selbstkritische Einschätzung des inneren Entwicklungsstandes mit der Erklärung abgewürgt, man liefere dem Gegner kein Material für seine antisozialistische Propaganda. Gleichzeitig blieb die offene und ehrliche Auseinandersetzung mit der Politik der BRD hinter den Erfordernissen zurück.«[23]

Zum anderen werden in dieser Publikation Ereignisse, die Gegenstand von Aktivitäten des MfS in den 80er Jahren waren, recht konkret benannt. In diesem Kontext taucht das Dokument nicht auf.[24]

Der gleiche Eindruck ergibt sich bei weiterer Lektüre. In etlichen Arbeiten werden die eigentlichen Anstöße zur Krise der SED und der DDR umfassend charakterisiert: die widersprüchliche Rezeption der Perestroika, die Zionskirchen-Aktion, die Maßregelung von Luxemburg-Demonstranten im Januar 1988, das Sputnik-Verbot im Dezember 1988, die Manipulation der Kommunalwahlen im Mai 1989 und die zunehmende Ausreisewelle, während das Dokument nicht der Erwähnung für wert befunden wird.[25]

Oder: In der Handakte »Kurt Hager« im Bundesarchiv finden sich ganze drei Zuschriften zum Dokument: Das Sekretariat des Kulturbundes berichtete über eine Diskussion zum Dokument und schätzte den Oktober-Artikel von Hager als nützlich ein. Ein Lehrer entwickelte, angeregt durch das Dokument, umfassende Vorstellungen zur Diskussion des Verhältnisses von Marxismus und Religion, um mehr Gläubige für den Kommunismus zu gewinnen. In einem dritten Brief wurde die Meinung vertreten, daß zwischen authentischer und aufgezwungener Friedensfähigkeit unterschieden werden müsse. Im Vergleich dazu schnellte die Anzahl der Zuschriften zum Sputnik-Verbot in astronomische Höhen.[26]

Um nicht mißverstanden zu werden. Außer Frage steht für mich:

– Dem Dokument wohnten objektiv Implikationen für Reformen in der SED und der DDR inne, es enthielt Positionen und Forderungen, deren Realisierung Korrekturen und Reformen der Politik der SED und des politischen Systems der DDR vorausgesetzt oder mit sich gebracht hätte. Über Charakter, Verlauf und Reichweite derartiger Prozesse kann nur noch spekuliert werden. Systemstabilisiernde Wirkungen sind – in einem sehr abstrakten Sinne – nicht auszuschließen. Naheliegender wäre die Annahme des Gegenteils. Die Begrenztheit eines derartigen Reformcharakters erhellt aus der Tatsache, daß im Dokument von ökonomischen Problemen, Forderungen etc. überhaupt keine Rede ist. Seine grundlegende Zielrichtung war eben eine gänzlich andere!

Zugleich bin ich der Meinung, daß die mit dem Dokument verbundenen Herausforderungen mit dem Begriff »Reform« nur unzulänglich zu erfassen sind. Unsere Debatten und das Dokument waren ein weiteres Symptom dafür, daß der Platz dieses Sozialismus in der Welt am Ende des 20. Jahrhunderts Änderungen erfahren hatte und einer Neubestimmung bedurfte. Vorstellungen, die auf eine Umgestaltung der nichtsozialistischen Welt nach dem Muster dieses realen Sozialismus hinausliefen, waren irreal geworden. Nicht minder die Annahme, eine undurchlässige Abschottung der Systeme gegeneinander wäre langfristig aufrecht zu erhalten. Das Dokument bzw. die ihm zugrundeliegenden politischen Konzepte stellten insofern tatsächlich eine Reaktion auf die gleichen Realitäten dar, aus denen heraus die Perestroika in ihren ursprünglichen Ansätzen sowie bestimmte Meinungsverschiedenheiten in der kommunistischen Bewegung entstanden waren. Zu klären gewesen wären erstens der Charakter der Beziehungen zwischen diesem konkreten Sozialismus (so wie er sich entwickelt hatte und nicht wie er sich hätte entwickeln sollen) und der gegebenen nichtsozialistischen Welt. Und zweitens die Konsequenzen, die sich für die Identität, den Charakter und die Perspektive der sozialistischen Länder unter den Bedingungen einer lang anhaltenden und zunehmend intensiveren Wechselwirkung zwischen allen Teilen dieser Welt ergaben. Diese und andere drängende Fragen hätten eines breiten kollektiven Selbstverständigungsprozesses bedurft, in dessen Prozeß mit Sicherheit sinnvolle Reformvorstellungen entstanden wären.

– Vertretern von Bürgerbewegungen diente das Dokument als Berufungsinstanz. Allerdings ist diese Wirkung umstritten; zugleich wurde das Papier als Element der Stabilisierung der SED kritisiert. Über die Wirkung des Dokuments in der evangelischen Kirche hat Günter Krusche auf der Tagung in Bad Boll präzise berichtet.[27]

– In Kreisen der SED-Führung gab es Vorurteile und Widerstände gegen das Dokument. Auch von der Akademie für Gesellschaftswissenschaften vorgeschlagene Aktivitäten zur weiteren Verbreitung und Diskussion des Dokuments nach 1987 wurden nicht aufgegriffen oder untersagt.[28] Dies rechtfertigt jedoch weder den Schluß auf eine ablehnende Haltung dem Dokument gegenüber bei der SED-Führung schlechthin noch den auf den Massencharakter einer durch das Dokument ausgelösten oppositionellen Reformströmung in der SED.

Auch ist nicht erwiesen, daß Maßnahmen gegen eine weiterführende öffentliche Diskussion des Dokuments eine Reaktion auf tatsächliche Aktionen waren. Ich halte es durchaus für möglich, daß es sich um »präventive« Maßnahmen, gedacht als Vorbeugung angenommener Probleme gehandelt hat. Inwieweit es sich dabei um fehlerhafte oder angemessene Einschätzungen und Urteile handelt, ist ein weites Feld.

»Eine seriöse Diskussion über das Gemeinsame Papier hat es bis heute nicht gegeben«, schrieb Eppler 1996.[29] In der Tat besteht ein frappierendes Mißverhältnis zwischen der Intensität und Leidenschaftlichkeit der Debatten über die Voraussetzungen, die Entstehung, die Hintergründe auf beiden Seiten, die Funktion bzw. die Wirkungen des Dokuments einerseits und denen über den tatsächlichen Inhalt, die Aussagen und Wertungen des Dokuments selbst andererseits. Daß dies in erster Linie mit dem Abbruch eines historisch-perspektivisch angelegten Unternehmens nach nur zwei Jahren und den dadurch dramatisch veränderten politischen Konstellationen und Zwängen zusammenhängt, liegt auf der Hand.

Leider gilt dies auch für rückblickende Bezugnahmen auf einen bemerkenswerten Vorstoß in dieser Richtung – den Artikel von Kurt Hager im *Neuen Deutschland* vom 28. Oktober 1987. Das Urteil seit Beginn der 90er Jahre ist übereinstimmend und eindeutig: Bei diesem Text handelt es sich um den Versuch der Konservativen im Politbüro oder auch der gesamten Parteiführung, die Diskussionen über das Dokument abzublocken, ihnen einen deutlichen Riegel vorzuschieben oder das Papier zu verfälschen. Eine seriöse, argumentierende Analyse und Auseinandersetzung mit dem, was da steht, ist jedoch nicht zu finden.

Als erstes muß ich einräumen, daß der Artikel – davon war bei der Darstellung des fünften Gesprächs die Rede – in der Tat wie ein Schuß vor den Bug wirkte. Er traf uns an jenem Morgen am Scharmützelsee völlig unvorbereitet. Der Ärger unserer Gesprächspartner war unangenehm und wir hatten viel Mühe, die Wogen zu glätten. Anstoß nahmen sie vor allem an dem »feinen Unterschied« zwischen der Formulierung im Dokument »Beide Systeme müssen sich gegenseitig für friedensfähig halten«[30] und dem Kernsatz von Hager: »Es handelt sich also darum, daß der Imperialismus friedensfähig gemacht werden muß, nicht, daß er von Natur aus friedfertig ist.«[31] Nicht anders wirkten die in dem Artikel enthaltenen Bemerkungen zur Feindbildproblematik und zu dem Komplex »Gegenseitige Kritik – Einmischung – Nichteinmischung«.

Nun hätte allerdings schon damals zu denken geben können, was Peter Bender, als Korrespondent des WDR und ausgewiesener Experte für die deutschen Ost-West-Beziehungen aufmerksamer Zuhörer bei unserem Gespräch zu »Koexistenz-Sicherheitspartnerschaft«, 1986 in seinem Kommentar schrieb – also lange vor dem Erscheinen des Dokuments. Zu den übereinstimmenden Auffassungen beider Partnern während bzw. im Ergebnis dieser Debatte zählte er: »Ost wie West müssen ihre Vorstellungen übereinander revidieren (…) Notwendig ist, daß beide einander für friedensfähig halten – der Ton liegt auf ›fähig‹. Das Wort erscheint in den SPD- wie den SED-Thesen und besagt: die Gegenseite kann friedlich sein, doch es ist nicht sicher, ob sie es ist und bleibt.«[32] Wohlgemerkt: Bender forderte das nicht, sondern er registrierte, daß beide Seiten in dieser Forderung übereinstimmen.

Es geht jedoch um mehr. Ich denke, daß mit dem Artikel von Hager Überlegungen zu offenen Fragen vorgetragen wurden, die durchaus der weiteren theoretischen Erörterung bedurften. Um so mehr, als es sich um Herausforderungen handelte, die aus einer widersprüchlichen geschichtlichen Situation erwuchsen. Ich werde daher den wichtigsten Passus des Artikels hier wiedergeben und danach auf einige weitere Entwicklungen aufmerksam machen.

Hagers Ausgangspunkt lautete: Außergewöhnliche Gefahren bedrohen den Frieden, zugleich aber gibt es neuartige Möglichkeiten, ihn zu erzwingen. Er skizzierte die aktuellsten rüstungspolitischen Aktivitäten des Warschauer Vertrages und sprach sich dafür aus, die »Feinde des Friedens« exakt zu benennen – die aggressiven Kreise des Imperialismus. Dann folgte der entscheidende Abschnitt – hier im Wortlaut.

»Friedensfähigkeit des Imperialismus?

Es könnte die Frage gestellt werden: Warum, wenn so nachdrücklich auf die Aggressivität des Imperialismus hingewiesen werden muß, wird dann in dem zwischen der Akademie für Gesellschaftswissenschaften beim Zentralkomitee der SED und der Grundwertekommission der SPD vereinbarten Dokument ›Der Streit der Ideologien und die gemeinsame Sicherheit‹ erklärt: ›Beide Systeme müssen sich gegenseitig für friedensfähig halten.‹ Kann man wirklich von einer Friedensfähigkeit des Imperialismus sprechen?

Welchen Sinn hätten denn die Vorschläge der Teilnehmerstaaten des Warschauer Vertrages zur Abrüstung, die Mitarbeit auf der Genfer Abrüstungskonferenz, bei den Wiener Verhandlungen, in der UNO und anderen internationalen Gremien, wenn wir nicht davon ausgehen würden, daß – natürlich auch durch vertretbare Kompromisse – Vereinbarungen im Interesse des Friedens und der internationalen Sicherheit erreicht werden können? Es handelt sich eben bei den Vorschlägen der sozialistischen Staaten nicht um Propaganda oder taktische Manöver, sondern um das beharrliche Bestreben, angesichts der Gefahr eines nuklearen Infernos eine Wende in der Weltpolitik herbeizuführen, einem neuen Denken zum Durchbruch zu verhelfen.

Wenn in diesem Zusammenhang von der Friedensfähigkeit des Imperialismus gesprochen wird, so beruht dies auf der heute gegebenen realen Möglichkeit,

erstens die aggressivsten imperialistischen Kreise in den USA und der NATO zu zügeln und an der Verwirklichung ihrer Pläne auf der Erde und im Kosmos zu hindern. Diese Möglichkeit ergibt sich aus der Macht des Sozialismus, aus dem von der Sowjetunion erreichten militärstrategischen Gleichgewicht und dem konsequenten Friedenskurs der sozialistischen Gemeinschaft;

zweitens die weltweite Bewegung für Frieden und Abrüstung, die immer breitere politische und soziale Kräfte umfaßt, voll zur Geltung zu bringen. Diese Bewegung, die das Weltgewissen, die Interessen und den Friedenswillen der Völker verkörpert, trägt entscheidend dazu bei, in der Auseinandersetzung mit der Politik der aggressivsten imperialistischen Kreise die Einhaltung des Friedens zu erzwingen;

drittens das Interesse breiter Kreise der Bourgeoisie bis hinein in monopolistische Gruppierungen der USA, der BRD und anderer westeuropäischer Länder am Ausbau friedlicher und gegenseitig vorteilhafter Beziehungen zu den Ländern des Sozialismus weiter zu stärken. Diese Kreise setzen auf den friedlichen Wettstreit der Gesellschaftssysteme. Sie sind an der Erschließung neuer Profitquellen durch die Meisterung der wissenschaftlich-technischen Revolution interessiert und streben nach einem solchen Schutzmechanismus für die kapitalistische Ordnung, der den Realitäten des Atomzeitalters entspricht. Denn die unaufhaltsame Eskalation der Vernichtungsmittel, das weitere Ankurbeln des Wettrüstens verheißen auch dem Kapitalismus nichts Gutes. Zu dieser Auffassung gelangte schon der ehemalige amerikanische Präsident Eisenhower, der vor der Gefahr einer uneingeschränkten ›Ausuferung des militärisch-industriellen Komplexes‹ warnte.

Diese Kreise der Bourgeoisie befürchten, daß das Wettrüsten als eine Art Zeitbombe gegen die kapitalistische Ordnung wirken, einen vernichtenden Einfluß auf die kapitalistische Wirtschaft ausüben und soziale Explosionen auslösen könnte, die die kapitalistische Welt in eine tiefe Krise stürzen würden. Denn auch die Bourgeoisie weiß ausgezeichnet, daß die gegenwärtige riesige Rüstung unweigerlich mit dem Sozialabbau verbunden ist und zu sozialen Erschütterungen führen kann, die selbst den Bestand der kapitalistischen Ordnung gefährden könnten.

In diesem Zusammenhang ist von höchster Aktualität, was Lenin Anfang der 20er Jahre von den ›vernünftigen Kapitalisten‹ sagte, die ›diese schrecklichen Bolschewiki‹ verurteilen, aber nüchtern die sozialistischen Realitäten und die Möglichkeiten der wirtschaftlichen Zusammenarbeit mit Sowjetrußland einschätzen. (Siehe W. I. Lenin: Rede in der Aktivversammlung der Moskauer Organisation der KPR(B), 6. Dezember 1920. In: Werke, Bd. 31, S. 447) Lenin wies zugleich darauf hin, daß neben dem ›grob-bürgerlichen, dem aggressiv-bürgerlichen, dem reaktionär-bürgerlichen Lager‹ es auch ein ›pazifistisches Lager der internationalen Bourgeoisie‹ gibt. (W. I. Lenin: Entwurf eines Beschlusses des ZK der KPR(B) über die Aufgaben der sowjetischen Delegation in Genua. In: Werke, Ergänzungsband 1917-1923, S. 423)

Diese von Lenin genannte Tendenz hat sich in unserer Zeit sowohl unter dem wachsenden Einfluß des Sozialismus als auch unter dem Einfluß des natürlichen Selbsterhaltungstriebs der Bourgeoisie weiter verstärkt.

Es handelt sich also darum, daß der Imperialismus friedensfähig gemacht werden muß, nicht, daß er von Natur aus friedfertig ist. Alle Bemühungen der Friedenskräfte, der Kräfte der Vernunft und des Realismus in der Welt, müssen darauf gerichtet sein, die aggressivsten Kreise des Imperialismus daran zu hindern, mit dem Inferno eines nuklearen Krieges zu spielen. Dies erfordert zähe Anstrengungen in Politik und Diplomatie, die Entwicklung von Wirtschaftsbeziehungen und auch das internationale Wirken unserer humanistischen Kultur.«

Nach einem kurzen Absatz über damalige Krisen- und Konfliktgebiete fuhr Hager fort:

»Solche regionalen Konflikte erschweren die Lösung der Weltprobleme, sie bergen viele Gefahren in sich. Deshalb dürfen wir nicht in Illusionen verfallen, sondern müssen die Entwicklung der internationalen Lage stets nüchtern, realistisch einschätzen.

Was das Wesen des Imperialismus betrifft, so bleibt die Charakte-

ristik, die W. I. Lenin in seinem Werk »Der Imperialismus als höchstes Stadium des Kapitalismus« gegeben hat, voll gültig; sie wird durch alle Fakten über den gegenwärtigen Kapitalismus bestätigt. Dies betrifft die wachsende Macht der Konzerne und Großbanken, besonders der multinationalen Konzerne. Es betrifft den Drang zur Eroberung von Rohstoffquellen und neuen Märkten sowie die besonders in Afrika gegenüber den jungen Nationalstaaten betriebene Politik des Neokolonialismus. Es betrifft die Schürung regionaler Konflikte, wie dies gegenwärtig durch die Aktivitäten imperialistischer Mächte in der Golfregion demonstriert wird.

Allerdings darf nicht außer acht gelassen werden, daß sich in der kapitalistischen Welt eine ungleichmäßige politische und ökonomische Entwicklung vollzieht, daß neben den Hauptzentren des Imperialismus eine Vielzahl kleiner kapitalistischer Länder existiert, die keinen Drang zur Expansion zeigen, daß sich die Widersprüche zwischen den kapitalistischen Staaten selbst und zwischen den in einer schweren Schuldenkrise steckenden Entwicklungsländern und den Hauptmächten des Imperialismus ständig verschärfen.«

Es folgen dann kürzere Abschnitte zur Reformfähigkeit des Kapitalismus, zur Position der DDR nach dem Honecker-Besuch in Bonn und zur Verschärfung der ideologischen Auseinandersetzung. In letzterem wendet Hager sich scharf gegen die »Unverfrorenheit«, mit der sich CDU-Politiker und BRD-Medien in die inneren Angelegenheiten der DDR einmischen.

Der letzte Abschnitt »Der Wandel im Sozialismus« beginnt mit einer direkten Stellungnahme zum Dokument:

»Ein wichtiger Beitrag zu einer Politik der Vernunft und des Realismus ist das zwischen Vertretern der SED und der SPD vereinbarte Dokument ›Der Streit der Ideologien und die gemeinsame Sicherheit‹. Seine Bedeutung besteht darin, daß es die Übereinstimmung beider Parteien in der Hauptfrage der Gegenwart, der Sicherung des Friedens, feststellt und eine Konzeption entwickelt, wie die Sicherheitspartnerschaft erreicht werden kann. ›Friedenssicherung ist zur Grundvoraussetzung aller verantwortbaren Politik geworden‹, heißt es in dem Dokument. Und weiter: ›Das Gebot der Stunde ist eine Wende in den internationalen Beziehungen, eine Politik der gemeinsamen Friedenssicherung, des Dialogs und der Abrüstung, des Kompromisses, des Ausgleichs der Interessen, der Kooperation und der Neubelebung des Entspannungsprozesses.‹

Diese Feststellungen finden unsere uneingeschränkte Zustimmung. Zum anderen läßt das Dokument keinen Zweifel an der Tatsache, daß Marxisten-Leninisten und Sozialdemokraten unterschiedliche Gesellschaftskonzeptionen und Ideologien vertreten.

Das Dokument fordert eine Kultur des politischen Streits, eine zivilisierte Form der Auseinandersetzung. Wir stimmen überein, daß Differenzen in weltanschaulichen Fragen klar bezeichnet und ausgetragen werden müssen.«[33]

Der Leser möge selbst urteilen. Ich lese erstens aus diesem Text, daß Hager die Frage nach der Friedensfähigkeit des Imperialismus positiv beantwortet und dies mit Argumenten begründet. Ich füge hinzu, daß die hier vertretene Linie der Argumentation im wesentlichen auch unserem Auftreten auf den skizzierten diversen Diskussionsveranstaltungen und aus anderen Anlässen zugrunde lag – z. B. dem Interview von Otto Reinhold in der theoretischen Zeitschrift *Einheit* vom September 1987[34] – also vor und nach dem Artikel Hagers. Zweitens legt Hager deutlich stärkeres Gewicht – als das im Dokument geschieht – darauf, daß reale Friedenssicherung den energischen Kampf gegen die »Feinde des Friedens« voraussetzt. Drittens ist unübersehbar, daß der Leninsche Ansatz der Imperialismustheorie durchgängig in Hagers Argumentation ebenfalls eine größere Rolle spielte als im Text des Dokuments. Insofern fällt eine größere Nähe der Hagerschen Argumentation zur Linie des Neubert-Papiers – der ursprünglichen Position unserer Delegation im Februar/März 1986 – auf.[35] Und Hager vermied jedes abstrakt pauschalisierende Urteil über den Imperialismus. Mit Lenin bricht er eine Lanze für eine vielfältig differenzierende Sicht – ganz im Sinne unseres Disputes auf mehreren unserer Seminare bzw. etlicher Sorgen unserer Partner von der Grundwertekommission.

Wenn also die wirkliche Kenntnisnahme des Inhalts, des Charakters und des Stils dieses Textes eigentlich schon *gegen* die Annahme spricht, hier handelte es sich um ein Abblocken weiterer Diskussion oder um eine Frontalattacke gegen das Dokument, so wurde dies durch weitere Entwicklungen bestätigt. Zunächst erschien vierzehn Tage später im *Neuen Deutschland* ein ausführliches Interview mit Otto Reinhold – als einem Autor des Dokuments.[36] Nach meiner Erinnerung wurde er natürlich in Zusammenhang mit dem Hager-Artikel gebracht und als Klarstellung empfunden, daß von einer Absage an das Dokument keine Rede sein könne. Gleichwohl war dessen Text nicht als das letzte Wort zu nehmen.

Wichtig ist nun vor allem, daß in der Folgezeit – noch bis in den Dezember 1989 – eine ausgesprochen intensive theoretische Diskussion um das Problem der »Friedensfähigkeit« stattgefunden hat. Dieter Kleins Broschüre »Chancen für einen friedensfähigen Kapitalismus«[37] ist ebenso zu erwähnen wie eine stattliche Anzahl von Artikeln in der Zeitschrift des Instituts für internationale Politik und Wirtschaft *IPW-Berichte* und der außenpolitischen Monatszeitschrift *Horizont,* an der sich führende Wirtschaftswissenschaftler beteiligt haben: Horst Heininger, Dieter Klein, Jürgen Kuczynski, Lutz Maier und andere.[38] In dieser Diskussion wurde großes Gewicht auf das Verhältnis von Ökonomie und Politik, von objektiven und subjektiven Faktoren, von gesetzmäßigen Prozessen und spontanen singulären Erscheinungen gelegt. Einer der ersten Artikel erschien übrigens bereits im Juni 1987, also ganz unabhängig vom Dokument, aber gar nicht unabhängig von relevanten Debatten um die politischen Orientierungen und Optionen der SED in diesen Jahren.[39]

Mit dem hier Vorgetragenen ist weder das Problem des Konservatismus in der SED dem Dokument gegenüber noch das Problem der »Friedensfähigkeit des Imperialismus« abgegolten. Zum Wirken konservativer Kräfte in der SED habe ich mich bereits geäußert.

Zur »Friedensfähigkeit« bin ich der Meinung, daß die eigentliche Diskussion jetzt, am Beginn dieses neuen Jahrhunderts, beginnen müßte. Gerade die kontrastreiche Entwicklung der internationalen Beziehungen einschließlich der Frage »Krieg – Frieden« vor und nach der Zäsur von 1989/91 bietet Stoff genug, um die Fragestellungen und Debatten der 80er Jahre nüchtern in ihrem historischen Kontext zu untersuchen. Allerdings wird sich wohl auch die Folgerung nicht vermeiden lassen, daß die »Friedensfähigkeit« des Imperialismus tatsächlich der tatkräftigen Nachhilfe durch ernsthafte Gegenmächte bedarf.

Bei der Aufarbeitung der damaligen Debatten wären weiterhin Zusammenhang und Unterschied zwischen politisch-pragmatischen und inhaltlich-theoretischen Aspekten zu bedenken. Natürlich handelte es sich um Themen von eminent politischer

Bedeutung. Im April 1987 – als das Dokument in Arbeit war – hatte Egon Bahr in einem *Stern*-Artikel die Zustimmung der Kommunisten zur wechselseitigen Anerkennung der Friedens- und Reformfähigkeit des Imperialismus und zu den anderen Reizthemen, die dann im Dokument eine große Rolle spielten, sozusagen als Bedingung ihrer Glaubwürdigkeit in der Friedenspolitik proklamiert. »Natürlich gibt es eine ganze Menge, wo Kommunisten umlernen müssen. Dies als revolutionäre Entwicklung zu bezeichnen ist keine Übertreibung.«[40]

Abgesehen davon, daß das diesbezügliche »Umlernen« der Sozialdemokraten von der Rechten in der BRD mit nicht minder abenteuerlichen Interpretationen bedacht wurde, entsteht die Frage, ob damit die Legitimität der theoretischen Auseinandersetzung außer Kraft gesetzt wird. Ich wiederhole: Es handelte sich um theoretische Implikationen einer spezifischen historischen Situation, die unter anderem durch die seltene Gegebenheit eines annähernden militärisch-strategischen Gleichgewichts unter nukleartechnischen Bedingungen gekennzeichnet war. Einer der führenden marxistischen Intellektuellen der alten Bundesrepublik und als Kommunist eines der letzten Opfer der Berufsverbotspraxis, Wolf-Dieter Gudopp, hat dies 1991 so formuliert: »*Die Sowjetunion und das sozialistische Lager im ganzen schickten sich an, weltgeschichtlich initiativ zu werden und unter den gegebenen antagonistischen Verhältnissen der Weltgesellschaft eine Weltfriedensordnung durchzusetzen – eine dynamische Friedensordnung, die die bestehenden Verhältnisse nicht festschreiben, sondern es den Völkern erlauben sollte, ihre gesellschaftlich-politische Ordnung und Entwicklungsrichtung nach ihrem eigenen Willen zu bestimmen. Einige Zeit sah es so aus, als sei die Initiativ-Potenz der sozialistischen Staaten dabei, real zur (jedenfalls in international entscheidenden Fragen) bestimmenden Seite im dialektischen Widerspruch von Sozialismus und Imperialismus und zu dessen übergreifendem Allgemeinem zu werden, und das heißt, die Politik der imperialistischen Seite im Blick auf die Kardinal-Aufgabe, die internationale Friedenssicherung und -gestaltung allseitig positiv mitzubestimmen. Vielleicht war dies auch für einige Zeit tatsächlich der Fall. Im konkreten Zusammenhang dieser Tendenz konnte die ›Friedensfähigkeit des Imperialismus‹ vernünftig zu einem neuartigen, neuakzentuierten Thema werden (…) Allgemein gesehen, ist es trivial, eine Friedensfähigkeit des Imperalis-*

mus anzunehmen; sie wurde immer vorausgesetzt, denn ohne sie wäre jedes Bemühen um den Frieden von vornherein für die Katz.«[41]

Die These von der Friedensfähigkeit des Imperialismus, so wie das ansatzweise in der theoretischen Debatte präzisiert wurde, war meiner Meinung nach unter diesen Bedingungen nicht zuletzt eine notwendige Absage an fatalistisch-sektiererische Auffassungen in der Linken.

Die zugespitzten, abstrakten Formulierungen im Dokument entsprachen dessen Charakter als Kompromiß in einem politisch-historischen Zusammenhang, konnten jedoch die theoretische Konkretisierung nicht ersetzen. Derartige theoretische Aktivitäten durch ihre Etikettierung als Streit um »doktrinäre Glaubensgrundsätze« oder als Ausgeburt des »Opportunismus« dem pragmatischen Diskurs auszuliefern und zu instrumentalisieren, leistet der Sache der Theorie und der Politik schlechte Dienste. Umgekehrt wären gerade anhand der globalstrategischen Kriegspolitik seit Beginn der 90er Jahre und der jüngst beginnenden theoretischen Rekonstruktion imperialismustheoretischer Konzepte die konkreten Bedingungen und Erfahrungen der 80er Jahre weiterzudenken. Das Postulat der Friedensfähigkeit war legitim, ist aber nicht sacrosankt.

Langzeit-Wirkungen

Es ist keineswegs so, daß Erinnerungen an das Dokument in den Selbstverständigungsprozessen politisch denkender Zeitgenossen in den neuen Bundesländern, vornehmlich im PDS-Diskurs, keine Rolle spielen würden.

Auf der einen Seite wird – deutlich z. B. anläßlich des fünften bzw. zehnten Jahrestages der Veröffentlichung des Dokuments – sein Reform- bzw. Oppositionsanspruch aufgegriffen und in den fortschreitenden Prozeß politischer und mentaler Abgrenzung von der SED eingebracht.

Dem stehen Wortmeldungen entgegen, die mit Verwunderung, Enttäuschung oder Verbitterung im Weg und in der Politik der SPD nach 1990 Tendenzen registrieren, die auf eine Abwendung von den seinerzeit vereinbarten Prinzipien hinauslaufen.

Im Vordergrund steht dabei natürlich die entschiedene Kritik an der mit der Orientierung des Dokuments auf Friedenssicherung und Gewaltverzicht grundsätzlich kontrastierenden Haltung der SPD zu den Kriegs- und Gewaltaktionen der USA bzw. der NATO zur militärischen Absicherung und Verewigung globaler Hegemonialverhältnisse.[42]

Das betrifft aber nicht minder den Unmut über die Tendenz, das Dokument nachträglich als Vorzeigeobjekt einer Strategie zur Erosion der SED-Herrschaft zu stilisieren. Unter dem starken Druck der Unionsparteien biete es sich an, »das 1987 ausgehandelte Dialogpapier primär als Zeitzünderbombe zum Wegsprengen der SED-Diktatur zu interpretieren«, schrieb der ostdeutsche Historiker Günter Benser. »Mit dem vereinbarten gemeinsamen Text läßt sich dies allerdings nicht belegen.«[43] Damit zusammen hängt logischerweise das Unverständnis über die deutliche, bisweilen arrogante Brüskierung der PDS.[44]

Wieder eine andere Tendenz: Verlautbarungen der PDS werden vielfach als Anbiederung an die SPD gewertet (etwa Formulierungen in der Präambel der Berliner Koalitionsvereinbarung zwischen PDS und SPD, die auf Empörung stießen) und als Rückfall hinter den Geist des Papiers, in dem gegenseitige Achtung und die Respektierung unterschiedlicher Grundpositionen auch bei ideologischen Kontrahenden angemahnt wurden. Zudem sei die SPD des Jahres 2002 nicht mehr die Partei, die 1987 gemeinsam mit der SED ein solches Dokument hervorgebracht habe.[45]

Nicht zuletzt wurde in einem sehr grundsätzlichen Sinn eine bedauerliche Diskrepanz zwischen dem eigentlichen Geist des Dokuments und allgemeinen Erfahrungen ehemaliger DDR-Bürger im Prozeß und Resultat der Wiedervereinigung registriert. Ich zitiere aus einem Artikel von Prof. Wolfgang Richter, dem Vorsitzenden der Gesellschaft zur Wahrung von Bürgerrechten und Menschenwürde e. V. (GBM): *»Viele vermochten sich das Zusammenwachsen beider Teile Deutschlands nicht ohne einen anspruchsvollen Dialog um ein besseres Deutschland vorzustellen. An dieser Erwartungshaltung hatte das ›Gemeinsame Dokument‹ von SPD und SED keinen geringen Anteil.«* Richter zitiert dann den Passus, der Wettbewerb der Systeme solle so ausgetragen werden, daß *»Kommunisten und Sozialdemokraten die Grundentscheidungen des jeweils anderen beachten, keine Feindbilder aufbauen, die Motive der anderen Seite nicht verdächtigen, deren Überzeugungen nicht absichtlich* verzerren und ihre Repräsentanten nicht diffamieren« sollen und fuhr fort: »*Die damals ihre Hoffnungen auf die von beiden Seiten genannten oder stillschweigend vorausgesetzten Prämissen setzten, fühlen sich heute – nach dem Sieg des ›anderen Systems‹ – in Unfriedensprozesse größten Ausmaßes gestürzt, in ihrem Reformwillen brüskiert, ausgegrenzt und an den sozialen Rand gedrängt. Die in dem Dokument noch attestierte historische Existenzberechtigung des kapitalistischen Systems hat sich ihnen erneut problematisiert. Denn es hat gerade die historische Chance, im Schmelztiegel zweier Systeme (...) seine Reformfähigkeit zu beweisen, verspielt.*«[46]

Der Streit im Westen

Die Wirkungen des Dokuments in der alten Bundesrepublik zu durchleuchten, ist nicht mein Thema. Obwohl die neuerliche Sichtung diverser Unterlagen vermuten läßt, daß hier noch manches des Aufbereitung harrt. In ihren Resümees zur Rolle des Dokuments während der Tagungen 1987 und 1988 betonten die Vertreter der Grundwertekommission, daß die Aufnahme des Papiers in der bundesrepublikanischen Öffentlichkeit eigentlich normal gewesen sei und die Kritik sich durchaus in Grenzen halte. Auch 1996 schrieb Erhard Eppler, daß die Aufnahme freundlicher gewesen sei, als er erwartet hatte.[47]

Es gab jedoch auch andere Einschätzungen. Hanne-Margret Birckenbach vom Hamburger Institut für Friedensforschung und Sicherheitspolitik schrieb 1990, daß »in beinahe allen politischen Strömungen die skeptischen und ablehnenden Positionen« dominierten. Alle an der Entstehung des Dokuments beteiligten Akteure wurden »mit einem Bündel von Negativbewertungen und unhaltbaren, pauschalen Vorwürfen belegt«.[48] Die Autorin brachte eine Vielzahl von Belegen. Eigentlich war dies damals ja auch unser Eindruck. Da die uns zur Verfügung stehenden Informationen jedoch begrenzt waren, verließen wir uns mehr oder weniger auf das Urteil unserer Partner. Hier nun beschränke ich mich darauf, einige der Stellungnahmen wiederzugeben, die uns damals beschäftigt haben und die für meine Wertung und mein Urteil wichtig waren. Ich habe sie als Bestätigung der Richtigkeit des von uns gemeinsam mit der Grundwertekommission eingeschlagenen Weges empfunden.

1. Die am weitesten verbreiteten und »schärfsten«[49] Einwände an die Adresse der SPD richteten sich grundsätzlich dagegen, mit der SED Gemeinsamkeiten zu verabreden, zu demonstrieren oder zu praktizieren. Beide Systeme seien auf derart gravierende Weise gegensätzlich, daß jede gemeinsame Aktion nur der Verwischung des Unterschiedlichen dienen könne. Eine Gleichrangigkeit oder Gleichstellung dieser beiden Parteien verbiete sich. Der Hinweis im Dokument, daß es zwischen SPD und SED Unterschiede gebe, sei ein »rhetorischer Trick, mit dem abgelenkt werden soll von der eigentlichen Provokation dieses Papiers: Es suggeriert eine Gleichwertigkeit der geschichtsnotorisch ungleichen Systeme, so als wären Tyrannei und Freiheit, Diktatur und Demokratie gleichwertige Größen.«[50]

Wenn Rechte das Dokument als einen Schritt zur Anerkennung einer gewissen »Gleichrangigkeit« unseres Systems werteten, dann konnte das nur so verstanden werden, daß das Dokument objektiv eine – wenn auch bescheidene – Relativierung vorherrschender Stereotypen und Feindbilder über die DDR und die SED mit sich gebracht hat.

2. Sowohl von seiten der CDU als auch von Repräsentanten der SPD-Rechten wurde der Vorwurf erhoben, den fundamentalen Unterschied zwischen Freiheit und Diktatur aufgegeben zu haben.[51] Es ist bezeichnend, daß in diesem Zusammenhang der Grundwertekommission angelastet wurde, mit dem Dokument von 1987 die Prinzipien des »Unvereinbarkeitsbeschlusses« von 1971 korrigiert, aufgegeben oder gar außer Kraft gesetzt zu haben. In der berühmten *FAZ*-Kontroverse mit Egon Bahr im September 1987 rief Gesine Schwan als Vertreterin des rechten Flügels der SPD die grundlegende Bestimmung des Systemgegensatzes in dem Papier von 1971 in Erinnerung: »Gegensatz von Rechtsstaatlichkeit und Willkür, von freiheitlicher Demokratie und Parteidiktatur, von Selbstbestimmung und Fremdbestimmung«. Und kritisiert dann etliche Unterschiede beider Dokumente – das Freiheitsproblem finde im »neuen Papier keine Erwähnung mehr«, Kritik am Kommunismus werde nicht geübt, gegensätzliche Positionen und Forderungen würden als »gleichberechtigt präsentiert« etc.[52] MdB/SPD Dieter Haack bemängelt, daß 1971 Friedenspolitik und Sicherheit der Freiheit untrennbar miteinander verbunden worden seien, 1987 hingegen Friedenssicherung allen

anderen Werten übergeordnet werde.[53] Und Helmut Herles beklagte in der FAZ, daß als »Binnenwirkung« des neuen Dokuments »die 1971 beschlossene »Unvereinbarkeit« der Zusammenarbeit mit den Kommunisten (…) ein Dokument für die Archive geworden ist.«[54]

Natürlich war der »Unvereinbarkeitsbeschluß« noch lange kein Archivgut geworden. Wenn aber dem Dokument auf diese Weise eine gegenteilige Tendenz attestiert wurde, dann durfte dies wohl als eine Bestätigung dafür gewertet werden, daß ihm eine gewisse Signalwirkung zum Abbau militant antikommunistischer Positionen innewohnte. Dieter Haack monierte, daß die »klare antikommunistische Sprache der SPD – siehe Papier von 1971 – (…) nivelliert« werde.[55]

3. Als Nachwort zu unserer Debatte um den Frieden als höchsten Wert – mit den damals skizzierten Implikationen – kann gelten, daß auch gegen diese Auffassung scharfes Geschütz aufgefahren wurde. Besonders deutlich wurde Heinrich Basilius Streithofen, ein maßgeblicher Berater führender Persönlichkeiten der CDU. Für das kommunistisch-sozialdemokratische Autorenkollektiv habe Freiheit nur eine untergeordnete Bedeutung. Höchster Wert sei für sie die »Friedenssicherung durch gemeinsame Sicherheit«. Ohne Freiheit könne es keinen inneren und äußeren Frieden geben.[56] Die außenpolitischen Konsequenzen dieses Plädoyers hatte er bereits früher in Thesen zu einem Bundesparteitag der CDU genannt: »Die gegenwärtige Unvereinbarkeit der Systeme weist darauf hin, daß zwischen ihnen kein Verhältnis möglich ist, das den Namen ›Frieden‹ verdient.«[57] Gegen den zwischen dem damaligen Bundesbildungsministers Jürgen Möllemann und der Ministerin für Volksbildung der DDR, Margot Honecker vereinbarten Dialog über Konzepte der Friedenserziehung schrieb die *FAZ* am 25. Juni 1988: »Das Thema Frieden könnte den Kitt abgeben für ein Bündnis gegen die Bürgerlichen.« Verwiesen wurde dabei auf die Warnung Gesine Schwans, im SPD-SED-Papier sei an die »Stelle der vorrangigen Gemeinsamkeit der Demokraten in Erhalt und Entwicklung von Frieden und Freiheit (…) die prinzipielle Gemeinsamkeit von Sozialdemokraten und Kommunisten in der Sicherung des Überlebens getreten.«[58]

Friedensgemeinsamkeiten eo ipso als Bündnis gegen »die« Bürgerlichen zu apostrophieren, wäre in unseren Gesprächen sicher als sektiererische Entgleisung verworfen worden. Bemerkenswert ist er allerdings, dieser Verweis auf Zusammenhänge zwischen sozialer Frage und Friedensfrage.

4. Nicht geringe Verwunderung lösten auch die fortwährenden Attacken gegen einen sogenannten »Wertneutralismus« aus[59] bzw. die Mahnung, Grundwerte nicht zur Disposition zu stellen. Belege für diese Unterstellung im Text des Dokumentes selbst zu finden, war schwer. Konrad Adam sah denn auch die Gefahr allein im Fakt einer Verhandlung über Grundsätze.[60]

Wir erwarteten vom Dokument wahrhaftig keine »geistige Wende« in dieser stabilen Bundesrepublik. Aber einen derartigen Mangel an Souveränität, daß allein vom Gespräch ein Infragestellen der Wertsubstanz befürchtet wurde, hätten wir nicht für möglich gehalten. Abgesehen davon, daß Grundwerte infolge ihres doch wohl recht stabilen und konstanten Charakters im geistigen Leben der Gesellschaft durch Gespräche wie die unseren kaum in Gefahr geraten, ist andererseits evident, daß sie im Verlauf der menschlichen Geschichte insgesamt durchaus zur Disposition stehen.

5. Auch die »Existenzberechtigung« war nicht unumstritten. Auf das Fehlurteil Heinrich Potthoffs hatte ich schon verwiesen. Der anderen Seite die Existenzberechtigung nicht abzusprechen, bedeute eine »qualitative Änderung bisheriger SPD-Auffassungen«. Statt der bisherigen Respektierung werde nun der »SED/DDR« die Existenzberechtigung zugesprochen. Die Berechtigung eines nicht demokratischen Systems auf deutschem Boden sei nicht anzuerkennen.[61] Auskommen müsse man irgendwie mit dem Gegner. »Wenn wir ihm aber eine Existenzberechtigung zuerkennen, nicht die Existenz anerkennen, sondern eine Existenzberechtigung, eine Berechtigung für das Unrecht – dann bedeutet das ja: wir geben unsere eigenen Ansprüche auf Recht und Freiheit und Demokratie wieder auf oder relativieren sie (…) So kann man seine moralischen Ansprüche im Grunde nicht mehr aufrecht erhalten.«[62]

Auch Gesine Schwan bemängelt die Neuerung: Der Parteirat habe im Unvereinbarkeitsbeschluß 1971 von der »Respektierung« der inneren Ordnung der anderen Seite gesprochen, das neue Papier gehe den »entscheidenden Schritt zur Legitimität (Existenzberechtigung) weiter«.[63] Egon Bahr erklärte ihr darauf, daß es »nicht erlaubt« sei, »Anerkennung der Existenzberechtigung« des anderen Systems mit »Legitimität« gleichzusetzen[64]. Was wiederum von Gesine Schwan als »logisch nicht überzeugend, aber politisch wichtig« qualifiziert, vom *Bayernkurier* jedoch schlicht ignoriert wurde.[65]

Daß Anzeichen einer BRD-internen Auseinandersetzung über die Existenzberechtigung der DDR von uns als der berühmte Schritt in die richtige Richtung empfunden wurde, ruft gewiß keine Verwunderung hervor. Ich jedenfalls war von dieser Wirkung des Dokuments überrascht. Immerhin hatte sich die ganze Fragestellung ja aus den sorgenvollen Vorhaltungen unserer sozialdemokratischen Partner entwickelt, wir hingen immer noch der Vorstellung eines »Revolutionsexportes« an. Daß von konservativen Kreisen in dieser BRD in der Zuerkennung der Existenzberechtigung der DDR gegenüber eine derartige Gefahr gesehen wurde, schien mir bemerkenswert.

Oben hatte ich die Äußerung eines Kommentators erwähnt, das Friedensthema könne zu antibürgerlichen Bündnissen Anlaß sein. Die hier zusammengestellten Äußerungen stimmen darin überein, daß die Sorgen, Vorbehalte und Warnungen sich überwiegend darauf beziehen, keinerlei Illusionen über den antagonistischen Charakter des Systemgegensatzes – mindestens auf deutschem Boden – aufkommen zu lassen. Aus dieser Sicht erfährt das Dokument eine vorwiegend negative Beurteilung. Sein Signal, Friedenssicherung stärker gemeinsam anzugehen, wird als zweitrangig angesehen, Sorgen um den Frieden seien eine Selbstverständlichkeit und nicht neu, dazu hätte es nicht eines derart fragwürdigen Unternehmens bedurft – wurde behauptet. Dem Realitätsgehalt dieser Sicht- und Denkweise nachzugehen, muß ich mir ersparen. Es handelte sich um Diskurse im Rahmen der herrschenden politischen Klasse.

Um so mehr muß man auch und gerade aus heutiger Sicht zur Kenntnis nehmen, daß die Orientierung des Dokuments auf eine gemeinsame Verantwortung zur Friedenssicherung in der Bundesrepublik und in westlichen Ländern von Linken aufgegriffen und in der Friedensbewegung begrüßt wurde. Vor allem als Hoffnung auf eine Verbreiterung ihrer Basis und ein stärkeres Engagement der politisch ausschlaggebenden Parteien. Das Streitgespräch zwischen Johano Strasser und mir während eines Krefelder Forums am 16. Oktober 1987 in Nürnberg wurde bereits erwähnt.[66]

Eigens dem Dokument gewidmet war eine von der Joseph-Wirth-Stiftung getragene Dikussion am 31. Oktober in Düsseldorf.[67] Es gab in dieser Zeit kaum Veranstaltungen der zahlreichen Friedensorganisationen, auf denen das Dokument nicht als Bestätigung des eigenen Engagements und Impuls für weitere Aktivitäten gewürdigt und erörtert worden wäre. Durch linke Presseorgane und friedensorientierte Institutionen wurde das Dokument nachgedruckt und verbreitet.[68] In pädagogischen Kreisen wurde das Dokument als Anregung für Probleme der Friedens- und Konflikterziehung aufgegriffen.[69] Dem Pahl-Rugenstein Verlag und der Aktion Sühnezeichen/Friedensdienste sind interessante und solide Dokumentationen zu verdanken.[70]

Hohe Wertschätzung verdienen nicht zuletzt Stimmen der Vernunft aus dem liberalen Lager, die – dem bürgerlichen Mainstream entgegen – Partei für das Dokument ergriffen, weil hier eine neue hoffnungsvolle realistische Perspektive für den Umgang der Systeme miteinander gezeigt und praktiziert werde.[71]

Ende des Dialogs?

Die Frage nach der Aktualität dieser Gespräche und dieses Dokuments ist angebracht. Einerseits sind in hinreichendem Maße bedrohliche Herausforderungen der Art gegeben, wie sie uns damals beschäftigt haben. Andererseits steht es schlecht um Chancen für friedens- und vernunftorientierte Dialoge.

Das jähe Ende unseres Unternehmens ist meines Erachtens keine Folge von Geburts- oder Konstruktionsfehlern – gemessen an den damaligen Möglichkeiten und Erfahrungen. Der gravierende Fehler beim Umgang der SED mit dem Dokument – es nicht zielgerichtet zum Gegenstand einer gründlichen konstruktiven Diskussion mit verbindlichen Konsequenzen gemacht zu haben – war Glied in einer Kette von Fehlentwicklungen, die tiefer lagen.[72]

Der Risiken waren wir uns bewußt. Daß wir sie unterschätzt haben, kann – auch und gerade aus meiner heutigen Sicht – nichts daran ändern, daß es letztlich keine Alternative gab zum Aufbrechen der Abschottung unserer Entwicklung in einer sich immer stärker verdichtenden Welt.

Voraussetzung einer – wie auch immer vorstellbaren – Aktualisierung wäre allerdings ein in gewisser Hinsicht veränderter Umgang mit diesem Dokument und seinen Lehren. Bisher überwiegt der Streit um die Auslegung und Deutung zwischen den Beteiligten – womit ich nicht nur die beiden Delegationen meine.

Die tatsächlichen oder vermeintlichen Inhalte, die Einbettung der Absichten, Zwecke und Wirkungen in die damalige Situation, in die konkrethistorischen Bedingungen stehen im Zentrum. Diese Debatte ist unvermeidlich. Um so mehr, als durch die Zäsur von 1989 die Singularität des Ereignisses exemplarisch bewiesen scheint.

Der bleibende Wert dieser Aktivitäten ist jedoch nicht nur in dieser inhaltlichen Reaktion konkreter Akteure auf eine konkrete Situation zu sehen, sondern ebenso in Ansätzen zu eventuell verallgemeinerungsfähigen Methoden und Regeln. Zwei miteinander zusammenhängende Stichworte sollen dies verdeutlichen: das Problem universalistischer Ansprüche und das Problem des Kompromisses.

Beim erstgenannten Stichwort geht es um die allgemeine Frage, inwiefern zwischen Parteien – nicht im politischen Sinne – die beide universalistische Ansprüche auf die Geltung ihrer (gegensätzlichen) Grundsätze erheben, Verständigungen über grundsätzliche Fragen möglich sind. In der Zuerkennung der Existenzberechtigung, der Friedensfähigkeit und der Reformfähigkeit an das sozialistische System sah der Rechtstheoretiker und damalige Sozialdemokrat Martin Kriele damals eine Rücknahme des Universalitätsanspruchs der sozialdemokratischen Grundsätze.[73] Thomas Meyer erwiderte, daß die Grundwertekommission am universellen Geltungsanspruch der westlichen Werte ohne Einschränkung festgehalten habe – so wie die SED an dem ihres Gesellschaftsverständnisses – aber nicht den »Anspruch der machtpolitischen Unterwerfung der anderen Seite« erhebe sondern auf die »zwanglose Gewalt des besseren Arguments und des besseren Beispiels« vertraue. Insofern wirke das Dokument« auf die Schaffung von Bedingungen, unter denen Universalitätsansprüche sich praktisch erproben könnten.[74] An anderer Stelle warnt Meyer davor, das »dialogfeindliche Beharren auf der eigenen Definition« von Werten mit dem Festhalten an ihrem Universalismus gleichzusetzen.[75] Eine Überlegung, die nicht nur für die Auseinandersetzung innerhalb des »westlichen« Werthorizontes bzw. -verständnisses gelten dürfte. Wie überhaupt bei dieser Diskussion zwischen Vertretern des westlichen Systems die Frage nach den historischen, genetischen und systematischen Beziehungen zwischen dem Wertbewußtsein des »Westens«, der Sozialdemokratie und des Kommunismus des 20. Jahrhunderts nicht hinreichend behandelt wird.

Aufzunehmen wären in diesem Zusammenhang auch Argumente des ostdeutschen Historikers Heinz Niemann. Die Existenz und Identität der anderen Seite dürfe – wenn es um die Beziehung zwischen regierenden Parteien bzw. Völkerrechtssubjekten geht – zwar weltanschaulich, aber nicht praktisch in Frage gestellt werden.[76] Die Frage nach der Beziehung zwischen Anerkennung der »Existenzberechtigung« und Anerkennung der »Legitimation« blieb in diesem Diskurs offen.[77]

Beim notwendigen Weiterdenken dieser Aspekte des Dokumentes bzw. der Gespräche muß man natürlich auch die Begrenztheit des Ganzen im Auge haben. Der Dialog war viel zu kurz und der politisch-historische Druck viel zu stark, um der Unzahl aufgeworfener Fragen gerecht werden zu können. Auch darf der begrifflich-theoretische Disput nicht seiner historisch-praktischen Basis gegenüber isoliert werden. So wertet Hanne-Margret Birckenbach die in diesem Streit beschworenen Gefahren schlicht als »eingebildet«: »Wie unsicher muß es um die Grundwerte, das Ansehen der Bundesrepublik, ihr Selbstbild, den innenpolitischen Konsens oder um die sozialdemokratische Identität bestellt gewesen sein, wenn alle diese Aspekte durch ein gemeinsames Dokument von Sozialdemokraten und Kommunisten als gefährdet dargestellt werden konnten? Eine ernsthafte Grundlage für solche Befürchtungen gab es nicht.«[78]

Nicht abgegolten ist auch die Analyse des Dokuments als Kompromiß. Genauer: als spezifischer Kompromiß zwischen spezifischen Partnern unter spezifischen Bedingungen. Dabei geht es mir nicht um eine Wertung dieses Kompromisses als zulässig, vertretbar usw.

Mir geht es darum, eine Diskussion um den Text anzuregen, um auf diese Weise den Blick für den Kompromißcharakter des Dokuments zu schärfen. Vielleicht kann auf diese Weise die bisweilen unübersehbare Tendenz, das Dokument als solches für die Verkündung ausschließlich dieser oder jener Absicht in

Anspruch zu nehmen, also zu instrumentalisieren, ein wenig entgegengewirkt werden.

1. Daß das Dokument nicht entstanden wäre, wenn es nicht sowohl unterschiedliche als auch gemeinsame Interessen gegeben hätte, ist zweifelsfrei. Die in diesem Kontext relevanten gemeinsamen Interessen und Positionen sind im Dokument aufgelistet.

2. Als Zugeständnisse der SED-Seite sehe ich an:

– die Entschärfung der Kritik am Imperialismus gegenüber den Positionen des Neubert-Papiers, welches einem Konsens zu dieser Frage in der SED zu dieser Zeit Ausdruck verliehen hatte.

– die Zustimmung zur Aufnahme von Normen und Regeln für eine Kultur des politischen Streits, die unter den gegebenen Bedingungen einer politischen Opposition Spielräume boten. Potthoff bezeichnet die im Dokument fixierte »Kultur des Streits« als die »offensivste Form der Ostpolitik«.[79]

– Die Formulierungen zur Abgrenzung von »Kritik« und »Einmischung« blieben hinter Konkretisierungen zurück, die während unseres Freudenstädter Gesprächs vorgetragen wurden. Es ist auch davon auszugehen, daß das Prinzip der »Nichteinmischung in die inneren Angelegenheiten des anderen« seit Beginn der 50er Jahre eine traditionelle, immer wiederkehrende und von vielen Staaten unterschiedlicher Gesellschaftsordnung praktizierte Formel im Kanon der Elemente »friedlicher Koexistenz« war.[80]

3. Als Zugeständnisse der SPD-Seite sehe ich an:

– den Verzicht auf die Diktion des »Unvereinbarkeitsbeschlusses« von 1971 zur Gegenüberstellung von »Demokratie und Diktatur« als Grundgegensatz der beiden Systeme.

– Die Grundwertekommission selbst schätzt ein, daß »an einigen Stellen (…) formale und sprachliche Konzessionen an die Gleichheit beider Unterzeichner gemacht werden mußten.«[81] Daß es dabei nur um Form und Sprache ging, wurde – wie oben gezeigt – im Umfeld der Grundwertekommission anders rezipiert.

4. Als wichtigstes Zugeständnis von beiden Seiten ist zu werten, daß auf den Streit um Fragen der Geschichte beider Parteien verzichtet wurde.

5. Ein Gewinn für das Ansehen von SED und SPD ist darin zu sehen, daß sie ihre Fähigkeit unter Beweis gestellt haben, angesichts einer übergreifenden Herausforderung eine nüchterne Abwägung grundlegender Interessen beider Seiten vorzunehmen

und – in einem bestimmen Maße – ihrem politischen Handeln zugrunde zu legen.

6. Das Dokument markierte einen wichtigen Schritt zur politischen Anerkennung der SED durch die SPD.

7. Die wechselseitige Zuerkennung der Friedens- und der Reformfähigkeit sowie der Existenzberechtigung sehe ich nicht als Zugeständnis der einen oder der anderen Seite an.

Fußnoten

1 Wilfriede Otto, Visionen zwischen Hoffnung und Täuschung. In: Thomas Klein, Wilfriede Otto, Peter Griedner, Visionen. Repression und Opposition in der SED (1949 – 1989). Frankfurt/Oder 1996, S. 448

2 Trotz allem – hilfreich. Das Streitkultur-Papier von SPD und SED. Fünf Jahre danach. Eine Stellungnahme der Grundwertekommission. August 1992. S. 13 (Manuskript)

3 Kurt Hager, Erinnerungen. Leipzig 1996 S.386

4 Erstmalig habe ich darüber auf der Tagung in Bad Boll im April 2002 berichtet.

5 Erich Hahn, Überlegungen zum Dokument »Der Streit der Ideologien und die gemeinsame Sicherheit«. In: Blätter für deutsche und internationale Politik. Köln 11/87. S. 1486ff

6 Erhard Eppler, Komplettes Stückwerk. Frankfurt am Main und Leipzig 1996 (im folgenden »Stückwerk«) S. 183

7 Rolf Reißig, Kein Dokument zum Umsturz der DDR. In: Neues Deutschland, 26.August 1997

8 Manfred Uschner, Die Ostpolitik der SPD. Sieg und Niederlage einer Strategie. Berlin 1991, S. 141ff

9 Timothy Garton Ash, Im Namen Europas. München/Wien 1993. S. 475ff

10 Heinrich Potthoff, Die »Koalition der Vernunft«. Deutschlandpolitik in den 80er Jahren. München 1995 (im Folgenden abgekürzt »Potthoff«), S. 51

11 Rolf Reißig, Kein Dokument (…), a. a. O.

12 Thomas Klein, Parteisäuberungen und Widerstand in der SED. Die innerbürokratische Logik von Repression und Disziplinierung. In: Thomas Klein, Wilfriede Otto, Peter Griedner, Visionen (…), a. a. O. S.89

13 Gerd-Rüdiger Stephan, Vom Mauerbau 1961 bis zur Wende 1989. In: Andreas Herbst, Gerd-Rüdiger Stephan, Jürgen Winkler, Die SED. Geschichte-Organisation-Politik. Ein Handbuch. Berlin 1979, S. 91

14 Eberhard Czichon/Heinz Marohn, Das Geschenk. Die DDR im Perestroika-Ausverkauf. Köln 1999, S. 91

15 Potthoff S.51

16 Wilfriede Otto, Visionen (…), a. a. O., S. 506

17 Erhard Eppler, in: Materialien der Enquete-Kommission »Aufarbeitung von Geschichte und Folgen der SED-Diktatur in Deutschland« (12.Wahlperiode des Deutschen Bundestages), hrsg. vom Deutschen Bundestag, Band V/1 Baden-Baden 1995 (im Folgenden abgekürzt »Enquete-Kommission«), S. 776; Hans-Jochen Vogel, in: Enquete-Kommission, S. 951; Potthoff, S. 51; Wilfriede Otto, Visionen (…), S. 450

18 Erhard Eppler, in: Enquete-Kommission, S. 776

19 Erich Mielke (MfS) und Leonid Schebarschin (KGB) über den drohenden Untergang des Sozialistischen Lagers. Protokoll eines Streitgesprächs vom 7. April 1989. In: Deutschland-Archiv, 26.Jahrgang. September 1993, S. 1025f

20 Stellungnahme der Grundwertekommission beim Vorstand der SPD zum Stand des gesellschaftlichen Dialogs mit der DDR vom 29. 3. 1989. In: Service der SPD für Presse, Funk, T.V., 236/89

21 Behauptungen und Tatsachen. Prof.Dr.Otto Reinhold antwortet in einem ADN-Interview auf eine Erklärung der Grundwertekommission der SPD. In: Neues Deutschland, 31. März 1989, S.2

22 S.Fußnote 19

23 Reinhard Grimmer/Werner Irmler/Willi Opitz/Wolfgang Schwanitz (Hrsg.) Die Sicherheit. Zur Abwehrarbeit des MfS.Band 1, Berlin 2002, S. 101f

24 Reinhard Grimmer... Die Sicherheit (…), a. a. O., S. 634ff

25 Wilfriede Otto, Opposition und Widerstand zwischen Hoffnung und Enttäuschung. In: Ansichten zur Geschichte der DDR. herausgegeben von Dietmar Keller, Hans Modrow und Herbert Wolf. Band III.

Bonn/Berlin 1994; Thomas Klein, Zu Opposition und Widerstand in der SED. In: Die SED. Geschichte-Organisation-Politik, a. a. O., S. 212ff; Martin Gutzeit, Widerstand und Opposition in den 80er Jahren. Von der Formierung der Opposition bis zum Sturz der SED-Diktatur. In: Materialien der Enquete-Kommission »Aufarbeitung von Geschichte und Folgen der SED-Diktatur in Deutschland (12. Wahlperiode des Deutschen Bundestages), hrsg.vom Deutschen Bundestag. Band VII. Baden-Baden 1995, S. 235ff; Rolf Henrich, Der vormundschaftliche Staat. Reinbek bei Hamburg 1989; Charles Schüddekopf (Hrsg.), »Wir sind das Volk«. Reinbek bei Hamburg 1990; Parteien und politische Bewegungen im letzten Jahr der DDR. Herausgegeben von Carola Wuttke und Berndt Musiolek. Berlin 1991

26 SAPMO-BAreh, DY 30 vorl. SED 42669,42273, 42280

27 Günter Krusche, Die Kirchen in der DDR und das Papier »Der Streit der Ideologien und die gemeinsame Sicherheit« – Erwartungen und Konsequenzen. Unveröffentlicht. In dem Sammelband »Zur Freiheit berufen. Die Kirche in der DDR als Schutzraum der Opposition 1981-1989«, herausgegeben von Jürgen Israel, Berlin 1991, wird das Dokument auf S. 126ff erwähnt. Desgleichen in dem Band: Ich liebe euch doch alle (...). Befehle und Lageberichte des MfS. Januar – November 1989. Herausgegeben von Armin Mitter und Stefan Wolle. Berlin 1990, S. 23. Zur Nutzung des Dokuments durch Bürgerrechtler vgl. »Jetzt kommen Pharisäer und rechten über die Akten«. Der Bürgerrechtler und Berliner Jugendsenator Krüger über die Ostpolitik und ihre Wirkung in der DDR. In: Frankfurter Rundschau. 10. März 1994, S. 18. In einer differenzierten Analyse des Papiers und seiner Wirkungen aus oppositioneller Sicht von 1988 heißt es: »Verquickt mit einer sich organisierenden Ausreisebewegung ist das Potential derjenigen, die für Frieden, Demokratie und Menschenrechte streiten, gewachsen. Die Dynamik der Ereignisse selbst hat dies hervorgebracht. Das SPD-SED-Papier war's nicht.« Quelle: Guntolf Herzberg, Wann wir schreiten Seit' an Seit' ... In: Deutschland-Archiv 6/88, S. 611. Unterschiedliche erfahrungen der Bürgerbewegungen haben auch Wolfgang Templin und Ulrike Poppe auf der Tagung in Bad Boll vorgetragen.

28 Rolf Reißig, Die Mär von einer weisen SED-Führung. In: Neues Deutschland, 19. 9. 1997. Vor einer Überschätzung oppositioneller Wirkungen in der SED warnt u.a. Stephan Hilsberg. Vgl. Die Ost- und Deutschlandpolitik der SPD in der Opposition. Hrsg. von Dieter Dowe. Forschungsinstitut der Friedrich-Ebert-Stiftung. Bonn 1993, S. 71ff.

29 Stückwerk S. 185

30 Der Streit der Ideologien und die gemeinsame Sicherheit. In: Neues Deutschland, 28. 8. 1987

31 Kurt Hager, Friedenssicherung und ideologischer Streit. In: Neues Deutschland, 28. 10. 1987

32 Peter Bender, Sicherheitspartnerschaft und friedliche Koexistenz. Zum Dialog zwischen SPD und SED. In: Die neue Gesellschaft/Frankfurter Hefte 1986, Heft 4, S. 345

33 Kurt Hager, Friedenssicherung (...), a. a. O.

34 Otto Reinhold/Manfred Banaschak, Der Streit der Ideologien und die gemeinsame Sicherheit. In: Einheit 9-87, S. 771ff

35 Vgl. Harald Neubert, Die Hypothek des kommunistischen Erbes. Hamburg 2002, S. 271

36 Otto Reinhold, Antwort auf Fragen zum Streit der Ideologien und zur gemeinsamen Sicherheit. In: Neues Deutschland, 11. November 1987, S. 3

37 Dieter Klein, Chancen für einen friedensfähigen Kapitalismus. Berlin 1988

38 Vgl. u. a. Lutz Maier, Das Monopolkapital und die Friedensfrage. In: IPW-Berichte 11/87; Dieter Klein, Politökonomische Grundlagen für einen friedensfähigen Kapitalismus. In: IPW-Berichte 2/88; Horst Heininger, Aggressivität und Friedensfähigkeit des heutigen Kapitalismus. In: IPW-Berichte 4/89; Burkhard Koch/Thomas Pfau, Friedensfähigkeit des Kapitalismus. In: IPW-Berichte 12/89

39 Jürgen Kuczynski, Kann der Kapitalismus wirklich abrüsten und damit überleben? In: Horizont 6/1987

40 Egon Bahr, Gorbatschow ist ein gefährlicher Mann, dem man helfen muß. In: stern Nr.15/87, 2. April 1987 S.150ff

41 Wolf-Dieter Gudopp, Das Maß der Epoche. Frankfurt am Main 1991. S. 12f. Ein aufschlußreiches Porträt des Philosophen und international anerkannten Heidegger-Spezialisten Wolf-Dieter Gudopp und seiner Geschichte ist Kai Ritzmann zu verdanken: Kai Ritzmann, Staatlich geprüfter Verfassungsfeind. In: Berliner Morgenpost. 20. Februar 2001, S. 3

42 Horst Schneider, Reden, die Taten vorausgingen. In: Unsere Zeit, 2. 11. 01; Bernhard May, Tief enttäuscht vom Vorbild aus der Jugend. In: Neues Deutschland, 30. 5. 02

43 Günter Benser, Die deutsche Sozialdemokratie und die Angebote der SED (1951-1987). In: Arno Klönne/Eckart Spoo/Rainer Butenschön (Hrsg.), Der lange Abschied vom Sozialismus. Hamburg 1999, S. 73

44 Harald Lange, »Streit-Papier« von 1987 auch in der SPD umstritten. In: Neues Deutschland, 9. 9. 1997; Erhard Eppler, »Dann übernehmen wir«, In: Der Spiegel, 29/2001, S. 36

45 Karl-Heinz Bernhardt, Ahistorisch. In: Junge Welt. 15. 1. 02

46 Wolfgang Richter, »Dialog« ist längst wieder ein Schimpfwort geworden. In: Neues Deutschland, 27. 8. 1992

47 Stückwerk, S.181

48 Hanne-Margret Birckenbach, Frieden durch Streit? Politisch-psychologische Rahmenbedingungen für

die Überwindung von Feindbildern. In: Die vergessene Dimension internationaler Konflikte: Subjektivität. Redaktion Reiner Steinweg/Christian Wellmann. Frankfurt am Main 1990 S.161

49 ebenda S.165

50 Ulrich Schacht, »Wir, deutsche Kommunisten und Sozialdemokraten(…)« In: Welt am Sonntag, 30. 8. 1987

51 SPD und SED bekennen sich zu friedlichem System-Wettbewerb. In: Berliner Morgenpost, 28.8.1987; SPD verwischt Unterschied zwischen Freiheit und Diktatur. In: FAZ, 2. September 1987

52 Gesine Schwan, Ein Januskopf – Gefahren und Chancen. In: FAZ, 23. September 1987

53 Dieter Haack, Kritische Anmerkungen zum »Ideologie-Papier«. In: Deutschland-Archiv 1/88, S. 41

54 Helmut Herles, Ein dialektischer Schwabenstreich. In: FAZ, 29. August 1987

55 Dieter Haack, Kritische Anmerkungen (…), a. a. O., S. 42

56 Heinrich Basilius Streithofen, Worthülsen statt Inhalte. In:: Rheinischer Merkur, 4. September 1987

57 Heinrich Basilius Streithofen, Nicht der Frieden ist das höchste der Güter.. In: Frankfurter Rundschau, 26. Oktober 1981

58 Kurt Reumann, Unfriedlich über den Frieden. In: FAZ, 25. 6. 1988

59 Frau Renger besorgt über die »Gefahr einer Irritation«. In: FAZ, 31. 8. 1987

60 Konrad Adam, Wer wen? In: FAZ, 29. 8. 1987

61 Dieter Haack, Kritische Anmerkungen (…), a. a. O., S. 42f

62 Martin Kriele, Universalitätsansprüche darf man nicht aufgeben. In: Deutschland-Archiv 1/88, S. 51f

63 Gesine Schwan, Ein Januskopf (…), a. a. O.

64 Egon Bahr, Chancen und Gefahren – unsere Zeit als Januskopf. In: FAZ, 2. Oktober 1987

65 Gesine Schwan, SPD-SED: Hoffnung auf friedlichen Wandel. In: Vorwärts, 16. Januar 1988; Herbert Fischer, Schwesterparteien üben Solidarität. In: Bayernkurier, 27. 5. 1989

66 Zivilisierter Streit. In: Deutsche Volkszeitung/die tat. 16. 10. 1987

67 Sicherheit statt Abschreckung. Protokoll einer Diskussion über das SPD/SED-Papier. Wirth-Korrespondenz

68 Der Streit der Ideologien und die gemeinsame Sicherheit. In: UZ, 29. August 1987; Kultur des politischen Streits. In: Deutsche Volkszeitung/die tat, 4. September 1987; Der Streit der Ideologien und die gemeinsame Sicherheit. Joseph-Wirth-Stiftung, 20. Oktober 1987

69 Wolfgang Popp, Kultur des politischen Streits: eine Sache der Friedenserziehung? In: demokratische erziehung. Juni 1988, S. 30ff

70 Aktion Sühnezeichen/Friedensdienste, Das SPD:SED-Papier. Der Streit der Ideologien und die gemeinsame Sicherheit. Herausgegeben von Wolfgang Brinkel und Jo Roderjohann. Freiburg i. Br. 1988; Die gemeinsame Erklärung von SPD und SED. Stellungnahmen und Dokumente. Köln 1988

71 Marion Gräfin Dönhoff, Ob endlich die Zukunft beginnt? In: Die Zeit, 11.September 1987; Carl-Christian Kaiser: Immer reden – aber mit wem? In: Die Zeit, 22. September 1989; Carl-Christian Kaiser, Der General ging unter die Decke. In: Die Zeit, 21. August 1992

72 Vgl.Erich Hahn, Die Grundsatzgespräche zwischen SED und SPD 1984-1989. In: Beiträge zur Geschichte der Arbeiterbewegung 3/1994, S. 39f

73 Martin Kriele, Universalitätsansprüche (…), a. a. O.

74 Thomas Meyer, Dokument der Hoffnung, nicht Garantie des Gelingens. In: Deutschland-Archiv 1/88 S. 34f

75 Thomas Meyer, Ein neuer Rahmen für den Ost-West-Dialog. In: Die Neue Gesellschaft/Frankfurter Hefte. Oktober 1987, S. 872

76 Heinz Niemann, Anmerkungen zu Voraussetzungen, Charakteristika und Inhalten des Dialogs SED-SPD. In: Dialog und Dialogpolitik. Studien zur Friedensforschung Heft 4/1989, Berlin 1989, S. 68ff

77 Jürgen Schnappertz, Dialog als unendliche Geschichte oder als Lernprozeß? In: Deutschland-Archiv 1/88 S. 47

78 Hanne-Margret Birckenbach, Frieden durch Streit? (…), a. a. O., S. 168

79 Potthoff S.52

80 Manfred Uschner schrieb seinerzeit, daß die »Formeln über ›Nichteinmischung‹ im Papier« »Zugeständnisse der SPD-Seite« waren, »ohne die die Reform- und Menschenrechtsaussagen nicht durchzusetzen gewesen wären«. Manfred Uschner, Die Ostpolitik der SPD. Berlin 1991, S. 143. Es wäre interessant, dies durch die von Seiten der SPD an der Ausarbeitung des Dokuments unmittelbar Beteiligten verifiziert zu bekommen.

81 Trotz allem – hilfreich. Das Streitkultur-Papier von SPD und SED. Fünf Jahre danach. Eine Stellungnahme der Grundwertekommission. August 1992. S. 9 (Manuskript)

Zusammenfassung

1. Das Charakteristische der sogenannten »SED-SPD-Gespräche« war, daß sie von Interellektuellen dieser beiden Parteien initiiert und geführt wurden. Jedes einzelne Thema hätte – für sich genommen – in einem beliebigen Universitätsseminar erörtert werden können. Hier aber debattierten Partei-Ideologen. Kompetenz und je persönlich zu verantwortende Verpflichtung wissenschaftlicher Wahrheit gegenüber verbanden sich mit der gemeinsamen Orientierung an dem Profil, den Zielen und der Praxis einer politischen Partei. Die – von Mal zu Mal ausschließlich von uns Teilnehmern kollektiv vereinbarte und erst im Nachhinein als solche erkennbare – Abfolge der Themen ergab sich aus dem Interesse, von eher unverbindlichen zu eher verbindlichen, von gesellschaftstheoretischen über weltanschauliche zu politischen Grundfragen des Selbstverständnisses dieser Parteien und der Analyse der geschichtlichen Situation überzugehen.

2. Die Entscheidung für ein gemeinsames Dokument und dessen Thematik ergab sich aus dem konkreten Verlauf der vierten Gesprächsrunde, wäre jedoch nicht denkbar gewesen ohne die vorangegangenen Begegnungen. In deren Verlauf schälten sich die Eckpunkte des Themas heraus und es entstand die Atmosphäre, die ein derartiges Vorhaben benötigte. Mit dem Dokument erfolgte der Schritt in die breite Öffentlichkeit. Politische Akzente gewannen in den letzten drei Gesprächen an Gewicht.

3. Das Dokument muß als Kompromiß verstanden werden, in dem gemeinsame und unterschiedliche, übereinstimmende oder parallele und entgegengesetzte Interessen Niederschlag fanden. Die Spezifik ist darin zu sehen, daß es sich um eine politische Vereinbarung über eine gemeinsame Manifestation sowohl ideologischer als auch praktischer Probleme und Positionen handelt. Einzelne Komponenten dieses Kompromisses werden im Text herausgearbeitet.

4. Die Frage nach den Absichten der beiden diese Aktivitäten

tragenden Parteien muß zum einen vorliegende Erklärungen und Verlautbarungen, zum anderen die Gesamtpolitik von SED und SPD in diesen Jahren in Rechnung stellen. Die beiderseitige Zustimmung zum Dokument und seiner Veröffentlichung 1987 war eine Folge der bereits 1983 erfolgten Zustimmung zur Aufnahme der Gespräche. 1989 hatte sich die Situation beider Parteien gegenüber den vorangegangenen Jahren wesentlich verändert. Sichtweisen und Motive unterlagen einer Entwicklung, waren Momente einer widerspruchsvollen geschichtlichen Praxis und werden nie auf eine eindeutige Formel zu reduzieren sein.

Diese Einschränkungen vorausgesetzt, läßt sich aus meiner Sicht zusammenfassend feststellen:

– Beide Parteien hatten ein authentisches Interesse an einem wirkungsvollen gemeinsamen Beitrag zur Sicherung des Friedens in Europa angesichts der damaligen Bedrohungen. Für die SED verband sich dies mit der realen Möglichkeit, im Kontext eines ganzen Ensembles friedenspolitischer Aktivitäten international an Ansehen und Einfluß zu gewinnen. Für die SPD ergab sich die Chance, nach dem Regierungsverlust von 1982 und der Distanzierung von der Nachrüstung außenpolitisch aktiv zu bleiben.[1]

– Hohen Rang für die SED hatte das Bestreben, einen Beitrag zur Intensivierung der Beziehungen zur SPD bzw. auch anderen sozialistischen Parteien zu leisten. Auch dieses Bestreben war Teil eines umfangreichen Komplexes von erfolgreichen Aktivitäten in den achtziger Jahren. Die Haltung der anderen Seite zur Beziehung zwischen diesen beiden Parteien war widersprüchlich. Deutlichen repräsentativen Erklärungen und Engagements stehen Vorbehalte und schroffe Ablehnung seitens anderer Vertreter der SPD – insbesondere anläßlich und nach der Veröffentlichung des Dokuments – gegenüber. Die Grundwertekommission verstand sich uns gegenüber in erster Linie als Repräsentant der westlichen parlamentarischen Demokratie und erst in sekundärer Hinsicht als Vertreter der Sozialdemokratie. Die Berufung auf historisch »gemeinsame Wurzeln« wurde durch die SPD aus der vom Politbüro der SED bereits bestätigten Fassung des Dokuments gestrichen.

– Insbesondere seit 1986 trat in den Erklärungen der Grundwertekommission bzw. der SPD offen die Tendenz in Erscheinung bzw. in den Vordergrund, mit dem Dokument Einfluß auf in ihrem Sinne reformorientierte bzw. oppositionelle Kräfte in der

DDR gewinnen und deren Spielraum vergrößern zu wollen. Seit Beginn der 90er Jahre wurde in Äußerungen von SPD-Politikern durch die Proklamation dieses Ziels die urprüngliche Orientierung auf gemeinsame Friedenssicherung relativiert.

– Im Laufe der Gespräche und mit der erfolgreichen direkten Kommunikation mit den Vertretern der Grundwertekommission spielte bei SED-Teilnehmern zunehmend die Überlegung eine Rolle, daß es möglich sein müsse, bei Aufrechterhaltung des politischen Status quo und der gegebenen Machtverhältnisse in der DDR Erscheinungen der Abschottung und Abgrenzung gegenüber der westlichen Welt zu überwinden. Die Vision eines »Hauses Europa« schien in greifbare Nähe zu rücken.

– Reform-Absichten unabhängig von der SED-Führung oder gegen sie haben im kollektiven Selbstverständnis und Auftreten der Delegation der Akademie für Gesellschaftswissenschaften keine Rolle gespielt. Otto Reinhold stand in ständigem direkten Kontakt mit Erich Honecker.

5. Die Frage nach den Wirkungen des Dokuments in der DDR zählt weiter zu den am heftigsten umstrittenen Themen. Der bisherige Diskurs dazu blendet den Kompromißcharakter des Dokuments weitgehend aus. Aus dem unbestreitbaren Kompromißcharakter folgt jedoch, daß sich eine Reduktion des Dokuments darauf, die Realisierung nur einer bestimmten Absicht oder der Absichten nur einer der beiden Seiten darzustellen sowie der Schluß von einem so verstandenen Dokument auf nur eine entsprechende Wirkung oder Wirkungsrichtung verbietet. Gerechnet werden muß vielmehr mit einer Komplexität widersprüchlicher Wirkungen.

– Für ein breites interessiertes Aktiv von Mitgliedern und Funktionären der SED ist eine Kombination von drei Reaktionen charakteristisch: Zustimmung zum Beschreiten neuer Wege in einer gefahrvollen internationalen Situation und der Artikulation eines entsprechenden Problembewußtseins, Gleichklang mit der generellen friedensorientierten Politik der SED; Kritik an tatsächlichen oder vermeintlichen Zugeständnissen im Dokument seitens der SED, gepaart mit der Sorge, den mit dem Dokument gesetzten Maßstäben kommender Auseinandersetzungen nicht gewachsen zu sein; wachsende Kritik an der Informationspolitik und der Gestalt der Medien in der DDR.

– Im Rahmen der allgemeinen Zustimmung gab es Meinungsverschiedenheiten über theoretische Positionen im Dokument, die nicht gründlich genug ausgetragen wurden.

– Die Führung der SED hat die Grundlinie des Dokuments immer wieder bekräftigt. Zugleich hat es Mißtrauen und Aversion gegenüber höheren Anforderungen an die politische Kultur und das politische System gegeben, die aus bestimmten Forderungen des Dokuments resultierten. Die Möglichkeit wurde versäumt, das Dokument zur Klärung konzeptioneller Grundfragen der innenpolitischen Praxis und für ein produktives Verhältnis zu oppositionellen Positionen zu nutzen.

– In Kreisen vor allem der evangelischen Kirche der DDR gab es große Zustimmung zu den friedens- und abrüstungspolitischen Grundaussagen und hohe Erwartungen an die Umsetzung der im Dokument verankerten Regeln für den »inneren Dialog«, an die Realisierung von Menschenrechten im Sinne der Helsinki-Schlußakte und an Möglichkeiten der Wahrnehmung eigener friedensethischer Verantwortung.

– Im Rahmen oppositioneller Bürgerbewegungen wurde einerseits das Dokument genutzt, um eigenen Forderungen Nachdruck zu verleihen. Andererseits gab es die Kritik an der SPD, durch Abkommen dieser Art mit der SED deren Herrschaft stabilisiert zu haben.

6. Die Wirkung des Dokuments in der Bundesrepublik weist ebenfalls unterschiedliche Tendenzen auf.

– Die entschiedene Kritik rechter und konservativer Kreise – vor allem in der CDU/CSU – daran, daß mit dem Dokument eine Aufwertung der DDR, die politische Anerkennung der SED und eine historisch-moralische Gleichstellung der beiden Systeme erfolgt sei. Vertreter der SPD haben diese Kritik offensiv zurückgewiesen, zum Teil jedoch auch – besonders nach 1990 mit einer Relativierung der ursprünglichen Zielstellung bzw. mit der Hochstilisierung der gegen die SED gerichteten Absichten reagiert.

– In der SPD selbst wurden Stimmen laut, die eine deutlichere Betonung der sozialdemokratischen Identität forderten.

– In liberalen und linken Kreisen sowie in der Antikriegsbewegung wurde das Dokument als wichtiger Schritt zur weiteren Normalisierung der Beziehungen zwischen beiden deutschen Staaten und zur Stärkung vernunft- und friedensorientierter Positionen gewertet.

– Auf einer Tagung von 17 kommunistischen und sozialdemokratischen bzw. sozialistischen Parteien im Dezember 1988 fand der SED-SPD-Dialog einhellige Zustimmung.

7. Den wichtigsten und bleibenden Wert dieses Dialogs sehe ich in dem teil- und zeitweise erfolgreichen Versuch von Vertretern zweier politischer Bewegungen, deren Geschichte, Profil und Praxis Verbindendes und Trennendes aufweist und die gleichermaßen den Anspruch auf universelle Geltung ihrer Ziele, Werte und Ideologien erheben, miteinander auf kulturvolle Weise über Grundsatzfragen zu sprechen, um gemeinsame Positionen auszuloten, ohne die Identität der anderen Seite in Frage zu stellen. Der praktische Beweis wurde erbracht, daß es möglich ist, eigene und übergreifende Interessen miteinander zu verbinden. Der Bereich der Ideologie muß nicht ausgeklammert werden, wenn es um politische Gemeinsamkeiten geht. Das unvorhergesehene Ende dieses Versuchs hängt mit Bedingungen und Prozessen zusammen, die weit über das hinausgehen, was die Akteure selbst zu verantworten haben.

Fußnote

1 Vgl. Alexander Cammann, Innovation und Illusion. Das SPD/SED-Papier von 1987 als Form intellektueller Politik. In: Vorgänge, Heft 4/2001, S. 28ff

Das Dokument

Berlin/Bonn, 27. August 1987

Akademie für Gesellschafts-   *Grundwertekommission*
wissenschaften beim ZK der SED   *der SPD*

Der Streit der Ideologien und die gemeinsame Sicherheit

I. Friedenssicherung durch gemeinsame Sicherheit

1. Unsere weltgeschichtlich neue Situation besteht darin, daß die Menschheit nur noch gemeinsam überleben oder gemeinsam untergehen kann. Eine solche Alternative ist historisch ohne Beispiel. Sie verlangt ein politisches Denken, das historisch ebenfalls ohne Beispiel ist, eine neues Herangehen an die internationalen Angelegenheiten, besonders an die Sicherung des Friedens. Der Krieg darf im Nuklearzeitalter kein Mittel der Politik mehr sein. Zwischen atomar gerüsteten Bündnissen wäre er das Ende jedweder Politik, die Zerstörung aller Zwecke. Friedenssicherung ist zur Grundvoraussetzung aller verantwortbaren Politik geworden.

Dem widerspricht jede Politik, die auf Forcierung des Wettrüstens, auf Konfrontation, Streben nach militärischer Überlegenheit, Unverwundbarkeit und globale Hegemonie setzt. Sie müßte dazu führen, daß die internationalen Spannungen anwachsen und sich die Gefahren für den Weltfrieden erhöhen. Das Gebot der Stunde ist eine Wende in den internationalen Beziehungen, eine Politik der gemeinsamen Friedenssicherung, des Dialogs und der Abrüstung, des Kompromisses, des Ausgleichs der Interessen, der Kooperation und der Neubelebung des Entspannungsprozesses. Sie muß gegen alle Kräfte durchgesetzt werden, die noch immer glauben, durch ständiges Anhäufen neuer Massenvernichtungswaffen Sicherheit errüsten zu können. Eine solche Wende in der internationalen Entwicklung ist aber nicht nur notwendig, sie ist auch möglich.

– Frieden, Beendigung des Wettrüstens, Entspannung liegen im Interesse beider Systeme, aller Staaten und Völker, der gesamten Menschheit.
– Über soziale, politische, ideologische und weltanschauliche Unter-

schiede und Gegensätze hinweg wächst der Kreis der Menschen, Organisationen, Parteien, Regierungen und Staaten, die dafür aktiv eintreten, ihr Einfluß wird immer spürbarer.

In Ost und West sehen immer mehr Menschen ein:

Friede und Sicherheit im Nuklearzeitalter können nicht mit immer mehr und perfekteren militärischen Mitteln, sondern dauerhaft allein durch politisches Handeln erreicht werden. Nicht die Qualität der Waffen, sondern die Qualität der Politik entscheidet über Sicherheit und Stabilität in der Welt. Dieser Einsicht zum Durchbruch zu verhelfen, sie in praktische Politik umzusetzen, bedarf es des Engagements aller Menschen.

2. Friede kann heute nicht mehr gegeneinander errüstet, sondern nur noch miteinander vereinbart werden. Daher muß gemeinsame und gleiche Sicherheit für alle organisiert werden. Dies verlangt, daß jede Seite die legitimen Sicherheitsinteressen der jeweils anderen Seite mit bedenkt und respektiert. Nur so können Dialog, Rüstungskontrollverhandlungen und konkrete Friedens- und Abrüstungsinitiativen vorankommen. Dabei muß jede Seite der andern das gleiche Maß an Sicherheit zubilligen, das sie für sich selbst in Anspruch nimmt.

Ein wirksames und dauerhaftes System internationaler Sicherheit muß nicht nur den militärischen, sondern auch den politischen, den wirtschaftlichen und den humanitären Bereich umfassen. Denn Abrüstung, Dialog und Vertrauensbildung, die Errichtung einer gerechten Weltwirtschaftsordnung und das gemeinsame Herangehen an globale Probleme, internationale Zusammenarbeit zur Überwindung des Hungers fördern sich wechselseitig.

Die Konzepte der friedlichen Koexistenz und der gemeinsamen Sicherheit beruhen heute gleichermaßen auf diesen Erkenntnissen.

3. Ein politisches Denken und Handeln in den internationalen Beziehungen, das der neuartigen Bedrohung der Menschheit angemessen ist, muß vor allem dadurch gekennzeichnet sein, daß es

– die Bannung der nuklearen Gefahr,

– die Sicherung des Lebens und die Gewährleistung eines menschenwürdigen Daseins für alle,

– die Erhaltung der Biosphäre und die Überwindung der ökologischen Krise,

– die Bekämpfung des Hungers, den Abbau der Verschuldung und der wirtschaftlichen Not in den Entwicklungsländern als gemeinsame Menschheitsaufgabe versteht und anerkennt, die im gemeinsamen Interesse aller Menschen gemeinsam angepackt werden müssen.

Ziel eines solchen politischen Denkens und Handelns ist eine stabile und dauerhafte Friedensordnung in Europa und in der Welt, die den

Krieg als Mittel der Politik ausschließt, den Einsatz militärischer Gewaltmittel – solange sie noch nicht beseitigt sind – verhindert, Konflikte zwischen den Staaten auf der Grundlage vereinbarter Verfahren friedlich regeln kann und das Selbstbestimmungsrecht eines jeden Volkes anerkennt und respektiert. Auch Militärdoktrinen, die ausschließlich auf Verteidigung und Nichtangriffsfähigkeit ausgerichtet sind, würden diesem Ziel dienen.

Dem oben formulierten Ziel entspricht eine Form der Auseinandersetzung zwischen den beiden gesellschaftlichen Systemen, die geprägt ist von friedlichem Wettbewerb, gewaltfreiem Streit über alle politischen und ideologischen Gegensätze sowie Zusammenarbeit zum beiderseitigen Nutzen und Vorteil. Dabei müssen beide Systeme – ihren grundlegenden sozialökonomischen, politischen und ideologischen Gegensätzen zum Trotz – lernen, miteinander zu leben und gut miteinander auszukommen.

Dazu ist auf beiden Seiten nötig:

– Berechenbarkeit, Offenheit und Zurückhaltung in der Wahl der Mittel;

– die Fähigkeit zum Dialog, zur Vertrauensbildung, zum Konsens, zum Abbau von Mißtrauen und Bedrohungsängsten sowie zur Partnerschaft bei gemeinsamen Aufgaben.

Gegenwärtig besteht die wichtigste Aufgabe darin, die Dynamik der Aufrüstung zu stoppen und eine Dynamik der Abrüstung in Ganz zu setzen.

II. Friedlicher Wettbewerb der Gesellschaftssysteme

1. Die Beziehungen zwischen den beiden Systemen sind nicht nur durch gemeinsame, parallele oder sich annähernde, sondern vor allem auch durch entgegengesetzte Interessen charakterisiert. Das Nebeneinanderbestehen und die Auseinandersetzung qualitativ unterschiedlicher und entgegengesetzter sozialökonomischer und politischer Systeme ist ein wesentliches Kennzeichen der internationalen Beziehungen.

Aber nur wenn der Frieden gesichert ist und die Geschichte weitergeht, kann der Streit um das bessere Gesellschaftssystem ausgetragen werden.

2. Daher ist die Auseinandersetzung zwischen den gesellschaftlichen Systemen einzig und allein noch in der Form des friedlichen Wettbewerbs und also gewaltfrei zu führen. Jedes der beiden Systeme kann die von ihm beanspruchten Vorzüge nur durch das Beispiel zeigen, das die Menschen innerhalb und außerhalb seiner Grenzen überzeugt.

Der Wettbewerb der sozialen und politischen Systeme sollte darum geführt werden, welches der beiden Systeme den wirksamsten Beitrag zur Lösung der übergreifenden Menschheitsfragen leistet und welches die günstigsten gesellschaftlichen Bedingungen für die Entfaltung von Humanität bietet, welches den Menschen die bessere Chance gibt, ihre Interessen und Rechte durchzusetzen, ihre Werte und Ideale zu verwirklichen.

3. Vor allem geht es um den Beitrag des jeweiligen Gesellschaftssystems zur Sicherung des Friedens, zur Überwindung der Umweltgefahren, zur Entwicklung der Länder der Dritten Welt.

Dazu gehört:

– soziale Beherrschung des wissenschaftlich-technischen Fortschritts;

– die Entwicklung lebendiger Demokratie, die Verwirklichung und Weiterentwicklung der Menschenrechte in ihrer wechselseitigen Bedingtheit von sozialen, politischen und persönlichen (individuellen) Rechten;

– eine – auch gegenüber den nachkommenden Generationen verantwortbare – Gestaltung des Verhältnisses von Ökonomie und Ökologie, von Mensch und Natur.

4. Wettstreit und Zusammenarbeit der gesellschaftlichen Systeme schließen sich nicht nur nicht aus, sondern bilden eine – wenngleich oft widerspruchsvolle – Einheit.

Gleichberechtigte Zusammenarbeit zwischen Ost und West zum beiderseitigen Nutzen fördert die notwendige Wende in den internationalen Beziehungen und dient der Entspannung in Europa. Das belegen nicht zuletzt die Erfahrungen der Entspannungsperiode in den 70er Jahren. Andererseits erweitern Fortschritte in der Entspannung zugleich die Möglichkeiten einer Zusammenarbeit zwischen den Staaten auf politischem, ökonomischem, wissenschaftlich-technischem, kulturellem und humanitären Gebiet.

Beide Gesellschaftssysteme brauchen diese Zusammenarbeit, weil die Verflechtung der Weltwirtschaft fortschreitet, die Entwicklung der Produktivkräfte den nationalen Rahmen sprengt und die globalen Probleme sich zuspitzen.

Die Zusammenarbeit zwischen den Systemen und Staaten wird somit zu einer Voraussetzung für die Entwicklung der nationalen Wirtschaften und der Weltwirtschaft, für die schrittweise Lösung der globalen Menschheitsprobleme, für die Überwindung von Armut und Unterentwicklung in der Welt, für den Austausch auf den Gebieten der Kultur und Information, kurz gesagt: Für die Entwicklung der menschlichen Zivilisation.

Wir wollen ein Europa der freundschaftlichen Kooperation, des Vertrauens und der guten Nachbarschaft. Die Vertiefung des gesamten KS-ZE-Prozesses bildet auch heute eine wichtige Grundlage hierfür. Beide deutsche Staaten sind aufgefordert, entsprechend ihrer historischen Verpflichtung und politisch-geografischen Lage ihren Beitrag zu leisten.

5. Zu einer aktiven Politik der Friedenssicherung durch Abrüstung und des friedlichen Wettstreits zwischen den entgegengesetzten Systemen gibt es heute keine vernünftige Alternative mehr. Trotzdem trifft sie auf ernste Hindernisse.

Eine solche Politik des Wettstreits und der Zusammenarbeit geht von den entgegengesetzten gesellschaftlichen Strukturen und Prinzipien in beiden Systemen aus.

Der Systemwettstreit, wenn er einhergeht mit der Verringerung der Rüstungen, kann den sozialen Fortschritt in beiden Systemen befördern und beschleunigen.

III. Notwendigkeit einer Kultur des politischen Streits und des Dialogs

Wir deutsche Kommunisten und Sozialdemokraten stimmen darin überein, daß Friede in unserer Zeit nicht mehr gegeneinander errüstet, sondern nur noch miteinander vereinbart und organisiert werden kann. Daraus ergeben sich neue Gemeinsamkeiten im Ringen um den Frieden.

Sozialdemokraten und Kommunisten fühlen sich beide dem humanistischen Erbe Europas verpflichtet. Beide nehmen für sich in Anspruch, dieses Werbe weiterzutragen, den Interessen der arbeitenden Menschen verpflichtet zu sein, Demokratie und Menschenrechte zu verwirklichen.

Aber sie leben seit sieben Jahrzehnten in bitterem Streit darüber, in welcher Weise dies zu geschehen hat. Dieser Streit wird dadurch verschärft, daß beide oft mit denselben Begriffen verschiedene Inhalte verbinden.

Die Sozialdemokraten verstehen sich als Teil der westlichen Demokratie. Für sie ist pluralistisch organisierte Demokratie mit ihren vielfältigen Formen von Gewaltenteilung und Machtkontrolle der verbindliche und notfalls unter Opfern verteidigte Rahmen, innerhalb dessen sie ihre Vorstellungen von demokratischem Sozialismus verwirklichen wollen.

Für Marxisten-Leninisten ist Demokratie als Form der Machtausübung in ihrem Wesen durch die Eigentumsverhältnisse an den entscheidenden Produktionsmitteln und damit verbundenen politischen Macht geprägt. Daher ist für sie die Überführung der wichtigsten Produktionsmittel in Gemeineigentum und die politische Macht der Arbeiterklasse im Bündnis mit anderen Werktätigen das Fundament umfassender demokratischer Rechte. Sie verstehen Demokratie vor allem als die reale Mitwirkung der Werktätigen an der Leitung und Gestaltung der Wirtschaft und Gesellschaft und die Kontrolle darüber.

Für Sozialdemokraten haben die Menschenrechte in sich selbst absoluten Wert und sind gegenüber allen Formen wirtschaftlicher und staatlicher Macht auf immer neue Weise zu schützen und durchzusetzen. Sie sind in Form von Grundrechten Maßstab und Ziel staatlichen Handelns. Auf diese Grundrechte und die Grundwerte des demokratischen Sozialismus gründen sie ihre Politik sozialer Sicherheit und gleicher Lebens- und Bildungschancen.

Marxisten Leninisten nehmen für sich in Anspruch, durch das gesellschaftliche Eigentum und die damit verbundenen politischen Machtverhältnisse die sozialökonomischen Grundlagen für die freie Entfaltung des Menschen geschaffen zu haben. Soziale Sicherheit, Vollbeschäftigung, soziale Gerechtigkeit und reale Bildungsmöglichkeiten für alle sind für sie unabdingbare Grundlagen für Demokratie und die Entfaltung aller Menschenrechte. Sie bestehen darauf, daß die Verwirklichung der Menschenrechte mit der weiteren Entwicklung ihres sozialökonomischen Systems verbunden ist.

Für Sozialdemokraten ist ein lebendiger, spannungsreicher und möglichst unbeschnittener Pluralismus in Kultur, Wissenschaft, Kunst und politischer Meinungsbildung unverzichtbarer Ausdruck von Freiheit, aber auch Voraussetzung und gleichzeitig Ergebnis einer Demokratie im Dienste der Entfaltung des Menschen.

Marxisten-Leninisten lassen sich davon leiten, daß die sozialistische Gesellschaft in ihrem Sinne in der Lage ist, wissenschaftlich-technischen Fortschritt mit sozialem Fortschritt untrennbar zu verbinden, so daß der Mensch im Mittelpunkt bleibt und nicht an den Rand des Geschehens gedrängt wird, daß das Schöpfertum aller Menschen, ihre Kreativität und ihr Ideenreichtum die Verwirklichung ihrer vielfältigen Interessen und Bedürfnisse fordert und fördert.

Der Streit über diese Grundfragen wird weitergehen, auch die Hinweise darauf, wo auf der einen oder anderen Seite Theorie und Praxis nicht übereinstimmen. Der Streit über so gegensätzliche Grundpositionen läßt sich weder durch Kompromißformeln noch durch Appell an den Friedenswillen beenden. Es wäre auch niemandem damit gedient, wen die Gegensätze verwischt würden. Aber der Streit über die Grundpositionen kann Teil eines produktiven Wettbewerbs der Systeme werden, wenn er so ausgetragen wird, daß Kommunisten und Sozialdemokraten die Grundentscheidungen des jeweils andern beachten, keine Feindbilder aufbauen, die Motive der andern Seite nicht verdächtigen, deren Überzeugungen nicht absichtlich verzerren und ihre Repräsentanten nicht diffamieren.

Beide Seiten werden sich in ihren Leistungen und Erfolgen, ihren Fehlleistungen und Mißerfolgen messen lassen müssen. Kommunisten sind fest davon überzeugt, daß ihr Sozialismus seine inneren Vorzüge – Vollbeschäftigung, soziale Sicherheit und Geborgenheit für alle, Teilnahme der Werktätigen an der Vorbereitung, Entscheidung und Kontrolle der staatlichen, wirtschaftlichen und gesellschaftlichen Angelegenheiten, Verbindung des wissenschaftlich-technischen mit dem sozialen Fortschritt, Ausbildung und sichere Zukunft der Jugend – gegenüber der kapitalistischen Gesellschaft immer umfassender entfalten wird.

Sozialdemokraten setzen – ohne die Gefahren kapitalistischen Wirtschaftens zu verkennen – darauf, daß freie, ungehinderte Diskussion, der Wettbewerb von Ideen und Lösungsansätzen am ehesten in der Lage ist, auf bedrängende neue Fragen angemessene Antworten zu finden, neue technische Möglichkeiten in den Dienst höherer Lebensqualität zu stellen, Gegenkräfte gegen den Mißbrauch wirtschaftlicher Macht zu mobilisieren, Mehrheiten für notwendige Veränderungen vorzubereiten und die Demokratisierung der Gesellschaft voranzutreiben.

Da die Sozialdemokraten den Verfassungskonsens der westlichen Demokratie mittragen, auch wenn sie niemals die Verantwortung für andere, konkurrierende Kräfte übernehmen können, sprechen sie in vielen Fragen stellvertretend für die westliche Demokratie. Es wäre aber zu begrüßen, wenn andere politische Kräfte sich in ähnlicher Weise am kontroversen Dialog der Systeme beteiligen.

IV. Ansätze einer Kultur des politischen Streits

Wir sind uns also einig darin,

daß Friede die Grundvoraussetzung für die Verwirklichung unserer jeweiligen Werte und Prinzipien ist,

daß Zusammenarbeit zur Wahrung des Friedens die Verleugnung dieser Werte weder verlangt noch ratsam erscheinen läßt.

Es gibt also Fragen, in denen wir einig sind, andere, über die wir weiter streiten müssen. Wir werden in de Spannung von Konsens und Konflikt leben müssen.

Was bedeutet dies für die Formen und Inhalte der Auseinandersetzung?

1. Beide Seiten müssen sich auf einen langen Zeitraum einrichten, während dessen sie nebeneinander bestehen und miteinander auskommen müssen. Keine Seite darf der anderen die Existenzberechtigung absprechen. Unsere Hoffnung kann sich nicht darauf richten, daß ein System das andere abschafft. Sie richtet sich darauf, daß beide Systeme

reformfähig sind und der Wettbewerb der Systeme den Willen zur Reform auf beiden Seiten stärkt. Koexistenz und gemeinsame Sicherheit gelten also ohne zeitliche Begrenzung.

2. Beide Seiten müssen sich gegenseitig für friedensfähig halten.

Das im Osten vertretene Konzept der Friedlichen Koexistenz zwischen Staaten mit unterschiedlicher Gesellschaftsordnung und das im Westen, vor allem von Sozialdemokraten entworfene Konzept einer Gemeinsamen Sicherheit setzen, soweit sie ernst gemeint und konsequent sind, beide die prinzipielle Friedensfähigkeit der anderen Seite voraus.

Beide Konzepte wären theoretisch sinnlos und auf die Dauer auch nicht praktikabel, wenn sie die Annahme der prinzipiellen Unfriedlichkeit der anderen Seite aufgrund von deren Ideologien oder Interessenstrukturen einschlössen. Beide Seiten müssen daher für eine erfolgreiche Friedenspolitik beim jeweils anderen ein authentisches Interesse an der Erhaltung des Friedens in der atomar gerüsteten Welt voraussetzen – der Erfahrung friedensgefährdender Konflikte zum Trotz.

3. Beide Systeme müssen zu verhindern versuchen, daß sie vom jeweils anderen so wahrgenommen werden, als seien sie auf Expansion, ja gewaltsame Expansion angelegt.

Es gab und gibt in beiden Systemen die Befürchtung, daß das andere System angesichts seiner Interessenstruktur und der jeweils herrschenden Ideologie auf die Ausdehnung seines Einfluß- und Herrschaftsbereiches angelegt sei. Im Westen ist dies die Befürchtung, daß die marxistisch-leninistische These vom weltrevolutionären Prozeß auf Revolutionsexport hinauslaufe und zur Rechtfertigung sowjetischer Machtansprüche diene. Im Marxismus-Leninismus gründet sich die entsprechende Befürchtung auf die Marxsche Analyse des Wesens der kapitalistischen Warenproduktion, auf Arbeiten Lenins über das Wesen des Monopols sowie auf die Wahrnehmung und Deutung der dominierenden antikommunistischen Strategie und Politik der Gegenwart.

Daher müssen in dem Prozeß, der zu gemeinsamer Sicherheit führt, auch solche Ängste abgebaut werden. Beide Seiten müssen sich darum auch dann bemühen, wenn sie sich durch solche Befürchtungen mißverstanden sehen.

4. Auch wenn für einen Prozeß gemeinsamer Friedenssicherung Verträge, Abmachungen und Institutionen nötig sind, reichen sie allein nicht aus. SED und SPD sprechen sich für die Entwicklung einer Kultur des Streits und des kontroversen Dialogs aus. Diese Kultur des politischen Streits muß

– auf einer realistischen Analyse der Möglichkeiten beider Seiten beruhen,

– die gesellschaftspolitischen Gegensätze klar zum Ausdruck bringen,
– sie nicht auf die Beziehungen zwischen Staaten übertragen,
– Gewalt oder Krieg als Mittel der Konfliktlösung ausschließen und starre Konfrontation überwinden
– und damit einem Frieden dienen, der auch international auf gewaltfreie Konfliktregelung setzt.

Für eine solche Kultur sind für beide Seiten akzeptable Normen des Umgangs miteinander zu entwickeln, die handhabbar sind und beiden gleichermaßen erlauben, ihre grundlegenden Werte zur Geltung zu bringen. Diese politische Kultur entsteht, wenn aus Absichtserklärungen Handlungsweisen werden und allmählich eine neue Praxis des täglichen Umgangs miteinander wächst.

5. Es muß zum Normalfall werden, daß wir miteinander handeln, verhandeln und zusammenarbeiten, während wir gleichzeitig die offene und klare Kritik äußern können, wo nach unserem Verständnis die Friedensbereitschaft, der Wille zur Verständigung, die Menschenrechte und die Demokratie im anderen Bereich verletzt werden. Kooperation, Wettbewerb und Konflikt müssen gleich akzeptierte Formen des Umgangs miteinander werden.

6. Die Beziehungen zwischen den Systemen können nicht nur bestimmt sein durch das Nebeneinander von Streit, Wettbewerb und Kooperation. Nötig ist auch der Wettbewerb in der Kooperation. Zu den grundlegenden Menschheitsinteressen gehören außer dem Frieden auch die Erhaltung der Biosphäre und die Überwindung von Hunger und Elend in der dritten Welt. Dies verlangt die umfassende Zusammenarbeit zwischen Ost und West. Solche Zusammenarbeit schließt Wettbewerb und die fruchtbarsten Beiträge jedes Systems zu den großen Menschheitsaufgaben ein. Wettbewerb in der Kooperation käme allen Menschen zugute.

V. Grundregeln einer Kultur des politischen Streits

Eine Kultur des politischen Streits, die den Frieden sichert, ja dem Frieden zu dienen hat, kann nur in ihren grundsätzlichen Normen und Regeln beschrieben werden. In der politischen Praxis müssen solche Regeln durch angemessenes Handeln der Staaten verschiedener Gesellschaftsordnungen und der unterschiedlichen sozialen und politischen Kräfte mit Leben erfüllt werden. Das wird in dem Maße gelingen, wie sie sich als lernfähig erweisen. Politischer Realismus wird sich gegen Ungeduld wappnen müssen. Trotzdem lassen sich einige Regeln formulieren:

1. Gesellschaftssysteme sind nichts Statisches. Sie verändern und entwickeln sich von Land zu Land differenziert auf ihren eigenen Grundlagen. Sie stehen immer wieder vor neuen Aufgaben, die sie ohne Veränderung, Fortentwicklung und Reform nicht bewältigen können. Der Systemwettbewerb kann solche Veränderungen noch beschleunigen. Das zukünftige Bild der Gesellschaftsordnungen wird sich so von dem heutigen wesentlich unterscheiden. Beide Gesellschaftssysteme müssen einander Entwicklungsfähigkeit und Reformfähigkeit zugestehen.

2. Niemand darf sich ein Recht der deutlichen Kritik und der polemischen Darstellung in Anspruch nehmen, ohne es dem Kritisierten in gleichem Maße zuzubilligen. Die »souveräne Gleichheit«, von der die KSZE-Schlußakte spricht, bezieht sich auch auf die geistige Auseinandersetzung im Rahmen des Entspannungskonzepts. Kritik und Kooperation dürfen einander nicht ausschließen.

3. Kritik an den gesellschaftlichen Verhältnissen im anderen System sollte auf nachprüfbaren Tatsachen beruhen. Sie sollte auch getragen sein von dem Versuch, sich zunächst in die Logik der anderen Seite hineinzudenken, freilich nicht, um deren Absichten stets gutzuheißen, sondern um die Zusammenhänge ihres Handelns zu verstehen. Wer diesen Versuch unternimmt, wird sich nicht in aggressiver Polemik erschöpfen.

4. Ausschlaggebend für eine neue Kultur des politischen Streits ist also eine realistische und differenzierte Analyse und Darstellung der anderen Seite, statt Propagierung pauschaler Feindbilder und der Weckung von Bedrohungsängsten. Vermieden werden muß alles, was die andere Seite als prinzipiell unfriedlich oder zum Frieden unfähig erscheinen läßt.

Diese Friedensbereitschaft wird um so glaubwürdiger, je mehr sich beide Seiten bemühen, lokale Konflikte zu vermeiden oder zu beenden und weder direkt noch indirekt zu fördern.

5. Die ideologische Auseinandersetzung ist so zu führen, daß eine Einmischung in die inneren Angelegenheiten anderer Staaten unterbleibt. Kritik, auch in scharfer Form, darf nicht als eine »Einmischung in die inneren Angelegenheiten« der anderen Seite zurückgewiesen werden. Jedenfalls gilt auch hier das Prinzip der souveränen Gleichheit, daß keine Seite praktisch in Anspruch nehmen darf, was sie der anderen nicht zubilligt.

6. Die offene Diskussion über den Wettbewerb der Systeme, ihre Erfolge und Mißerfolge, Vorzüge und Nachteile, muß innerhalb jedes Systems möglich sein. Wirklicher Wettbewerb setzt sogar voraus, daß diese Diskussion gefördert wird und praktische Ergebnisse hat. Nur so ist es möglich, daß öffentlich eine vergleichende Bilanz von Praxis und Erfahrungen beider Systeme gezogen wird, so daß Mißlungenes verworfen,

Gelungenes festgehalten und gegebenenfalls übernommen und weiter-
entwickelt werden kann.

7. Der umfassenden Informiertheit der Bürger in Ost und West
kommt im Prozeß der Friedenssicherung und des Systemwettstreits eine
wachsende Bedeutung zu. Dazu müssen die Staaten in beiden Systemen
entsprechend der KSZE-Schlußakte auf ihrem Territorium die Verbreitung von periodisch und nicht periodisch erscheinenden Zeitungen und
gedruckten Veröffentlichungen aus den anderen Teilnehmerstaaten er-
leichtern.

8. Der Dialog zwischen allen gesellschaftlichen Organisationen, Institutionen, Kräften und Personen auf beiden Seiten gewinnt wachsende
Bedeutung für die Friedenssicherung und den Wettbewerb der Systeme.
Das schließt auch Besuch und Gegenbesuch, die Teilnahme an Seminaren, wissenschaftlichen, kulturellen und politischen Veranstaltungen über
die Systemgrenzen hinweg ein.

VI. Neues Denken, neues Handeln

Gemeinsame Sicherheit ist nicht zu erreichen, wenn ideologische Gegensätze in Formen ausgetragen werden, die zwischenstaatliche Beziehungen gefährden oder vergiften oder gar Machtkonflikte als unversöhn-
lichen und unausweichlichen Kampf zwischen Gut und Böse erscheinen
lassen. Zur gemeinsamen Sicherheit gehört der Verzicht auf Versuche, sich
unmittelbar in die praktische Politik in anderen Staaten einzumischen,
aber auch der friedliche Wettbewerb der Systeme, ein Wettbewerb, der
sich im Rahmen gemeinsam erarbeiteter Regeln hält und eine Kultur des
politischen Streits und schließlich des kontroversen Dialogs einschließt.

Das entspricht der Politik einer Friedenssicherung, zu der sich SPD
und SED bekannt haben.

Neues Deutschland, 28. August 1987, S.3

Personenregister